C언어로 구현한

자료구조

김영규 · 정병수 공저

정보화 사회에서 복잡한 업무와 대량의 자료들을 컴퓨터를 사용하여 처리하고 있다. 다양한 자료들을 컴퓨터 시스템에서 효과적으로 처리하기 위해 적절한 알고리즘을 적용하여 유용한 형태의 정보를 생성하는 데 따른 자료 구조 학문은 매우 중요하다.

우리나라 대부분의 대학에서 자료 구조를 전공 필수 과목으로 다루고, 초급 프로그래머가 고급 프로그래머로 성장하는 단계 등, 자료 구조와 알고리즘이 모든 컴퓨터 분야에 끼치는 영향이 그만큼 크다 하겠다. 따라서 이 책은 각종 알고리즘을 이해하기 쉬운 SPARKS 언어로 설명하였고, 필요에 따라서는 PASCAL언어도 사용하여 이해를 도왔다.

또한 부록에는 알고리즘들을 C 언어로 구현한 프로그램들을 상당 부분 수록하여 독자들이 알고리즘 기법을 구현하는 데 도움이 되기를 바란다.

이 책은 총 9장으로 다음과 같이 구성되었다.

제1장 자료 구조의 개념 및 표현
제2장 알고리즘과 배열
제3장 선형 리스트
제4장 연결 리스트
제5장 기억 장소 관리
제6장 트리
제7장 그래프
제8장 검색
제9장 정렬

이 책에는 각 단원마다 가능한 여러 가지 유형의 알고리즘을 제시하였는 바 독자들은 참조하여 실제로 프로그램을 작성함으로서 자료 구조를 이해하여 여러 업무 분야에 응용할 수 있는 능력을 향상시켜 컴퓨터 관련 분야의 중요한 자리의 위치에 있기를 바라며, 이 책이 출판될 수 있도록 협조해 주신 기한재 김형근 사장님께 감사의 말씀을 드린다.

저자

제1장

자료 구조의 개념과 표현

인간들은 원시 시대로부터 서로의 의사소통을 위해 말과 행동 및 여러 도구를 이용해 왔다. 오늘날 컴퓨터가 출현한 이후, 모든 자료들은 컴퓨터에서 처리하기 위해 컴퓨터 내부방식으로 표현되어 처리되고, 또한 인간이 이해할 수 있도록 다시 외부 표현 방식으로 변환된다. 그러므로 컴퓨터 시스템에서 자료 처리를 효율적으로 수행하기 위해서는 자료의 내용과 자료들간의 논리적 구조를 고려해야한다. 이 논리적 자료 구조는 기억 공간 장치 내에서 표현되는 구조로서 물리적 자료 구조가 된다.

1.1 자료 구조의 개념

자료 구조(data structures)는 주어진 구조를 가지고 자료 객체(data object)에 관한 규칙적이고 특징적인 방법으로 구성된 대상(object)들의 집합과 그에 속하는 원소들 사이의 관계를 의미하며, 주어진 구조를 가지고 자료 객체에 관한 특정적인 연산들이 어떤 방법으로 실행되는가를 나타내는 것으로서 정의된다. 즉, 컴퓨터 기억 공간 내에서 자료의 표현이나 처리 방법 및 그들간의 관계를 파악하여 임의의 작업을 수행하기 위한 알고리즘을 연구하는 것이라고 할 수 있다.

자료 구조는 수학적인 구조와 논리적 자료 구조를 컴퓨터 내부에 표현하는 것으로서 자료의 관계 표시가 용이해야 하며, 필요할 때 자료를 효과적으로 처리할 수 있도록 해야 한다.

자료 구조 선택시 처리 능률과 깊은 관계가 있다. 따라서 자료를 운영할 때는 다음과 같은 요인에 따라 적합한 자료 구조를 선택해야 한다.

- 포함된 자료의 양(기억 공간의 사용 양)
- 자료의 활용하는 방법과 횟수(저장 방식 결정)

- 자료의 갱신 정도
- 자료 구조에 의해 요구되는 사용 가능한 기억 장치의 양
- 프로그래밍의 복잡도
- 처리 시간의 제한

자료 구조를 선택할 때 고려해야 할 사항으로는 자료의 양, 사용 빈도 수, 작업할 컴퓨터 메모리의 허용도, 데이터에 대한 액세스 시간(access time)과 자료가 일정한 형태를 유지하는지, 또는 자료가 계속 변경되는가에 대한 자료의 성격 등을 고려해야 한다.

모든 요소들을 수용할 수 있는 자료 구조를 선택한다는 것은 매우 어렵고, 확실한 방법도 없다. 따라서 작업하는 업무에 적합한 구조를 선택하여 최대로 극대화 시킬 수 있어야 한다.

자료 구조는 다음과 같은 형태들로 분류할 수 있다.

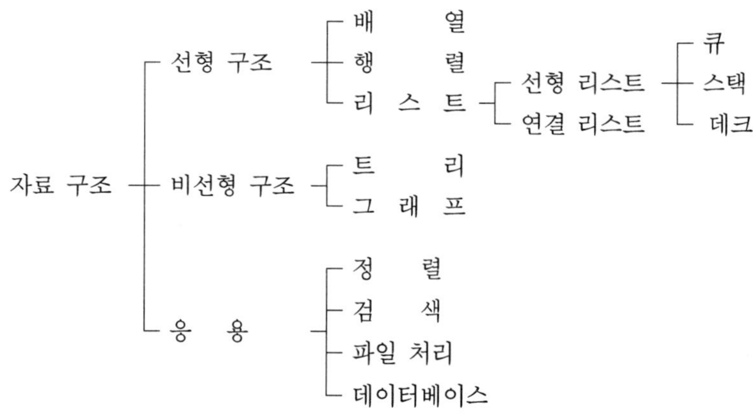

〈그림 1-1〉 자료 구조의 분류

1.1.1 자료와 정보

현대는 사회 현상이 복잡·다양하며 이에 대응해 다루어야 할 자료도 기하 급수적으로 늘어나고 있는 데, 이를 흔히 자료의 홍수라고 표현한다. 여기서 자료(data)란 사상, 목적, 조건 또는 상황을 나타내는 임의의 사실, 문자 또는 기호 등을 의미한다.

한편, 정보(information)란 이용자의 입장에서 유용하게 활용되도록 선택·가공된 자료

를 의미하므로 자료라는 정보를 생산하기 위한 원료라고 할 수 있다. 즉 정보는 이용자, 문제, 시간, 장소 및 기능의 관점에서 선택·조직된 자료로써 구성되며, 자료를 정보로 변환하는 일을 자료 처리라 한다.

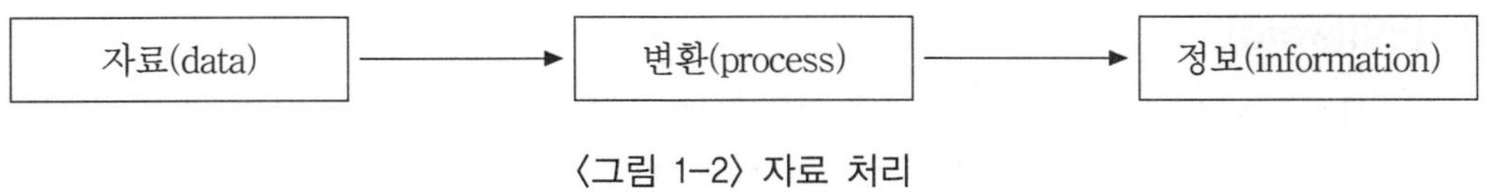

〈그림 1-2〉 자료 처리

또한 자료를 컴퓨터 시스템에서 사용하기 위해서는 자료를 저장하는 기억 매체와 자료 관리 및 자료 처리 방법이 매우 중요하다.

1.1.2 자료의 처리 단위 및 구성

컴퓨터 기억 공간에는 사용자 또는 프로그래머가 관념상으로 생각하는 구성의 자료값들을 저장한다. 어떤 의미를 갖는 한 자료값을 항목(item)이라 하며, 이는 자료를 구성하는 가장 작은 단위로 경우에 따라 비트(bit : binary digit), 바이트(byte) 또는 단어(word) 등으로 보관한다. 또 항목들을 필드(field)라고도 한다.

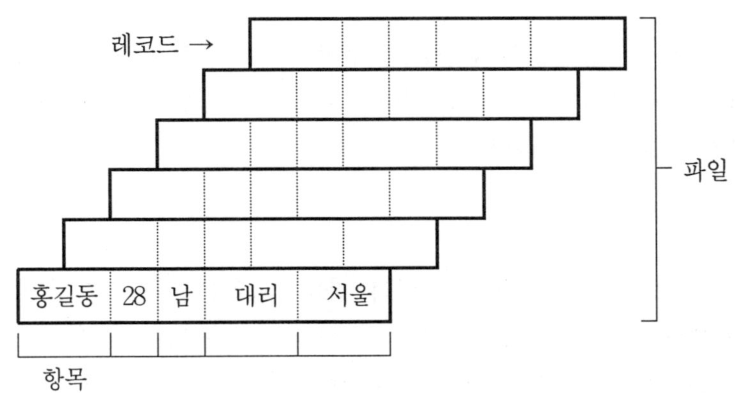

〈그림 1-3〉 자료의 구성

1) 비트(bit)

인간의 뇌의 기억 기능에 비유되는 기억 장치는 대체로 1, 0의 두 상태로 자료를 기억하는 단위, 즉 자료를 나타내는 최소 단위를 비트라고 한다. 0과 1이라는 두 개의 숫자로 모든 것이 표현되는 오늘날의 이진 디지털 컴퓨터에서 사용되는 가장 작은 자료의 표현 단위로서 디지털 컴퓨터에서 하나의 자리수(digit number)를 표현하기 위하여 사용되는 정보 단위를 말한다.

2) 단어(word)

많은 사람들이 컴퓨터에서 정보 처리를 위한 기본 단위를 바이트라고 생각하고 있지만, 실제적으로는 컴퓨터에서 하나의 정보 단위가 되는 것은 워드이다. 워드라고 하는 것은 컴퓨터에서 하나의 단위로 처리되는 정보의 묶음을 의미하는 데, 일반적으로 몇 개의 바이트들을 하나의 묶음으로 만들어서 하나의 워드를 표현하고 있다. 워드의 크기는 컴퓨터와 CPU의 특성에 따라 다른 데, 예를 들어 IBM AT 등과 같이 16비트 크기의 데이터를 기본 단위로 하여 작업을 수행하는 컴퓨터에서는 16비트가 하나의 워드가 된다.

3) 항목(item, field)

필드는 특정 사물의 어느 한 성질을 나타내는 고유 이름을 지닌 논리적 데이터의 최소 단위를 항목이라 한다. 예를 들어 개인에 관한 정보로서 성명, 나이, 직위, 학력, 주소 등이 있을 때 5개의 항목을 갖는다.

4) 레코드(record)

레코드는 서로 연관된 항목들의 집합으로 구성되어 파일의 기본 단위가 되는 데이터 저장이나 표현의 기본 단위가 된다. 즉, 데이터 항목 또는 데이터 집합체들을 모아 이름을 붙인 집합체를 레코드라고 한다.

5) 파일(file)

동일 종류의 레코드들의 집합을 파일이라 한다. 파일은 일반적으로 주기억 장치에 기억시키기에는 양이 너무 많고, 파일의 일부분만 필요한 경우가 많으므로 보조 기억 장치인 자기 디스크나 자기 테이프에 기억시킨다. 파일은 구성 방법에 따라 순차 파일과 직접 파일이 있다.

6) 데이터베이스(data base)

하나의 조직 안에서 다수의 사용자들이 공동으로 사용하기 위하여 통합되고 저장된 운영 자료의 집합을 말한다. 데이터베이스는 원칙적으로 동일한 내용의 자료가 중복되어 있지 않은 통합 자료를 관리하는 특징을 가지고 있다.

1.1.3 수의 체계와 진법

일반적으로 사람들은 10진법 체계를 사용하고 있다. 그러나 컴퓨터에서는 10진법, 2진법, 8진법 및 16진법 등을 사용하고 있다.

다음 <그림 1-4>는 8진수와 16진수를 10진수 변환하는 과정을 수식으로 표현한 것이다.

$$(136.4)_8 = 1\times8^2+3\times8^1+6\times8^0+4\times8^{-1}$$
$$= 1\times64 + 3\times8 + 6\times1 + 0.5 = (94.5)_{10}$$

$$(F5)_{16} = F\times16^1+5\times16^0 = 15\times16+5 = (245)_{10}$$

〈그림 1-4〉 8진수, 16진수를 10진수로 변환

$(45)_{10}=(101101)_2$ $(0.625)_{10}=(0.101)_2$

$(45.625)_{10}=(101101.101)_2$

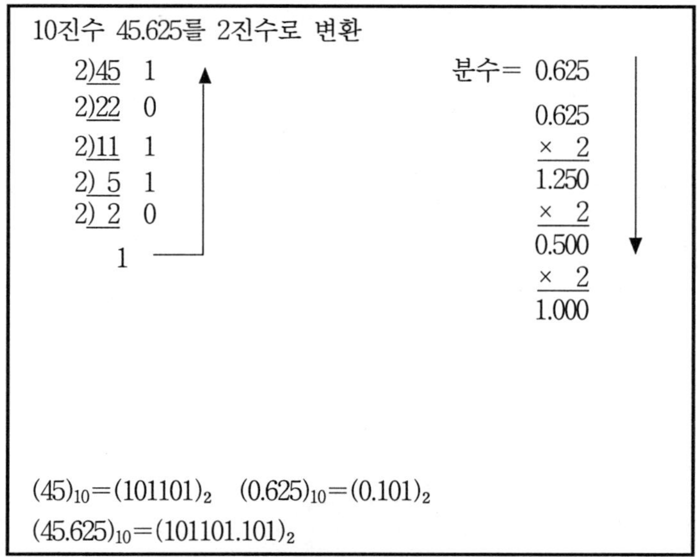

〈그림 1-5〉 10진수를 2진수로 변환

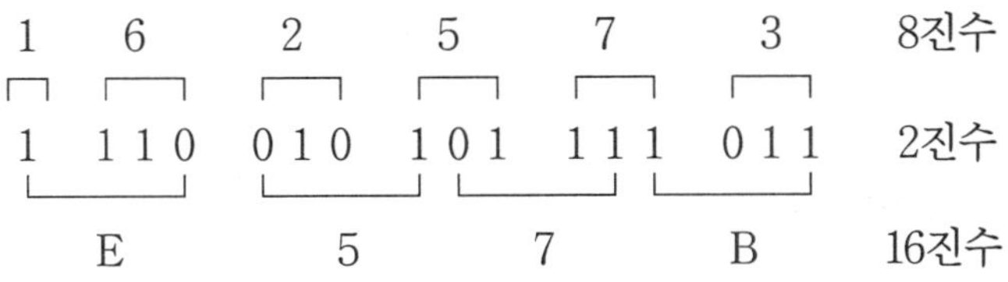

```
1   6      2      5      7      3      8진수
┌┐  ┌──┐   ┌──┐   ┌──┐   ┌──┐   ┌──┐
1   1 1 0  0 1 0  1 0 1  1 1 1  0 1 1  2진수
└──────┘   └────┘ └────┘ └────┘
   E          5      7      B          16진수
```

〈그림 1-6〉 2진수를 8진수 및 16진수로의 변환

〈표 1-1〉 2진화 8진수(Binary-coded octal numbers)

8진수	2진화 8진수	등가 10진수
0	000	0
1	001	1
2	010	2
3	011	3
4	100	4
5	101	5
6	110	6
7	111	7
10	001 000	8
11	001 001	9
12	001 010	10
24	010 010	20
62	110 010	50
143	001 100 011	99
370	011 111 000	248

<표 1-2> 2진화 16진수

16진수	2진화 16진수	등가 10진수
0	0000	0
1	0001	1
2	0010	2
3	0011	3
4	0100	4
5	0101	5
6	0110	6
7	0111	7
8	1000	8
9	1001	9
A	1010	10
B	1011	11
C	1100	12
D	1101	13
E	1110	14
F	1111	15
14	0001 0100	20
32	0011 0010	50
63	0110 0011	99
F8	1111 1000	248

1.2 자료의 표현

오늘날 컴퓨터 분야는 급속하게 발전하고 있으며, 이제 컴퓨터는 보편적이고 대중적으로 사용되고 있는 추세이다. 과거에는 전문가만이 사용하던 것이 현재는 전문가는 물론 일반인들에게까지도 컴퓨터가 일상 생활화되어 가고 있다.

이들 컴퓨터는 데이터의 형태나 처리하는 방법에 따라 디지털 컴퓨터와 아날로그 컴퓨터 등으로 분류한다.

아날로그 컴퓨터는 전압, 전류, 길이, 온도 등과 같은 연속적인 물리량을 사용하여 계산하는 컴퓨터로서, 이것을 코드로 변환시켜 입력할 필요없이 필요한 데이터를 계측기로부터 직접 입력하므로 신속한 입력과 즉각적인 출력을 얻을 수 있다. 그러므로 미분방정식을 풀거나 자동제어 관계의 시뮬레이션을 구하는 문제 등에 적합하다.

디지털 컴퓨터는 숫자나 문자를 코드화하여 사칙연산이나 분해, 조합한 다음 필요한 처리를 한 뒤 부호, 문자, 숫자로 결과를 얻을 수 있는 컴퓨터를 말한다.

디지털 컴퓨터는 대부분 폰 노이만(Von Neumman)이 제안한 개념에 따른 연산 장치, 제어 장치, 입출력 장치, 기억 장치가 상호 유기적인 결합으로 시스템을 이룬다. 기억 장치 유형에는 자료를 보관하기 위한 저장용 기억 장치로 주기억 장치와 보조 기억 장치가 있고 다른 하나는 컴퓨터의 동작을 위한 자료를 일시적으로 보관하는 레지스터(register)가 있다.

레지스터는 비교적 오랜 시간 동안 자료를 보관하기 위한 것으로 정보를 보관하는 기본 단위 등 물리적 구성 위에 프로그램으로 문제 해결에 필요한 자료들을 논리적으로 구성, 저장한다. 주기억 장치는 두 가지 상태의 값, 즉 0 또는 1을 나타내는 많은 수의 비트(bit)들의 집합으로 몇 개씩 비트의 모임을 단위로 사용한다. 8비트가 모여서 바이트(byte), 2개 이상 바이트가 모여서 단어(word)를 구성한다. 이들에게 고유의 자연수를 부여해서 다른 단위와 구별하며, 이 수를 어드레스(address) 또는 주소라고 한다.

인간이나 컴퓨터나 그들 상호간의 자료 교환이 이루어지려면 통신하고자 하는 자료의 표현 방법이 있어야 하며, 또는 이 표현 방법은 그들 사이에 공통적으로 알려져야만 원활한 통신이 이루어진다. 예를 들면, 정보를 언어, 필기, 점자 등으로 나타내는 것이다. 이들은 각각 청각, 시각, 촉각에 의하여 받아들여지며, 이들 자료는 신경을 통하여 뇌에 전달되고 뇌에서부터 원하는 정보를 검색, 처리하며 다시 신경을 통하여 성대를 진동시키거나 손을 움직이도록 하여 다시 언어, 필기 또는 점자를 이용하여 상대방에게 전달된다. 이와 같이 뇌의 내부에 나타난 정보의 형태를 흔히 자료의 내부적 표현 방법이라고 하고 언어, 필기, 점자 등으로 나타낸 자료를 외부적 표현 방법이라고 한다.

컴퓨터에서 자료를 처리하는 과정도 이와 비슷하다. 인간이 사용하는 자료를 처리하여 컴퓨터가 이해할 수 있는 외부적 표현 방법으로 바꾼 다음 컴퓨터의 기억 장치에 기억시킨 후 이를 필요에 따라 컴퓨터의 내부적 표현 방법으로 변환하여 처리한다.

전산학에서 자료는 두 가지 의미로 사용할 수 있다.

첫째는 광의적인 의미의 자료로서 컴퓨터가 처리하는 모든 정보를 의미하는 것으로 컴퓨터를 제어하는 프로그램과 이 프로그램의 수행에 필요한 자료를 말한다.

둘째는 협의적인 의미의 자료로서 컴퓨터가 처리하는 데이터만을 의미한다. 이 책에서는 좁은 의미의 자료, 즉 데이터의 표현 방식에 대해서만 고찰해본다.

자료는 수치적 자료와 비수치적 자료로 구분하여 서로 다른 방식으로 표현하며, 수치적 자료는 다시 정수, 실수에 따라서 그 표현 방법이 다르다. 이들 자료는 컴퓨터 내부에서 유한한 수의 2진 부호로 표현된다. 또한 자료의 표현에서 한 가지 고려해야 할 점은 자료 구조이다. 컴퓨터가 취급하는 자료의 양이 많을 경우 이들을 어떠한 구조로 기억시켜서 어떤 순서로 처리하는가에 따라 필요한 기억 용량과 처리 시간이 다르게 된다. 이러한 자료 구조는 컴퓨터 자료의 내부적 표현 방법으로서 컴퓨터가 처리하는 문제의 종류에 따라서 상당한 영향을 미치게 되므로 컴퓨터 설계의 중요한 요소가 된다.

1.2.1 문자 자료의 표현

수치적 자료의 표현은 과학적인 계산에서 주로 사용하는 것이며, 반면 비수치적 자료의 표현은 문장의 편집, 문헌 정보 검색, 고급 프로그래밍 언어의 번역 등 문자 자료 처리에서 주로 사용한다. 문자 자료의 경우 알파벳(A~Z) 26개의 자모음, 10개의 숫자(0~9), 그리고 특수 문자로 구성되며, 36개 이상의 요소를 나타내는 코드가 있어야 하고, 한글의 경우 24개의 자모음과 몇 개의 복합 자모음, 그리고 숫자 부호들을 합하면 역시 영어와 비슷한 수가 된다. 따라서, 문자를 위한 부호는 최소한 ⌈ logx36⌉ 즉, 6비트이어야 하며, 여기에 출력과 자료 전송을 위해 필요한 문자를 코드에 추가하면 이보다 많은 비트가 있어야 한다.

문자열은 컴퓨터 내부에서 문자 한 자 단위로 기억되기 때문에 수를 기억시키는 것보다 간단하다. 물론 이 문자는 2진 기호로 기억되며, 이렇게 문자 하나를 2진 기호로 표현할 때, 보통 6~8비트로 구성된 문자를 정보 코드라 한다.

컴퓨터 자료의 외부적 표현 방법으로 현재까지 가장 많이 사용되는 코드는 6비트 BCD(Binary Coded Decimal)와 8비트의 ASCII(American Standard Code for Information Interchange), 그리고 8비트의 EBCDIC(Extended Binary Coded Decimal Interchange Code) 코드이다.

1) BCD 코드

6비트의 BCD 코드는 4비트의 BCD 코드에 2개의 비트를 더하여 10진수의 수 이외에 문자를 표시할 수 있도록 한 것으로서 기억 장치 단어의 길이가 6의 정수 배인 컴퓨터에 적합한 코드이다. 즉 4개의 디지트 비트 앞에 2비트인 존(zone) 비트를 더하여 10진법의 숫자 외에 문자도 표시할 수 있게 한 것이다.

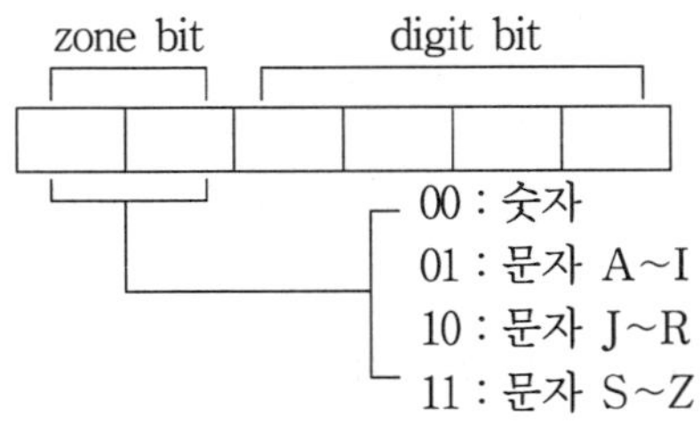

〈그림 1-7〉 BCD 코드의 비트 구성

이 코드는 10진 체계보다 효율적인 것은 아니지만 계산기 언어인 0, 1로 표현되어 있기 때문에 계산기 내부에서는 간편하게 사용할 수 있다. 한편 BCD 코드에 의한 가감산은 직접 2진법의 연산 속도보다 더욱 복잡하므로 BCD 코드를 연산하기 위해서는 특별한 연산기가 필요하다.

2) EBCDIC 코드

EBCDIC(Extended Binary Coded Decimal Interchange Code) 코드는 확장 2진화 10진 코드라고 하며, 오늘날 대부분의 대형 컴퓨터에서 많이 사용하고 있는 코드이다. 이 코드는 8개의 비트, 즉 1바이트로 문자를 표현하며, 왼쪽 4비트는 존 비트로서 EBCDIC 코드에서 다른 문자를 식별하는데 이용된다. 오른쪽 4비트는 디지트 비트로서 문자를 서로 구별하도록 순위를 부여한 것이다. 이 8개의 데이터 비트는 256(2^8)가지의 문자를 표현할 수 있기 때문에 영문자, 숫자, 특수 문자 등의 사용이 가능하다. 다음 <그림 1-8>은 EBCDIC 코드의 표현을 나타낸 것이다.

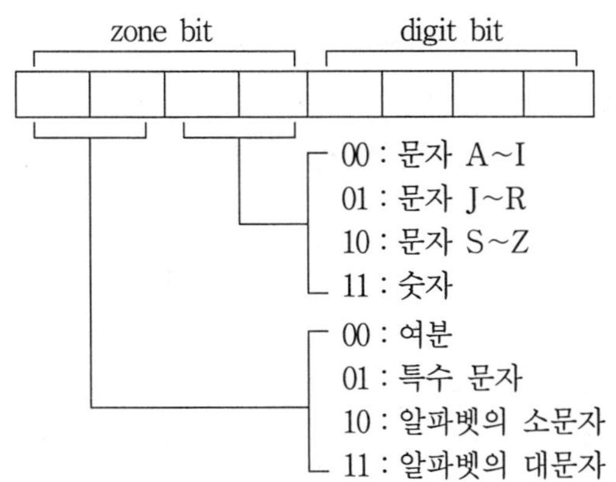

〈그림 1-8〉 EBCDIC 코드의 비트 구성

3) ASCII 코드

ASCII(American Standard Code for Information Inerchange)는 미국 표준 코드로서 국제표준기구(ISO)에서 개발하고 미국표준연구소(ANSI)이 의해 제정되었다. 이 코드는 7개의 데이터 비트로 한 문자를 표시하는 코드로 3개의 존 비트와 4개의 숫자 비트로 구성되었으며, 1개의 패리티 비트를 포함하여 표기하며, 128(2^7)가지의 문자를 표현할 수 있다.

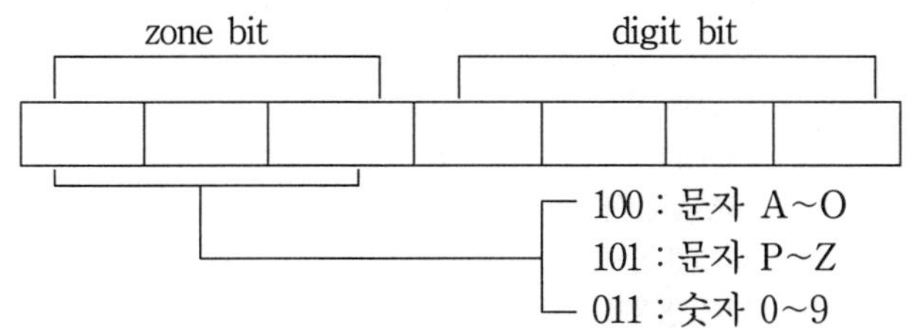

〈그림 1-9〉 ASCII 코드의 비트 구성

이 코드는 통신의 시작과 종료, 라인 피드 등의 제어 조작을 표시할 수 있는 코드로 데이터 통신에 널리 이용되고 있다. 보통 필요한 모든 글자를 표현한 것으로 여분은 없다.

1.2.2 수치 자료의 표현

컴퓨터 내부에서의 수치 자료의 표현은 기억 장치 공간을 적게 차지하고 연산 회로를 포함된 중앙 처리 장치 내에서 자료의 처리 및 이동이 용이하며, 입출력시 10진수에서부터 내부적 표현으로 또는 내부적 표현에서부터 10진수로의 변환이 용이하고, 한정된 수의 비트를 가지고 자료 표현의 정밀도가 높도록 해야 한다.

수(number)는 어떤 물리량을 세는 도구로서 산술 계산을 할 수 있는 상징적 부호를 나타내 주는 자료이며, 이를 표현하는 방법은 로마 숫자나 한문의 수와 같이 수의 값을 숫자로 쓰는 위치와 관계없이 수의 종류와 사용 빈도를 결정하는 비자릿수(non-positional number)와 일정한 수의 부호를 쓰며 자리올림이 존재하는 자릿수(position number)가 있다. 로마수는 비자릿수인데 <표 1-3>과 같이 매우 큰 수를 쓸 때 숫자들이 대량으로 필요하며 때로는 새로운 단위량의 숫자를 만들어야 하는 불편이 있으며 기억 장치의 이용이 비효율적이고, 따라서 정밀도가 낮다. 이런 이유 때문에 컴퓨터에서는 다음에 설명하는 자릿수를 이용해서 표현한다.

〈표 1-3〉 로마수와 아라비아수

로마수	아라비아 수
I	1
V	5
X	10
L	50
C	100
D	500
M	1000
VI	6
LXXVIII	78
DCLI	651
MMMDCI	3601
MDCLXVI	1666
MDLXXIII	1573
MMDCLII	2652

자릿수 체계에서 어떤 수의 값은 수를 표시하는 부호의 종류와 그 부호의 위치에 따라 결정된다. 자릿수 체계에서 사용하는 모든 부호의 수를 그 자릿수의 베이스(base) 혹은 래딕스(radix)라고 하는데, 10진수의 경우에는 사용하는 수가 0에서부터 9까지 10가지이므로 베이스는 10이다. 수 n은 a_{k-1}, a_{k-2}, … a_2, a_1, a_0의 문자열로서 나타내면 다음과 같다.

$$n = a_{k-1}b^{k-1} + a_{k-2}b^{k-2} + \cdots + a_1b^1 + a_0b^0$$
$$= \sum_{i=0}^{k-1} a_ib^i$$

예를 들면, 10진수의 624.5는 다음과 같이 표시할 수 있다.

$$624.5 = 6\times10^2 + 2\times10^1 + 4\times10^0 + 5\times10^{-1}$$

베이스가 2인 수의 체계를 2진법(binary number system)이라 하며, 숫자의 각 자리에는 0과 1만을 사용한다. 컴퓨터에서 베이스는 2, 8, 10, 16인 4개의 경우가 일반적이다. 8진법에서 사용하는 각 자릿수의 기호는 0, 1, 2, 3, 4, 5, 6, 7이며, 16진법은 0, 1, 2, 3, 4, 5, 6, 7, 8, 9, A, B, C, D, E, F를 사용한다.

1) 정수의 표현

정수(integer)는 우리가 가장 많이 다루는 수로서, {…, −(n+2), −(n+1), −n, …, −2, −1, 0, 1, 2, …, n, (n+1), …}와 같은 수를 정수라 한다. 사람은 일반적으로 10진수를 사용하는데 익숙해 있고 대부분의 컴퓨터는 2, 8, 16의 진수를 기준으로 수들을 표현하는 차이가 있지만 주로 컴퓨터의 내부 표현은 2진법과 10진법을 사용할 수 있다. 정수는 음수, 0, 양수 세 부분으로 구분하는데 음수와 양수의 표현은 부호(+, −)가 절대적이다. 그러나 컴퓨터의 내부 표현은 모든 수를 양수화하여 표현하므로 음수도 양수와 같이 취급하고 부호 부분을 사용하거나 보수 처리를 하여 표현한다.

(1) 고정 소수점 표현

숫자는 일반적으로 부호, 크기, 소수점을 표시하여야 한다. n비트의 숫자를 부호 비트까지 덧붙여 생각하면 (n+1)비트가 필요하다. 소수점의 위치를 결정하는데는 두 가지 방법이 있다. 즉 소수점의 위치가 항상 고정되어 있는 고정 소수점 방식과 다음에 설명할 부동 소수점(floating point) 방식이 있다. 고정 소수점 방식을 채택하더라도 소수점은 실제 레지스터에 나타나지 않고, 레지스터의 맨 왼쪽밖에 소수점이 있다고 보아 레지스터의 내용을 실수로서 취급하거나, 소수점이 맨 오른쪽밖에 있다고 보아 레지스터의 내용을 정수로서 취급한다. 어느 경우에도 소수점은 실제로 나타나지 않고, 레지스터에 저장한 수가 정수 또는 실수로 취급할 것인가를 가정함에 의하여 소수점의 위치를 알게 된다.

고정 소수점수가 어떻게 레지스터에 표현되는가를 보기 전에 수의 보수를 정의하는 것이 필요하다. r진법에는 다음과 같은 두 가지 종류의 보수가 있다.

- r의 보수
- (r−1)의 보수

그러므로 2진수에서는 2의 보수와 1의 보수가 가능하고 10진수에서는 10의 보수와 9의 보수가 가능하다.

첫째, (r−1)의 보수는 (r−1)에서 수의 각 자리의 숫자를 빼면 (r−1)의 보수를 얻게 된다.

예제1-1 10진수 835의 9의 보수와 2진수 1010의 1의 보수를 구하라.

① 9의 보수

999−835=164

② 1의 보수

$$1111-1010=0101$$

둘째, r의 보수는 (r−1)의 보수를 구한 다음 가장 낮은 자리(LSB : Least Significant Bit)에 1을 더한다.

예제 1-2 10진수 138의 10보수와 2진수 1100의 2의 보수를 구하라.

① 10의 보수

$(138)_{10} \Rightarrow$ 9의 보수

$$\begin{array}{r} 999 \\ -\ 138 \\ \hline 861 \end{array} \quad \therefore \text{LSB}+1\text{이므로} \quad \begin{array}{r} 861 \\ +\ 1 \\ \hline 862 \end{array}$$

② 2의 보수

$(1100)_2 \Rightarrow$ 1의 보수

$$\begin{array}{r} 1111 \\ -\ 1100 \\ \hline 0011 \end{array} \quad \therefore \text{LSB}+1\text{이므로} \quad \begin{array}{r} 0011 \\ +\quad 1 \\ \hline 0100 \end{array}$$

2진화 10진수로 +8354를 표시할 때 몇 비트가 필요한지 알아보면 부호를 위한 비트(MSB : Most Significant Bit)가 1개, 10진수의 각 자리마다 4비트씩 필요하므로 전체 17비트가 필요하다. 그러므로 17개의 플립플롭을 가진 레지스터가 있어야 +8354를 나타낼 수 있다. 2진수에 비하여 2진화 10진수는 너무 많은 플립플롭이 있어야 되므로 저장 공간을 낭비하게 된다.

그렇지만 사람은 10진수를 사용하므로 컴퓨터의 입출력이 편리한 이점이 있다. 보통 컴퓨터는 2진화 10진수로 입력한 후 2진수로 변환하고 2진수 연산을 수행한 다음에 2진수 결과를 2진화 10진수로 변환하여 출력한다. 10진수의 음수를 표시하는 방법은 다음 세 가지 방법이 있다.

- 부호화 절대값(signed-magnitude) 표현 방법
- 부호화 9의 보수(signed-9's complement) 표현 방법
- 부호화 10의 보수(signed-10's complement) 표현 방법

부호화 절대값으로 표시하는 방법에서 10진수이기 때문에 부호를 4비트로서 흔히 표시하기도 한다. 예를 들면 1100으로 +를 나타내고 1101로 −를 나타낸다. 9의 보수는 2진수의 1의 보수와 비슷하고 10의 보수는 2진수의 2의 보수와 비슷하다. 한 자릿수를 4비트로 표시함을 주의하여야 한다.

2진수의 음수를 표시하는 방법도 10진수의 음수 표시와 동일하다.

- 부호화 절대값(signed-magnitude) 표현 방법
- 부호화 1의 보수(signed-1's complement) 표현 방법
- 부호화 2의 보수(signed-2's complement) 표현 방법

① 부호화 절대값(signed−magnitude) 표현 방법

부호화 절대값(signed-magnitude) 표현 방법은 정수의 부호를 1비트만 사용하고 나머지는 수의 양을 보관한다. 따라서 음수를 표현할 때 절대치값은 변동이 없고 부호만 달라진다. 그러므로 음수인지 양수인지는 최상의 비트인 MSB의 부호 비트를 보면 알 수 있다. MSB가 0이면 양수, 1이면 음수를 나타낸다.

예제1-3 8비트의 부호화 절대값 표현 방법에 따라 10과 −10을 나타내어라.

a) ↙ 부호 비트

0	0	0	1	0	1	0	(+10)

b) ↙ 부호 비트

1	0	0	1	0	1	0	(-10)

② 부호화 1의 보수(signed−1's complement) 표현 방법

부호화 1의 보수(signed-1's complement) 표현 방법에서의 음수의 표현은 전체 비트를 1로 채워 절대치 표현값을 빼면 된다. 즉 −10은 절대치가 10이므로 이것은 2진수로 00001010이 된다.

```
  1 1 1 1 1 1 1 1
− 0 0 0 0 1 0 1 0 (−10의 절대치)
  ───────────────
  1 1 1 1 0 1 0 1 (부호화 1의 보수 표현된 −10)
```

그러므로, 2진법에서는 부호도 한 비트로 표현되므로 부호를 포함하여 보수를 취해도 음수를 구할 수 있다.

③ 부호화 2의 보수(signed-2's complement) 표현방법

부호화 2의 보수에 의해 수를 표시할 경우 표현하고자 하는 수가 양수일 때는 2진법 표기를 그대로 사용하고, 음수일 때는 양수에 대한 2의 보수를 취하면 된다. 부호화 2의 보수(signed-2's complement)에 의하여 수를 나타날 때에도 부호화 절대값 표현 방법에 의한 수의 표현과 마찬가지로 왼쪽부터 첫 번째 비트는 부호의 의미를 갖는다. 그러므로, 부호화 2의 보수(signed-2's complement) 표현 방법을 2의 보수 표현이라고 한다.

예제1-4 8비트의 2의 보수 표현 방법에 따라 10과 −10을 나타내어라.

① 양수 10을 표현하면 아래와 같다.

10=0 0 0 0 1 0 1 0

② −10을 표현하기 위해서는 먼저 10에 대한 2진수를 ①과 같은 방법으로 구한 다음 이것의 1의 보수 11110101에 00000001을 더하면 된다.

```
          1 1 1 1 0 1 0 1
        +               1
        -----------------
  -10   = 1 1 1 1 0 1 1 0
```

결과적으로 8비트로 된 레지스터에서 부호 비트를 가진 0은 음수를 표현하는 방법에 따라 다음 세 가지 중 하나가 된다.

표현 방법	+0	-0
부호화 절대값	00000000	10000000
부호화 1의 보수	00000000	11111111
부호화 2의 보수	00000000	없음

여기서 보듯이 부호화 1의 보수는, 부호화 절대값 표현 방법은 0이 +0, −0의 두 가지로 표현되어 정수의 표현 범위가 n비트인 경우 다음과 같이 된다.

$$+\ 2^{n-1}-1 \sim -(2^{n-1}-1)$$

부호화 2의 보수 방법에서는 +0만이 존재하고, −0은 존재하지 않으므로 음수는 양수보다 한 가지 더 나타나며, 실제값의 범위는 $+2^{n-1}-1 \sim -2^{n-1}$이 된다. 일반적으로 표시 가능한 범위는 부호화 2의 보수를 이용하는 경우가 대부분이다. 왜냐하면 음수의 값을 더 많이 나타낼 수 있다는 장점이 있기 때문이다.

(2) 10진법의 표현(decimal representation)

앞에서 설명한 바와 같이 대부분의 컴퓨터에서는 2진법 체계를 사용한다. 그러나 우리 생활에서는 10진법을 사용하므로 2진법에는 익숙하지 못하다. 이것을 해결하기 위해 컴퓨터는 보통 10진법으로 표현해서 사람이 알아보기 쉽게 출력한다. 10진수를 표현하는 방식은 pack decimal 형식과 unpack decimal 형식(zone decimal)의 두 가지가 있다.

① pack decimal 형식

팩 10진 형식은 1바이트에 2개의 숫자를 8421 코드로 나타내고 부호를 표시하는 최하위 바이트의 하위 4비트에 양과 음의 부호가 들어가는데, 양의 부호(+)는 1100(C), 부호 표시가 없는 양수는 1111(F), 음수는 1101(D)로 나타낸다.

예제1-5 +0149와 −0149를 pack decimal 형식으로 표현하라.

	숫자	숫자	숫자	숫자	숫자	부호	
a)	0000	0000	0001	0100	1001	1100	(+0149)
	0	0	1	4	9	C	

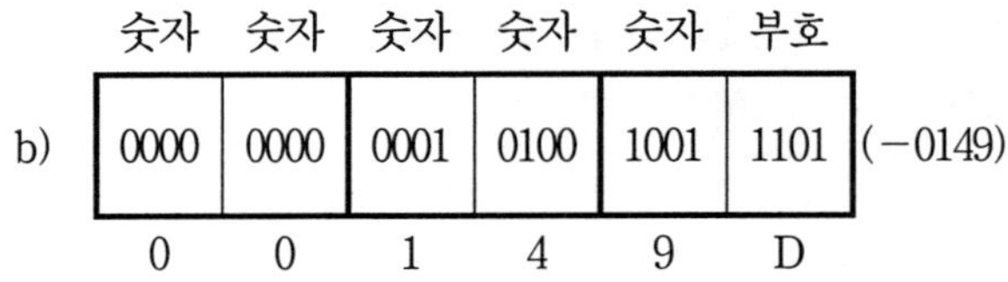

	숫자	숫자	숫자	숫자	숫자	부호	
b)	0000	0000	0001	0100	1001	1101	(−0149)
	0	0	1	4	9	D	

예제에서 알 수 있듯이 팩 10진수 형식을 사용하면 1바이트에 두 자리의 10진수 혹은 한 자리의 10진수와 부호가 저장되기 때문에 존 10진수 형식보다 저장 길이가 줄어들어 기억 장소의 효율적인 이용은 물론 처리 시간도 단축시킬 수 있다.

② unpack decimal 형식

pack decimal 형식과 달리 unpack decimal 형식은 1바이트에 한 숫자를 저장한다. 즉 한 바이트의 8비트 모두가 한 자리의 10진수를 나타내며 자료를 나타내는 바이트 중에 최하위 바이트의 존 부분(zone part)이 그 자료의 부호를 나타낸다. unpack decimal 형식을 zone decimal 형식이라고도 하는데 자료를 나타내는 최하위 바이트의 존 비트를 이용하여 나타내고, 양수는 16진수로 C, 음수는 16진수로 D로 표현하고, 부호를 갖지 않는 자료는 16진수 F로 나타낸다.

또 부호가 없는 자료는 모두 양수로 취급한다. 그리고 unpack decimal에서 최하위 바이트를 제외한 모든 바이트의 존 부분은 16진수 F로 표현한다.

예제1-6 +0149와 −0149를 unpack decimal 형식으로 나타내어라.

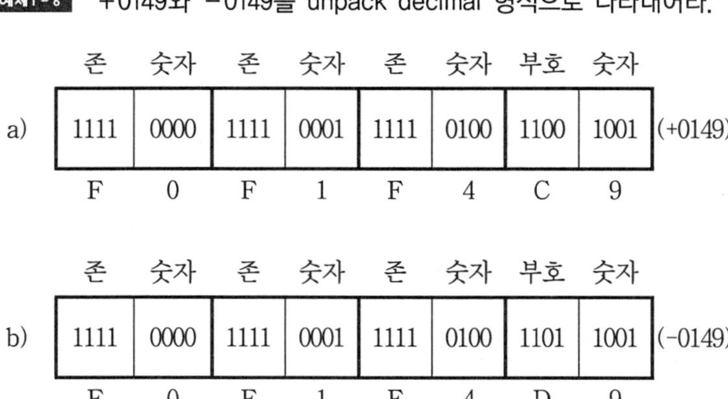

그러나 숫자 부분만을 사용하는 10진수 연산에서 이 존 10진수 형식을 사용하게 되면, 처리 시간이 많이 소요되고 기억 장치의 기억 공간도 낭비하는 결과가 된다. 이러한 이유로 1바이트에 두 자리의 10진수를 기억시키는 형식이 필요하다.

2) 실수의 표현

소수점을 사용하여 표현하는 수를 실수라고 한다. 실수의 표현 방법에는 소수점의 위치가 고정되어 있는 고정 소수점(fixed point number) 표현과 소수점의 위치가 변하는 변위 소수점(floating point number) 표현이 있는데, 고정 소수점은 주로 컴퓨터와 외부의 입출력에 사용되며 이러한 실수들 사이의 사칙 연산에는 소수점의 위치가 변하는 실수로 바뀌어져 실행된다.

(1) 고정 소수점 표현

고정 소수점 방식에서 수 연산의 2진수는 항상 half word(2바이트), full word(4바이트)로 표현되는 고정 길이의 수 표현 자료이다. 고정 소수점에서 부호는 항상 최상위 비트(MSB)로 정하여 이 부호의 값이 0이면 양수, 1이면 음수를 나타낸다. 그리고 고정 소수점의 수는 소수점의 위치가 항상 MSB 다음의 비트에 고정되어 있는 것으로 간주된다. 그러므로 소수점의 위치는 프로그램 상태에 맞추어져야 한다. 즉 정수 부분과 소수 부분을 구분하여야 한다.

이러한 고정 소수점 방식은 거의 모든 실수로 표현할 수 있으나 매우 큰 수나 작은 수를 표현하거나 연산하는 경우에는 많은 자료가 필요하므로 비경제적이다.

(2) 변위 소수점 표현 방식

변위 소수점(floating point number) 표현은 매우 큰 수나 작은 수를 나타낼 때 유리하며 특히 소수점의 위치를 맞출 필요가 없다. 변위 소수점 표현 방식은 <그림 1-10>과 같이 부호, 지수, 가수부로 구성된다.

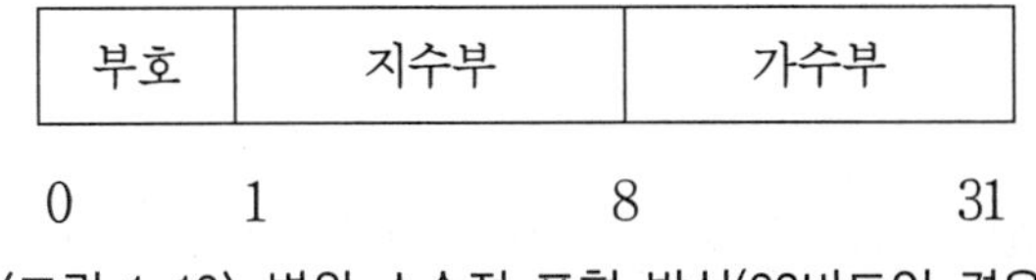

〈그림 1-10〉 변위 소수점 표현 방식(32비트인 경우)

부호 부분은 양수일 때 0, 음수일 때 1로 표시한다. 가수 부분(mantissa)은 정수 또는 소수점 이하의 수이다. 지수 부분(exponent)은 7비트로서 지수의 음수승(예 : 16-2)을 하기 위해서 바이어스(bias)를 사용하는데 바이어스는 지수 부분의 비트수에 따라 결정된다. 예를 들면 바이어스 64의 비트수는 7비트이고 표현 범위는 −64~+63이다. 계산 방법은 지수가 양수승으로 표현할 때는 그 지수의 값에 64를 더하고, 지수가 음수승으로 표현할 때는 64에서 그 지수의 값을 빼주면 된다.

만일 10진수 +3216.897을 변위 소수점으로 표현하면 다음과 같다.

```
부호
  0 . 3 2 1 6 8 9 7     0 0 4
  └─────────────┘     └───┘
     가수 부분         지수 부분
```

위에서 가수 부분의 소수점은 실제 레지스터에 들어가지 않고 소수점 이하로 규정되어 있다. 즉 0이 아닌 경우를 정규화(normalize)시킨 것이라고 한다.

정규화는 수의 크기를 간단하게 비교할 수 있고 표현한 수의 정밀도를 높일 수 있다. 정밀도를 높이기 위해 소수 또는 정수 부분의 비트수를 늘리기도 한다. 부동 소수점으로 표현할 때는 컴퓨터 기종에 따라 길이도 다르고 표현 방식도 다르다.

예제 1-7 IBM S/360으로 실수 0.0000314156을 정규형 변위 소수점으로 표현하라.

(단, 이 컴퓨터는 32비트 워드로서 베이스는 16, 바이어스는 64를 쓴다. 바이어스는 지수 부분에서 0을 나타내며, 실제의 지수값을 더하여 양, 음의 지수를 표현하기 위한 것이다.)

$$0.0000314156 = (0.00020F10F9\cdots)_{16}$$
$$= (\ .20F10F\cdots) \cdot 16^{-3}$$

소수 부분은 24비트이고, 16진수로 6자리 20F10F만을 저장하며, 부호는 양이므로 0을 넣는다. 지수 부분은 61(= 64(편중값) + (−3)), 즉 16진수로 3D이다. 따라서 다음과 같이 표시할 수 있다.

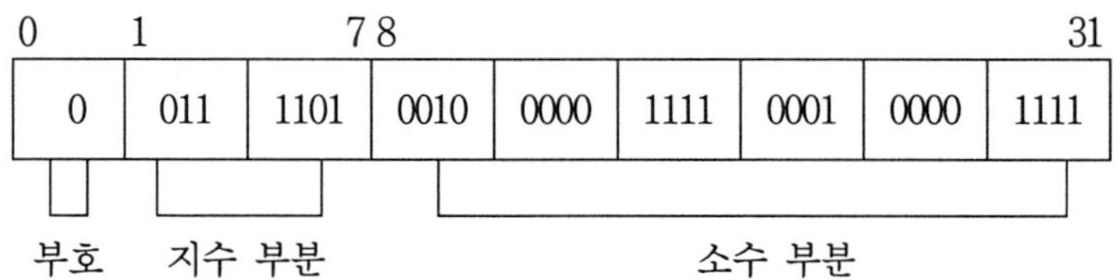

그러므로 16진수로 3D20F10F가 된다.

변위 소수점 표현 방식으로 나타낸 수를 합하거나 뺄 때에는 지수 부분을 같도록 조정하여야 되는 복잡성 때문에 고정 소수점 표현 방식으로 나타낸 수에서의 연산보다 연산 속도가 훨씬 느리다.

3) 기타 수치 데이터의 표현

인간은 10진수를 이용하므로 2진수 형태의 컴퓨터 내부 표현에는 익숙하지 못하다. 일반적으로 인간은 10진수를 컴퓨터에 입력하면 컴퓨터는 2진수로 바꿔서 저장하고 처리한 다음 다시 10진수로 바꾸어서 인간에게 출력해준다.

디지털 컴퓨터는 특수한 응용을 위하여 BCD 8421 코드 외에 다른 2진 코드를 사용하기도 한다. 다음은 2진 코드가 각 비트의 위치에 따라 가중값을 부여하여 코드로 사용하거나 그렇지 않으면 비가중값으로 구성하는 경우이다.

(1) BCD 8421 코드

BCD 8421 코드는 0에서 9까지의 10진법 숫자를 각 자릿수마다 4비트로 구성하여 표현한다. 2진법으로 표현되지만 전체 숫자가 2진법으로 표현되는 것은 아니다. 예를 들어 10진수 8은 BCD 코드로 1000이고 순수한 2진법으로도 1000이지만, 10진수 28은 순수 2진법으로 00011100인 반면 BCD 코드로 00101000이 된다.

(2) 2421 코드

BCD 8421 코드와 같이 각 자릿수마다 4비트로 구성하여 표현하며 가중값은 2, 3, 4, 1로 한다. 예를 들어 10진법의 5는 가중을 2, 4, 2, 1로 하여 $1 \times 2 + 0 \times 4 + 1 \times 2 + 1 \times 1$이므로 2421 코드로 5는 1011로 표현된다. 이 코드의 특징은 보수를 쉽게 구할 수 있다는 것이다.

(3) 3 초과 코드(Excess-3 코드)

3 초과 코드는 BCD 8421 코드에 $(0011)_2$를 각각 더해서 만들어 낸다. 예를 들어 10진수 13은 각 자리에 3을 더해서 46을 만든 후에 BCD 8421 코드에서 찾으면 01000110이 된다. 이 코드 체계 역시 보수를 쉽게 구할 수 있는 장점을 갖고 있다.

(4) 그레이 코드(Gray code)

그레이 코드는 가중값을 갖고 있지 않으며, 4비트 2진 코드로부터 다음과 같이 정의한다.

① 맨 왼쪽의 자리에 있는 2진 코드의 숫자를 그대로 가져온다.
② 맨 왼쪽에서부터 시작하여 오른쪽의 인접 자릿수에 있는 숫자를 합하여(캐리는 버림) 코드의 해당 자리 숫자를 만들어 낸다.
③ 위 과정을 반복한다.

예를 들어 $(10110)_2$를 그레이 코드로 변환하면 11101이 된다. 그레이 코드는 한 숫자에서 다음 숫자로 넘어갈 때 한 비트만 변하는 특징이 있어서 주로 제어 계통(A/D 변환기,

입출력 장치 코드)에 많이 쓰인다.

(5) 해밍 코드(Hamming code)

해밍 코드는 BCD 코드를 기본으로 하여 오류를 검출하고 교정할 목적으로 3개의 비트를 추가하여 만들어진 것이다. BCD 코드의 421 가중값을 0번에서 2번 비트에 위치시키고 나머지 8 가중값은 하나 건너 4번 비트에 위치시킨다. 그리고 7비트 중 나머지 위치의 비트는 오류 검출과 교정을 위한 비트로 사용한다.

연 / 습 / 문 / 제

1-1 다음에 주어진 수를 각 진법으로 변환하시오.

(1) $(77)_8 \rightarrow (\qquad)_{10} \rightarrow (\qquad)_2$

(2) $(AF9)_{16} \rightarrow (\qquad)_8 \rightarrow (\qquad)_2$

(3) $(0.625)_{10} \rightarrow (\qquad)_{16} \rightarrow (\qquad)_2$

(4) $(1011011)_2 \rightarrow (\qquad)_8 \rightarrow (\qquad)_{10}$

1-2 수치 자료와 문자 자료 표현의 차이점을 비교 설명하시오.

1-3 자료와 정보의 차이점을 기술하시오.

1-4 다음 10진수 값을 고정 소수점 표현 방식인 1의 보수로 나타내시오.

(1) 1 (2) 0

(3) −1024 (4) −66

(5) 32767 (6) −1

1-5 EBCDIC 코드를 설명하시오.

1-6 ASCII 코드에 대해 설명하시오.

1-7 자료 구조가 사용되는 분야와 필요성을 기술하시오.

1-8 10진수를 표현할 수 있는 존 10진수(zone decimal)와 팩 10진수(pack decimal)에 대하여 설명하시오.

1-9 다음 4바이트 내용으로 표현할 수 있는 모든 자료 표현의 유형을 나타내시오.

F2	F3	F4	D5

1-10 +1234와 −1234를 unpack decimal 형식으로 나타내시오.

제 2 장

알고리즘과 배열

2.1 알고리즘

자료 집합을 컴퓨터에 의해 처리하고자 할 때, 컴퓨터에 의한 자료 처리를 단계별로 기술한 것을 알고리즘(algorithm)이라고 정의하며, 어떤 문제를 해결할 알고리즘이 있다는 것은 주어진 입력 자료를 가지고 충분한 시간과 기억 장소가 허용된다면 일련의 명령을 수행하여 원하는 결과를 만들어내는 컴퓨터 프로그래밍이 존재한다는 것을 의미한다. 전산학에 대한 이 정의에서는 알고리즘이 기본적으로 사용되기 때문에 이 알고리즘에 대한 좀 더 정확한 정의를 내릴 필요가 있다.

정의 알고리즘이란 특정한 일을 수행하는 명령어들의 유한 집합이다. 이와 같은 모든 알고리즘은 다음과 같은 조건을 만족해야 한다.

① 입력(input) : 외부에서 제공되는 자료가 있을 수 있다.

② 출력(output) : 적어도 한 가지 이상의 결과가 생성된다.

③ 명백성(definiteness) : 각각 명령들은 명확해야 하며 모호하지 않아야 한다.

④ 유한성(finiteness) : 어떤 경우에도 알고리즘의 명령대로 수행하면 한정된 수의 단계 뒤에는 반드시 종료된다.

⑤ 효과성(effectiveness) : 모든 명령들은 종이와 연필만으로도 수행될 수 있는 기본적인 것이어야 한다. 그리고 모든 명령들은 명백하며 실행 가능한 것이어야 한다.

2.1.1 알고리즘 언어

알고리즘은 동일한 문제에 대해서도 여러 가지로 기술될 수 있다. 따라서 알고리즘 기술 언어를 선택하는 것은 어려운 일이다. 현재 사용하고 있는 언어는 FORTRAN, ALGOL, PASCAL, PL/I, LISP, COBOL 등이 있다. 이런 언어들중 어떤 것은 다른 언어에 비해 장점이 있을지 모르나, 이중 어느 특정 언어를 알고리즘 기술 언어로 선택하면 여러 가지 어려움이 생긴다. 그것은 첫째로 알고리즘은 무엇보다도 먼저 어느 특정 언어의 특성을 고려하지 않고 작성할 수 있어야 한다. 둘째로 어떤 언어는 우리가 논의하고자 하는 기법을 이미 갖추고 있으므로 어떤 무엇을 작성하려고 할 때 자연적으로 기존 기법을 사용하고 의존하게 된다. 셋째로 각 언어마다 추종자와 비평자가 있기 마련인데 어떤 사람이 어느 특정 X라는 언어를 모른다거나 좋아하지 않는다고 해서 그 사람을 제외시켜서는 안된다.

따라서 우리는 알고리즘을 기술하는데 적절하게 만들어진 언어를 사용하려 한다. 이 언어를 사용하면 언어의 여러 기능 가운데 실제로 사용하지 않는 기능을 정의할 필요가 없게 된다. 여기서 사용될 언어는 앞에서 언급한 언어들과 유사하므로 쉽게 다른 언어로 변환할 수 있다는 것이다. 이 언어를 SPARKS(Structured Programming : A Reasonably Komplete Set, Smart Programmings Are Required to Know SPARKS)라 한다. 알고리즘을 C 언어로 구현한 프로그램은 부록을 참조하기로 한다.

〈표 2-1〉 연산 기호

종류	연산 기호	의미
산술 연산자	^	지수승
	*	곱셈
	/	나눗셈
	+	덧셈
	−	뺄셈
관계 연산자	=	같다
	≠	같지 않다
	>	크다
	≥	크거나 같다
	<	작다
	≤	작거나 같다
논리 연산자	¬	논리 부정(NOT)
	∧	논리곱(AND)
	∨	논리합(OR)

알고리즘 언어에서 이용되는 문은 배정문, 제어문, 반복문 등에 대한 명령문이 있다.

1) 배정문(assignment statement)

배정문은 상수나 변수 혹은 연산식의 결과를 변수에 할당하는 문장으로 ← 기호를 사용한다. 어떤 값을 할당할 때는 다음과 같이 표시된다.

a ← b

여기서 a는 변수, b는 상수, 산술식, 논리식이 될 수 있다. 또 어떤 2개의 변수에 할당한 값을 교환할 때는 다음과 같이 표현한다.

a ↔ b

동일한 값을 여러 개의 변수에 할당하는 다중 배정문은 다음과 같이 표현한다.

a ← b ← c

2) 제어문(control statement)

제어문은 프로그램 실행 순서를 변경하는 문장으로서 프로그램에서는 빼놓을 수 없는 매우 중요한 문으로 다음과 같이 사용할 수 있다.

① if 문

```
if (조건식)
    문장-1;
다음 문장;
```

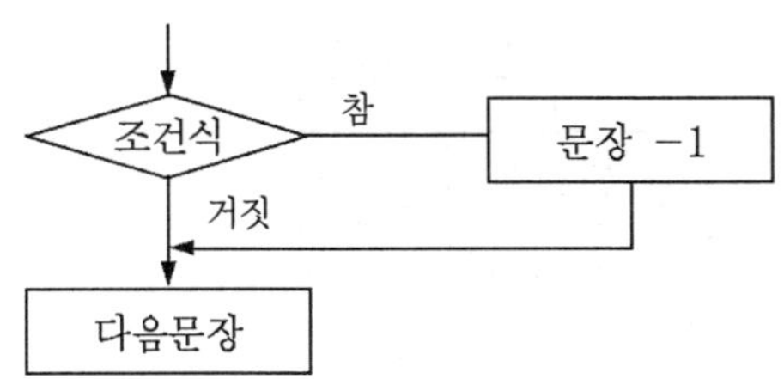


```
if (조건식)
    문장-1;
  else
    문장-2;
```

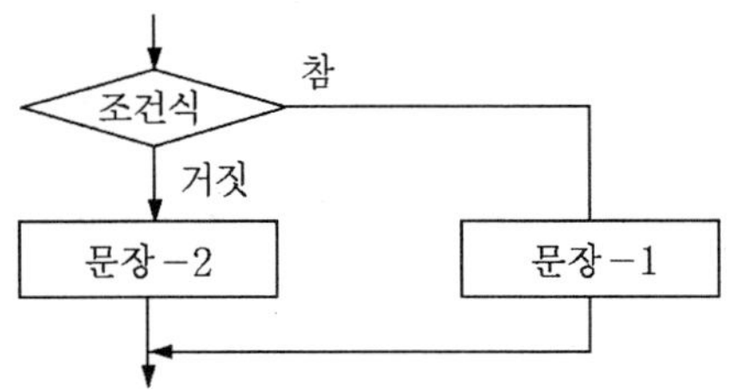

② case문

if else는 두 방향으로만 분기할 수 있는 반면 case문은 여러 방향으로 실행을 분기할 수 있으며 BASIC의 ON~GOTO문과 FORTRAN의 GOTO문보다 훨씬 강력한 다중 분기 명령으로 형식은 다음과 같다.

```
case
    : 상수-1 : 문장-1
    : 상수-2 : 문장-2
        ⋮
    : 상수-n : 문장-n
end
```

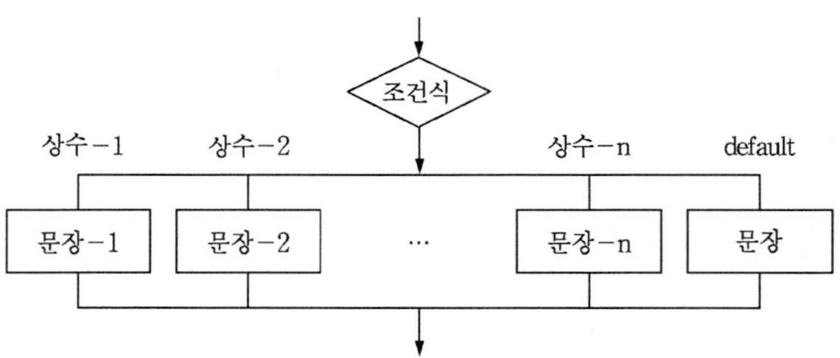

3) 반복문(iterative statement)

① while문

while문은 그 횟수가 정해져 있지 않고 지정한 조건식이 참이면 계속적으로 실행하는 반복문이다. while문의 형식과 순서도는 다음과 같다.

```
while (조건식) do
    문장;
```

```
end
```

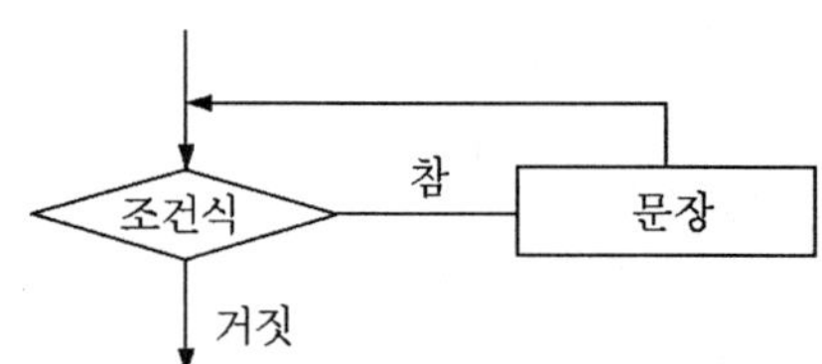

② for문

for문은 지정한 반복 횟수만큼 실행하는 반복문이다. for문의 형식과 순서도는 다음과 같다.

```
for 변수 ← 초기값 to 최종값 by 증가치 do
   문장;
end
```

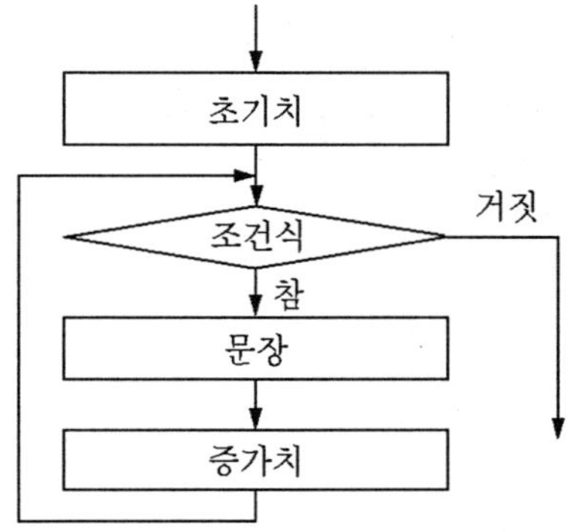

③ loop문

while문이나 repeat문과 비슷한 형태로 사용할 수 있는 명령문이 loop~forever문이다. 이 명령문은 무한 루프(loop)를 나타내고 있는 듯하지만, 이 문장 내에 loop~forever를 벗어나기 위해서는 goto나 exit문을 사용하고, if문을 사용해야 한다.

```
loop
   문장-1;
   if 조건식
   문장-2;
forever
```

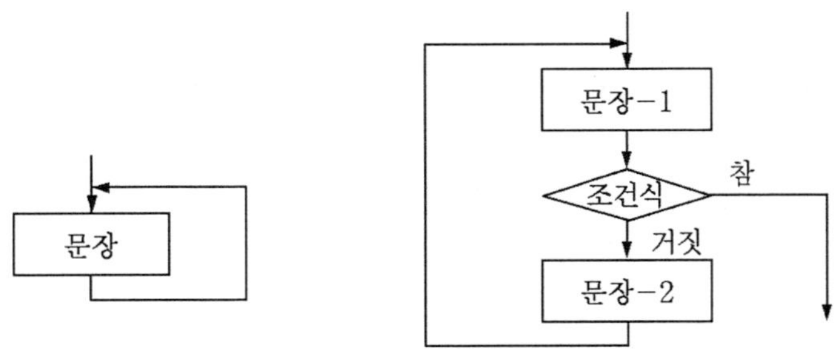

2.1.2 알고리즘의 표현과 순서도

1) 알고리즘 표현

알고리즘은 여러 가지 방법으로 기술되거나 표현될 수 있다. 우리가 일상적으로 사용하는 말이나 글을 이용하는 자연어(natural language) 기술 방법이 있다. 그러나 자연어 기술 방법은 말과 글이 지니는 애매모호한 성질 때문에 알고리즘의 조건 중 명확성을 지키지 못할 가능성이 있다. 다음은 두 변수와 이 변수에 수행할 연산자(+, -, *, /)를 입력받고 지정된 연산을 수행한 후 결과 변수에 넣어 출력하는 알고리즘을 자연어 기술 방법으로 표현한 것이다.

알고리즘 시작
1. 두 변수 A, B에 입력 받는다.
2. 연산자(+, -, *, /)를 입력 받는다.
3. 연산자에 따라 연산을 수행하고 결과를 변수 C에 넣는다.
4. C를 출력한다.
알고리즘 끝

〈그림 2-1〉 자연언어를 이용한 알고리즘

또 다른 알고리즘의 표현 방법으로는 순서도(flowchart)나 NS(Nassi- Schneiderman) 도표와 같은 그래픽적인(graphical) 표현 방법이다. 예를 들어, 순서도를 이용한 방법은 각 수행과정을 박스에 넣고, 다음 단계를 화살표로 표시한다. 모양이 다른 박스는 서로 다른 동작을 나타낸다. 그러나 순서도 표현 방법은 복잡하고 대규모의 알고리즘을 표현하기 곤란하다는 문제점과 함께, 읽기 곤란하고, 변경하기 곤란하다는 문제점이 있다.

자연어 기술 방법과 그래픽적인 표현 방법을 쓰는 것보다 좀 더 개선된 방법으로는 의

사 코드(pseudo code) 기술 방법이 있다. 의사 코드는 자연어 기술 방법을 보다 단순하게 한 것으로서 프로그래밍 언어의 문법을 적용하여 쉽게 프로그래밍 할 수 있다는 장점이 있으며, 언어 독립적인 특징과 기계 독립적인 특징이 있다. 알고리즘 작성을 위한 의사 코드는 컴퓨터가 수행할 수 있는 명령어 문장과 관련이 되며 어느 누가 읽더라도 같은 생각을 할 수 있도록 명확해야 한다. C와 Pascal과 같은 프로그래밍 언어를 적용하여 알고리즘을 기술하는 방법이 있다. <그림 2-2>를 C언어를 이용하여 기술하면 <그림 2-3>과 같다.

```
START
        read(a,b)
        read(op)
        if (op=='+') then c = a + b
        if (op=='-') then c = a - b
        if (op=='*') then c = a * b
        if (op=='/') then c = a/b
        print(c)
END
```

〈그림 2-2〉 의사코드를 이용한 알고리즘

```
main()
{
        int a, b, c;
        char op;
        printf("Input two numbers : ");
        scanf("%d %d", &a, &b);
        printf("Input an operator : ");
        scanf("%c", &op);
        if (op=='+') c = a + b;
        if (op=='-') c = a - b;
        if (op=='*') c = a * b;
        if (op=='/') c = a / b;
        printf("%d %c %d = %d\n", a, op, b, c);
}
```

〈그림 2-3〉 C 언어를 이용한 알고리즘

2) 순서도

알고리즘(algorithm)을 쉽게 알아 볼 수 있도록 일련의 명령어들의 실행 순서를 정해진 기호를 사용하여 프로그램언어, 사용하고자 하는 컴퓨터 기종에 관계없이 객관적으로 그림으로 나타낸 것을 순서도(flowchart)라 한다. 즉 순서도는 처리 방법, 작업의 흐름, 순서 등을 정해진 기호로 표현한 것으로 프로그램 설계도라 할 수 있다.

(1) 순서도의 종류

① 시스템 순서도(system flowchart)

시스템 분석가가 시스템의 관계를 표현하는 순서도로 데이터의 발생으로부터 최종 결과에 이르기까지 전체 과정을 데이터의 흐름 중심으로 표현한 것이다.

② 프로그램 순서도(program flowchart)

컴퓨터 내부에서 수행되는 처리 과정을 표현하는 것으로 프로그램 논리를 나타낸다.

③ 범용 순서도(general flowchart)

기계화 시스템의 종합적 이해를 쉽게 하고, 설계, 조정, 추진, 개선을 원활히 하기 위해 기계화 과정에 대한 입·출력 또는 이에 대한 데이터의 관련 및 처리의 흐름을 명시한 것이다.

④ 상세 순서도(detail flowchart)

순서도에 의한 프로그램의 기능에 대한 표현 수법의 하나이며, 개략 순서도가 비교적 대체적으로 기술한 것인데 비해 상세하게 순서, 처리 등을 기술한 것을 말한다.

⑤ 처리 순서도(process flowchart)

입력 변환, 계산, 분류, 병합, 대조, 갱신, 출력 변환 등의 처리 공정 단위를 서로 관련을 갖게 하여 도식화한 것이다.

(2) 순서도 기호

① 기본 기호(base symbols)

② 프로그래밍 관계 기호(symbols related to programming)

③ 시스템 관계 기호(symbols related to system)

2.1.3 함수호출과 매개변수 전달

1) 함수문

어떤 문제를 처리하는 프로그램을 작성할 때, 한 개의 프로그램으로 구성하는 것 보다 처리할 작업별로 작은 부프로그램으로 나누어 구성하면 프로그램의 크기가 줄어들고 수정과 관리가 쉬워진다. 또한 이 프로그램에서 사용한 부프로그램을 다른 프로그램에서도 재사용할 수 있다. 이렇게 작업별로 모듈화하여 만든 부프로그램을 함수(function)라고 한다. 함수는 독립적으로 실행되며, 함수 호출을 통해서 다른 함수나 프로그램과 연결한다.

함수의 형식은 다음과 같다.

```
함수이름(매개변수)
    명령문;
    명령문:
    . . . .
    return  결과값;
end
```

return은 함수의 실행 결과값을 함수를 호출한 위치로 반환하고, end 문으로 함수의 실행이 끝난다. 간단한 함수 호출과 실행 및 결과값 반환에 대한 제어 흐름을 아래와 같이 표현할 수 있다.

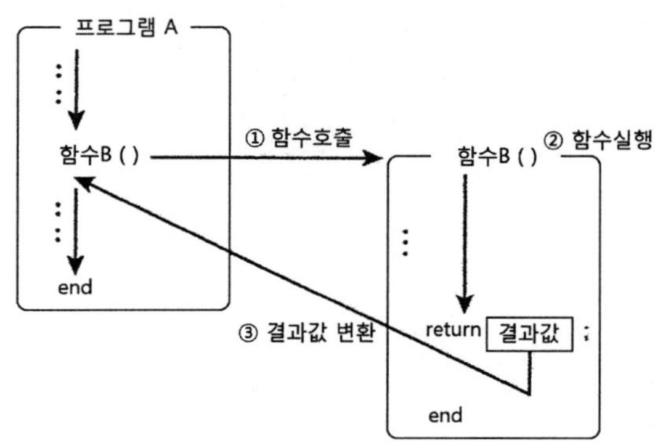

2) 매개변수 전달

호출함수(call function)에서 피호출함수(called function)에 변수들을 연결시켜 그 값을 다시 주프로그램으로 넘겨주는 경우가 있다. 이때 사용하는 방법으로는 call-by value, call-by name, call-by reference 등을 고려해볼 수가 있다.

(1) call-by value

call-by value 기법은 호출된 부프로그램 자신이 형식 매개 변수(formal parameter)에 해당되는 기억 장소를 별도로 유지하는 방법이다. 이 경우 호출한 주프로그램이 실제 매개 변수(actual parameter)에 해당되는 주소를 보내면 호출된 부프로그램은 이 주소를 가지고 실제 매개 변수값을 구한 후 자신이 보유하고 있는 형식 매개 변수의 기억 장소에 복사해서 다른 지역 변수와 동일하게 취급하여 사용한다. 그러므로 call-by value 기법에서는 실매개 변수값이 어떤 경우라도 변하지 않는다. 예를 들면, 다음과 같다.

```
procedure PROC(x, y, z)
begin
    y = y + 1;
    z = z + x;
end PROC
begin
    a = 2;
    b = 3;
    PROC(a+b, a, a);
    print a
end
```

주프로그램의 a=2, b=3이면, a+b=5, a=2이므로 부프로그램에 대응되는 값은 x=5, y=2, z=2이고, 계산된 값은 x=5, y=2+1=3, z=2+5=7이다. call-by value에서는 y, z의 값이 변하더라도 a, b의 값은 변하지 않는다. 즉 a=2, b=3, x=5, y=3, z=7의 결과가 된다.

(2) call-by reference

call-by reference 기법에 의한 매개 변수 전달은 실제 매개 변수에 해당되는 주소를 대응되는 형식 매개 변수로 보내는 방법이다. 먼저 호출한 프로그램은 사용된 실제 매개 변수가 수식인지를 판가름하여 만일 수식이라면 그 값을 계산해서 임시 기억 장소에 저장한다. 그리고 나서, 실제 매개 변수를 조회할 수 있도록 그 주소값들을 호출당한 부프로그램으로 전달한다.

이 과정을 예를 들어 설명하면 다음과 같다.

```
procedure PROC(x, y, z)
begin
    y = y + 1;
    z = z + x;
end PROC
begin
    a = 2;
    b = 3;
    PROC(a+b, a, a);
    print a
end
```

주프로그램의 a+b=5, a=2이므로 x=5, y=z=2이다. y=y+1에서 x=5, y=z=3이고, z=z+x에서 x=5이고 y=z=8이다. y=z=a이므로 결과는 a=8이다.

(3) call-by name

형식 매개 변수의 이름이 사용될 때마다 그에 대응되는 실매개 변수 그 자체가 사용된 것처럼 다시 계산되어 시행하는 방법은 call-by name 기법에서 사용하고 있다. 그러므로, 형식 매개 변수가 사용된 모든 자리에 실제 매개 변수를 그대로 복사(copy)한 것처럼 간주하면 된다. 다음 예에서 좀 더 구체적으로 살펴보자.

```
procedure PROC(x, y, z)
begin
    y = y + 1;
    z = z + x;
end PROC
```

```
begin
     a = 2;
     b = 3;
     PROC(a+b, a, a);
     print a
end
```

주프로그램의 a+b, a, a를 부프로그램의 x, y, z와 같은 변수로 취급한다. 즉 y=y+1 ⇒ a=a+1이므로 3=2+1, z=z+x ⇒ a=a+a+b이므로 9=3+3+3이다. 그러므로 a=9이다.

call-by name 기법은 다른 매개 변수 전달 기법에 비하여 구현하기도 난해할 뿐만 아니라, 이 기법을 사용하여 프로그램을 작성하거나 또는 이 기법이 사용된 프로그램을 읽기가 난해하다. 그러므로 call-by name 기법은 최근에 설계된 중요 프로그래밍 언어들에서는 사용되지 않는다.

2.1.4 프로그램 작성 단계

컴퓨터의 기본 과정을 마친 사람이라면 누더기 식의 프로그래밍은 피할 수 있어야 한다. 이 누더기식 방법은 일단 프로그램을 작성해 놓고 나서 동작하도록 한다는 철학에 기반을 둔 것이다. 하지만 놀랍게도 지금까지 많은 프로그래머들이 이 방법을 사용하고 있으며 결과적으로 하루에 5~10줄의 정확한 코드밖에 작성할 수 없었다. 그래서 이것을 개선하려면 프로그램을 구성하는 단계가 필요하다.

이러한 프로그램을 작성하는 단계는 요구 사항(requirements), 설계(design), 분석(analysis), 순서도와 코딩(flowchart and coding), 검증(verification)과 문서화 작성(documentation) 단계를 따른다.

① 요구 사항 : 주어진 정보(입력)와 생성할 결과(출력)를 이해해야 한다. 모든 결과에 대한 입출력의 정확한 기술을 성문화하도록 시도하는 것이 중요하다. 알고리즘을 설계하는 것은 사용하려고 하는 프로그래밍 언어와는 무관하게 할 수 있다. 이것은 자료를 표현하는 방법이나 사용될 명령문들에 대한 고려에 앞서 작업 처리의 순서에 더욱 집중할 수 있다는 점에서 바람직하다.

② 설계 : ①항에서 요구 사항들에 대해 해결할 수 있는 알고리즘과 처리의 형태에 대

해서 만들어 주어야 할 것이다.

③ 분석 : 또 다른 알고리즘을 고려해 볼 수 있다면 그것을 기술해 놓고 두 방법을 비교해 본다. 그러면 한 알고리즘이 다른 알고리즘보다 효율적이라는 것을 알 수 있을 것이다. 만일 두 알고리즘을 구별해낼 수 없다면 우선 하나를 동작시켜 본 후에 다음 것을 동작시켜 본다.

④ 순서도와 코딩 : 문제를 해결하기위한 알고리즘을 이용하여 논리적인 과정과 흐름의 방향 및 처리 방법을 기술해야만 한다. 즉 처리 순서를 구분하여 작업 전체의 흐름을 손쉽게 파악할 수 있도록 한다. 이와 같이 순서도가 완성되면 그 순서에 따라 명령문을 기술해 나가는 것을 코딩이라고 한다.

⑤ 검증 : 검증에는 프로그램 증명(program proving), 검사(testing), 오류 수정(debuging) 등 세 가지가 있다. 프로그램을 수행시키기 전에 우선 그 프로그램의 정확성을 증명해야 한다. 프로그램의 증명은 다른 증명과 다를 바 없으며 단지 대상이 다를 뿐이다. 만일 정확한 증명을 할 수 있다면 가능한 모든 경우의 입력에 대해 프로그램과 프로그램의 명세가 일치한다는 것이 확인되어야 한다. 검사는 프로그램에 수행시킬 표본 자료를 만드는 기술이다. 프로그램이 정확하게 산출하지 못하면 잘못된 위치를 찾고 교정할 수 있는 오류 수정 방법이 필요하다. 수많은 검사보다 효과적이지만 증명하는 것은 아주 어렵다. 증명 과정에서는 프로그램의 오류도 발견되는데 이러한 잘못이 교정되지 않으면 증명이 완료될 수 없다. 이것은 프로그램 증명을 또 다른 용도에 사용한 것으로서, 증명은 오류 발견을 위한 방법으로도 사용된다는 것을 말해 준다.

2.1.5 프로그램의 분석 방법

프로그램을 분석하는 목적은 작성된 프로그램의 수행 시간을 예측하고 확인함으로써 좀더 빠른 시간에 수행할 수 있는 프로그램을 만들 수 있게 하는 것이다. 프로그램의 수행 시간 계산에는 최악의 경우(worst case)에 대한 것과 평균의 경우(average case) 계산 시간을 계산해야만 한다. 프로그램의 성능을 평가하는 측정 기준으로서 알고리즘의 수행 시간과 명령의 실행 빈도수, 기억 공간(space) 등을 들 수가 있다. 이때 알고리즘을 기술하는 알고리즘 언어나 프로그래밍 언어 혹은 사용하는 컴퓨터에 따라 수행 시간이 달라질 수 있다.

따라서 알고리즘의 수행 시간을 정확하게 분석하는 것은 쉽지 않다. 그러므로 우리는 이러한 가변 요소에서 발생하는 시간의 차이를 무시한 상태에서 대략적인 프로그램 수행 시간을 구하여야 한다. 여기서 병렬 수행(parallelism)은 고려되지 않는다. 아래에 나타난 세 가지 예를 생각해 보자.

```
(a)
  :
x ← x + 1
  :
  :
  :

(b)
  :
for i ← 1 to n do
   x ← x + 1
end

(c)
  :
for i ← 1 to n do
   for j ← 1 to n do
      x ← x + 1
        :
   end
end
```

(a) (b) (c)

프로그램 (a)에서 x←x+1이라는 문장이 어떤 루프에도 속해 있지 않다고 가정하면, 그 빈도수는 1이 될 것이다. 프로그램 (b)에서는 x←x+1이 n번, 프로그램 (c)에서는 n^2번($n \geq 1$) 수행될 것이다. 수행에 대한 분석에서는 주로 알고리즘의 연산 차수(degree)를 결정하는데 관심이 있다. 이것은 최대의 빈도수를 가진 명령문을 결정하는 것을 의미한다. 차수를 결정하기 위해 $\sum_{i=1}^{n} 1$, $\sum_{i=1}^{n} i$, $\sum_{i=1}^{n} i^2$과 같은 공식이 자주 사용된다.

이때 (c)의 예와 같이 x=x+1을 수행하는 경우에는 다음의 횟수만큼 수행된다.

$$\sum_{i=1}^{n}\sum_{j=1}^{n} 1 = \sum_{i=1}^{n} n = n^2$$

위의 세 가지 경우에 알려진 형태로는 다음과 같다.

$$\sum_{i=1}^{n} 1 = n, \quad \sum_{i=1}^{n} i = \frac{n(n+1)}{2}, \quad \sum_{i=1}^{n} i^2 = \frac{n(n+1)(2n+1)}{6}$$

일반적으로 $\sum_{i=1}^{n} ik = \frac{n^{(k+1)}}{k+1}$ + 낮은 차수의 합들($k>=0$)이다.

프로그램에 대한 차수 연산을 결정하는 방법은 각 명령문의 수행 빈도수를 곱한 것으로 결정한다. 만일 프로그램의 연산 수치를 서로 다른 여러 개의 항목으로 표현한다면 그 중에서 가장 높은 항을 택하여 연산 수치를 결정한다.

다음에 주어진 프로그램의 연산 수치를 알아보자.

```
1  x ← x  + 1
2  for i ← 1 to n do
3     x ← x + 1
4  end
5  for i ← i to n do
6     for j ← 1 to n do
7     x ← x + 1
8     end
9  end
```

위의 프로그램에서 1번 단계에 대한 연산 차수는 1이고, 2~4번 단계에 대한 연산 차수는 n이며, 5~8번 단계 사이의 연산 차수는 n^2이다.

연산 차수 $= 1 + n + n^2 \approx n^2$

그러므로 위의 프로그램 연산 차수는 n^2이 된다.

프로그램 차수는 상수를 무시하고 O(n)이라 쓴다. 이 표현은 차수가 n에 비례한다는 것을 뜻한다. f(n) = O(g(n)) (f · fn은 "bio-oh" of g of n이라고 읽음)이라는 표시의 정확한 수학적 정의는 다음과 같다.

정의 모든 $n \geq n_0$에 대해 $|f(n)| \leq c\,|g(n)|$ 인 2개의 상수, c와 n_0이 존재하기만 하면 f(n)= O(g(n))이다.

f(n)은 일반적으로 알고리즘의 연산 시간을 나타낸다. 흔히 프로그램의 복잡도(time complexity)를 나타낸 식으로 볼 수 있는 것은 다음과 같다.

① O(1)은 연산 시간의 상수이다.

② O(logn)은 연산 시간의 로그 형태다.

③ O(n)은 연산 시간이 1차식(선형)이다.

④ O(nlogn)은 연산 시간이 nlogn이다.

⑤ $O(n^2)$은 연산 시간이 2차식(평방형)이다.

⑥ $O(n^3)$은 연산 시간이 3차식(입방형)이다.

⑦ $O(2^n)$은 연산 시간이 지수(지수형)로 나타난다.

즉 위의 계산 시간들은 다음과 같은 관계를 갖는다.

$$O(1) < O(\log n) < O(n) < O(n\log n) < O(n^2) < O(n^3) < \cdots < O(2^n)$$

여기서 오른쪽으로 갈수록 n이 커짐으로써 수행 시간이 급격히 증가되므로 별로 좋지 않음을 나타내고 있다. 이것을 함수로 나타내면 <표 2-2>와 <그림 2-4>에서 변하는 상태를 볼 수 있다.

〈표 2-2〉 크기에 따른 연산 시간

logn	n	nlogn	n^2	n^3	2n
0	1	0	1	1	2
1	2	2	4	8	4
2	4	8	16	64	16
3	8	24	64	512	256
4	16	64	256	4095	65536
5	32	160	1024	32768	4294967296

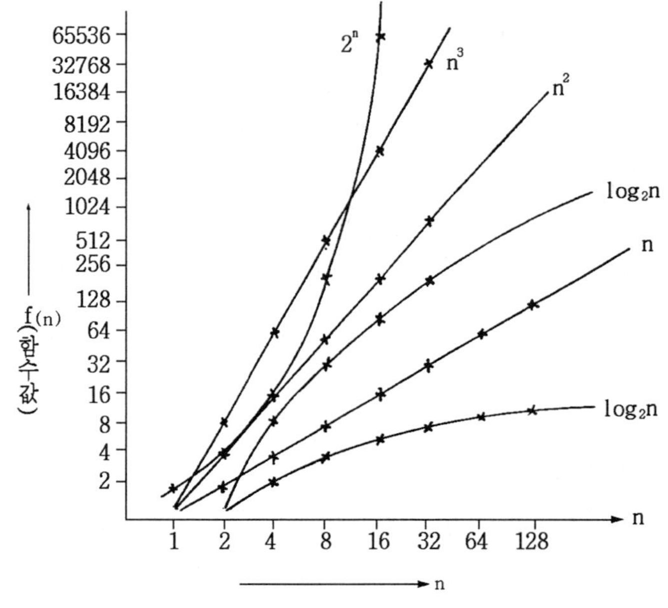

〈그림 2-4〉 연산 시간의 변화 관계

2.2 배열(Array)

2.2.1 배열의 구조

대부분의 프로그래밍 언어가 배열로 자료 구조를 표현하고 있다. 그러나 배열은 반드시 연속적인 기억 장소가 이웃하여 위치한 집합(set)이라고 정의할 수는 없다. 왜냐하면 배열은 인덱스와 값의 쌍들로 구성되는 집합이기 때문이다. 즉 배열은 정해진 인덱스(index : 일명 첨자) 각각에 대하여 대응되는 하나의 값을 갖는다. 배열은 사용하는 인덱스에 따라 1차원 배열, 2차원 배열, 3차원 배열 등이 있다.

가장 간단한 형태가 동일 원소들의 순서적인 유한 집합이라고 정의할 수 있는 1차원 배열(one-dimensional array)이다. 여기서 "유한"이란 말은 원소의 수가 정해져 있어야 한다는 뜻이다. 1차원 배열은 쉽게 구현할 수 있다.

a (1)
a (2)
⋮
a (99)
a (100)

〈그림 2-5〉 1차원 배열의 표현

배열은 정보를 저장하는 연산과 검색하는 연산 두 가지가 있다. 저장 연산은 배열 a, 인덱스 i, 그리고 성분 x를 받아들인다면 a(i)←x로 표현한다. 배열 인덱스의 가장 작은 원소를 하한(LB : Lower Bound)이라고 하고, 가장 큰 원소를 상한(UB : Upper Bound)이라고 한다. 배열에 있는 배열의 개수는 UB−LB+1이다.

1차원 배열에서 특정 원소의 위치(주소)는 a(1)의 주소를 기본 주소(base address)라고 할 때 다음과 같이 구할 수 있다.

a(i)의 주소 = 기본 주소 + (i − LB) × k

여기서 기본 주소는 배열이 시작되는 첫 번째 주소이며, i는 찾고자 하는 원소의 인덱스이다. 또 k(length)는 각 원소가 차지하는 크기를 나타낸다.

2차원 배열은 행(row)과 열(column)을 갖는 행렬 형태의 배열로서, 배열은 원소를 참조하기 위해 행과 열에 대한 2개의 인덱스가 사용되며, 3차원 배열은 면(plane), 행, 열을 갖는 배열로서 배열 원소를 참조하려면 면, 행, 열에 대한 3개의 인덱스가 필요하다.

C 언어에서는 행 우선(row major)의 2차원 배열을 제공하고 있는데 행 우선이 아닌 열 우선(column major)의 2차원 배열을 제공하는 FORTRAN 언어도 있다.

	열 0	열 1	열 2
행 0	a(0, 0)	a(0, 1)	a(0, 2)
행 1	a(1, 0)	a(1, 1)	a(1, 2)

(a) C 언어

	열 1	열 2	열 3
행 1	A(1, 1)	A(1, 2)	A(1, 3)
행 2	A(2, 1)	A(2, 2)	A(2, 3)

(b) FORTRAN 언어

〈그림 2-6〉 2차원 배열의 표현

다음 <그림 2-7>에서는 선언된 2개의 2차원 배열을 C 언어에서는 행 우선 방식으로 기억 장소에 저장하고, FORTRAN에서는 열 우선 방식으로 기억 장소에 저장하는 것을 나타내고 있다.

a(0, 0)
a(0, 1)
a(0, 2)
a(1, 0)
a(1, 1)
a(1, 2)

(a) 행 우선 기억 장소 할당

A(1, 1)
A(2, 1)
A(1, 2)
A(2, 2)
A(1, 3)
A(2, 3)

(b) 열 우선 기억 장소 할당

〈그림 2-7〉 2×3 배열에 의한 기억 장소 할당

C 언어에서처럼 행 우선 표현 방식은 <그림 2-7>의 (a)와 같이 먼저 같은 행을 우선으로 기억 장소가 할당되지만 열 우선 표현 방식은 같은 열을 우선으로 기억 장소가 할당된다. 행 우선으로 저장되는 2차원 배열에서 특정 원소 a(i, j)의 주소는 a(0, 0)의 주소를 기본 주소라 할 때 다음과 같이 위치를 알 수 있다.

a(i, j)의 주소 = 기본 주소 + $k((i - LB_1) \cdot r + (j - LB_2))$

이 공식에서 k는 각 기억 장소가 차지하는 기억 장소 크기이며, r은 각 행의 원소의 개수, 그리고 LB_1과 LB_2는 행의 하한값과 열의 하한값을 나타내고 있다. 열 우선으로 저장하는 2차원 배열에서 특정 원소 A(I, J)의 주소는 다음과 같이 계산된다.

A(I, J)의 주소 = 기본 주소 + $k((J - LB_2) \cdot c + (I - LB_1))$

이 공식에서 사용되는 c는 각 열의 원소의 개수를 의미한다.

3차원 배열은 면, 행, 열을 갖는다. 즉 3차원 배열은 인덱스를 3개 갖게 된다.

즉, a(2, 3, 4)는 2면으로 구성된 것으로서, 각 면당 3행 2열이 존재함을 의미한다.

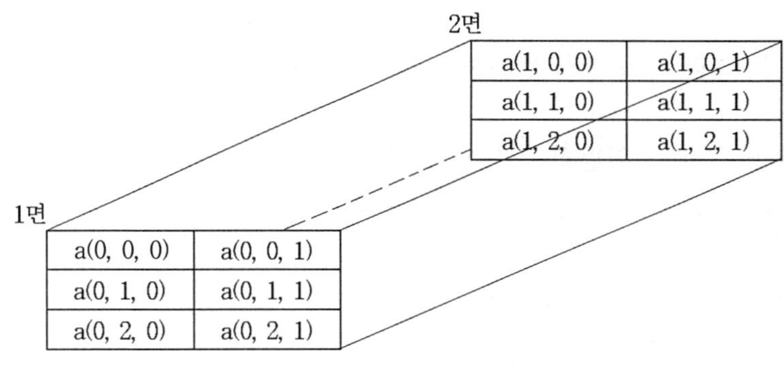

〈그림 2-8〉 3차원 배열의 표현

행 우선으로 저장된 3차원 배열에서 특정 원소 a(i, j, n)의 주소는 다음과 같이 계산된다.

a(i, j, n)의 주소 = 기본 주소 + $k(i - LB_1) \cdot r \cdot c + (j - LB_2) \cdot r + (n - LB_3))$

이 식에서 a(0, 0, 0)의 주소를 기본 주소라 하고, c는 각 열의 원소의 수, r은 각 행의 원소의 수, LB_1, LB_2, LB_3은 각각 면, 행, 열에 대한 하한값이다.

a (0, 0, 0)	
a (0, 0, 1)	
a (0, 1, 0)	1면
a (0, 1, 1)	
a (0, 2, 0)	
a (0, 2, 1)	
a (1, 0, 0)	
a (1, 0, 1)	
a (1, 1, 0)	2면
a (1, 1, 1)	
a (1, 2, 0)	
a (1, 2, 1)	

〈그림 2-9〉 행 우선 표현 방식으로 3차원 배열에 저장하는 값

앞에서 설명한 공식을 일반화하면, n차원의 배열에서 특정 원소의 위치를 계산할 수 있다. 다음과 같이 선언된 n차원 배열에 대하여

$a(u_1, u_2, u_3) \cdots (u_n);$

$a(i_1, i_2, i_3) \cdots (i_n);$의 주소는 다음과 같다.

① 행 우선

= 기본 주소$+k((i_1-LB_1)u_2u_3 \cdots u_n+(i_2-LB_2)u_3u_4 \cdots u_n+\cdots+(i_{n-1}-LB_{n-1})u_n+(i_n-LB_n))$

② 열 우선

= 기본 주소$+k((i_n+LB_n)u_1u_2 \cdots u_{n-1}+(i_{n-1}-LB_{n-1})u_1u_2 \cdots u_{n-2}+ \cdots +(i_2-LB_2)u_1+(i_1-LB_1))$

2.2.2 배열의 활용

배열은 실제적인 문제에서 발생하는 것을 수학적으로 표기하기 위해 많이 사용된다. 먼저 행렬에 대한 연산이 보다 효율적으로 수행되도록 배열을 이용하는 방법에 대해 알아보자. 행렬은 <그림 2-10>에서와 같이 m개의 행과 n개의 열로 구성된다.

(a)는 5개의 행과 3개의 열로 구성되어 있으며, (b)는 6개의 행과 6개의 열로 되어 있다. 일반적으로 이 m개의 행과 n개의 열로 된 행렬을 m×n으로 나타낸다. 이 행렬은 m×n개의 원소를 갖고 m과 n이 같은 행렬을 정방 행렬이라고 한다.

	열 1	열 2	열 3
행 1	−27	3	4
행 2	6	82	−0.3
행 3	109	-64	4
행 4	12	8	9
행 5	3.4	36	27

(a)

	열 1	열 2	열 3	열 4	열 5	열 6
행 1	15	0	0	22	0	−15
행 2	0	11	3	0	0	0
행 3	0	0	0	−6	0	0
행 4	0	0	0	0	0	0
행 5	91	0	0	0	0	0
행 6	0	0	28	0	0	0

(b)

〈그림 2-10〉 두 행렬의 예

	(1)	(2)	(3)
a(0)	6	6	8
a(1)	1	1	15
a(2)	1	4	22
a(3)	1	6	−15
a(4)	2	2	11
a(5)	2	3	3
a(6)	3	4	−6
a(7)	5	1	91
a(8)	6	3	28

〈그림 2-11〉 희소 행렬 표현 방법

특이한 행렬로서 희소 행렬(sparse matrix)을 들 수 있다. 희소 행렬인 경우 구성 원소들은 0이 무수히 많은 행렬, 즉 행렬에서 0이 차지하는 비중이 몇 % 이상 나와야 한다는 것은 없지만 0이 많다는 것을 의미한다. 이러한 행렬은 필요 없는 기억 장소를 많이 차지하므로 보통 행렬과는 다른 표현 방법을 사용한다. 일반 행렬에서 행과 열의 수가 대단히 많을 때, 즉 1,000행 1,000열인 경우는 행렬 전체를 기억 공간에 기억시키지 못한다. 이와 같은 문제점을 해결하기 위해서 0이 아닌 원소들만을 기억시키는 표현 방법이 필요하다. 행렬의 0이 아닌 원소들을 구하여 3개의 영역, 즉 (행, 열, 값)으로 희소 행렬을 기억시키는 것이다. 따라서 행 번호가 증가하는 순서로 저장하고 행이 같으면 열의 번호가 증가하는 순서로 저장한다. <그림 2-10>의 (b) 배열은 희소 행렬로 <그림 2-11>에서처럼 저장할 수 있다.

이 경우 a(0, 1)과 a(0, 2)는 행과 열의 수를 나타내며 a(0, 3)은 0이 아닌 원소의 수를 나타낸다. 이러한 행렬에 적용할 수 있는 연산인 전치 행렬(transpose matrix)을 구하는 연산에 대하여 알아보자. 전치 행렬은 모든 원소의 위치 (i, j)를 (j, i)로 옮기는 것이다. 즉 행과 열을 바꾸는 연산이다.

<그림 2-11>의 희소 행렬을 전치 행렬로 표현하면 다음과 같이 된다.

	(1)	(2)	(3)
b(0)	6	6	8
b(1)	1	1	15
b(2)	1	5	91
b(3)	2	2	11
b(4)	2	2	3
b(5)	3	6	28
b(6)	4	1	22
b(7)	4	3	−6
b(8)	6	1	−15

행렬 a는 행에 의해서 구성되어 있으므로 전치 행렬을 생성하기 위해서 다음과 같은 알고리즘을 고려해 볼 수 있다.

```
for (각 행 i에 대하여)
    원소(i, j, 값)을 전치 행렬(j, i, 값)에 저장한다;
```

이 알고리즘의 문제점은 a의 원소들이 선행하는 모든 원소가 처리될 때까지 전치 행렬의 어디에 위치할지를 모른다는 것이다. 예에서 살펴본 바에 같이 다음과 같은 결과를 얻게 된다.

(1, 1, 15) → (1, 1, 15)
(1, 4, 22) → (4, 1, 22)

이러한 원소들을 순서적으로 저장한다면 새로운 원소가 들어올 때마다 제 위치에 삽입하기 위해서 원소들을 이동시켜야 한다.

이 방법은 첫 번째 열에 있는 모든 원소를 전치 행렬의 1행에 저장하고, 그 다음 두 번째 열에 있는 모든 원소를 찾아서 전치 행렬의 2행에 저장하는 것이다.

완전한 알고리즘은 다음에 기술되어 있다.

[알고리즘 2-1] 전치 행렬

```
procedure TRANSPOSE(A, B)
  // A는 희소 행렬이다 //
  // B는 A의 전치 행렬이다 //
 1  (m, n, t) ← (A(0,1), A(0, 2), A(0, 3))
 2  B(0, 1), B(0, 2), B(0, 3) ← (n, m, t)
 3  if t ≤ 0 then return  // 0의 행렬인가 검사 //
 4      q ← 1  // q는 B에서 다음 항의 위치이다 //
 5      for col ← 1 to n do  // 열의 순으로 전치 //
 6        for p ← 1 to t do  // 0이 아닌 모든 항목에 대하여 //
 7          if A(p, 2) = col  // 해당하는 열이면 B의 다음 항으로 삽입 //
 8            then [(B(q, 1), B(q, 2), B(q, 3) ← (A(p, 2), A(p, 1), A(p, 3)) q ← q + 1]
 9        end
10      end
11  end TRANSPOSE
```

이 알고리즘에 대한 연산 시간을 알아보자. 1~4행의 수행 시간은 상수 시간이다. 5~10행의 반복 수행 횟수는 n번이고, 6~10행 루프는 t번 수행된다. 그러므로 총 수행 시간은 n · t이고, 이 알고리즘의 총 연산 시간은 O(nt)이다.

기억 장치는 행렬 a와 b에 필요한 메모리와 변수 n, m, p, q, t, col에 대한 일정량의 메모리가 필요하다. 그러나 일반적인 행렬은 n×m의 2차원 배열로 표현되므로 transpose 알고리즘의 최악의 연산 시간은 t가 n · m이므로 $O(n^2 \cdot m)$의 시간보다 더 나쁘다. 즉 메모리를 절약하기 위해서 많은 시간을 낭비한 것이다. 그러므로 약간의 메모리를 더 사용함으로써 연산 시간을 훨씬 줄일 수 있는 O(n+t) 알고리즘에 대해서는 실습문제로서 생각해 보기로 하자.

일차원 배열을 사용한 선형 리스트가 필요한 또다른 문제에 대해서 알아보자. 다항식을 기호로 표시하여 다항식을 조작할 수 있는 부프로그램을 만드는 것이다. 여기서 기호라는 것은 다항식에 있는 계수(coefficient)와 지수(exponential)들의 리스트를 뜻한다. 이러한 리스트는 순차 구조와 비순차 구조로서 표현이 가능한데 비순차 표현 방법은 제4장의 연결 리스트에서 논의하기로 하고 여기서는 순차 구조의 방법에 대해서만 살펴보기로 하자.

일반적인 다항식 A(x)는

$$A(x) = a_nX^n + a_{n-1}X^{n-1} + \cdots + a_1X + a_0$$

와 같이 쓸 수 있고, 여기서 an ≠ 0이면 A의 차수는 n이라고 한다. 이 경우 길이가 n+2인 1차원 배열을 이용해서 A(x)를 표시할 수 있다.

$$A = (n, a_n, a_{n-1}, \cdots, a_1, a_0)$$

첫 번째 원소는 A의 차수이고, 그 뒤로 지수들의 내림차순으로 n+1개의 계수들이 있다. 예를 들어, $A(x)=3x^2+2x+7$인 경우의 이 방법은 다음과 같다.

$$A = (3, 3, 0, 2, 7)$$

이러한 표현은 덧셈과 곱셈의 알고리즘을 매우 간단하게 만들 수 있고 각 항의 지수들을 저장하지 않아도 되나 가장 큰 단점은 상당한 메모리의 낭비가 있다는 것이다. 즉, $A(x)=x^{1000}+1$인 다항식을 표현하는 경우 다음과 같다.

$$A = (1000, 1, 0, 0, \cdots, 0, 1)$$

이와 같은 표현 방법에서는 0의 개수가 999개가 나타나게 된다. 앞의 다항식 A(x)에서 0이 아닌 계수만을 취한다면 다항식,

$$b_{m-1}X^{e_{m-1}} + b_{m-2}X^{e_{m-2}} + \cdots + b_0X^0$$

으로 된다. 여기서 b_i는 A의 0이 아닌 계수이며, 지수 e_i는 내림차순 $e_{m-1} > e_{m-2} > \cdots > e_0 \geq 0$이다. 만약 A의 모든 계수가 0이 아니면 m=n+1, $bi=a_i$가 된다$(0 \leq i \leq m)$.

이와 달리 a_n만이 0이 아닌 경우 m=1, $b_0=a_n$, $e_0=n$이 된다. 일반적인 다항식은 길이 2_{m+1}의 선형 리스트,

$(m, e_{m-1}, b_{m-1}, e_{m-2}, b_{m-2}, \cdots, e_0, b_0)$

으로 된다. 여기서 m은 0이 아닌 항의 수, 그리고 e_i, b_i는 지수와 계수쌍($0 \le i \le m$)이다.

$A(x)=3x^3+2x+7$인 경우 다음과 같이 표현된다.

A = (3, 3, 3, 1, 2, 0, 7)

그리고 $A(x) = x^{1000}+1$인 경우는

A = (2, 1000, 1, 0, 1)

로 표현된다. 계수를 다루기 전에 지수를 고려해야 하므로 기본 알고리즘은 좀더 복잡해진다. 그러나 메모리를 따져 본다면 비효율적이라고 할 수 없다. 예를 들어, $x^4+10x^3+2x^2+1$의 경우, 계수만으로 표기하면 (4, 1, 10, 2, 0, 1)이 되고 계수와 지수 쌍으로 표기하면 (4, 4, 1, 3, 10, 2, 2, 0, 1)로 표현할 수 있다.

이때 2배보다 약간 적은 메모리를 필요로 하게 된다. 그러나 $x^{1000}+1$인 경우는 첫 번째 표현 방법으로 나타내면 1,002개의 항목이 필요하고, 두 번째 방법으로 나타내면 5개의 항목이 필요하므로 첫 번째 방식은 200배가 넘는 메모리를 필요로 한다. 그러므로 여기서는 계수와 지수쌍으로 나타낸다. 이러한 자료 구조에 의한 다항식의 덧셈 알고리즘은 다음과 같다.

[알고리즘 2-2] 다항식의 덧셈

```
padd (A, B, C)
 // A(1 : 2m+1), B(1 : 2n + 1), C(1 : 2(m+n)+1) //
 m ← A(1);  n ← B(1)
 p ← q ← r ← 2
 while p ≤ 2m and q ≤ 2n do
    case  // 지수 비교 //
       : A(p) = B(q): C(r+1) ← A(p+1) + B(q+1)  // 계수를 더한다 //
                 if C(r+1) ≠ 0
                    then [C(r) ← A(p); r ← r + 2]  // 지수를 저장한다 //
                 p ← p + 2;  q ← q + 2  // 다음 항으로 이동 //
```

```
        : A(p) < B(q) : C(r+1) ← B(q+1); C(r) ← B(q) // 새로운 항을 저장한다
                q ← q + 2;    r ← r + 2  // 다음 항으로 이동 //
        : A(p) > B(q): C(r+1) ← A(p+1); C(r) ← A(p)  // 새로운 항을 저장한다 //
                p ← p + 2;    r ← r + 2  // 다음 항으로 이동 //
      end
   end
   while p ≤ 2m do  // A의 나머지 항을 복사 //
        C(r) ← A(p); C(r+1) ← A(p+1)
        p ← p + 2; r ← r + 2
   end
   while q ≤ 2n do  // B의 나머지 항을 복사 //
        C(r) ← B(q); C(r+1) ← B(q+1)
        q ← q + 2; r ← r + 2
   end
   C(1) ← r/2 - 1  // 더해진 다항식의 함수 //
end PADD
```

이 알고리즘은 첫 번째 while문의 p, q 값이 2m, 2n을 초과하는 경우 반복이 끝나므로 최대 반복 횟수는 m+n-1이 된다. 그리고 두 번째 while문은 최대 m번 반복하고, 세 번째 while문도 최대 n번 반복하므로 이 알고리즘의 연산 시간은 O(m+n)이 된다.

이제 메모리의 낭비를 막기 위해서 하나의 배열 poly에 모든 다항식을 저장시키는 방법에 대해서 알아보자.

예를 들어 2개의 다항식, $A(x) = 2x+3$, $B(x) = x^2+5x+3$인 경우

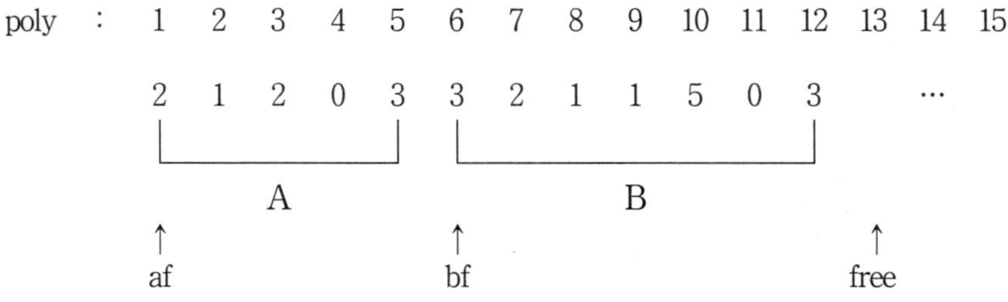

이 경우 다항식 A의 시작 위치를 af=1로 하고, B의 시작 위치는 bf=6으로 할 수 있다. 또한 다음에 무엇이든지 저장할 수 있는 자유 공간의 시작 위치는 free=13을 가리키

고 있다.

지금까지 알아본 배열을 이용한 다항식의 표현은 매우 유용하나, 배열은 상이한 유형의 데이터를 섞어 사용할 수 없는 동질의 데이터 모임으로 지수와 계수를 하나의 배열에 연속해서 표현할 수 있다.

연/습/문/제

2-1 알고리즘과 프로그램의 차이점을 기술하시오.

2-2 SPARKS 언어의 while문, repeat~until문, for문, loop forever문을 C 언어로 표현하시오.

2-3 배열 ARRAY(1:5, 1:5)가 있다. 주소가 0부터 시작한다면 ARRAY(3, 4)의 주소의 위치를 구하시오.

2-4 시간 복잡도를 설명하시오.

2-5 주 프로그램과 부 프로그램 사이에 3가지 인수 전달 방법을 예를 들어 설명하시오.

(1) call by value　　(2) call by reference

(3) call by name

2-6 다음 두 개의 프로그램에서 모든 문장에 대하여 수행 빈도수를 산출하시오.

```
(1) for i ← 1 to n do
      for j ← 1 to i do
       for k ← 1 to j do
         x ← x + 1
```

```
(2) i ← 1
    while i ≤ n do
      x ← x + 1
      i ← i + 1
    end
```

2-7 희소 행렬(sparse matrix)을 이용함으로서 얻는 이점을 기술하시오.

2-8 효과적인 알고리즘을 설계하기 위해서 고려하여 할 사항들을 기술하시오.

2-9 다음의 희소 행렬을 전치 행렬로 변환하시오.

$$\begin{bmatrix} 0 & 1 & 0 & 0 & 1 \\ 0 & 0 & 0 & 1 & 0 \\ 3 & 1 & 0 & 0 & 0 \end{bmatrix}$$

(a)

$$\begin{bmatrix} 1 & 1 & 0 & 3 & 2 \\ 1 & 0 & 0 & 2 & 0 \\ 1 & 0 & 1 & 0 & 0 \\ 0 & 4 & 0 & 1 & 0 \end{bmatrix}$$

(b)

제3장

선형 리스트(linear list)

일반적으로 자료 구조는 선형(linear) 자료 구조와 비선형(nonlinear) 자료 구조로 구별할 수 있다. 만약, 원소의 형식이 순서적이라면 선형이라고 할 수 있다. 이러한 선형 자료 구조를 기억 장치에 표현하는 방법에는 두 가지의 기본적인 방법이 있다. 첫 번째 방법으로는 연속적인 기억 장소에 원소들을 표현하는 방법이 있는데 이를 배열(array)이라 한다. 또 다른 방법은 포인터(pointer) 또는 링크(link)에 의해서 원소를 표현하는 방법으로 이를 연결 리스트(linked list)라 한다. 비선형 자료 구조에는 트리(tree)와 그래프(graph)와 같은 자료 구조가 있는데 이에 대해서는 제6장, 제7장에서 다루기로 한다.

가장 간단한 자료 구조의 하나가 선형 리스트이다. 선형 리스트의 예로서는 한 주일의 요일(월요일, 화요일, 수요일, 목요일, 금요일, 토요일, 일요일), 건물의 층(1층, 2층, 3층, 4층) 등을 들 수 있다. 대체로 선형 리스트를 $(x_1, x_2, x_3, \cdots, x_n)$으로 표기한다. 이 리스트에서 x_1을 처음 원소, x_n을 마지막 원소라 부르며, 임의의 한 원소 x_i에 대하여 x_{i+1}은 후속 원소(successor), x_{i-1}은 선행 원소(predecessor)라고 한다. 이 리스트의 원소의 수 n을 리스트의 길이(length)라고 하며 원소가 하나도 없는 리스트를 빈(empty) 리스트라 부른다.

이러한 리스트에 대해 행할 수 있는 연산은 다음과 같다.

① 길이(length) : 리스트의 길이를 구한다.

② 액세스(access) : 리스트를 왼쪽에서 오른쪽(오른쪽에서 왼쪽)으로 읽어라.

③ 검색(search) : i번째 원소를 찾아라($1 \le i \le n$).

④ 저장(store) : i번째에 새로운 원소를 저장하여라($1 \le i \le n$).

⑤ 삽입(insert) : i번째에 새로운 원소를 삽입하여라($1 \le i \le n$).

i, i+1, …, n의 인덱스값을 가지고 있던 원소들은 i+1, i+2, …, n+1의 인덱스값을 갖는다.

⑥ 삭제(delete) : i번째에 있는 원소를 삭제한다($1 \le i \le n$).

i+1, i+2, ⋯, n의 인덱스값을 가지고 있던 원소들은 i, i+1, ⋯, n-1의 원소값을 갖는다.

①~④의 경우에 대해서는 간단히 알 수 있으므로 ⑤, ⑥의 경우에 대해서만 알아본다.

<그림 3-1>의 (a)에서 25란 값을 삽입하여 보자.

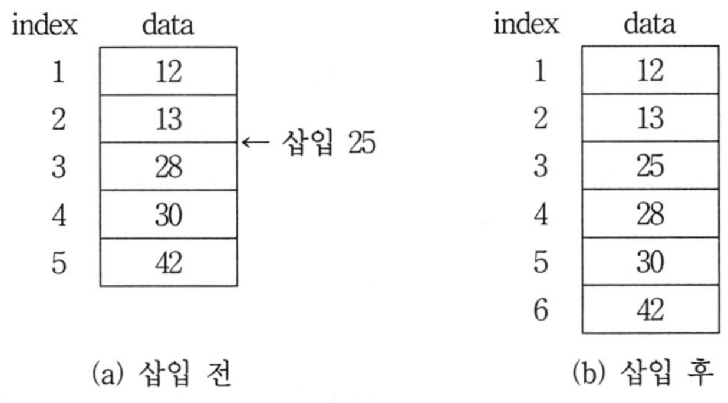

〈그림 3-1〉 리스트에 25 삽입

<그림 3-1>의 (a)에서 인덱스 3에 삽입하려면 인덱스 3부터 5까지의 값들이 5번의 값을 6번으로, 4번의 값을 5번으로, 3번의 값을 4번으로 이동시킨 후 3번을 비워둔 상태에서 25를 삽입하여야 한다. 따라서 3번부터 5번까지 3번의 자료 이동과 자료 삽입을 위한 1번의 이동을 합쳐 원소의 이동 횟수가 4가 된다. n개의 원소로 구성된 선형 리스트에서 임의의 원소를 삽입하기 위한 평균 이동 횟수는

원소 1에 삽입할 경우	(n-1)+1회 이동
원소 2에 삽입할 경우	(n-2)+1회 이동
⋮	
원소 i에 삽입할 경우	(n-i)+1회 이동
원소 n에 삽입할 경우	(n-n)+1회 이동

이므로 $\sum_{i=1}^{n}(n-i+1)$이다. 임의의 노드가 i번째에 삽입될 확률이 P_i라면 삽입하는 동안 발생되는 평균 이동 횟수(m_i)는 다음과 같다.

$$m_i = \sum_{i=1}^{n}(n-i+1)\cdot P_i$$

모든 원소에 접근하는 빈도가 동등하다고 가정한 경우, n 전체에 대한 어떤 원소에 삽입될 확률은 1/n이 된다. 그러므로,

$$\begin{aligned} m_i &= \sum_{i=1}^{n}(n-i+1)\cdot \frac{1}{n} \\ &= \frac{1}{n}\sum_{i=1}^{n}(n-i+1) \\ &= \frac{1}{n}\left\{\sum_{i=1}^{n}n-\sum_{i=1}^{n}i+\sum_{i=1}^{n}1\right\} \\ &= \frac{1}{n}\left\{n^2-\frac{n(n+1)}{2}+n\right\} \\ &= \frac{n+1}{2} \end{aligned}$$

이다.

<그림 3-2>의 (a)에서 28을 제거하여 보자.

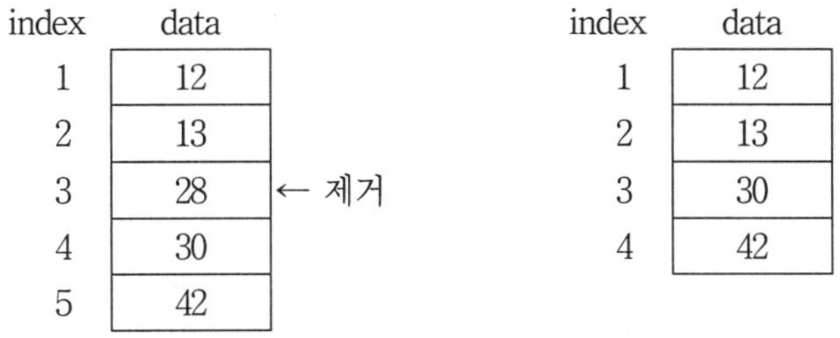

index	data	
1	12	
2	13	
3	28	← 제거
4	30	
5	42	

(a) 제거 전

index	data
1	12
2	13
3	30
4	42

(b) 제거 후

〈그림 3-2〉 리스트에서 28을 제거

<그림 3-2>의 (a)에서 인덱스 3을 제거하면 빈 공간이 생겨 이곳으로 다음 자료들을 이동시켜서 <그림 3-2>의 (b)처럼 만들어야 한다. 이때, 원소의 이동 횟수는 2가 된다. n개의 원소로 구성된 선형 리스트에서 임의의 노드를 제거하기 위한 평균 이동 횟수는

원소 1을 제거할 경우 (n-1)회 이동
원소 2을 제거할 경우 (n-2)회 이동
⋮
원소 i를 제거할 경우 (n-i)회 이동
원소 n를 제거할 경우 (n-n)회 이동

이므로 $\sum_{i=1}^{n}(n-i)$이다. i번째 원소가 삭제될 확률이 P_i라면 삭제되는 동안 발생되는 평균 이동 횟수(md)는 다음과 같다.

$$md = \sum_{i=1}^{n}(n-i) \cdot P_i$$

모든 원소에 접근하는 확률이 동등하다고 가정하면, n 전체에 대한 어떤 원소가 삭제될 확률은 1/n이 된다. 그러므로,

$$\begin{aligned} m_d &= \sum_{i=1}^{n}(n-1) \cdot \frac{1}{n} \\ &= \frac{1}{n} \sum_{i=1}^{n}(n-i) \\ &= \frac{1}{n} \left\{ \sum_{i=1}^{n} n - \sum_{i=1}^{n} i \right\} \\ &= \frac{1}{n} \left\{ n^2 - \frac{n(n+1)}{2} \right\} \\ &= \frac{n-1}{2} \end{aligned}$$

이 되어 평균적으로 삭제하는 동안 필요한 이동 횟수는 반 정도가 된다. 리스트의 길이가 커지는 경우 삽입과 삭제는 거의 다음과 같이 된다.

$$m_i \approx m_d \approx \frac{n}{2}$$

이와 같이 선형 리스트에서는 어떤 자료를 삭제하거나 삽입할 때는 많은 자료를 이동시켜야 하는 번거로움이 있다.

3.1 스택(Stack)

3.1.1 스택(Stack)

선형 리스트의 끝부분에서만 접근이 가능하도록 제한된 자료 구조는 매우 제한된 것처럼 보여질지 모르지만, 자료의 조작에 있어 중요한 역할을 한다. 이들 종류에는 스택(stack), 큐(queue), 데크(deque)와 같은 구조가 있다.

스택이란 한 선형 리스트의 한쪽의 끝에서 모든 삽입과 삭제 작업이 수행되는 선형 리스트의 한 형태이다. 하나의 스택 S=(a_1, …, a_n)에 대하여 a_1은 가장 아래쪽에 있는 원소이다. 그리고 원소 a_i는 i값이 $1<i\leq n$에 대해 a_{i-1}의 위에 있다고 한다. 스택 구조에 대해서 그림으로 나타내면 <그림 3-3>과 같다.

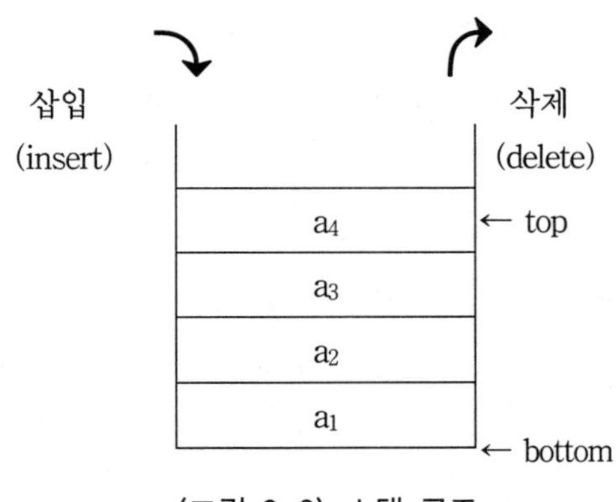

〈그림 3-3〉 스택 구조

<그림 3-3>에서 볼 수 있듯이 원소를 넣거나 꺼내는 위치를 top, 그 반대쪽을 bottom이라 한다. 대체로 스택을 운영할 때 bottom의 위치를 고정하고 top의 위치는 동작에 따라 유동적이다. 스택은 한쪽 끝 top에서만 삽입과 삭제 작업이 일어나므로 제일 나중에 들어온 원소가 제일 먼저 삭제되는 특성을 가지고 있다. 이런 이유에서 스택을 후입 선출(LIFO : Last-In First-Out) 구조라고도 한다.

예를 들어 4개의 자료 A, B, C, D를 삽입하고 삭제시키는 작업을 스택상에서 수행한 동작이 <그림 3-4>에 예시되어 있다.

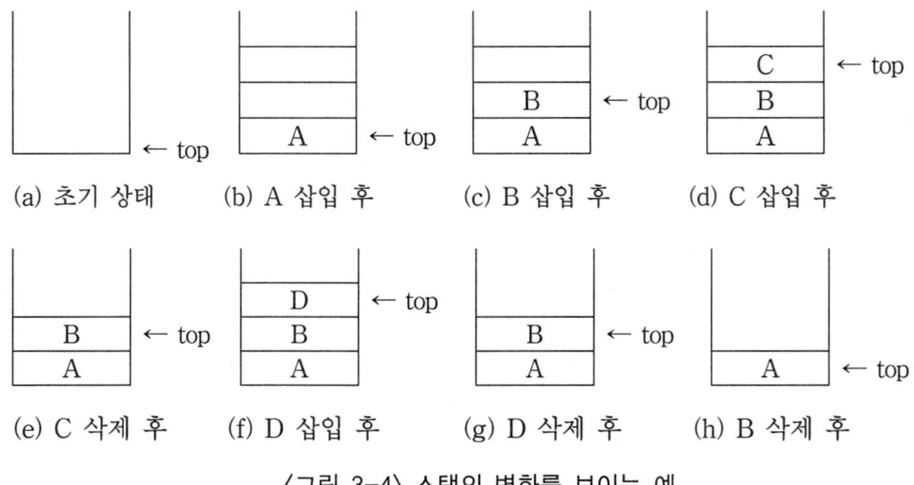

〈그림 3-4〉 스택의 변화를 보이는 예

먼저 빈 상태의 스택에 자료 A를 삽입하려면 top의 값을 1 증가시키고 top의 위치에 자료를 삽입할 수 있는 공백의 위치가 생겨 그곳에 새로운 자료 A를 삽입시킨다. 자료 C를 삭제하는 과정은 <그림 3-4>의 (e)에 제시되어 있다. 자료 C를 삭제하려면 C를 출력한 후 top의 값을 1 감소시킨다. 그러면 top의 위치는 자료 B가 저장된 위치를 가리키게 된다.

위에서 살펴본 바와 같이 스택의 연산에는 자료를 삽입하고 삭제하는 두 가지 연산이 있는데, 스택에 자료를 삽입하는 연산을 푸시(push)라고 하고, 스택의 자료를 제거하는 연산을 팝(pop)이라고 한다. 이러한 연산은 top의 값을 1씩 증가 또는 감소시킴과 동시에 수행할 수 있다. 실제 컴퓨터 시스템에서는 top의 값이 스택 포인터(stack pointer)라고 하는 특수 레지스터의 값을 의미하며 스택의 표현은 1차원 배열을 사용한다.

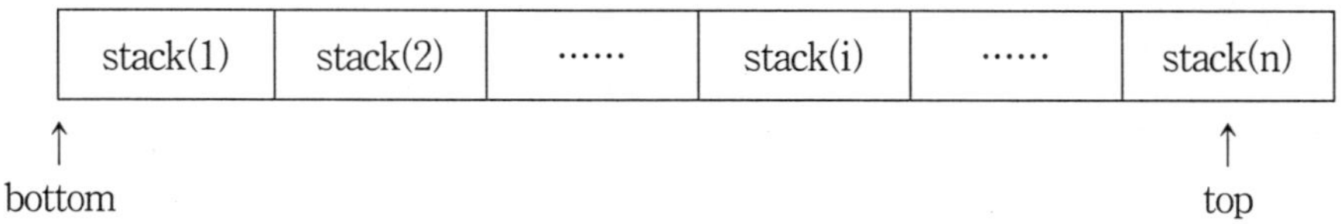

여기서 고려해야 할 사항은 스택에 원소를 삽입할 때, 스택의 최대 크기를 벗어나서 삽입하려는 오버플로(overflow)와 스택에 원소를 삭제할 때, 제거할 원소가 없는 언더플로(underflow)를 생각해야만 한다. 최대 인덱스값(stack length)을 n이라고 하면 스택의 삽입 알고리즘은 다음과 같다.

[알고리즘 3-1] 스택 삽입

```
procedure INSERT_STACK(item, stack, n, top)
      // 크기가 n인 스택에 새로운 item을 삽입한다.
         top은 스택에 있는 요소의 현재 위치 //
   if top ≥ n then stackfull
   top←top+1
   stack(top)←item
end INSERT_STACK
```

[알고리즘 3-2] 스택 삭제

```
procedure DELETE_STACK(item, stack, top)
      // 스택이 공백이 아니면 스택의 최상위에 위치한 요소를 삭제하고,
         그것을 item으로 나타낸다 //
   if top ≤ 0 then stackempty
   item←stack(top)
   top←top-1
end DELETE_STACK
```

스택에 오버플로가 일어나는 것을 방지하기 위해 스택 길이를 필요 이상으로 길게 하는 것은 기억 공간의 낭비가 된다. 보통 스택이 다 차게 되면 장소의 할당을 더 요구해서 프로그램이 다시 수행되도록 신호하게 된다. 그러나 기억 공간의 낭비를 억제하고 오버플로가 가급적 발생하지 않도록 하는 방안은 다중 스택을 이용하는 것이다. 이에 대해서는 3.4절에서 알아보자.

3.1.2 스택의 이용

지금까지 스택을 이용하였으며, 스택에서 수행될 수 있는 동작들을 논의하였다. 다음은 문제 해결에 스택을 어떻게 이용할 것인지에 대하여 논의한다.

우선 부프로그램(procedure)의 호출(call)과 복귀(return)를 처리하는 경우를 생각해 보자. <그림 3-5>와 같은 주프로그램과 3개의 부프로그램이 있다고 가정하자.

proc main	proc A1	proc A2	proc A3
⋮	⋮	⋮	⋮
call A1	call A2	call A3	
r :	s :	t :	
⋮	⋮	⋮	
end	end	end	end

(a) 주프로그램　　　　(b) 3개의 부프로그램

〈그림 3-5〉 주프로그램과 부프로그램 호출 순서

프로그램 main이 부프로그램 A1을 부르면 A1이 실행된 후, r의 위치에서 다시 main이 실행되어야만 한다. r의 값은 A1에 보내져 다음 처리를 위해 적당한 장소에 저장시켜 프로그램에 돌아갈 번지를 알고 있어야 한다. 돌아갈 번지의 리스트는 (q, r, s, t)가 된다.

첫 원소 q는 main이 제어를 되돌려 줄 운영 체제 내의 주소이다. 이 리스트는 스택을 이용한다. 왜냐하면 복귀는 호출된 순서의 역순서로 진행되기 때문이다. 그러므로 t는 s 이전에 제거되며, s는 r 이전에 그리고 r은 q 이전에 제거된다. 즉 A3은 A2 전에 수행이 완료되고, A2는 A1 이전에, A1은 main 이전에 수행이 끝나야 함을 의미한다. <그림 3-6>은 스택상에서 동작을 표시한 것이다.

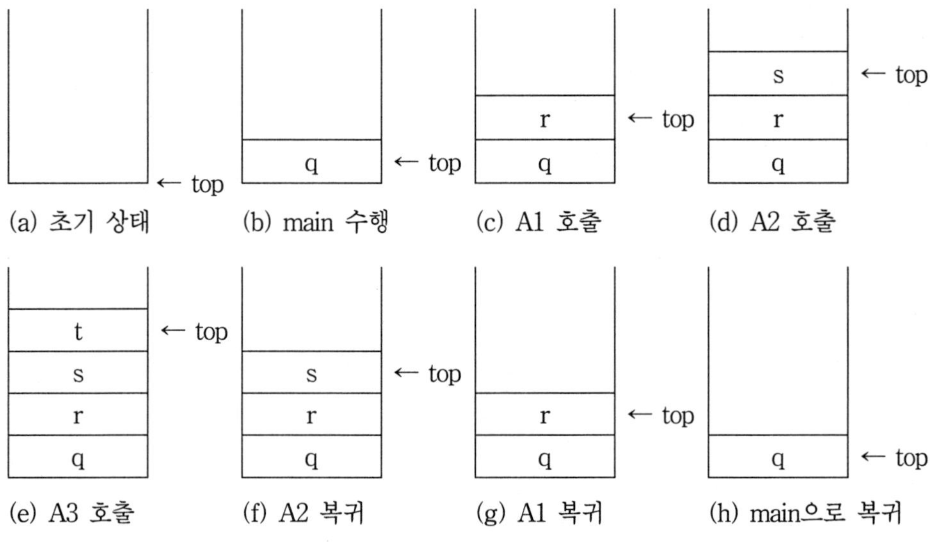

〈그림 3-6〉 부프로그램 호출에 스택 이용

다음 예로서, 스택을 이용하여 산술식을 계산한 것이다. 수식은 피연산자(operand)와 연산자(operator)로 이루어진다. 피연산자는 변수명이나 상수가 될 수 있고, 연산자로는 산술 연산자(+, −, *, /, **)와 관계 연산자(<, <=, >, >=, ≠, =) 그리고 논리 연산자(not, and, or)가 있다.

수식을 표기하는 방법으로는 연산자의 위치에 따라 세 가지로 구분을 할 수 있다.

첫째로 중위 표기법(infix notation)인데, 이것은 A+B와 같이 연산자인 +를 피연산자 A와 B 사이에 놓고 식을 표현하는 방법으로 가장 일반적인 수식의 표현법이다.

둘째로 전위 표기법(prefix notation)은 A+B를 +AB와 같이 연산자인 +를 피연산자인 A와 B 앞에 놓고 식을 표현하는 방법으로 폴란드의 논리학자 Lukasiewize에 의해서 처음 소개되었으며 이것을 폴리시(polish) 표기법이라고도 한다.

셋째로 후위 표기법(postfix notation)으로 이것은 A+B를 AB+와 같이 연산자인 +를 피연산자인 A와 B 뒤에 놓고 식을 표현하는 방법으로 reverse polish라고도 한다.

그럼 먼저 중위 표현법으로 되어 있는 산술식 A+B*C−D를 2개의 스택을 이용하여 연산하여 보자. 이때, 한 스택에서는 피연산자들을 보관하고 다른 스택은 연산자만을 취급한다. 여기서 $는 산술식의 마지막을 지칭한다. 우선 피연산자 스택에 덧셈 기호(+)를 삽입한다.

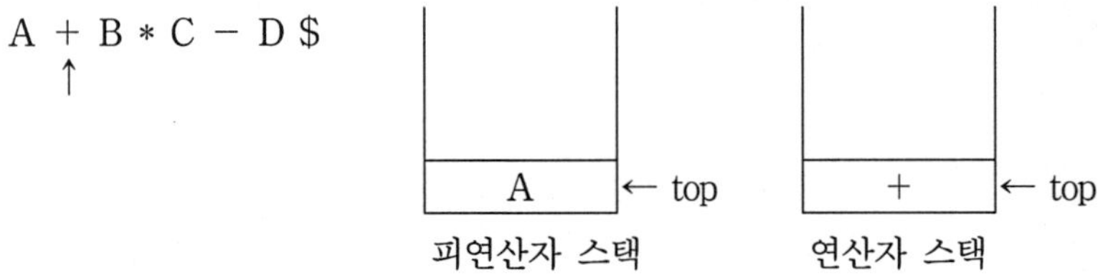

A + B * C − D $
↑

피연산자 스택		연산자 스택	
A	← top	+	← top

다음은 변수 B이므로 피연산자 스택에 들어간다.

A + B * C − D $
↑

피연산자 스택		연산자 스택	
B	← top		
A		+	← top

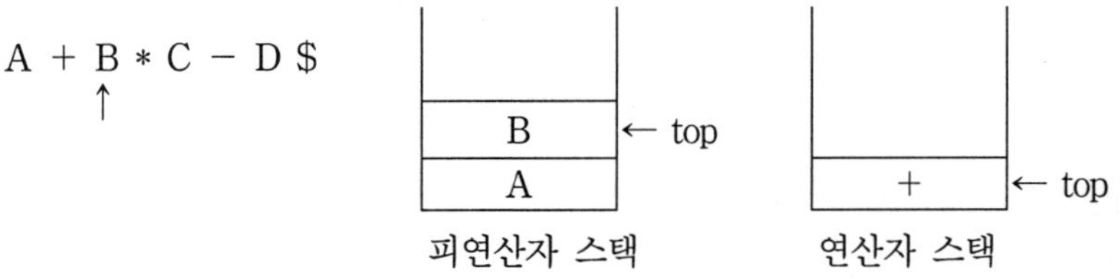

다음은 곱셈 기호(*)이므로 연산자 스택에 들어간다. 이때, 연산자는 top이 지적한 연

산자보다 우선 순위가 높은 경우에는 그대로 삽입되지만 낮거나 같은 경우는 top이 가리키는 연산자가 먼저 처리된다. 여기서 곱셈 기호(*)는 덧셈 기호(+)보다 우선 순위가 높으므로 그대로 들어간다.

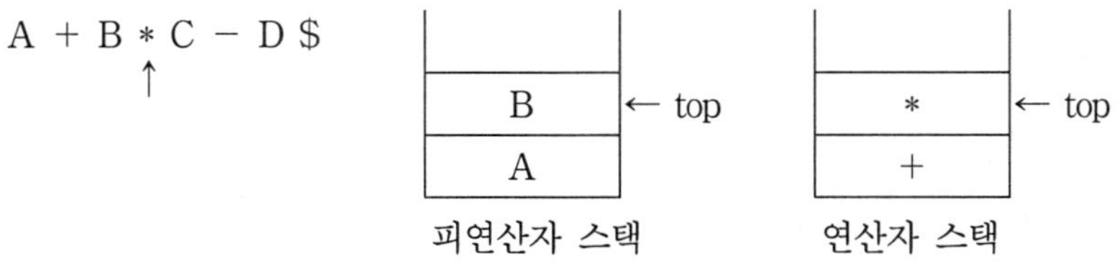

다음 연산자는 C이므로 피연산자 스택에 그대로 삽입한다.

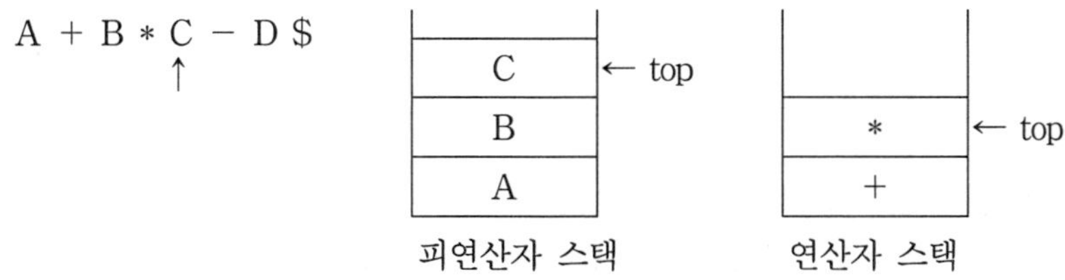

다음의 뺄셈 기호(−)는 top이 가리키고 있는 곱셈 기호(*)보다 우선 순위가 낮으므로 곱셈 기호(*)가 처리된 후에 수행된다. 즉 피연산자가 스택에서 2개의 변수가 제거되어서 곱하기 연산이 행해진다. 그 결과값은 다시 피연산자 스택에 저장된다.

A + B * C − D $
↑
B * C ← top
A
피연산자 스택
\+ ← top
연산자 스택

뺄셈 기호는 연산자 스택에 남아 있는 덧셈 기호(+)와 다시 비교해서 우선 순위를 결정한다. 뺄셈 기호(−)는 덧셈 기호(+)와 우선 순위가 같으므로 먼저 삽입된 덧셈 기호가 먼저 처리되어야 한다. 즉 A+(B*C)의 연산이 일어나서 그 값은 다시 피연산자 스택에 삽입되고, 연산자 스택은 빈 상태이므로 뺄셈 기호는 그대로 삽입된다.

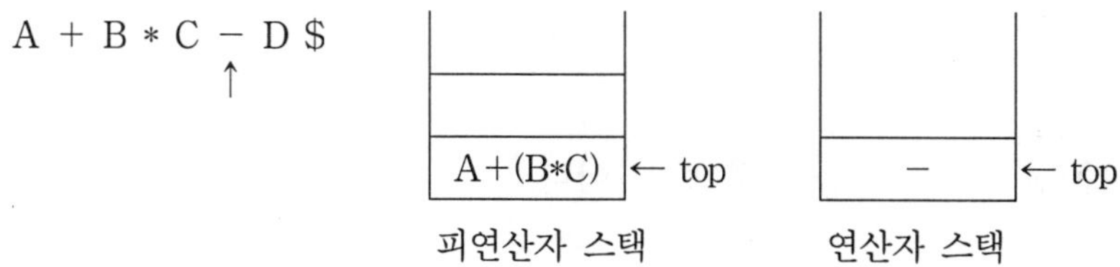

다음은 변수 D이므로 피연산자 스택에 그대로 삽입된다.

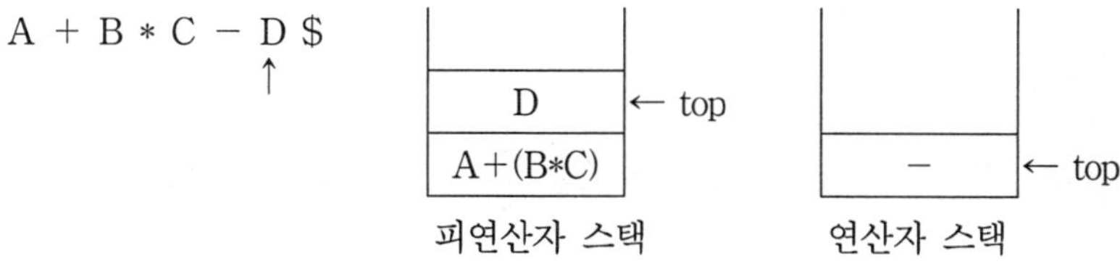

다음은 마지막 위치를 가리키는 $ 연산자이다. $ 연산자는 우선 순위가 제일 낮은 것으로서 연산자 스택에 있는 모든 것들을 수행해야 한다.

A + B * C − D $
↑

(A+(B*C))−D ← top　　　← top

피연산자 스택　　연산자 스택

또한 이와 같은 알고리즘으로 산술식을 처리할 때, 주어진 산술식이 A+B*C라면 (A+B)*C와 A+(B*C)는 괄호 위치에 따라서 그 결과값이 달라지므로 괄호도 고려해야 한다.

여기서 우리가 관심을 가져야 할 것은 후위 표기법으로 이것은 컴파일러가 중위 표기법의 수식을 입력으로 받아들여 후위 표기법으로 표기한 후에 식을 계산하면 다음과 같은 장점이 있다.

① 괄호가 필요 없다.

② 연산자의 우선 순위를 더 이상 고려할 필요가 없다.

③ 피연산자만을 저장하는 하나의 스택이 필요하다.

후위 표기 형태의 식은 왼쪽에서 오른쪽으로 읽어가면서(scan) 피연산자가 나타나면 스택에 넣고 연산자가 나타나면 스택으로부터 피연산자를 꺼내어 계산한 다음 그 결과를 다시 스택에 저장한다.

이와 같이 왼쪽에서 오른쪽으로 한 번 읽어나가면 계산이 끝나게 되고 결과가 스택에 남는다.

산술식 (A+B)*((C-D)*E+F)에 대한 후위 표기식은 다음과 같다.

A B + C D − E * F + *

이 표현식에 [알고리즘 3-1]을 적용해 보면 <그림 3-7>와 같다.

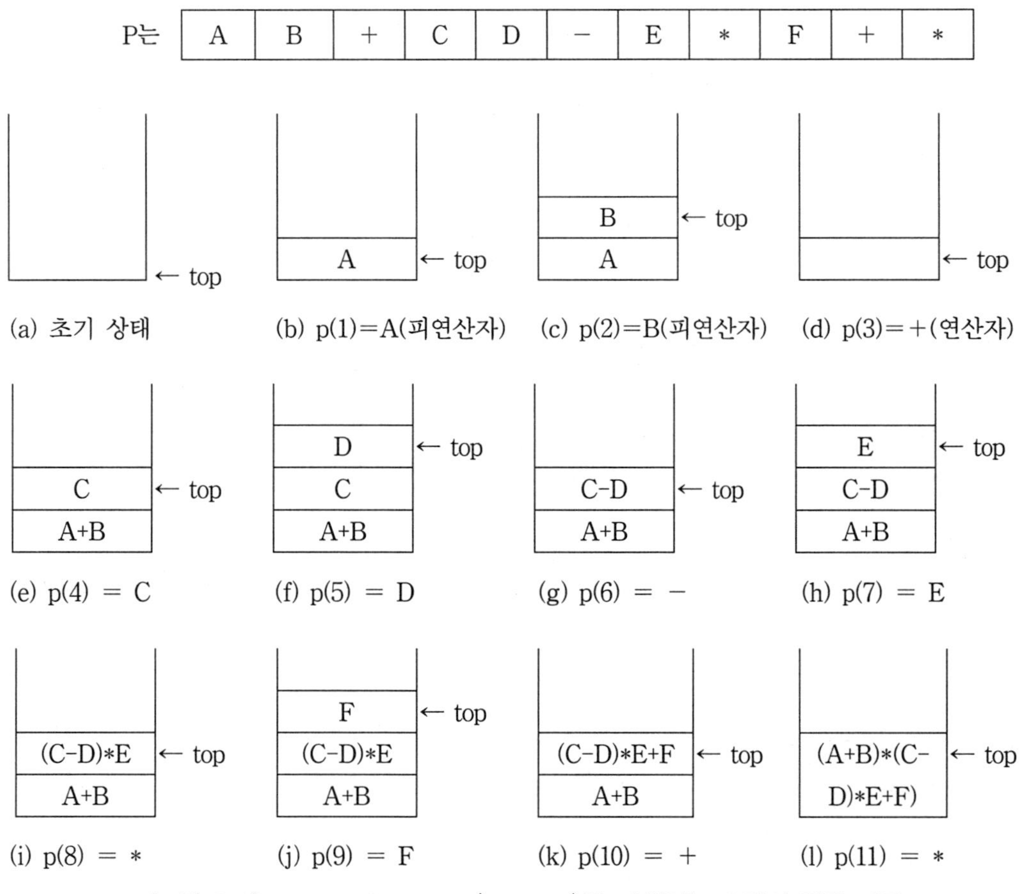

〈그림 3-7〉 A B + C D − E * F + *를 계산하는 스택의 변화 과정

이제, 중위 표기식을 후위 표기식으로 바꾸는 문제가 남아 있다. 바꾸는 알고리즘을 기술하면 간단하다.

① 식을 완전히 괄호를 사용하여 표기한다.

② 좌측 괄호를 제거하고 모든 연산자는 우측 괄호와 서로 대체한다.

예를 들어, A / B ** C + D * E − A * C를 완전히 괄호로 표시하면 다음과 같다.

(((A / (B ** C)) + (D * E)) − (A * C))

②번 과정을 거치면 다음과 같은 후위 표기식을 얻는다.

A B C ** / D E * + A C * −

이와 같은 알고리즘은 식을 두 번 읽어야 하는 단점이 있다. 따라서 식을 한 번 읽어가면서 만들 수 있는 알고리즘을 제시해 보자.

지금부터 제시할 알고리즘은 스택의 제일 끝을 가리키는 기호로서 # 기호를 이용하고, # 기호는 입력식의 끝을 나타내는 $ 기호보다 낮은 우선 순위를 갖는다. 연산자간의 우선 순위를 나타내면 <표 3-1>과 같다.

<표 3-1> 연산자 우선 순위(order)

연산자	우선 순위
#	0
$, ∞	1
(	2
binary +, −	3
*, /	4
**	5
)	6

<표 3-1>을 기준으로 하여 중위 표기식으로 기억된 산술식을 후위 표기식으로 바꾸는 알고리즘은 다음과 같다. 연산자의 위치를 결정하는 데는 스택을 사용한다. 연산자의 올바른 위치가 나타날 때까지 연산자를 스택에 저장해 두었다가 올바른 위치가 나타나면 저장된 연산자를 스택에서 꺼내어 출력하면 된다. 스택에 저장되는 연산자의 우선순위를

ISP(In Stack Priority), 새로 읽는 연산자의 우선 순위를 ICP(In Comming Priority)라고 하면 ISP≥ICP일 때는 스택의 top를 꺼내 출력하고, ISP<ICP이면 연산자를 스택에 저장한다.

중위 표기식을 후위 표기식으로 바꾸는 알고리즘은 다음과 같다.

[알고리즘 3-3] 중위식 표기식을 후위 표기식으로 변환

```
procedure POSTFIX(E)
    // 중위 표기식 E를 후위 표기식으로 계산한다. E의 마지막 문자는 '∞'로 가정한다.
      프로시쥬어 next-token은 E로부터 다음 요소를 추출하기 위해서 사용된다.
      요소는 피연산자, 연산자, 또는 '∞'가 될 수 있다.
      일차원 배열이 스택으로 이용된다 //
  stack(1)←'∞'; top←1  //  스택을 초기화 //
  loop
    x←next-token(E)
    case
      : x = '∞' : while top > 1 do    // 스택을 비운다 //
                      print(stack(top)); top←top-1
                  end
                  print('∞')
                  return
      : x is an operand: print(x)
      : x = ')' : while stack(top)≠'(' do  // '('가 나올 때까지 스택을 비운다 //
                      print(stack(top)); top←top-1
                  end
                  top←top-1  // '('을 스택에서 삭제한다 //
      : else: while ISP(stack(top)) ≥ ICP(x) do
                  print(stack(top)); top←top-1
              end
              call INSERT_STACK(x, stack, n, top)  // x를 stack에 삽입한다 //
    end
  forever
end POSTFIX
```

예를 들어, (A+B)*C의 후위 표기식 AB+C*가 생성되는 과정을 나타내면 <그림 3-8>과 같다.

입력식 : E

(	A	+	B	)	*	C	∞

입력식 E[i]	스택의 내용	출력식 P[i]
	empty	none
(	# (	
A	# (	A
+	# (+	A
B	# (+	A B
)	#	A B +
*	#	A B +
C	# *	A B + C
∞	# *	A B + C *

출력식 : P

A	B	+	C	*

〈그림 3-8〉 (A + B) * C를 후위 표기식으로 바꾸는 과정

3.2 큐(Queue)

삽입(insertion)은 선형 리스트 한쪽 끝에서 일어나고, 그 반대쪽 끝으로 삭제(deletion)만이 가능하도록 만들어진 구조를 큐(queue)라고 한다. 이때, 삭제되는 쪽을 앞(front)이라 하고 삽입되는 쪽을 뒤(rear)라 부른다. 하나의 큐 Q = $(a_1, \cdots, a_n)$에 대하여 원소 a_1은 i값이 $1 \le i < n$에 대해 a_{i+1}의 앞에 있다고 말한다. 큐 구조에 대하여 그림으로 나타내면 <그림 3-9>와 같다.

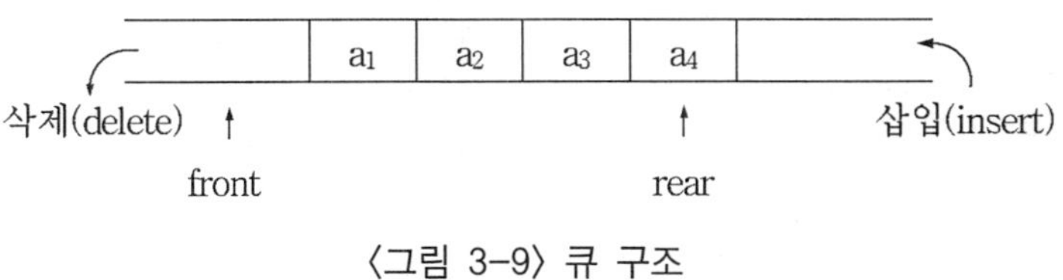

〈그림 3-9〉 큐 구조

3.2.1 일반 큐

큐는 은행이나 식료품점의 계산대 앞에 늘어선 줄의 개념과 같다. 누구든지 항상 줄의 뒷부분으로 가야만 하고 빠져나올 때는 그 줄의 앞부분으로밖에 나올 수 없다. 이와 같이 큐 내의 원소들의 순서는 변하지 않으며 가장 먼저 삽입된 원소가 가장 먼저 삭제되어야 한다. 따라서 큐는 선입 선출(FIFO : First-In First-Out) 구조라고도 한다.

예를 들어 4개의 자료 A, B, C, D를 삽입과 삭제시키는 작업의 큐상에서의 동작이 <그림 3-10>에 제시되어 있다.

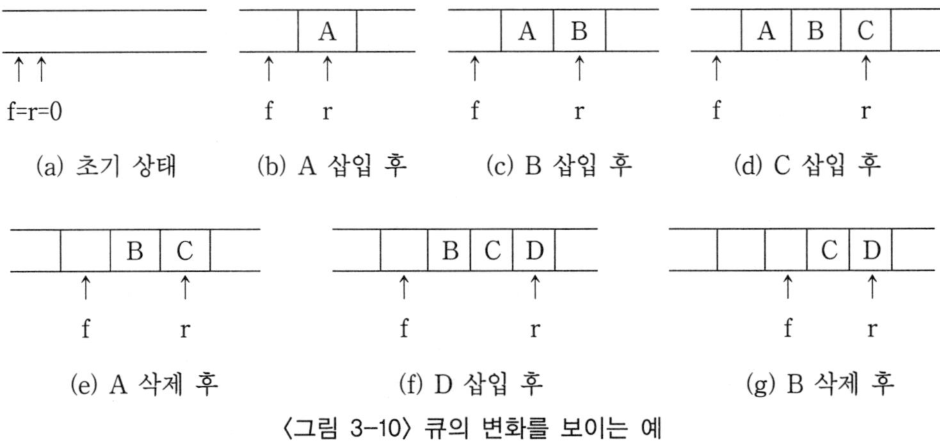

〈그림 3-10〉 큐의 변화를 보이는 예

먼저 큐에 아무런 원소가 없는 초기 상태에는 앞과 뒷포인터(f와 r)가 0이다. 즉 f=r=0이면 빈 상태임을 의미한다. 여기서 A를 삽입하면 뒷포인터(r)가 증가되면서 첫 번째 원소를 가리키고 B가 다시 삽입되면 뒷포인터(r)가 다시 하나 증가하게 된다. C가 삽입되면 하나 더 증가되어 3이 된다. 여기서 삭제할 경우 제일 먼저 들어간 원소 A가 삭제되어야 한다. 앞포인터(f)가 증가되어서 1이 되면 A를 가리키게 되고, 이때 A를 삭제한다. 다시 D를 삽입하면 뒷포인터 r이 증가되어 4가 되고 B가 삭제되면 앞포인터 f가 증가되어 2가 된다. 이때, 큐의 크기가 4라면(n=4) 더 이상 삽입할 수 없다. 이러한 형태의 큐에 대한 삽입과 삭제 알고리즘은 다음과 같다.

[알고리즘 3-4] 큐 삽입

procedure INSERT_Q(item, Q, n, rear)

```
        // Q(1:n)으로 표시된 큐에 item을 삽입한다 //
    if rear = n then queue_full
    rear ← rear + 1
    Q(rear) ← item
end INSERT_Q
```

[알고리즘 3-5] 큐 삭제

```
procedure DELETE_Q(item, Q, front, rear)
        // 큐로부터 front 위치의 요소를 삭제한다 //
    if front = rear then queue_empty
    front ← front + 1
    item = Q(front)
end DELETE_Q
```

3.2.2 이동 큐

<그림 3-10>에서 보여준 예에서 큐의 확보된 공간이 4라면 유용 공간이 있음에도 불구하고 오버플로가 발생한다. 만약 오버플로 신호가 발생할 때마다 전체 큐를 queue(1)에서 시작되도록 이동시킨다면, 비어 있는 부분을 이용할 수 있다. <그림 3-11>은 오버플로를 방지하기 위한 큐 이동의 한 예이다.

〈그림 3-11〉 오버플로를 방지하기 위한 큐 내의 이동

그러나, 이와 같은 방법은 큐 전체를 이동시키는 데 걸리는 시간 손실이 매우 크며, 특히 오버플로가 발생했을 때에 큐 내의 노드가 많으면 많을수록 더욱 손실이 크다. 다시 말하면, 먼저 큐에 n개의 원소 $a_1, \cdots, a_n$이 있다고 가정할 때, 삭제와 삽입의 요구가 번갈아 가며 계속 일어난다면 새로운 원소가 삭제될 때마다 큐에 있는 n−1개의 원소가 왼쪽으로 이동해야 한다.

F	R	queue(1)	queue(2)	······	queue(n-1)	queue(n)	동작 상태
0	n	a_1	a_2	······	a_{n-1}	a_n	초기 상태
1	n		a_2	······	a_{n-1}	a_n	a_1 삭제
0	n	a_2	a_3	······	a_n	a_{n+1}	a_{n+1} 삽입
1	n		a_3	······	a_n	a_{n+1}	a_2 삭제
0	n	a_3	a_4	······	a_{n+1}	a_{n+2}	a_{n+2} 삽입

이러한 과정을 알고리즘으로 나타내면 다음과 같다.

[알고리즘 3-6] 이동 큐 삽입

```
procedure MOVE_INS_Q(item, Q, n, front, rear)
      // 큐를 이동시켜서 포인터가 가리키는 위치에 삽입 //
   if rear - front + 1 = n then overflow so exit
   if front = nil then front←1, rear←0
   if rear = n then [Q(front) ~ Q(rear) → Q(1) ~ Q(rear - front + 1),
                     rear ← n - front + 1, front ← 1]
                     // 큐를 이동시키고 포인터를 조정 //
                else rear ← rear + 1, Q(rear) ← item
end MOVE_INS_Q
```

[알고리즘 3-7] 이동 큐 삭제

```
procedure MOVE_DEL_Q(front, rear)
      // 큐로부터 한 요소를 삭제한다 //
   if front = nil then underflow so exit
                 else front ← front + 1
   if front > rear then front ← nil, rear ← nil
end MOVE_DEL_Q
```

3.2.3 원형 큐

이동 큐(moving queue)의 단점을 보완한 표현 방식으로 1차원 배열을 원형으로 간주하는 것이다. 이러한 표 방식을 원형 큐(circular queue)라 한다. 즉 n개의 원소 queue(0), queue(1), … , queue(n-1), queue(0), …와 같이 반복되는 큐를 원형 큐라고 하며 그 구조는 <그림 3-12>와 같다.

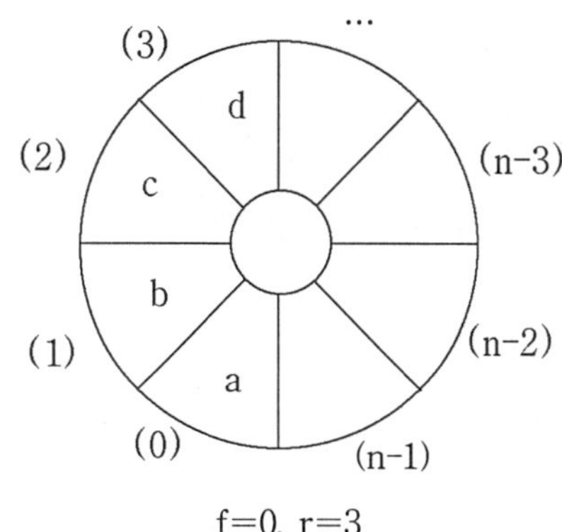

f=0, r=3

〈그림 3-12〉 4개의 원소를 갖는 원형 큐

이 경우에 rear = n−1이 되면 다음 삽입될 원소는 비어 있는 queue(0)에 들어간다. 앞에서와 같은 규칙을 사용하여 f(front)는 항상 큐의 첫 번째 원소로부터 반시계 방향으로 하나 앞 위치를 가리키게 한다. 또 이 경우에는 큐가 비어 있을 때에만 front = rear가 된다.

원형 큐에 삽입, 삭제시키는 알고리즘은 나머지 계산하는 모듈로 연산자(mod)를 사용하면 R ← (R+1) mod n과 같이 간단히 나타낼 수 있다. 원형 큐에서 원소를 삽입, 삭제시키는 알고리즘은 다음과 같다.

[알고리즘 3-8] 원형 큐 삽입

```
procedure CIRCULAR_INS_Q(item, Q, n, front, rear)
      // Q(0:n-1)에 저장된 원형 큐에 item을 삽입한다.
         rear는 마지막 요소를 가리키며
         front는 Q의 첫 요소로부터 반시계 방향으로 하나 앞의 위치를 가리킨다 //
   rear ← (rear + 1) mod n  // 시계 방향으로 rear를 전진 //
```

```
    if front = rear then queue_full
    Q(rear) ← item   // 새로운 item을 삽입 //
end CIRCULAR_INS_Q
```

[알고리즘 3-9] 원형 큐 삭제

```
procedure CIRCULAR_DEL_Q(item, Q, n, front, rear)
        // 큐 Q(0 : N-1)의 요소를 삭제한다 //
    if front = rear then queue_empty
    front ← (front + 1) mod n  // 시계 방향으로 front를 전진시킨다 //
    item ← Q(front)  // 큐의 front에서 item을 추출한다 //
end CIRCULAR_DEL_Q
```

3개의 원소 A, B, C를 삽입과 삭제시키는 작업을 원형 큐에서 수행한 동작이 <그림 3-13>에 제시되어 있다.

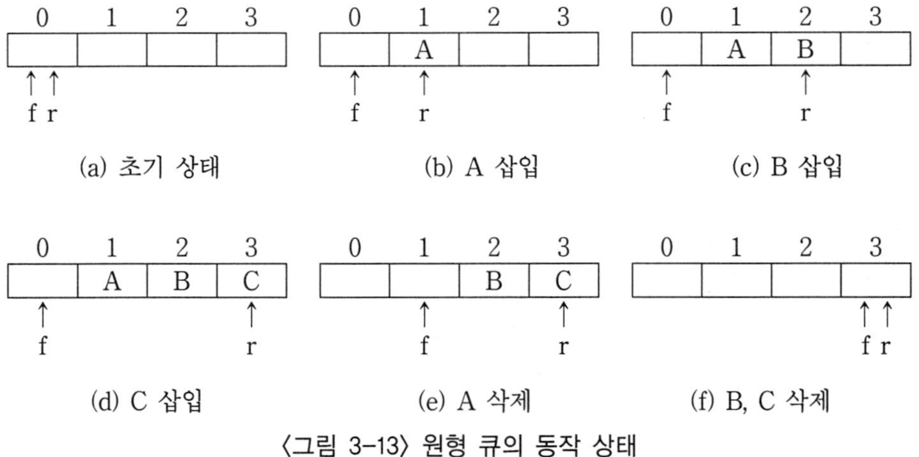

〈그림 3-13〉 원형 큐의 동작 상태

<그림 3-13>에서 (d) 상태 후에 원소 D를 삽입하려고 하면, f = r이 되어서 오버플로가 발생한다. 즉 최대로 n개의 원소가 아닌 n−1개의 원소만을 저장하게 되는 것이다. n개를 전부 사용하기 위해서는 삽입과 삭제 두 상태를 구별하기 위한 tag 변수를 사용하면 된다. 그러나 이 방법은 속도가 다소 떨어진다.

스택과 마찬가지로 큐도 여러 문제들을 해결하려고 할 때 많이 사용된다. 큐의 가장 보

편적인 사용은 작업의 스케줄링(job scheduling)이다. 일괄 처리(batch processing)에서 작업이 들어온 순서대로 읽혀지고 수행될 때 큐를 형성하고, 출력되기를 기다리는 모든 작업들의 모임 또한 출력 큐를 형성한다.

3.3 데크(Deque)

선형 리스트의 양쪽 끝에서 입출력을 모두 할 수 있는 구조를 데크(deque)라 한다. 데크는 스택과 큐의 복합한 방식으로 LIFIFO(List-In First-In First-Out)구조라고 한다. 데크의 구조를 그림으로 나타내면 다음과 같다.

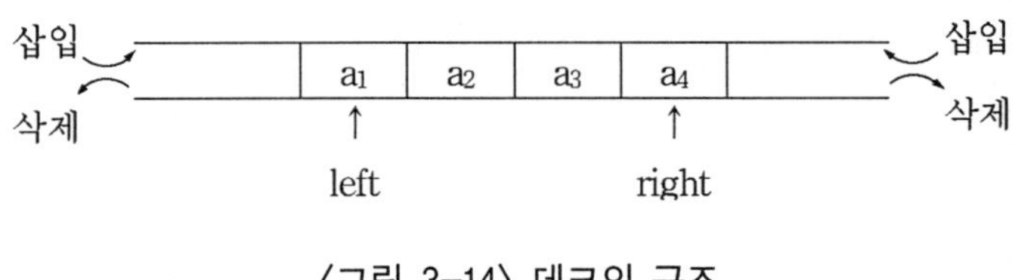

〈그림 3-14〉 데크의 구조

리스트의 한쪽 끝에서 삽입되고 삭제되는 것은 스택과 같으며, 리스트의 한쪽 끝에서 삽입되고 다른 쪽으로 제거되는 것은 큐와 같다. 그러므로 데크는 선형 리스트 중에서 가장 일반적인 형태라고 할 수 있다. 그리고 마치 양쪽 모두에서 입력과 출력이 되는 것이 이중 큐와 같으므로 'double ended queue'의 약자로서 데크(deque)라고 한다.

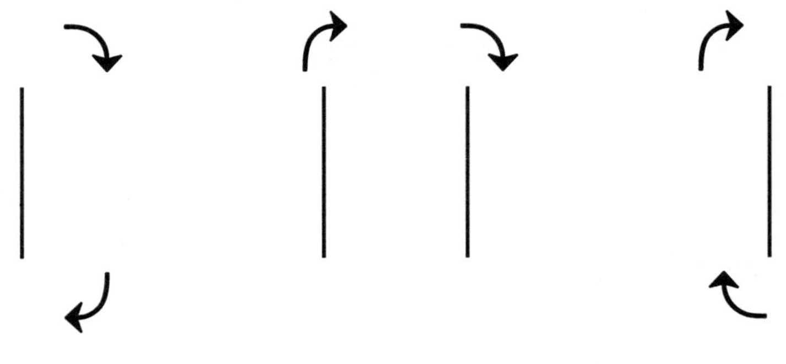

(a) 입력 제한 데크(scroll) (b) 출력 제한 데크(shelf)

〈그림 3-15〉 데크의 종류

어떤 경우에는 데크의 변형을 이용하기도 한다. 삽입 또는 삭제 작업을 리스트의 한쪽으로만 가능하도록 제한한 형태이다. 삽입을 한쪽 끝으로만 하는 데크를 입력 제한 데크(input restricted deque)라 하며 scroll이라고 부른다.

삭제 작업이 한쪽으로만 제한된 경우를 출력 제한 데크(output restricted deque)라 하며 shelf라 부른다. <그림 3-15>는 입출력이 제한된 데크의 구조를 보여준다.

3.4 다중 스택과 큐(Multistack and queue)

앞에서 소개한 구조는 하나의 스택이나 큐가 필요한 경우에 배열을 이용하여 표현하는 방법이었으나, 프로그램의 적용에서는 여러 개의 스택과 큐를 필요로 하는 경우가 있을 수 있다. 이러한 경우의 문제를 해결하기 위해서 다중 스택과 큐의 개념이 나왔다. 2개의 스택을 이용해서 데이터를 표현하는 경우는 간단하다. 배열의 한쪽 끝은 스택 1의 bottom으로 하고 다른 한 끝은 스택 2의 bottom으로 하면 <그림 3-16>과 같이 표현된다.

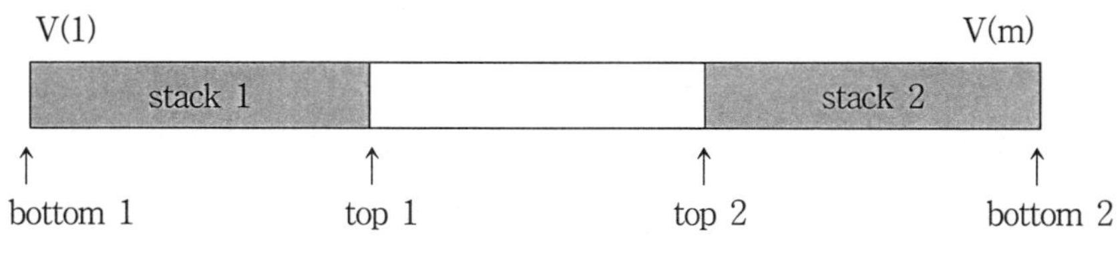

〈그림 3-16〉 하나의 배열을 이용하여 2개의 스택을 표현

스택 1은 V(m) 쪽으로 커나가고, 스택 2는 V(1) 쪽으로 커나간다. 이것은 사용 가능한 모든 공간을 효율적으로 이용할 수 있다. 그러나 2개 이상의 스택에 대해서는 같은 방법으로 표현할 수 없다. 왜냐하면 일차원 배열은 V(1), V(m)의 두 고정점밖에 가지고 있지 않은 데 비해 모든 스택은 최하단 원소를 위한 고정점을 필요로 하기 때문이다. 따라서 n개의 스택을 표현하기 위해서는 사용 가능한 기억 장소 V(m)을 n개의 부분으로 분할하여 n개의 스택에 각각 한 부분을 할당한다. 처음 분할할 때, 각 스택의 크기를 예상할 수 있다면 각 스택의 크기에 따라 나누면 좋다. 그러나 특별한 정보가 없을 때는 n개의 똑같은 부분으로 나누어 할당한다. 각 스택 i에 대해서 B(i)는 그 스택의 최하단 원소보다 하나 작은 위치를 나타낸다. i번째 스택이 비어 있다면 B(i) = T(i)가 된다. i번째 스택이

i+1번째 스택보다 인덱스가 낮은 위치에 있다고 가정한다면 각 스택들에 대한 초기값은 다음과 같다.

$$B(i) = T(i) = \lfloor m/n \rfloor \cdot (i-1),\ (1 \le i \le n)$$

스택 i는 i+1번째 스택과 만나기 전에 B(i)+1에서 B(i+1)까지 증가할 수 있다. 그러므로 스택 i가 가득 차면 T(i) = B(i+1)이 된다. 몇 개의 스택에 원소들이 저장되었을 경우에 다음 <그림 3-17>과 같다.

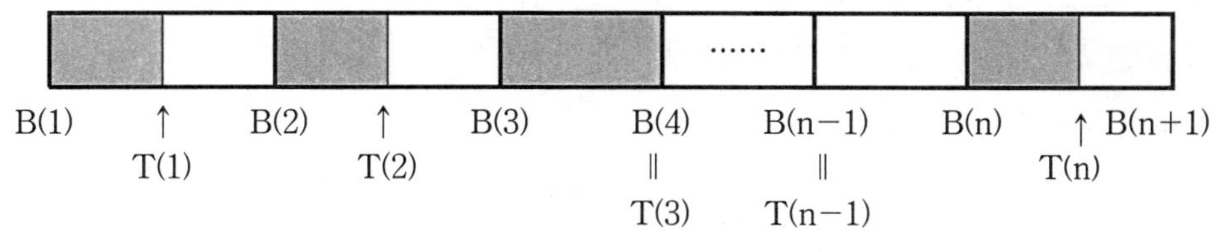

〈그림 3-17〉 다중 스택

<그림 3-17>에서 세 번째 스택은 B(3)+1부터 B(4)까지 원소가 저장되어 있는 꽉 채워진 상태이다. 그리고 n-1번째 스택은 B(n−1)과 T(n−1)이 같으므로 빈 상태이다. 이 방법을 이용한 삽입과 삭제 알고리즘은 다음과 같다.

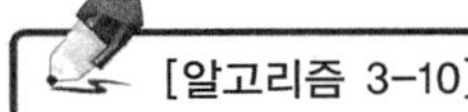

[알고리즘 3-10] 다중 스택 삽입

```
procedure MULTI_STACK_INS(i, x)
      // i번째 스택(1≤i≤n)에 요소 x를 첨가한다 //
   if T(i) = B(i+1) then stack_full(i)
   T(i) ← T(i) + 1
   V(T(i)) ← x  // i번째 스택에 x를 더한다 //
end MULTI_STACK_INS
```

[알고리즘 3-11] 다중 스택 삭제

```
procedure MULTI_STACK_DEL(i, x)
      // 스택  i의 최상위 요소를 삭제한다 //
   if T(i) = B(i) then stack_empty(i)
```

```
    x ←V(T(i))
    T(i) ← T(i) - 1
end MULTI_STACK_SEL
```

앞에서 제시한 알고리즘은 i번째 스택에 새로운 데이터를 삽입할 때, stackfull 상태는 배열 V의 모든 원소가 가득 차 있음을 나타내지 않는다. 사실 스택 j와 j+1(1≤j≤n, j≠i) 사이에는 사용되지 않은 빈 공간이 있을 수 있다. 따라서 stack_full(i) 함수에서는 배열 V에 빈 공간이 남아 있는지를 조사해서 사용 가능한 공간이 있다면 i번째 스택에 빈 공간을 추가적으로 할당할 수 있도록 스택을 이동시켜야 한다. 여러 가지 repacking 알고리즘이 있지만 그 중 한 가지 방법을 소개한다.

① i<j≤n이면서 j번째 스택에 빈 공간이 있는 가장 작은 j를 찾아서 스택 j+1, …, 스택 j를 오른쪽으로 한 자리씩 이동시켜서 스택 i와 스택 i+1 사이에 사용 가능한 공간을 만든다.

② ①의 조건을 만족하는 j가 없다면, 스택 i의 왼쪽을 조사한다. 1≤j≤i이면서 j번째 스택에 빈 공간이 있는 가장 큰 j를 찾아서 스택 j+1, …, 스택 i를 왼쪽으로 한자리씩 이동시켜서 스택 i와 스택 i+1 사이에 사용 가능한 공간을 만든다.

③ ① 또는 ②의 조건을 만족하는 j가 없다면 배열 V의 전체 공간이 모두 찬 상태이다. 이러한 방법을 이용하면 삽입에 대해 최악의 경우 O(m) 시간이 필요하게 되어 오히려 성능이 떨어진다. 다중 큐에 대해서도 다중 스택과 마찬가지의 방법으로 생각해 볼 수 있다.

연 / 습 / 문 / 제

3-1 순서가 A, B, C, D로 정해진 입력 자료를 스택에 넣었다가 꺼내는 결과들이 다음과 같다. 이러한 결과를 생성하기 위한 스택의 동작을 설명하시오.

① B, A, D, C
② C, B, A, D
③ B, C, D, A

3-2 원형 큐에서 큐의 빈 상태와 가득 찬 상태를 구분하는 변수 tag를 이용하여 큐의 모든 공간을 활용할 수 있는 삽입과 삭제 알고리즘을 작성하시오.

3-3 다음 수식을 후위 표기법으로 변환하시오.

① A ** B ** C ** D
② −A + B − C + D * E
③ A ** (-B) + C
④ (A + B) * D * E / (F * A + D) − E
⑤ A and B or C or E

3-4 n개의 큐를 배열 V(m)에 순차적으로 나타낼 수 있는 자료 구조의 표현을 설계하시오. 이 구조에 대한 insert Q( ), delete Q( ), queuefull ( ) 함수의 알고리즘을 제시하시오.

3-5 선형 리스트가 배열 queue(n−1)과 원형 큐에 필요한 F와 R을 사용해서 원형으로 유지되고 있다. 이때 리스트에 있는 원소들의 수를 n, F, R을 사용하여 공식으로 나타내시오.

3-6 전화번호부 디렉토리가 500,000개의 원소로 구성된 선형 리스트인 경우에 1개의 원소가 삽입(mi)과 삭제(md)를 수행하는 동안에 필요로 하는 이동의 횟수는 평균적으로 얼마가 되는가? 그리고 1개의 원소가 이동되는 시간이 100 μsec일 때 삽입과 삭제에 필요한 이동 시간은 얼마나 걸리는가 계산하시오.

제 4 장

연결 리스트(Linked List)

제2장과 제3장에서는 배열이나 순차적인 구조를 이용한 간단한 선형 리스트의 표현 방법을 알아보았다. 그러나 이러한 구조는 다음과 같은 단점들을 가지고 있다.

첫째로 리스트가 그 순서를 유지해야 하므로 원소들의 삽입과 삭제가 어렵다. 즉 리스트의 중간 원소를 삭제하려면 그 다음 원소부터 마지막 원소까지를 앞쪽으로 한 원소 공간만큼씩 옮겨야 하고, 새 원소를 중간에 삽입하려면 삽입할 위치의 다음 원소부터 마지막 원소까지를 뒤쪽으로 한 원소 공간만큼씩 옮겨야 하는 자료 이동(data movement)이 필연적으로 수행된다.

둘째로 리스트의 크기나 모양을 바꾸고자 하는 경우 문제가 발생한다. 예를 들어 300개의 기억 장소를 갖는 리스트가 있다고 하자. 이것은 기억 장소 내의 어딘가에 300개의 연속된 기억 장소들을 리스트를 위해서 준비해 놓아야 한다는 뜻이 된다. 만약 리스트의 크기를 두 배로 하고 싶다면 대부분의 경우에 리스트 바로 뒤에 위치하는 300개의 장소들을 이용하기 힘들다. 왜냐하면, 다른 데이터들에 의해 이미 그 장소는 사용되고 있는 확률이 높기 때문이다. 이 경우 다른 아무 곳에나 있는 300개의 장소를 사용할 수는 없는데, 그 이유는 리스트 내의 항목들은 반드시 연속적인 위치에 저장되어 있어야 하기 때문이다. FORTRAN이나 COBOL 같은 프로그래밍 언어의 경우에 리스트를 확장한다면 다시 컴파일해야 한다.

세 번째는 크기가 다양한 여러 개의 배열로 이루어진 단순 리스트에 대해서도 최대한의 크기를 가진 배열을 처음부터 준비해 두어야 하기 때문에 기억 장소의 낭비를 초래할 수 있다. 예를 들어 첫 번째 배열은 100개의 원소, 두 번째 배열은 20개의 원소, 세 번째 배열은 5개의 원소를 가지고 있을 때 처음부터 자료 구조는 100개의 배열을 선언해야 하므로 사용하지 않은 많은 기억 장소들을 낭비하게 된다.

이와 같은 단점들을 처리하고 리스트의 각 원소들을 저장 공간의 위치에 관계없이 보다 유연하게 처리하기 위해서 리스트상의 요소에 포인터(pointer)를 포함시킨 연결 리스트(linked list)를 사용한다. 연결 리스트에서는 각 원소마다 다음 원소를 가리키는 주소나 위치에 관한 정보를 가지고 있는데 이를 포인터(pointer) 또는 링크(link)라고 부른다. 포인터는 리스트상의 원소들이 연속된 기억 장소에 저장될 필요가 없게 해준다.

일반적으로 여러 개의 자료 항목을 나타내는 데이터 항목과 다음 원소를 가리키는 포인터라는 링크 부분으로 구성된 연결 리스트의 한 요소를 노드(node)라고 한다. <그림 4-1>에서는 노드의 구성을 보여주고 있다.

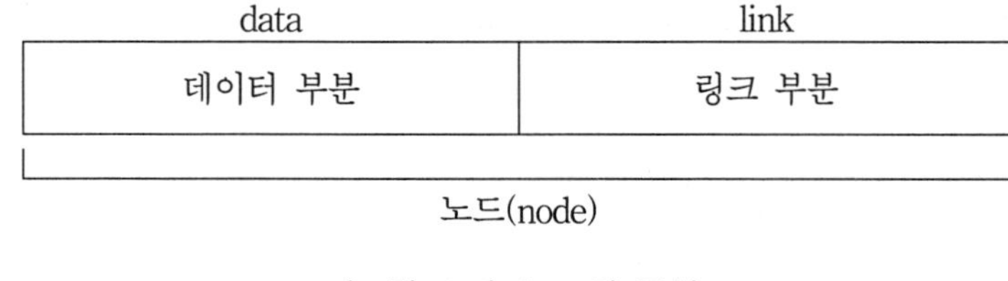

〈그림 4-1〉 노드의 구성

4.1 단순 연결 리스트

4.1.1 단순 연결 리스트(Singly linked list)

순차 표현은 리스트의 연속된 항목들이 고정된 크기만큼 떨어져 위치하고 있다.

① 배열 원소 a_{ij}가 L_{ij}라는 장소에 있다면, 원형 큐의 원소 a_{ij+1}은 $L_{ij}+C$에 위치한다(C는 상수).

② 큐에서 i번째 원소가 L_i라는 기억 장소에 있다면, 원형 큐의 i+1번째 원소는 (L_i+C) mod n 기억 장소에 위치하고 있다.

③ 스택 top의 원소가 L_T 위치에 있다면 다음 원소는 L_T-C 위치에 기억되어 있다.

그러나 연결된 표현에서는 연속된 노드들이 기억 장소 내의 어떤 곳에나 위치할 수 있다. 다시 말하자면 순차 표현에서는 원소들이 저장된 물리적인 순서와 리스트 내에 표현된 논리적인 순서가 일치하지만, 연결 리스트에서는 일치하지 않아도 된다. 왜냐하면 노드들을 순서대로 찾기 위해서는 각 노드마다 다음 노드를 가리키는 포인터가 있기 때문이다.

일반적으로 한 노드는 DATA(1), …, DATA(n)의 자료들과 LINK(1), …, LINK(m)과

같은 링크들의 집합으로 구성된다. 한 노드가 DATA(1), … DATA(n)의 자료들과 하나의 LINK만으로 구성되어 있다면 단순 연결 리스트라고 하고, 2개의 LINK로 구성되어 있다면 이중 연결 리스트라 한다. <그림 4-2>는 리스트의 각 노드들을 포인터로 표현하는 방법을 보여주고 있다.

		DATA	LINK
	1	a_5	9
	2		
HEAD →	3	a_1	6
	4	a_4	1
	5		
	6	a_2	10
	7		
	8		
	9	a_6	null
	10	a_3	4
		⋮	⋮

〈그림 4-2〉 비순차적인 리스트 표현

리스트의 각 원소들은 데이터라는 1차원 배열에 저장되어 있고, 이들은 순서대로 위치하지 않고 LINK라는 배열을 이용하여 원소들간의 순서를 나타내고 있다.

연결 리스트는 그의 맨 처음 노드를 지칭하는 별도의 포인터, 즉 HEAD를 갖는다. 그러므로 <그림 4-2>의 리스트는 HEAD가 가리키는 DATA(3) a_1에서 시작한다. 그리고 LINK(3) = 6이므로 다음 원소는 DATA(6) = a_2가 되며, LINK(6) = 10이므로 다음 원소는 DATA(10) = a_3이 된다. 이러한 방법으로 연결 리스트의 모든 자료들을 차례대로 검색할 수 있다. 다만 LINK(q) = null은 더 이상 원소가 없다는 것을 나타내기 위해서 마지막 원소의 링크 부분에 null 포인터를 넣는다. 즉 DATA(9) = a_6이고 LINK(9) = null이므로 a_6이 마지막 원소임을 의미한다.

연결 리스트를 표현하는 일반적인 방법은 포인터의 값을 써넣는 것이 아니라 다음을 가리키는 화살표로 나타낸다. <그림 4-3>의 일반적인 표현 방법은 다음과 같다.

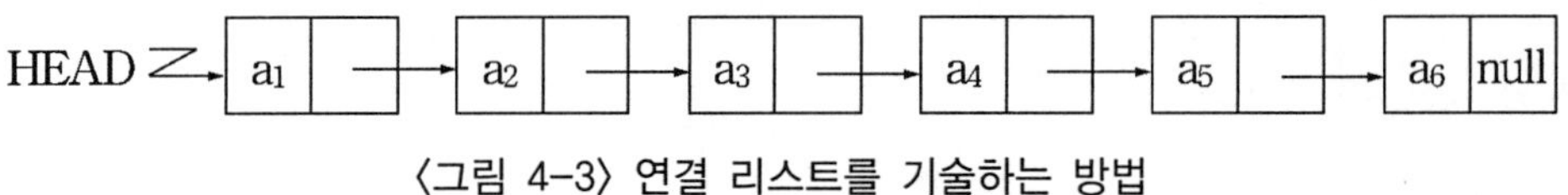

〈그림 4-3〉 연결 리스트를 기술하는 방법

연결 리스트의 a_3과 a_4 사이에 데이터 a_7을 삽입하는 과정을 알아보자.

① 현재 사용하지 않는 노드를 하나 찾아서 그 주소를 X로 한다.

② X 노드의 데이터 필드를 a_7을 넣는다.

③ X 노드의 링크 필드에 a_3의 링크 필드값을 넣는다.

④ a_3의 링크 필드에 X의 주소를 넣는다.

이러한 과정을 거쳐서 a_3과 a_4 사이에 a_7을 삽입한 것을 그림으로 나타내면 다음과 같다.

	DATA	LINK
1	a_5	9
2		
HEAD → 3	a_1	6
4	a_4	1
5		
6	a_2	10
7	a_7	4
8		
9	a_6	null
10	a_3	7
	⋮	⋮

(a) DATA(7)에 a_7을 삽입

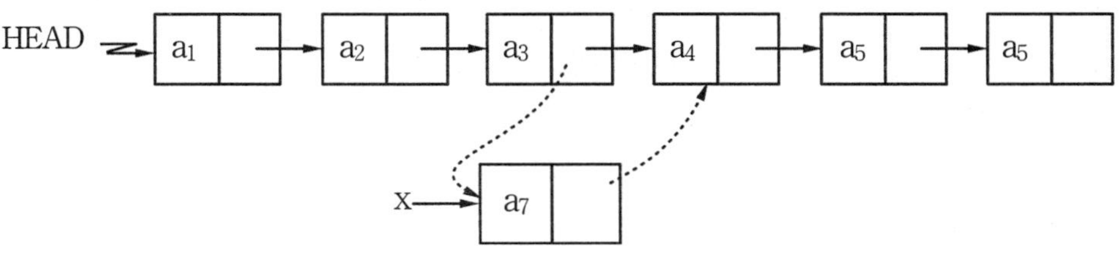

(b) 연결 리스트에 a_7 노드 삽입

〈그림 4-4〉 리스트에 삽입

앞의 그림을 보면 a_7을 삽입하기 위해서 리스트 내의 원소도 이동하지 않았다는 사실을 알 수 있다.

이번에는, <그림 4-3>의 리스트에서 a_4 노드를 삭제하여 보자.

① a_3 노드의 링크 필드에 a_4 노드의 링크 필드값을 넣는다.

② 연결 리스트에서 a_4 노드를 삭제한 결과는 <그림 4-5>와 같다.

		DATA	LINK
	1	a_5	9
	2		
HEAD →	3	a_1	6
	4	a_4	1
	5		
	6	a_2	10
	7		
	8		
	9	a_6	null
	10	a_3	1
		⋮	⋮

(a) DATA(4)에 있는 a_4를 삭제

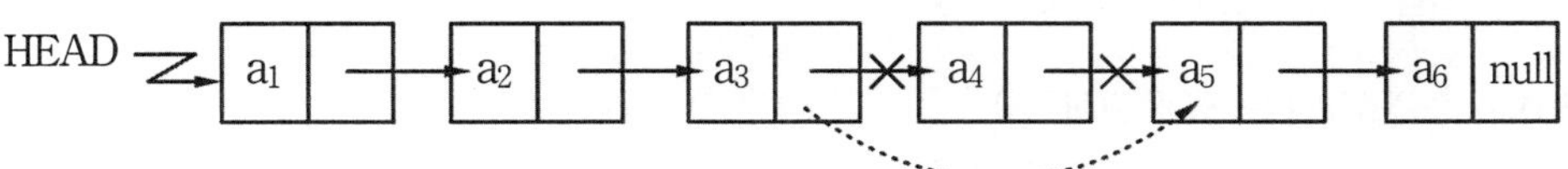

(b) 연결 리스트에 a_4 노드 삭제

〈그림 4-5〉 리스트에서 노드 삭제

여기에서 a_4의 링크 필드는 여전히 a_5를 가리키고 있지만 a_4는 리스트상에 존재하지 않는다. 그리고 삭제할 때도 역시 자료들을 이동할 필요는 없다.

연결 리스트를 취급할 때는 새로운 자료를 저장하기 위한 새 노드를 얻거나, 제거 연산 후 쓰지 않는 노드를 관리하는 방법이 필요하다. 이러한 사용하지 않는 노드의 모임을 유용 공간이라 하고, 이 유용 공간은 연결 리스트로 구성하여 운영할 수 있다. 다시 말하자면, 유용 공간은 데이터 부분에 어떠한 자료도 보관되지 않는 노드들로 이루어진 하나의 연결 리스트이다. 그러므로 자료를 보관하기 위한 노드를 얻으려면 그 리스트에 대해 제거 작업으로 제거된 노드와 사용하지 않는 노드는 입력 작업으로 유용 공간에 모아 두고 다음에 사용할 수 있도록 한다. 유용 공간이 비어 있다면 연결 리스트는 꽉 찬 상태이고, 연결 리스트가 비어 있다면 유용 공간이 꽉 찬 상태이다.

이러한 성질을 이용하여 연결 리스트의 오버플로 상태를 파악할 수 있으며 오버플로 상태가 되더라도 연결 리스트는 재포장(repacking) 알고리즘이 필요하지 않다.

앞에서 살펴본 바와 의하면 연결 리스트를 취급하기 위해서는 다음과 같은 노드 관리 방법이 필요하다는 사실을 알았다.

먼저 단순 연결 리스트를 만들어야 하므로 그를 생성하는 알고리즘부터 알아보자. 다음의 알고리즘은 2개의 노드로 이루어진 단순 연결 리스트이다.

예를 들어 각 노드에 data와 link 필드가 있다고 가정하자. data 필드에 'A'와 'B'의 값을 각각 가지는 두 개의 노드로 구성된 리스트를 만드는 것이다. 변수 HEAD는 리스트의 첫 번째 노드를 가리키는 포인터 변수이다. getnode(x)는 사용하지 않는 노드 하나를 가리키는 포인터 x를 넘겨준다. 만약 사용하지 않는 노드가 없으면 오류 표시를 출력하고 수행을 중지한다. RET(x)는 노드 x를 기억 장소 풀로 반납한다. 이 두함수의 자세한 내용은 제5장에서 다룬다.

[알고리즘 4-1] 단순 연결 리스트 생성

```
procedure   CREATE_NODE(HEAD)
  call getnode(I)   // 가용노드를 획득 //
  HEAD ← I; data(I) ← 'A'   // 그 노드에 정보를 저장 //
  call getnode(I)   // 두 번째 가용노드 획득
  link(HEAD) ← I   // 첫 번째 노드를 두 번째에 연결 //
  link(I) ← 0; data(I) ← 'B'
end CREATE_NODE
```

위의 알고리즘은 사용하지 않는 노드들의 집합인 유용 공간에서 노드 하나를 얻는 함수인 getnode를 실행시켜 첫 번째 노드를 획득하고, 포인터 변수 HEAD가 가리키게 한다. 그리고 두 번째로 노드를 얻어서 I가 가리키게 하고 첫 번째 노드와 연결시킨 후 데이터 필드에 자료를 저장한다. 이렇게 하여 완성되는 2개의 노드를 가지는 단순 연결 리스트의 생성 순서가 <그림 4-6>과 같다.

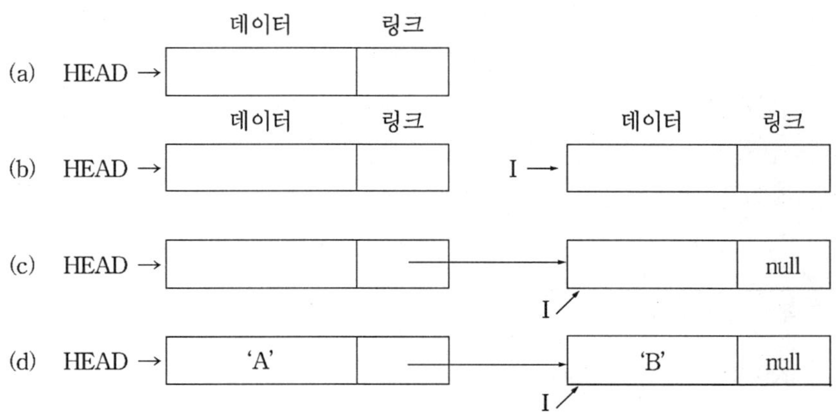

〈그림 4-6〉 단순 연결 리스트의 생성 과정

만약 HEAD = null이라면 연결 리스트에 노드가 하나도 없는 경우이다. 단순 연결 리스트에서 노드 삽입은 어떻게 이루어지는지 알아보자.

① 리스트의 맨 처음 노드로 자료를 삽입한다.
먼저, 새 노드를 얻어 데이터 필드에 데이터 'Y'를 저장하고, 링크 필드에는 리스트의 첫 번째 노드를 가리키는 HEAD의 값을 보관한다. 그리고 HEAD는 새 노드를 가리키게 된다.

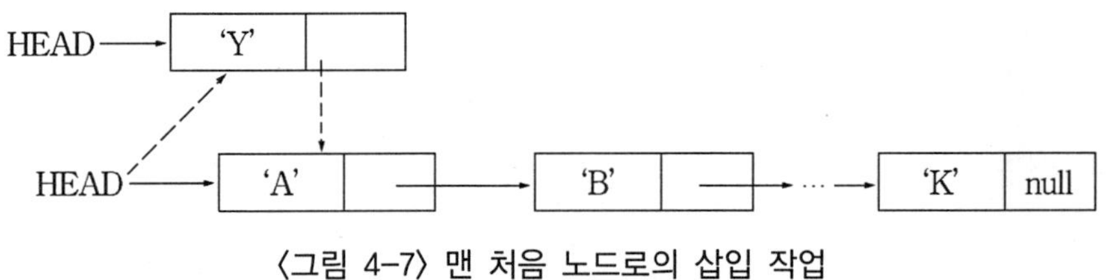

〈그림 4-7〉 맨 처음 노드로의 삽입 작업

② 리스트의 마지막 노드로 자료를 삽입한다.
입력할 때마다 마지막 노드를 찾아야 하는 단점이 있다. 이 작업은 마지막 노드의 링크는 새로운 노드를 가리키게 하고, NULL을 링크값으로 갖게 하면 된다. <그림 4-8>은 그 과정을 그림으로 나타낸 것이다.

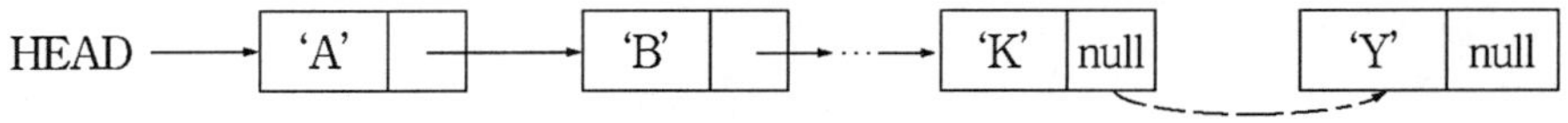

〈그림 4-8〉 맨 마지막 노드로의 삽입 작업

③ 리스트의 X가 가리키는 노드 다음에 삽입한다.
리스트에 노드가 하나도 없는 경우에는 HEAD = null이 된다. 이런 경우 자료 'Y'를 삽입시키는 것은 <그림 4-9>의 (a)에서 보여주고 있다. 그리고 <그림 4-9>의 (b)는 임의의 노드 X 다음에 새로운 데이터 'I'를 삽입시키는 과정이다.
삽입 작업을 정리한 것은 [알고리즘 4-2]이다.

[알고리즘 4-2] X가 가리키는 노드 다음에 새로운 노드 삽입

```
procedure  INSERT_NODE(HEAD, X)
   call getnode(I)
   data(I) ← 'A'
   if HEAD = 0 then [HEAD ← I; link(I) ← 0]    // 공백 리스트에 삽입 //
                  else [ link(I) ← link(x)    // x 다음에 삽입 //
                         link(x) ← I]
end INSERT_NODE
```

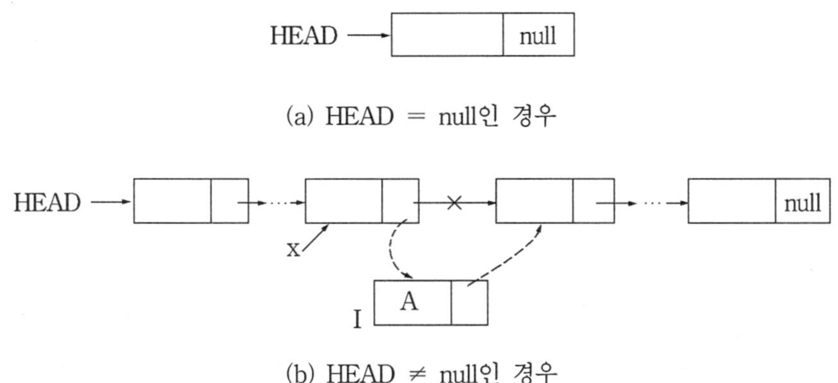

(a) HEAD = null인 경우

(b) HEAD ≠ null인 경우

〈그림 4-9〉 리스트의 X 노드 다음에 노드 삽입

다음은 삭제하는 경우를 생각해 보자.

① 리스트의 첫 번째 노드를 제거한다.
먼저 노드의 유무를 확인하고, 제거할 노드가 없다면 언더플로가 발생한 것이다. 제거할 노드의 자료값은 호출 프로그램으로 돌려주고, 첫 번째 노드를 가리키는 HEAD의 값을 조정한 후 제거한 노드를 유용 공간에 첨가한다. <그림 4-10>과 같이 제거한다.

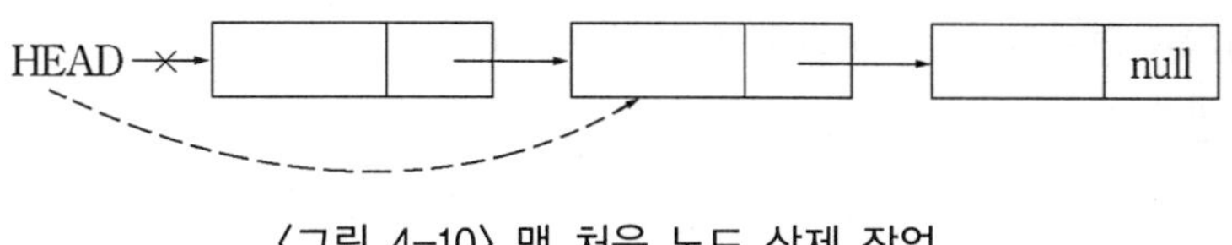

〈그림 4-10〉 맨 처음 노드 삭제 작업

② 리스트의 마지막 노드를 제거한다.

마지막 노드를 바로 알 수 없으므로 처음 노드부터 각 노드를 비교하여 마지막 노드를 찾아서 제거한다. <그림 4-11>은 이 과정을 보여주고 있다.

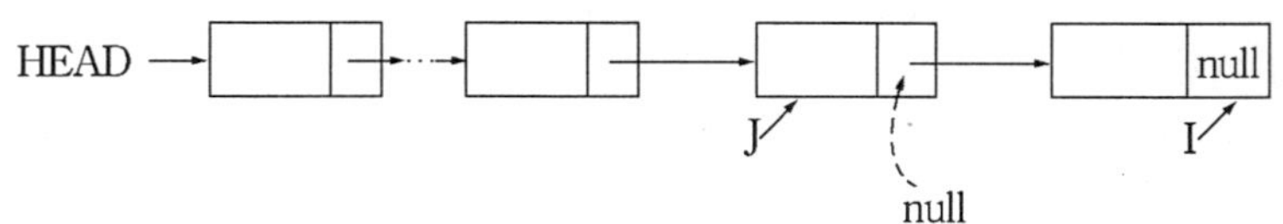

〈그림 4-11〉 연결 리스트의 마지막 노드 제거 동작

③ 리스트의 중간 노드를 삭제한다.

포인터 변수 y가 가리키고 있는 노드 다음의 x 노드를 삭제한다. 이 과정에 대한 알고리즘은 [알고리즘 4-3]에 제시되어 있고, <그림 4-12>는 이러한 작업의 개요를 설명하고 있다.

[알고리즘 4-3] 리스트의 중간 노드 X를 삭제

```
procedure DELETE_NODE(x, y, HEAD)
   if y=0 then HEAD ← link(HEAD)    // 처음 노드의 삭제 //
           else link(y) ← link(x)    // 중간 노드의 삭제 //
   call RET(x)   // 노드를 기억 장소 풀에 반환 //
end DELETE_NODE
```

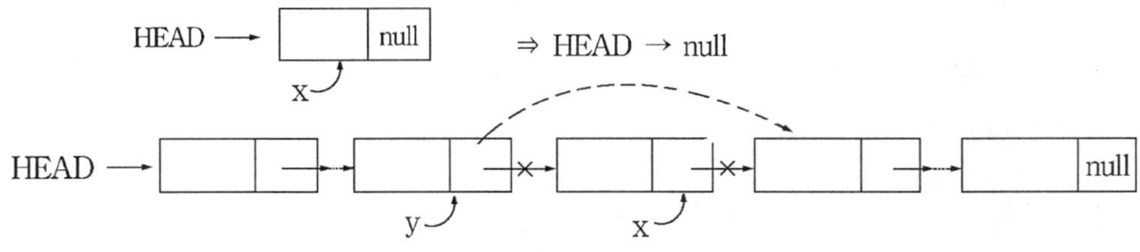

〈그림 4-12〉 중간 노드의 삭제 작업

스택이나 큐를 순차적으로 표현하는 방법에 대해서는 제3장에서 알아보았으나 이와 같은 표현 방법은 여러 개의 스택이나 큐가 동시에 존재할 때에는 효과적이라고 할 수 없다. 그러므로 여기서는 연결된 리스트를 이용하여 다중 스택이나 큐의 문제를 해결해 보자. <그림 4-13>은 연결 리스트를 이용하는 스택과 큐를 보여주고 있다.

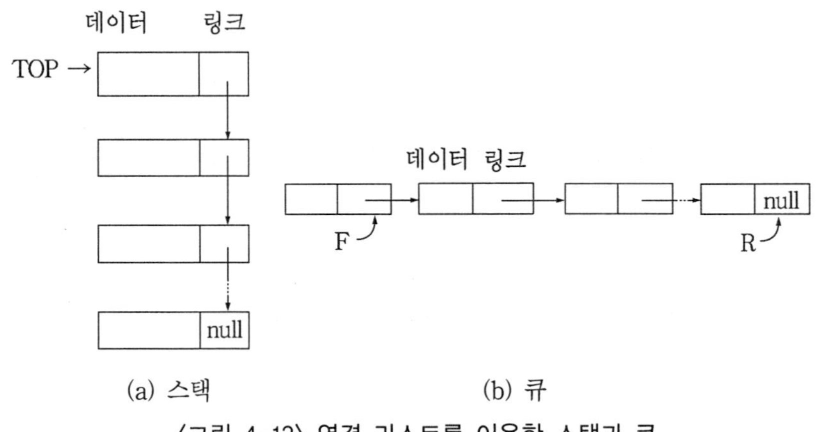

〈그림 4-13〉 연결 리스트를 이용한 스택과 큐

스택은 top에서만 노드를 삽입, 삭제할 수 있고, 큐는 앞(front)에서 노드를 삭제할 수 있으며, 뒤(rear)에서 노드를 첨가할 수 있다는 특성을 쉽게 구현할 수 있도록 링크 필드가 연결되어 있다.

이제 n개의 스택과 m개의 큐를 동시에 나타내 보자. 그리고 연결 리스트를 이용한 알고리즘에서는 다음과 같은 전역(global) 배열을 사용한다.

top(i) ← i번째 스택의 top위치에 있는 노드, $1 \le i \le n$

F(i) ← i번째 큐의 앞 위치에 있는 노드, $1 \le i \le m$

R(i) ← i번째 큐의 뒤 위치에 있는 노드, $1 \le i \le m$

다음과 같은 초기 조건을 설정한다.

top(i) = null, $1 \le i \le m$

F(i) = null, $1 \le i \le m$

또한 다음과 같은 경계 조건을 설정한다.

top(i) = null, 스택 i가 비어 있는 경우

F(i) = null, 큐 i가 비어 있는 경우

이러한 조건하에서 연결 리스트를 이용한 스택에 삽입, 삭제하는 알고리즘은 다음과 같다.

[알고리즘 4-4] 스택 삽입

```
procedure INSERT_STACK(i, y)
      // 스택 i에 새로운 데이터 y를 첨가한다 //
   call getnode(x)
   data(x) ← y   // 새로운 노드에 데이터 값 y를 저장 //
   link(x) ← HEAD(i)   // i번째 스택 HEAD에 새로운 노드를 연결  //
   HEAD(i) ← x    // 스택 포인터에 재지정  //
end INSERT_STACK
```

[알고리즘 4-5] 스택 삭제

```
procedure DELETE_STACK(i, y)
      // 스택 i에서 HEAD  노드를 삭제하여
         이 노드의 데이터 필드의 값을 y에 저장한다 //
   if HEAD(i) = 0 then stack_empty
   x ← HEAD(i)    // 스택 i의 HEAD 노드로 x를 지정  //
   y ← data(x)   // y가 새로운 데이터를 획득 //
   HEAD(i) ← link(x)   // 스택 i의 HEAD로부터 노드 삭제  //
   call RET(x)  // 노드를 기억 장소 풀에 반환 //
end DELETE_STACK
```

연결 리스트를 이용한 큐에 대한 삽입, 삭제 알고리즘은 다음과 같다.

[알고리즘 4-6] 큐 삽입

```
procedure INSERT_Q(i, y)
      // i번째 큐에 y를 삽입한다 //
   call getnode(x)
```

```
    data(x) ← y
    link(x) ← 0
    if F(i) = 0 then [F(i) ← R(i) ← x]   // 공백인 큐 //
                else [link (R(i)) ← x; R(i) ← x]   // 공백이 아닌 큐 //
end INSERT_Q
```

[알고리즘 4-7] 큐 삭제

```
procedure DELETE_Q(i, y)
      // i번째 큐에서 앞(F)포인터가 가리키는 노드를 삭제하고,
        그 데이터 필드의 값은 y에 저장한다 //
    if F(i) = 0 then queue_empty
                else [x ← F(i); F(i) ← link(x)   // x에 앞 노드를 지정 //
                      y ← data(x); call RET(x)]   // 데이터를 삭제하고 노드를 반환 //
end DELETE_Q
```

연결 리스트를 이용한 표현 방법은 링크 필드를 표현하기 위해서 기억 장소가 더 필요하지만 그것은 순차적 표현 방법의 2배를 넘지 않는다. 그리고 다음과 같은 장점들에 의해서 극복될 수 있는 중요한 자료 구조이다.

① 리스트를 처리하는 데 필요한 연산 시간이 순차적 표현을 처리하는 데 필요한 시간보다 더 걸린다.

② 같은 배열 안에 복잡한 여러 개의 리스트를 표현할 수 있다.

③ 자료를 이동시킬 필요가 없다.

4.1.2 단순 연결 리스트의 활용

이제, 리스트 처리의 가장 대표적인 예인 다항식을 다루는 문제를 연결 리스트를 이용하여 해결해 보자. 일반적으로 다항식은 다음과 같다.

$A(x) = a_m x^{e_m} + \cdots + a_1 x^{e_1}$

a_i : 계수 ($a_i \neq 0$), $1 \leq i \leq m$

e_i : 지수 (단, $e_m > e_{m-1} > \cdots > e_2 > e_1 \geq 0$)

다항식의 각 항들을 계수와 지수 그리고 다음 항을 가리키는 포인터를 위한 링크 등 3 개의 필드로 구성되는 노드로서 표현할 수 있다.

COEF	EXP	LINK

예를 들어, $A=3X^4+2X^2+1$과 $B=8X^4-3X^3+10X^1$은 다음과 같이 나타낼 수 있다.

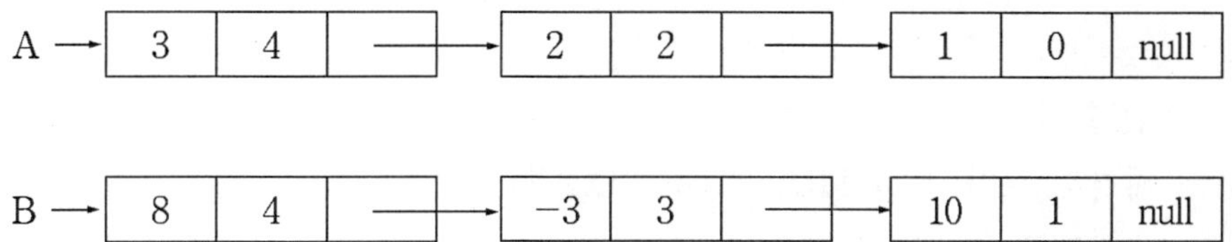

다항식 A와 B를 더해 새로운 다항식 C에 그 결과를 저장하여 보자. 2개의 다항식 A, B를 더하기 위해서는 각 항의 지수를 비교하여야 한다. 새로운 포인터 변수 p, q를 사용하여 다항식 A, B를 가리키게 한다. 그리고 p, q가 가리키는 두 항을 비교하여 exp(p) = exp(q)이면 더하여 C에 첨가한다. <그림 4-14>는 다항식 A, B를 더해 가는 과정이다.

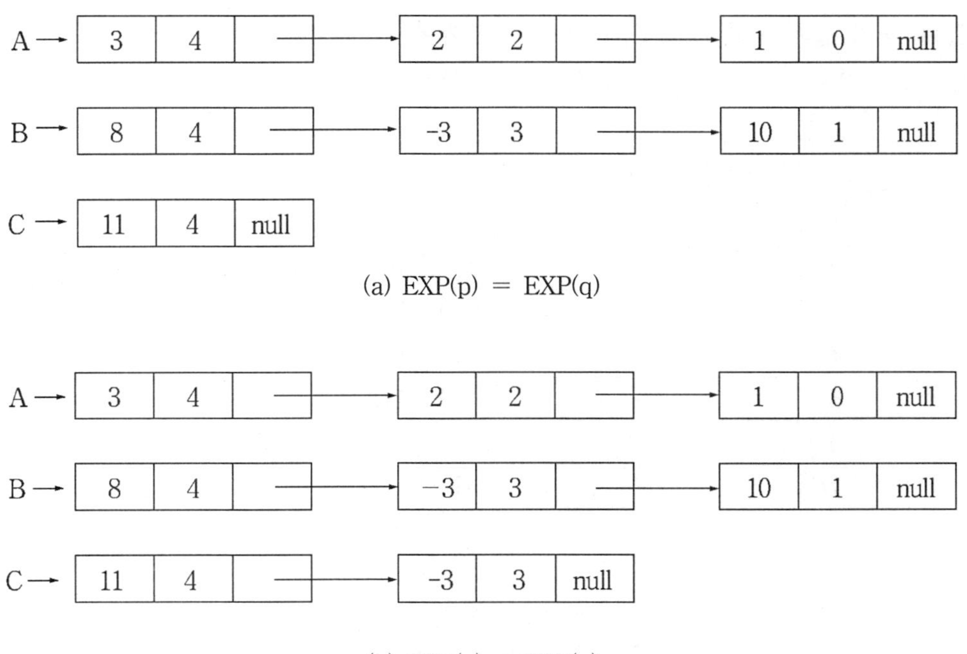

(a) EXP(p) = EXP(q)

(b) EXP(p) < EXP(q)

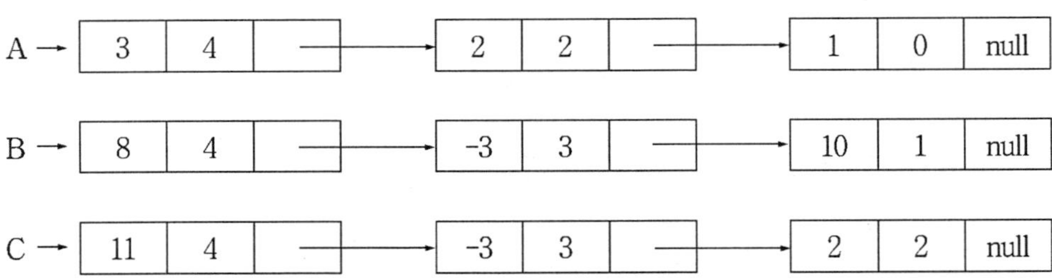

(c) EXP(p) > EXP(q)

〈그림 4-14〉 C = A + B의 처음 3개의 항 생성 과정

이번에는 연결 리스트를 이용하여 프로그램을 번역할 때 발생하는 동치 관계(equivalence relation)를 해결해 보자. FORTRAN에서는 EQUIVALENCE문을 이용하여 같은 기억 장소를 여러 이름으로 변수들이 공용할 수 있다.

예를 들어, 다음과 같은 변수 선언문이 있다고 하자.

DIMENSION A(3), B(2, 2), C(6)

EQUIVALENCE (A(2), B(1, 2), C(4)) , (A(1), D), (D, E, F), (G, H)

이 선언에서 A(2), B(1, 2), C(4)가 동치 관계이므로 같은 기억 장소를 공유하고, A(1)과 D, E, F가 동치 관계이고, G, H가 동치 관계에 있으므로 같은 기억 장소를 가리킨다. 이것을 그림으로 나타내면 <그림 4-15>와 같다.

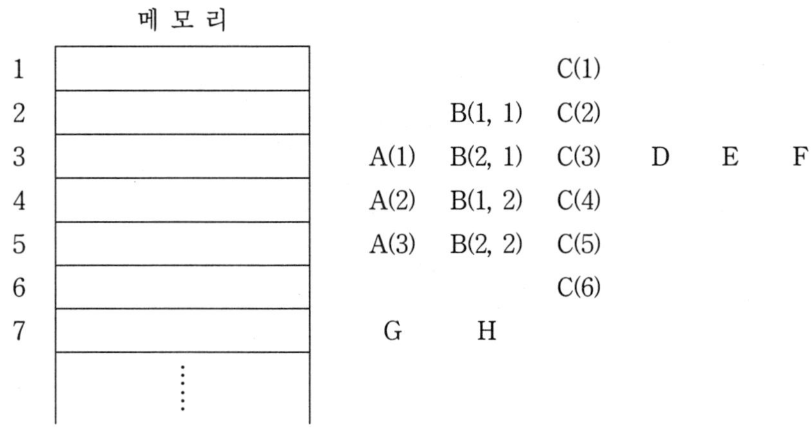

〈그림 4-15〉 동치 관계

만약, EQUIVALENCE문이 없는 경우에는 모든 변수에 대해 필요한 기억 장소가 18워드이나 동치 관계에 있는 변수들로 인해 필요한 기억 장소는 7워드이다. 동치 관계에 있는 변수들의 주소간에는 다음과 같은 특성이 있다. 이때, 동치 관계를 기호 ≡로 나타낸다.

① 반사성(reflexive) : 어떠한 변수 x에 대해서도 x≡x가 성립된다. 즉 x는 자기 자신과 같은 기억 장소에 저장되어 있다.

② 대칭성(symmetric) : 어떠한 변수 x와 y가 만약 x≡y이면 y≡x가 된다. 즉 x가 y와 같은 기억 장소를 가리키고 있다면, y도 같은 x 와 같은 기억 장소를 가리킨다는 의미이다.

③ 이행성(transitive) : 어떠한 변수 x, y, z에 대해서도 x≡y이고 y≡z이면 x≡z이다. 즉 x와 y가 같은 기억 장소를 가리키고 y와 z가 같은 기억 장소를 가리킨다면 x와 z도 같은 기억 장소를 가리킨다는 의미이다.

예를 들어, 12개의 변수를 1~12까지 번호를 붙여 놓고 EQUIVALENCE문에 의해 다음과 같은 동치 관계들이 정의되어 있다면,

1≡5　　12≡1　　3≡12　　4≡2　　7≡11　　8≡5　　9≡10　　4≡6　　7≡9

3개의 동치 관계를 묶을 수 있다.

{1, 3, 5, 8, 12},　　　　{2, 4, 6},　　　　{7, 9, 10, 11}

12개의 변수를 위해서 3워드의 기억 장소만이 필요하다는 사실을 알 수 있다. 동치 관계를 결정하는 알고리즘은 다음의 두 단계를 걸쳐 이루어진다. 첫 번째 단계에서는 1에서부터 시작하여 (1, j) 형태의 모든 쌍을 찾는다.

1과 j는 같은 동치 관계이고 이행성에 의하여 모든 (j, k) 형태의 4를 찾는다. 이 방법으로 1이 포함된 동치 관계의 원소를 찾아 표시하고 출력한다. m은 동치쌍의 개수를 의미하고 n은 변수의 수를 나타낸다고 할 때, SEQ(1=n)과 BIT(1 : n)이라는 2개의 배열을 이용하자. 먼저 첫 번째 단계로 동치쌍을 기억시키면 <그림 4-16>과 같은 리스트가 구성된다.

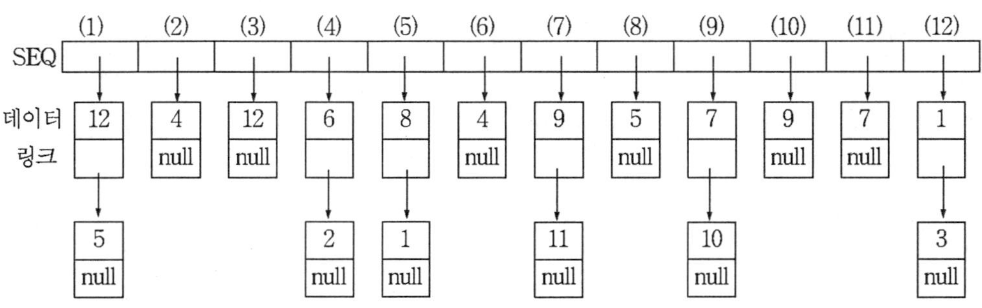

〈그림 4-16〉 동치쌍 리스트

두 번째 단계에서는 SEQ 배열을 조사해 BIT(i) = 0이 되는 첫 번째 i에서부터 시작하여 리스트를 탐색한다. 그리고 SEQ(i)에 있는 각 원소들을 출력하고, 이행성에 의해 i와 같은 부류에 속한 다른 리스트를 처리한다.

4.2 원형 연결 리스트(Circular linked list)

단순 연결 리스트의 마지막 노드의 포인터는 NULL이었다. 이 링크를 사용하기 위해서 마지막 노드의 포인터를 NULL이 아닌 첫 번째 노드의 주소를 가리키도록 할 때, 이 리스트를 원형 연결 리스트 또는 환상 연결 리스트(circular linked list)라고 한다.

원형 연결 리스트가 단순 연결 리스트보다 나은 점은 어느 한 노드로부터 다른 노드로 접근할 수 있다는 것이다. 그러므로 검색 작업시 단순 연결 리스트처럼 처음 노드부터 선행 노드를 찾지 않고 현재의 노드로부터 검색할 수 있다. 그 외의 리스트를 결합(combining)하는 작업 등이 효율적이다. 단점은 리스트의 한 노드를 찾을 때, 주의하지 않으면 무한 루프에 빠질 염려가 있다는 점이다. 따라서 리스트의 모든 노드 중에서 검색을 끝낼 수 있는 노드가 존재해야만 한다.

원형 연결 리스트는 단순 연결 리스트와 마찬가지로 자료를 보관하지 않고 자료값만 가지는 리스트 헤드의 HEAD 포인터로 시작하여 다른 모든 노드와 원형 모양을 이루고 있다. 이는 <그림 4-17>과 같다.

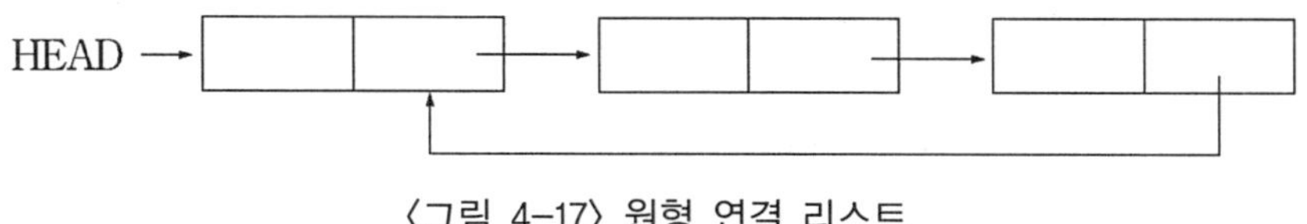

〈그림 4-17〉 원형 연결 리스트

원형 리스트의 기본 동작으로 리스트에 새로운 노드를 삽입하는 과정과 삭제하는 과정을 살펴보자.

① ptr이 지칭하는 노드의 다음 노드로 새로운 자료 y를 삽입한다.
현재의 ptr이 가리키는 노드의 링크값과 새로운 노드의 링크값을 조정한다. 즉 ptr이 가리키는 노드의 링크값을 새로운 노드가 갖게 하고 ptr이 가리키는 노드의 링크값은 새로운 노드를 가리키게 한다. <그림 4-18>은 이러한 과정을 보여주고 있다.

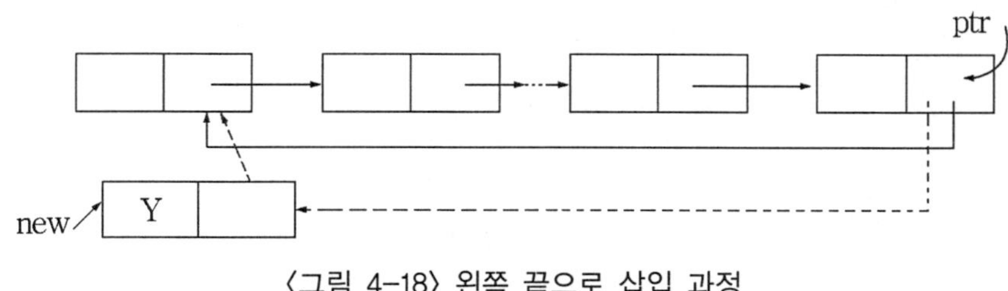

〈그림 4-18〉 왼쪽 끝으로 삽입 과정

② ptr이 지칭하는 노드의 다음 노드를 가리키게 한다.
ptr이 가리키는 노드의 링크값은 다음 노드의 링크값을 갖도록 하고 다음 노드는 유용 공간에 반환한다. <그림 4-19>는 진행 과정을 나타낸 것이다.

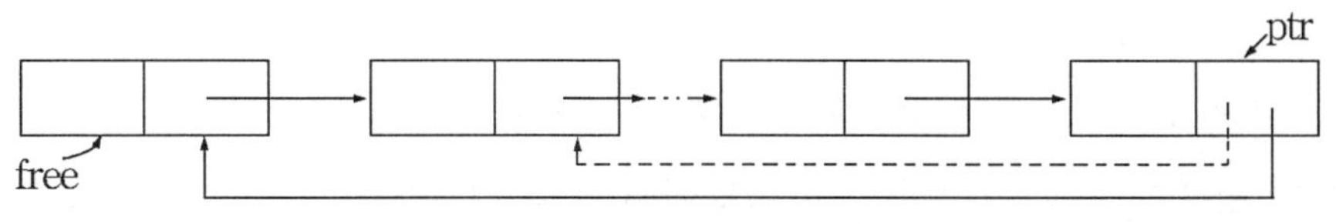

〈그림 4-19〉 왼쪽 끝 노드의 제거

원형 리스트를 보다 편리하게 사용하기 위해서는 원형 리스트를 다루는 여러 가지 루틴들을 만들 필요가 있다. 먼저 원형 리스트 T를 유용 공간에 반환하는 알고리즘을 고려해 보자.

<그림 4-20>은 원형 리스트 T의 제거 과정에서 링크 필드들의 변화를 보여주고 있다.

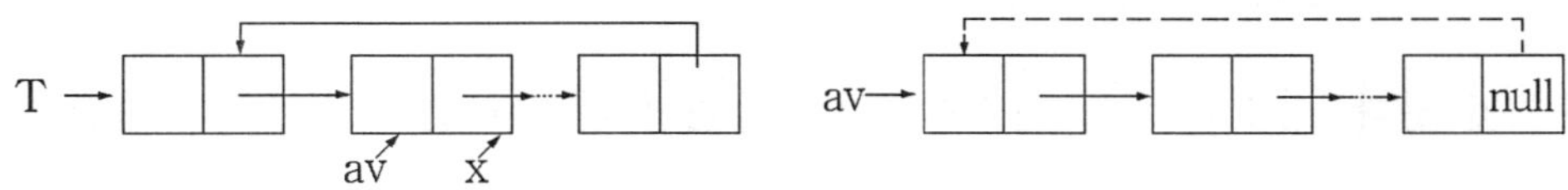

〈그림 4-20〉 점선은 원형 리스트 제거에 의해서 변화되는 링크값을 표시

이번에는, 원형 리스트의 길이를 계산하는 루틴을 만들어 보자.

앞에서도 언급하였지만, 원형 리스트는 한 노드를 찾을 때 주의하지 않으면 무한 루프에 빠질 우려가 있다고 하였다. 이를 위한 기법으로 원형 연결 리스트에 다른 노드와 같은 형식으로 자료를 보관하지 않고 링크값만을 갖는 헤드(HEAD)라는 특정한 노드를 둔다. <그림 4-21>은 리스트 헤드를 가진 원형 리스트의 구성 예이다. 그리고 리스트 헤드는 포인터를 head로 표시하면 리스트는 빈 상태이다. 다시 말해서 head → link = head이면 빈 리스트이다.

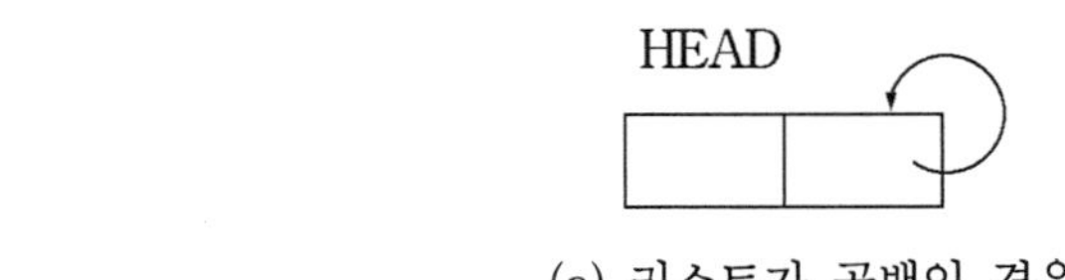

(a) 리스트가 공백인 경우

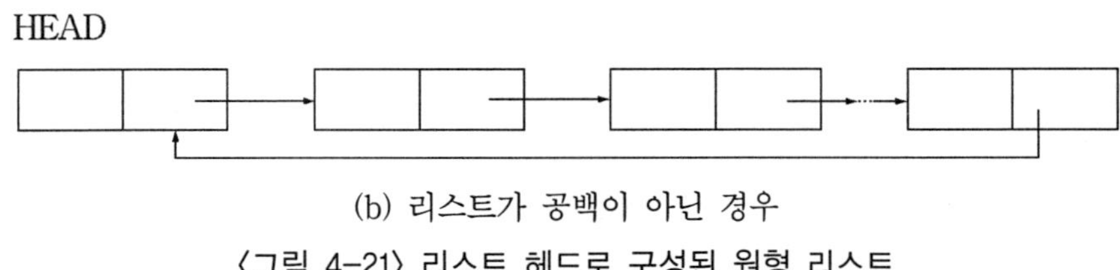

(b) 리스트가 공백이 아닌 경우

〈그림 4-21〉 리스트 헤드로 구성된 원형 리스트

연산의 예를 들면, 한 노드를 리스트 헤드의 다음 노드로 입력하는 경우이다.

다항식의 덧셈과 희소 행렬의 표현 방법에서 원형 리스트를 이용하여 문제를 해결하는 과정을 살펴보자. 다항식을 표현하는 방법은 다음과 같은 3개의 필드로 구성되어 있다.

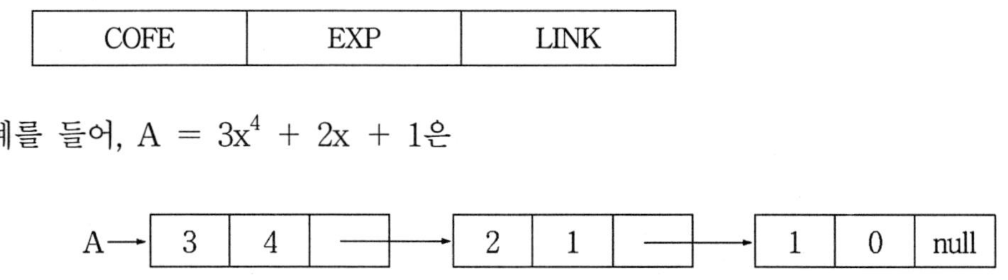

COFE	EXP	LINK

예를 들어, $A = 3x^4 + 2x + 1$은

로 표기가 된다. 이것을 원형 리스트로서 이용하면 다음과 같은 형태로 표기된다.

이 때, 제로 다항식을 없애기 위하여 헤드 노드를 이용한다.

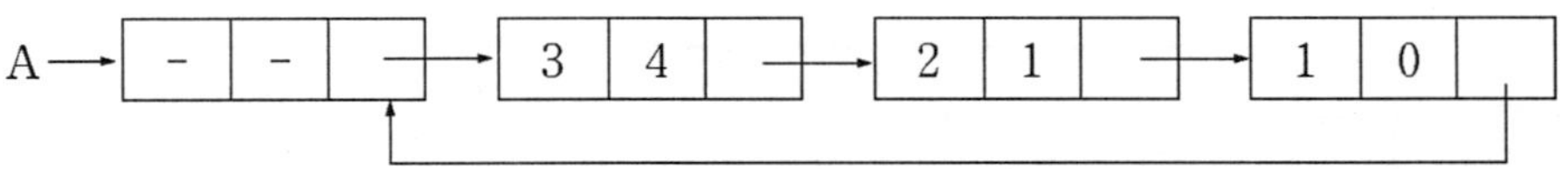

희소 행렬을 표현할 때 희소 행렬의 각 열과 행은 헤드 노드를 가진 원형 연결 리스트로 표현할 수 있다. 또한 각 노드의 구조는 6개의 필드, 즉 down, row, column, right, value, head로 구성된다. 여기서 down과 같은 열 내에서 다음의 0이 아닌 노드를 연결시켜 주는 필드이다. right 필드는 같은 행 내에서 다음의 0이 아닌 노드를 연결시켜 주는 것이고, row, column은 0이 아닌 노드 자신의 행과 열이며, value는 그 노드의 데이터값을 의미한다. 그리고 헤드 노드인가 아닌가를 head 필드가 표시하고 있다. 전형적인 한 노드의 구조는 다음과 같다.

DOWN	HEAD	ROW	COLUMN	RIGHT
VALUE				

예를 들어 $a_{ij} \neq 0$이면 row는 i, column은 j이고 value는 a_{ij}이므로 다음과 같이 표시할 수 있다.

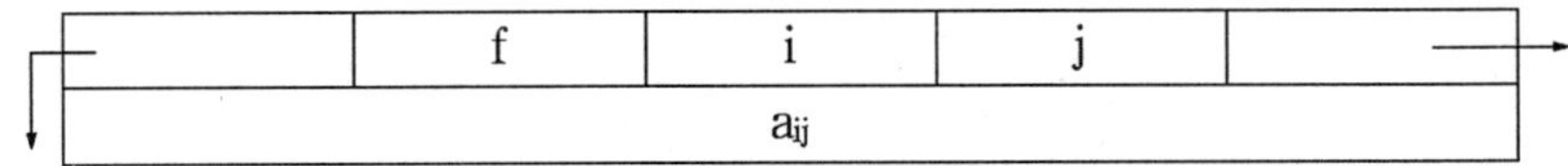

헤드 노드는 4개의 영역, DOWN, HEAD, RIGHT, NEXT로 구성된다. 여기서 NEXT는 다음 헤드 노드를 가리키고 있다.

DOWN	HEAD	RIGHT
NEXT		

예를 들어 다음과 같은 3행 × 3열의 희소 행렬이 있다고 하자.

$$\begin{pmatrix} 1 & 0 & 0 \\ 0 & 0 & 0 \\ 0 & 5 & 0 \end{pmatrix}$$

여기서 0이 아닌 항목에 대해서 표현하면 <그림 4-22>와 같다.

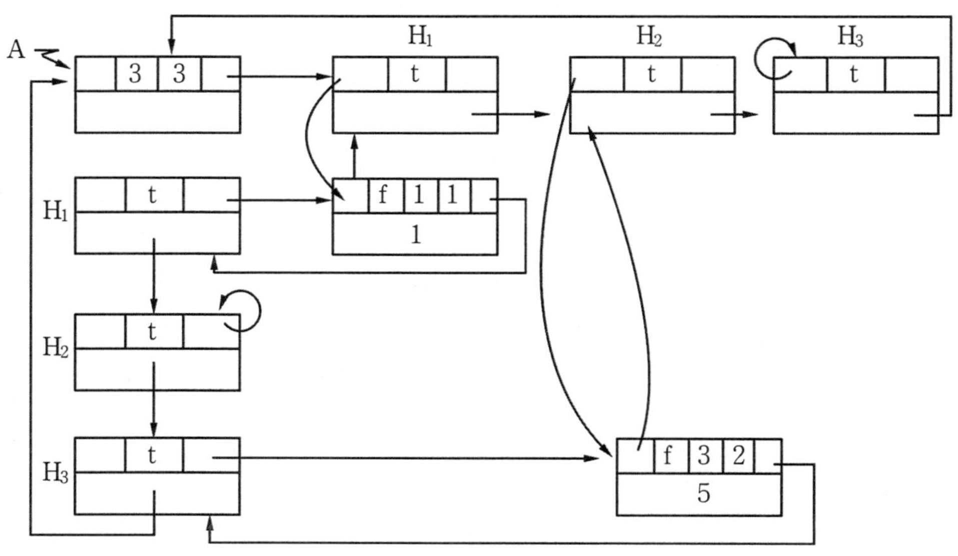

〈그림 4-22〉 희소 행렬을 연결 리스트로 표현

4.3 다중 연결 리스트(Multilinked list)

해결하고자 하는 문제의 경우에 따라서, 각 노드에 대해 1개의 포인터만으로는 불충분한 경우가 있다. 예를 들어 은행에서 고객을 이름으로 관리하다가 다른 목적으로 계좌번호로 관리한다면 두 가지 방법으로 모든 접근이 가능해야 한다.

이 문제에 대한 해결책은 다중 연결 리스트이다. 다중 연결 리스트란 각 노드가 2개의 혹은 그 이상의 포인터를 가지는 것을 말한다.

4.3.1 이중 연결 리스트(Doublyl inked list)

때로는 임의의 노드의 다음 노드와 바로 앞의 노드를 알 필요가 있다. 이러한 성질은 리스트의 각 노드가 바로 앞의 노드를 가리키는 포인터를 위해 기억 공간을 더 쓰면서 2개의 링크를 갖고 선행, 후속 노드를 지칭하게 하면 쉽게 구현할 수 있다.

좌링크	자료	우링크
llink	data	rlink

여기서 좌링크는 선행 노드를 가리키고, 우링크는 후속 노드를 가리킨다. 이렇게 하나의 노드를 포워드(forward)와 백워드(backward)의 위치를 알리는 2개의 포인터를 갖는 구조의 리스트를 이중 연결 리스트(doubly linked list)라고 한다.

리스트의 양끝 노드들은 선행 또는 후속 노드가 없으므로 좌 또는 우링크로 null 링크를 갖게 되며, 이 노드들을 지칭하는 두 포인터 left와 right를 설정한다. <그림 4-23>은 이중 연결 리스트의 구조를 보여주고 있다.

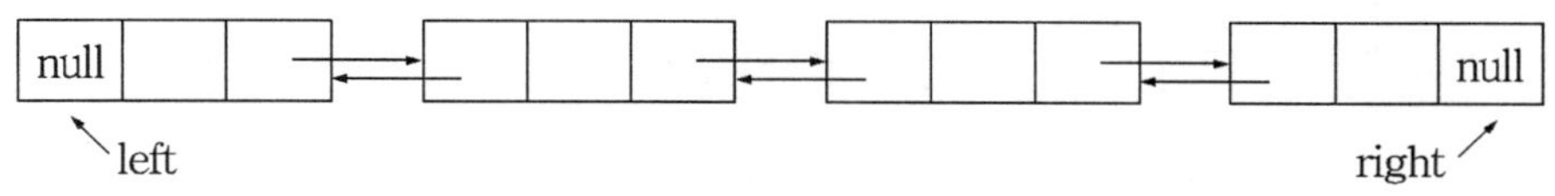

〈그림 4-23〉 이중 연결 리스트의 구성

이중 연결 리스트는 1개의 노드를 x에 대해서 x → rlink → llink = x → llink → rlink = x의 대칭적인(symmetrical) 조건을 만족한다.

다음은 이중 연결 리스트의 삽입, 삭제 작업이다.

① 이중 연결 리스트에서 임의의 노드 x의 우측에 노드 I를 삽입한다.
다음 그림은 그 과정을 보여주고 있다.

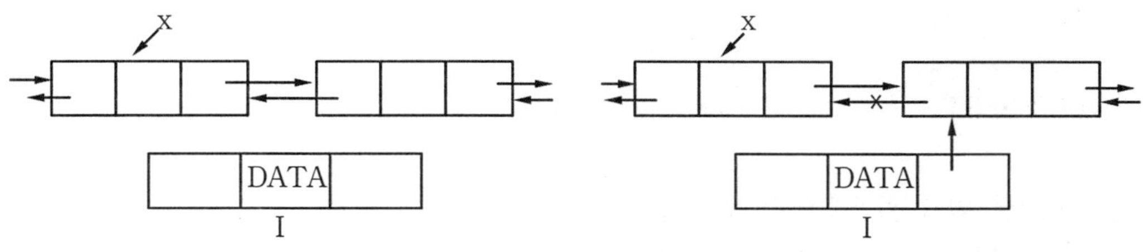

(a) 새로운 노드 I에 DATA를 넣는다.

(b) 삽입하고자 하는 노드 I의 선행 노드 x의 우링크를 새로운 노드 I의 우링크로 복사한다.

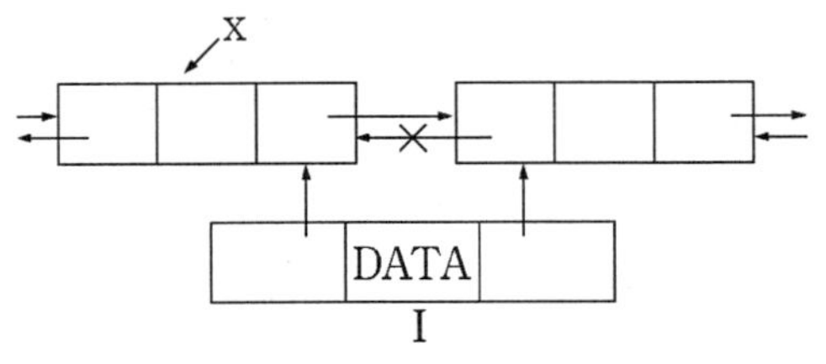

(c) 새로운 노드 I의 좌링크에 선행 노드 x의 주소를 저장한다.

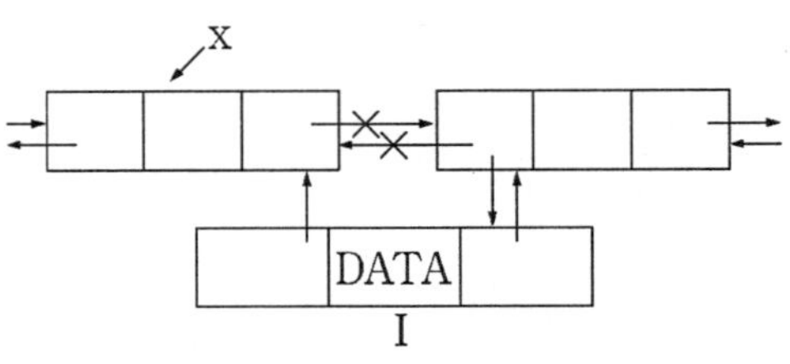

(d) 선행 노드 x의 우링크가 가리키는 노드의 좌링크에 I의 주소를 넣는다.

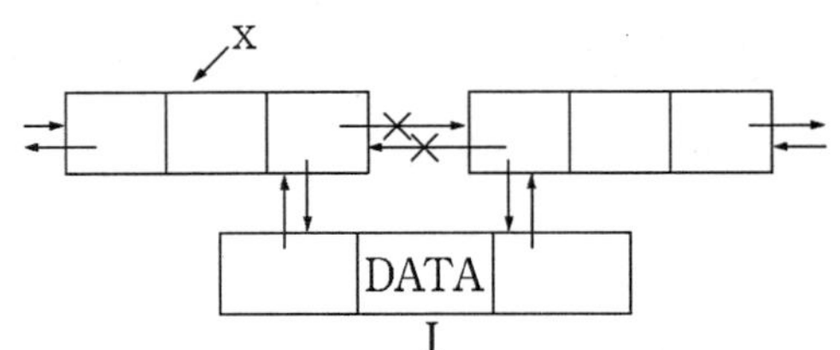

(e) 선행 노드 x의 우링크에 새로운 노드 I의 주소를 저장하고, I의 후속 노드의 좌링크에 I의 주소를 저장한다.

〈그림 4-24〉 이중 연결 리스트의 노드 삽입 과정

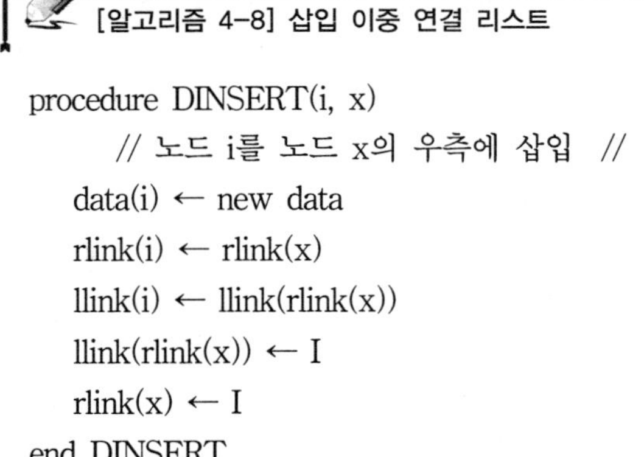

[알고리즘 4-8] 삽입 이중 연결 리스트

```
procedure DINSERT(i, x)
      // 노드 i를 노드 x의 우측에 삽입 //
   data(i) ← new data
   rlink(i) ← rlink(x)
   llink(i) ← llink(rlink(x))
   llink(rlink(x)) ← I
   rlink(x) ← I
end DINSERT
```

② 이중 연결 리스트에서 임의의 노드 x를 삭제하여 보자.
이러한 과정은 <그림 4-25>에서 보여주고 있다.

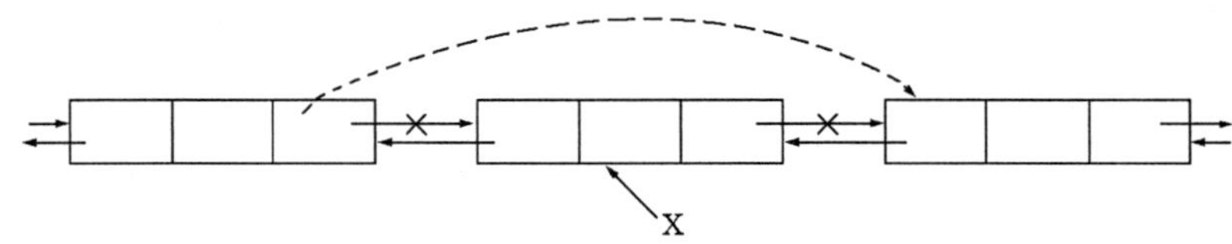

(a) 제거하고자 하는 노드 x의 우링크를 x의 좌링크가 가리키는 노드의 우링크로 옮긴다.

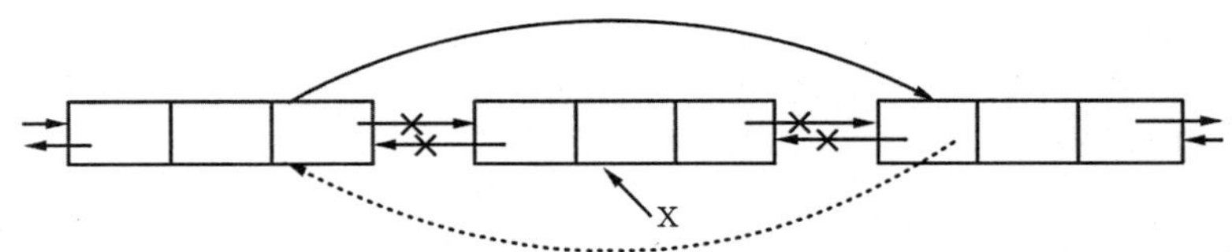

(b) 제거하고자 하는 노드 x의 좌링크를 x의 우링크가 가리키는 노드의 좌링크로 옮긴다.

〈그림 4-25〉 이중 연결 리스트의 노드 삭제 과정

<그림 4-25>의 과정을 알고리즘으로 나타내면 다음과 같다.

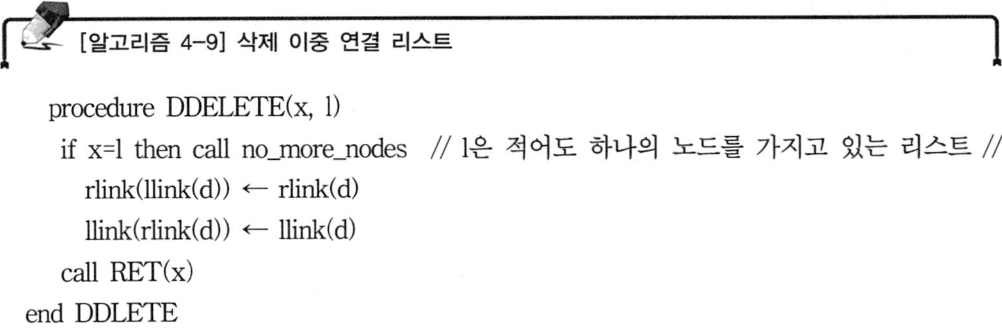

[알고리즘 4-9] 삭제 이중 연결 리스트

```
  procedure DDELETE(x, l)
   if x=l then call no_more_nodes  // l은 적어도 하나의 노드를 가지고 있는 리스트 //
     rlink(llink(d)) ← rlink(d)
     llink(rlink(d)) ← llink(d)
   call RET(x)
end DDLETE
```

4.3.2 이중 원형 연결 리스트(Doubly circular linked list)

어떠한 노드도 NULL 링크를 갖지 않는 이중 연결 리스트 구조는 다음과 같다.

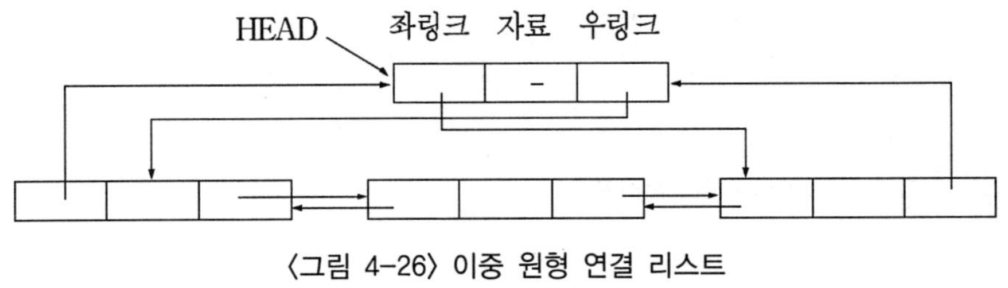

〈그림 4-26〉 이중 원형 연결 리스트

이중 원형 연결 리스트의 어떤 노드 p에 대해서도 다음 성질은 성립한다.

$$p = p \rightarrow llink \rightarrow rlink = p \rightarrow rlink \rightarrow llink$$

헤드 노드는 항상 존재하므로 공백 리스트라도 실제로는 하나의 노드를 갖게 되어 다음과 같이 표현된다.

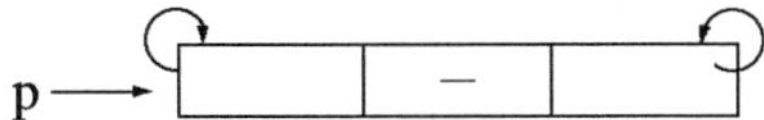

이중 원형 연결 리스트에서도 삽입, 삭제 작업은 가능해야 한다. 그러므로 먼저 리스트에 새로운 자료 '10'을 삽입하는 경우를 살펴보자.

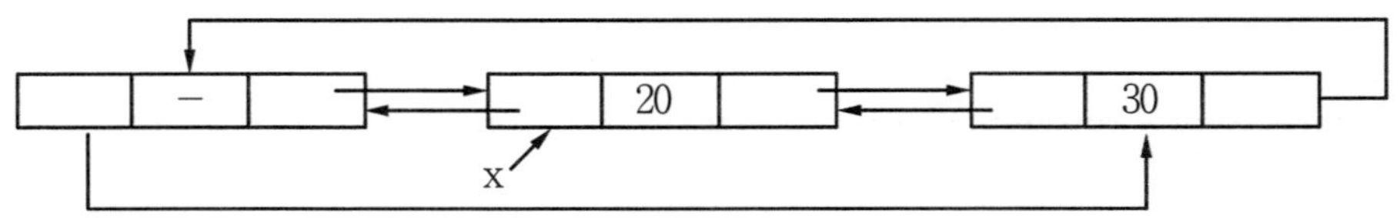

이 리스트에 다음과 같은 새로운 노드 p를 삽입하자.

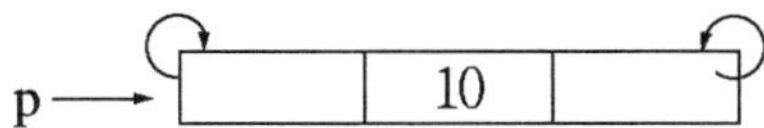

p의 llink는 x를 가리켜야 한다.

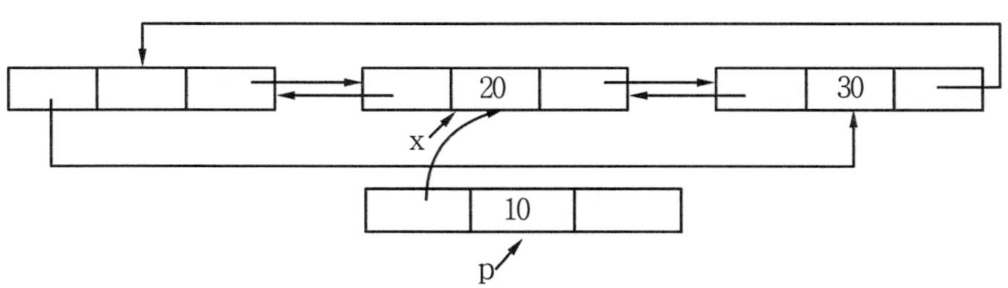

p의 rlink에는 x의 rlink값이 옮겨와야 한다.

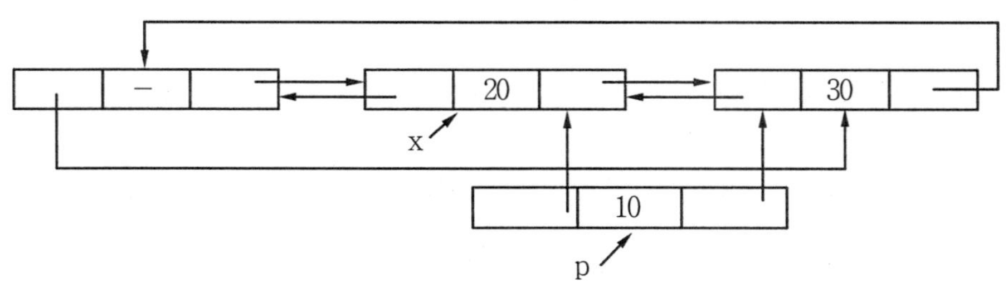

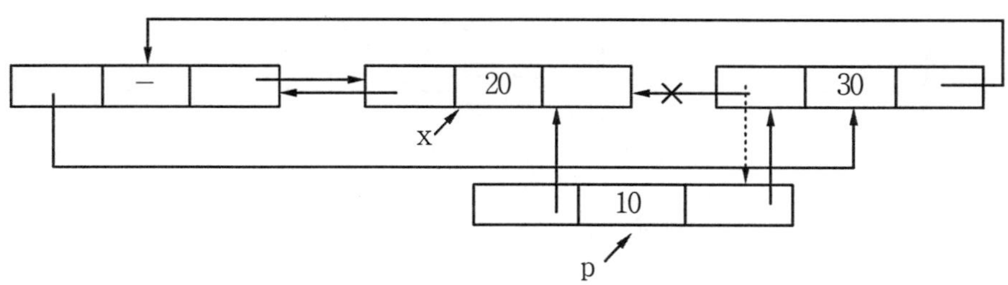

x의 rlink는 p를 가리켜야 한다.

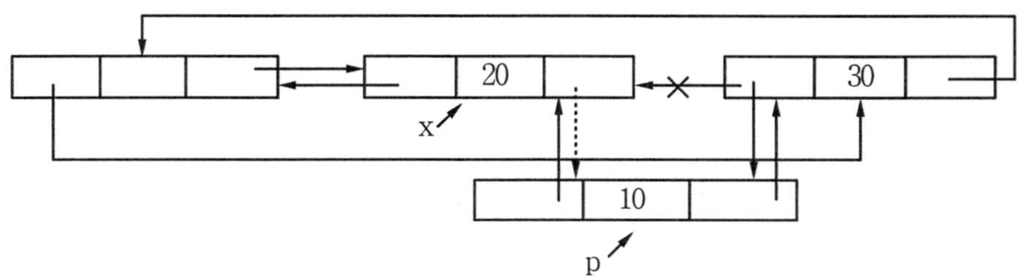

그러므로 새로운 원형 연결 리스트가 만들어진다. 이번에는 다음과 같은 원형 연결 리스트에서 '10'을 삭제하여 보자.

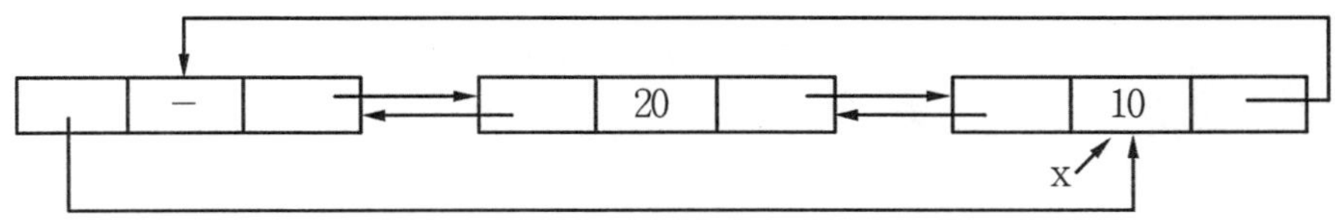

먼저 x의 llink가 가리키는 노드의 rlink값은 x의 rlink값으로 변경되어야 한다.

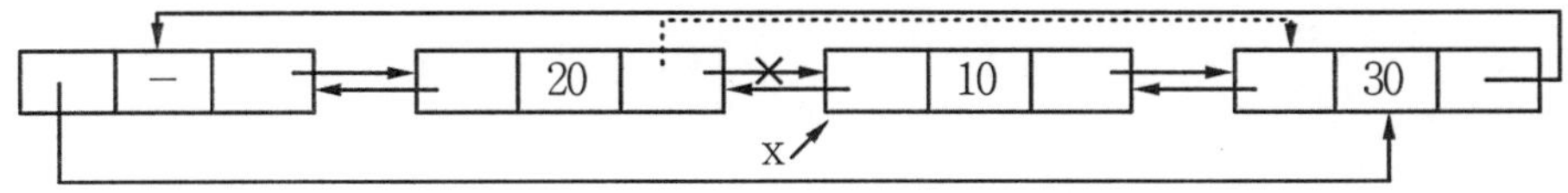

그리고 x의 rlink가 가리키는 노드의 llink값이 x의 llink값으로 바뀌어야 한다.

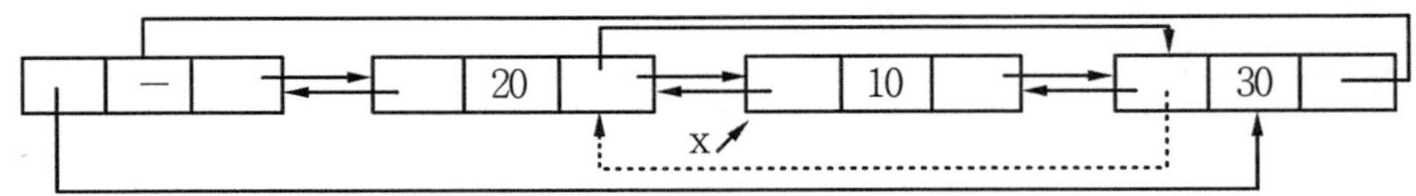

x는 계속해서 어떤 노드를 가리키고 있지만, 이 노드는 리스트에 더 이상 접근할 수 없게 되어 결과적으로 리스트에 속하지 않는 것이다. 이중 원형 연결 리스트에 대한 삽입, 삭제 알고리즘은 이중 연결 리스트의 알고리즘과 흡사하다.

연 / 습 / 문 / 제

4-1 링크드 리스트(linked list)에 대해 기술하시오.

4-2 다중 링크드 리스트에 대해 기술하시오.

4-3 환형 링크드 리스트에 대해 설명하시오.

4-4 이중 환형 링크드 리스트에 대해 설명하시오.

4-5 단순 연결 리스트로 데크의 운영이 비효율적인 이유를 설명하시오.

4-6 두 개의 스택을 한 개의 리스트로 운영하고자 할 때 가장 효과적인 방법을 제시하시오.

4-7 다음 리스트들에 대해 기술하시오.

(1) 순차적 리스트의 장단점
(2) 단순 연결 리스트의 장단점
(3) 이중 연결 리스트의 장단점

4-8 이중 연결 리스트에서 노드 X의 좌측에 노드 N을 삽입하는 알고리즘을 설명하시오.

4-9 연결 리스트가 선형 리스트보다 효과적인 점을 설명하시오.

제5장

기억 장소 관리

메모리 관리는 처리되는 것의 크기가 고정된 경우인 고정 메모리 관리와 처리되는 것의 크기가 동적으로 변하는 동적 메모리 관리 두 가지가 있다.

5.1 고정 메모리 관리(Static memory management)

연결 리스트를 취급할 때는 새로운 자료를 저장하기 위해서 새 노드를 얻거나 삭제 연산 후 더 이상 사용하지 않는 노드들을 관리하는 방법이 필요하다.

이러한 노드의 모임을 유용 공간이라고 하며, 유용 공간은 선형 리스트의 정해진 형식을 갖춘 노드로 이루어진 연결 리스트이다. <그림 5-1>에서는 유용 공간에 하나의 노드를 제거하는 작업과 삽입하는 작업을 보여준다.

이와 같이 작업하는 것을 보면서 사용하지 않는 노드의 모임인 유용 공간은 스택 구조로 되어 있다는 사실과 사용하지 않는 기억 장소 리스트, 즉 유용 공간의 노드들은 고정된 크기로 구성되어 있다는 것을 알 수 있다. 이와 같이 고정된 크기의 노드에 대한 기억 장치 관리이므로 고정 메모리 관리(static memory management)라 할 수 있다.

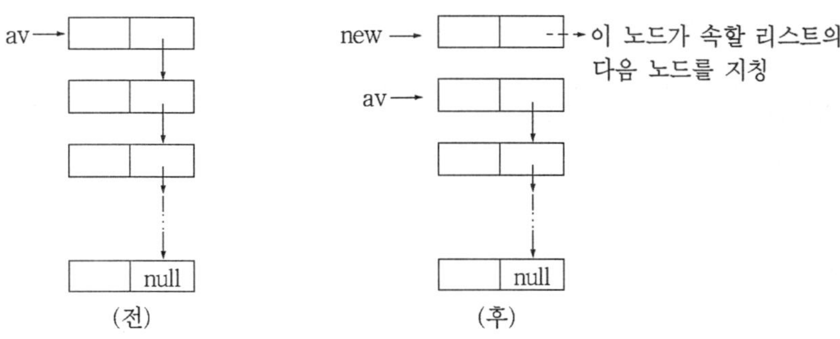

(a) 삭제 작업(getnode)

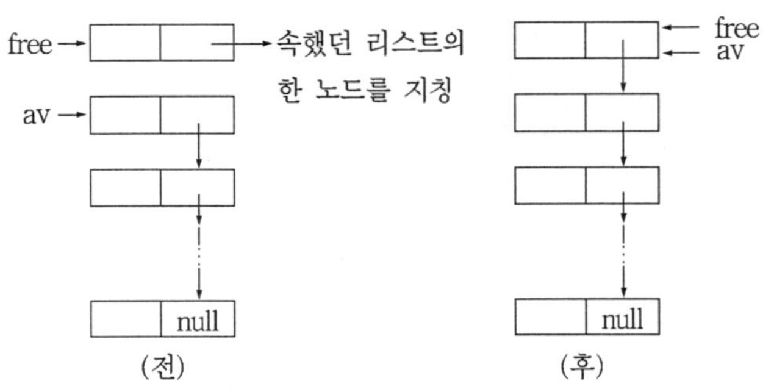

(b) 삽입 작업(putnode)

〈그림 5-1〉 유용 공간의 운영

연결 리스트에서 새로운 노드를 저장하기 위해서 하나의 노드가 필요한 경우에 유용 공간에 할당 요청을 하는 getnode 함수에 대해서 알아본다.

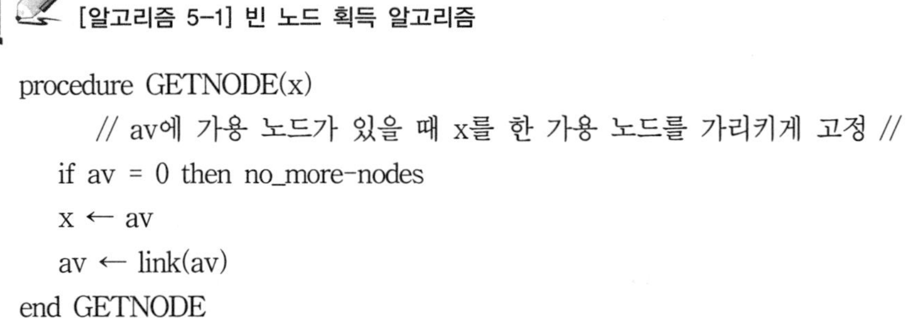

[알고리즘 5-1] 빈 노드 획득 알고리즘

```
procedure GETNODE(x)
      // av에 가용 노드가 있을 때 x를 한 가용 노드를 가리키게 고정 //
   if av = 0 then no_more-nodes
   x ← av
   av ← link(av)
end GETNODE
```

할당이 된 후 처리가 완료되거나 또는 제거에 의해서 메모리에서 유용 공간에 반납시키는 RET 함수는 다음과 같다.

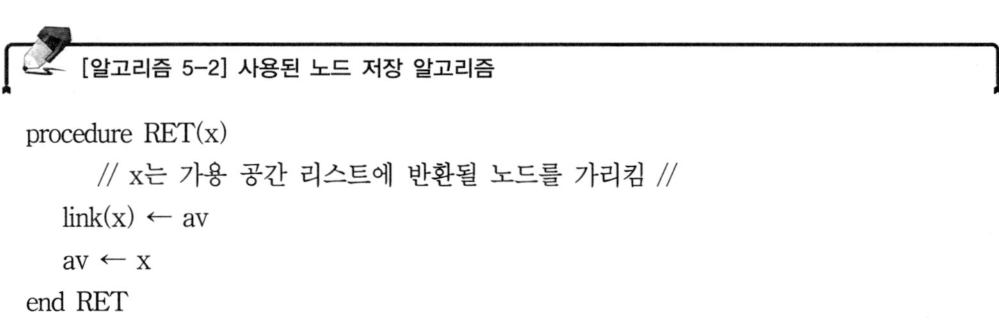

[알고리즘 5-2] 사용된 노드 저장 알고리즘

```
procedure RET(x)
      // x는 가용 공간 리스트에 반환될 노드를 가리킴 //
   link(x) ← av
   av ← x
end RET
```

5.2 동적 메모리 관리(Dynamic memory management)

다중 프로그래밍(multiprogramming) 시스템에서는 여러 개의 프로그램이 동시에 메모리 내에 상주할 수 있다. 이 때, 각각 프로그램들은 서로 다른 양의 메모리를 필요로 할 수 있다. 예를 들면 한 프로그램이 60k의 메모리를 필요로 하고, 다른 프로그램은 100k, 또 다른 프로그램은 300k를 요구하는 경우가 있다고 하자. 이와 같이 기억 장소를 필요로 할 때마다 운영 체제는 알맞은 크기의 연속적인 메모리를 할당해야만 하고, 프로그램의 실행이 끝나면 그 기억 공간은 사용하지 않은 기억 장소로 바꾸어 주어야만 한다. 그리하여 사용하지 않은 공간은 다른 프로그램이 다시 사용할 수 있도록 해야 한다.

동적 메모리 관리(dynamic memory management) 체제하에서는 원하는 메모리의 크기를 미리 알 수 없고, 메모리들이 할당된 순서대로 회수되지도 않는다. 예를 들어 메모리가 100k라고 하자. 여기서 5개의 프로그램 p_1, p_2, p_3, p_4, p_5가 있는데 각각 10k, 15k, 6k, 8k, 20k의 크기를 가지고 있다고 하자. p_5까지 메모리가 할당된 뒤의 상태는 다음과 같다.

P_1	P_2	P_3	P_4	P_5	사용하지 않은 공간

1 10k 25k 31k 39k 59k 100k

프로그램 P_2와 P_4의 끝에서 P_2와 P_4가 차지하였던 공간을 사용하지 않는 영역으로 바꾸어 준 후의 경우는 다음과 같다.

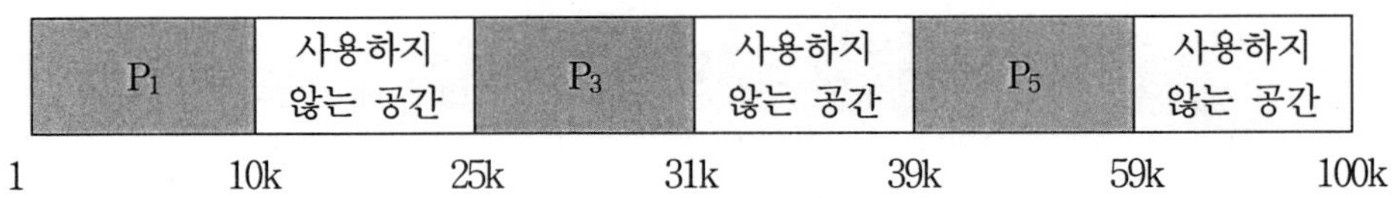

다른 프로그램이 할당될 때는 사용하지 않고 있는 영역들 중에서 알맞은 형태의 크기의 영역에 할당될 것이다. 그러므로 사용하지 않는 영역들을 관리해야만 한다.

사용하지 않는 기억 장소를 관리하기 위해서 리스트의 형태의 체인 구조로 기억 장소들을 연결해 둔다. 그리고 사용하지 않는 공간의 첫 번째 워드에 size와 link 2개의 필드를 마련해 두고, 그 외에 각 공간에 대한 정보를 넣어두는 영역도 확보해 둔다. 헤드 노드를 사용하면 알고리즘을 작성할 때 경계 조건을 간단히 할 수 있다.

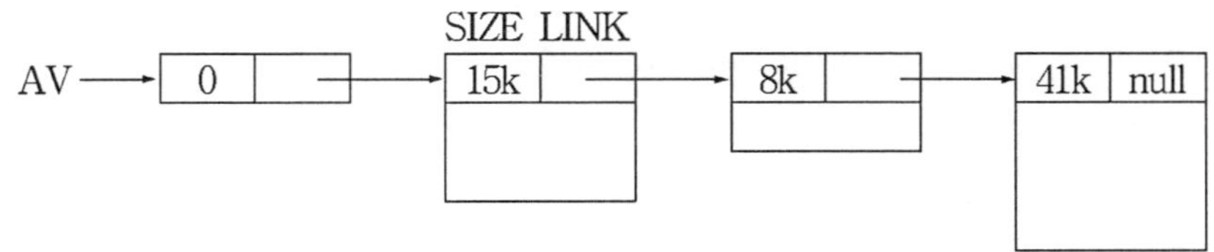

〈그림 5-2〉 헤드 노드를 가진 유용 공간 리스트

새로운 프로그램이 메모리에 할당될 때, 사용하지 않는 기억 장소들 중에서 알맞은 형태의 크기가 할당될 것이다. 이 때 할당되는 방법에 따라서 크게 세 가지로 나눌 수 있다. 최초 적합(first-fit) 방법, 최적 적합(best-fit) 방법, 최악 적합(worst-fit) 방법이다.

5.2.1 동적 메모리 할당 기법

사용 가능한 메모리 영역들 중에서 요구를 수용할 수 있는 충분한 크기의 영역 중 가장 처음에 나타나는 공간을 선택하는 이런 접근 방법을 최초 적합(first-fit) 방법이라 한다. 이 때 사용되지 않는 많은 부분은 사용 가능한 메모리 영역의 리스트에 반환한다. 예를 들어 <그림 5-3>과 같은 기억 공간이 있다고 하자.

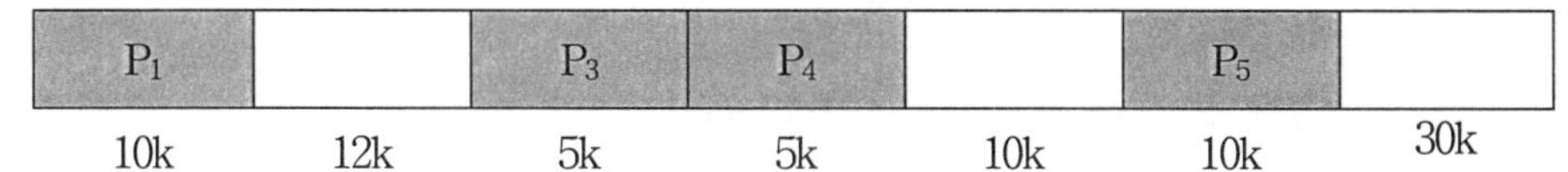

〈그림 5-3〉 P_1, P_2, P_3, P_4, P_5가 할당될 메모리

<그림 5-3>의 유용 공간들을 리스트로 구성한 것은 다음과 같다.

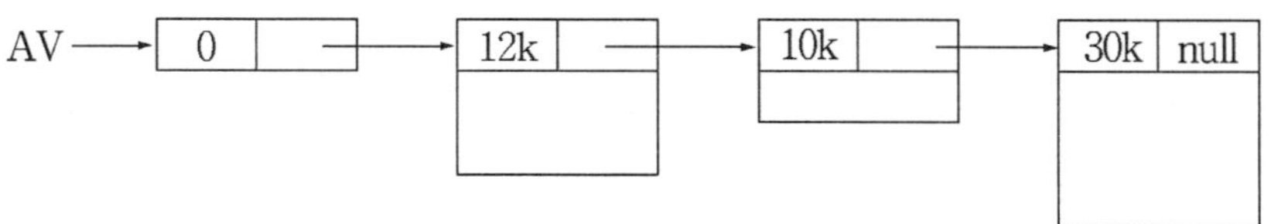

여기에 입력되는 프로그램의 크기가 7k, 5k, 9k, 22k의 네 가지가 있다고 가정하자. 그러면 최초 적합 방법을 사용하는 경우는 다음과 같이 할당된다. 7k를 할당하기 위해서 사용하지 않는 영역 중 가장 처음 나오는 12k를 할당시킨다.

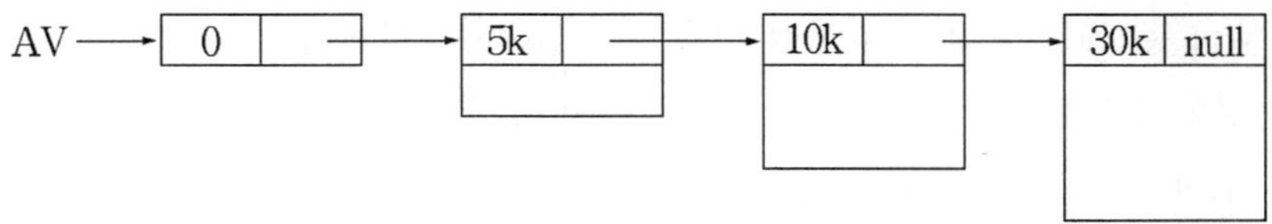

5k 프로그램의 요구에 응하기 위해서 처음 나오는 5k를 할당시킨다.

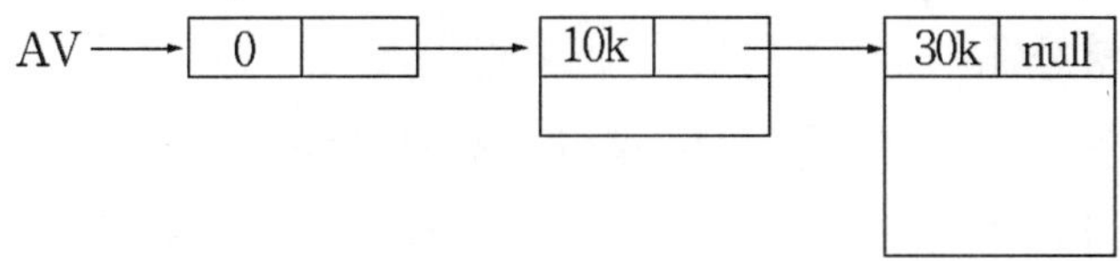

다음의 9k 프로그램을 위해서 처음 나오는 10k를 할당시키고, 남는 1k는 반환한다.

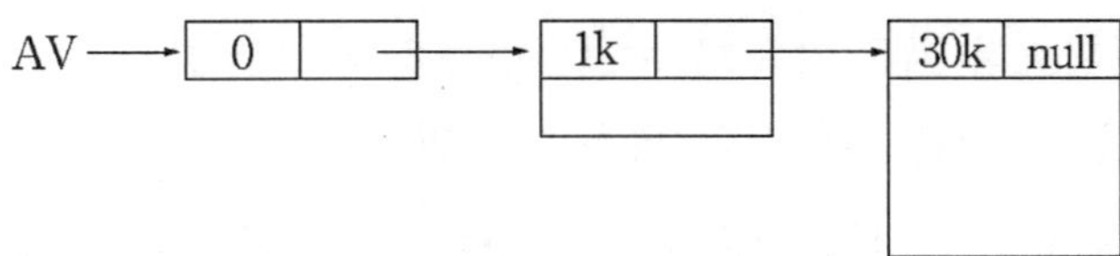

마지막 22k 프로그램은 처음 나오는 1k에 할당할 수 없으므로, 그 다음에 나오는 30k에 할당시킨다.

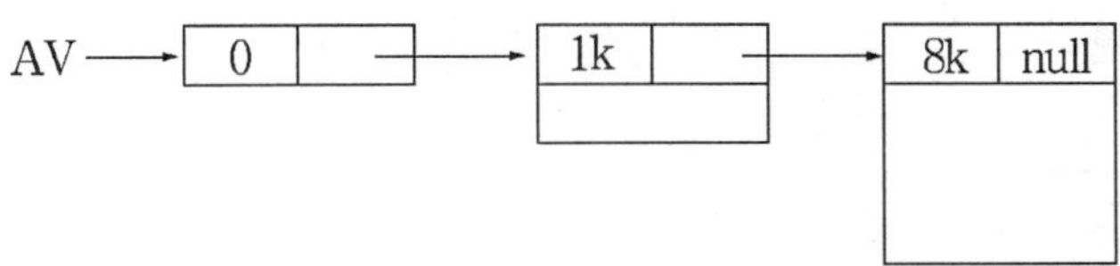

이러한 최초 적합 방법은 아주 간단하다. 그리고 사용하지 않는 공간의 일부분만을 할당할 때에는 리스트의 링크값을 변경시키는 불편을 없애기 위해서 아래 부분부터 할당한다. 그러나 여기에는 다음과 같은 두 가지 문제점이 있다.

① 메모리의 할당과 회수가 여러 번 반복되고 나면 리스트 내의 공간들의 크기가 점점 작아져서 결국에는 어떤 메모리의 요구에도 응할 수 없다. 앞의 경우에서도 1k, 8k가 남아 있으므로 9k 이상의 요구에 응할 수 없게 된다. 그리고 이러한 작은 공간들이 리스트에 계속해서 많이 남아 있게 되면 메모리 할당 시간은 리스트에 있는 공간들에 대한 탐색 횟수에 비례 하므로 메모리 할당에 걸리는 시간이 차츰 더 길어지게 된다. 이것을 단편화(fragment)라 한다.

② 충분히 큰 공간을 찾는 과정이 처음부터 검색되므로 작은 조각 공간들이 앞에 모이는 경향이 있다. 따라서 큰 공간을 찾기 위해 검색해야 할 공간의 수가 차츰 많아지기 쉽다.

이러한 문제점들에 대한 개선책으로 다음과 같은 것이 있다.

① 어떤 상수를 정하여, 할당 후에 남게 되는 영역의 크기가 상수보다 작을 때 그 공간 전체를 할당한다.

② 작은 공간들을 리스트에 골고루 흩어지게 하기 위해서는 공간들의 탐색 시작점을 이동시켜 가면서 하면 된다. 즉 다시 말해서 헤드 노드를 가진 원형 연결 리스트를 유용 공간 리스트로서 사용한다.

다음에 나오는 할당 기법은 최적 적합(best-fit) 기법이다. 이는 사용하지 않는 영역 중에서 기억 장소가 필요할 때는 요구되는 크기만큼을 가진 부분들 중에서 가장 적당한 크기의 사용하지 않는 영역을 찾아서 할당하는 방법을 말한다.

예를 들면 <그림 5-3>에서와 같은 기억 공간이 있고, 여기에 입력되는 프로그램의 크기가 7k, 5k, 9k, 22k의 네 가지가 있다. 최적 적합 방법으로 메모리가 할당되는 것은 다음과 같다.

먼저, 7k 프로그램을 할당하기 위해서 사용하지 않는 영역 중에서 가장 비슷한 크기의 10k 영역을 할당한다.

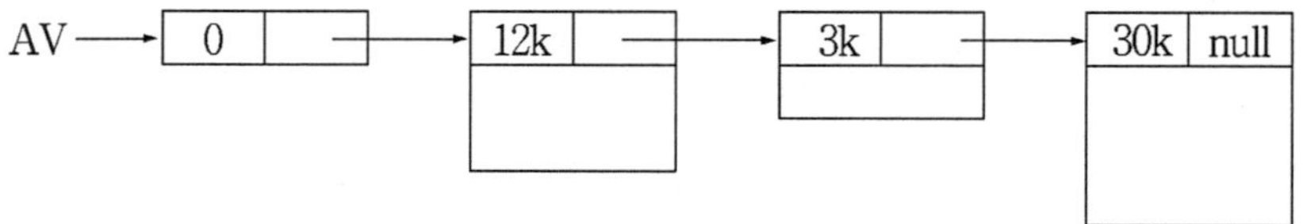

5k 프로그램을 할당하기 위해서는 3k 영역은 불가능하므로 12k 영역을 할당한다.

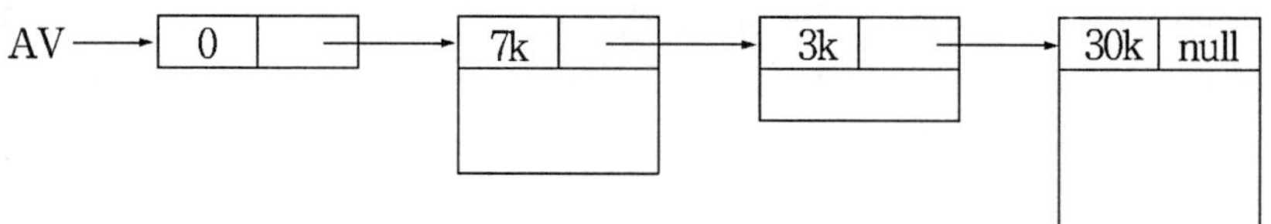

다음의 9k 프로그램을 할당하기 위해서 가장 근접한 영역은 30k 밖에 없다.

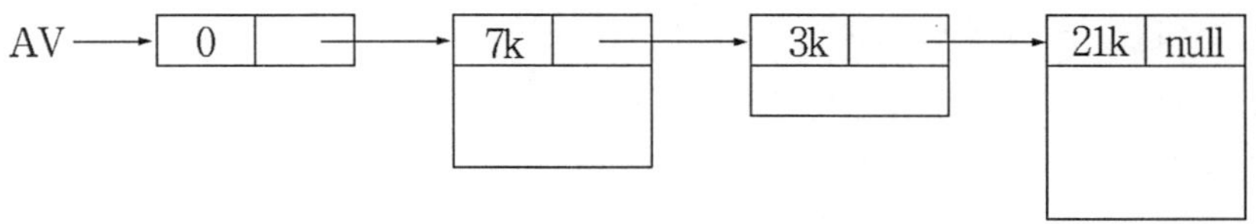

마지막 22k 프로그램의 할당에 있어서는 처리할 만한 크기의 영역이 현재는 없으므로 할당이 되지 못하는 상태가 된다.

앞에서 알아본 경우는 최초 적합 기법이 최적 적합 기법보다 더 좋은 경우이다. 그러나 그 반대의 경우도 있다. 다양한 요구에 대한 모의시험으로부터 최초 적합 기법이 단위 시간당 요구에 대한 만족도가 더 높다는 것을 알 수 있다.

마지막으로 나오는 할당 기법은 최악 적합(worst-fit) 기법이다. 이는 사용하지 않는 영역 중 기억 장소가 필요할 때에 요구되는 크기만큼을 지닌 부분 중에서 가장 큰 영역을 찾아서 할당시키는 방법을 말한다.

5.2.2 동적 메모리 관리 시스템

명확한 블록 크기의 수는 때때로 시스템 수준(level)의 수라고 불린다. 같은 크기의 모든 블록(사용 가능 영역)들은 같은 수준으로 간주할 수 있다.

예를 들어 5 level 동적 메모리 관리 시스템, 1,000단어 메모리가 200, 400, 600, 800 그리고 1,000의 블록의 크기를 가진다고 가정하자. level 1에서 블록들은 level 2에 있는 블록들로 병합된다. 즉 level 1과 level 2에 있는 블록은 level 3에 있는 블록들로 병합될 수 있다.

level	크기	가능한 블록수
1	1,000	1
2	800	1
3	600	1
4	400	2
5	200	5

이런 것을 고려한 메모리 관리 시스템을 버디 시스템(buddy system)이라고 부른다. 버디 시스템에서 메모리는 항상 2의 지수승 크기로 할당된다. 블록의 메모리 요구보다 훨

씬 크다면 그것은 두 블록으로 나누어지며 각 블록은 2의 지수승 크기를 가진다. 이 블록들은 버디라 부른다. 두 버디가 사용 가능해지면 더 큰 하나의 블록으로 다시 병합될 수 있다. 블록들은 항상 2의 지수승(2, 4, 8, 16, 32, …)이므로, 블록의 버디 위치를 계산해서 더 큰 블록이 형성될 수 있는지를 결정하는 것이 쉽다.

처음에 전체 메모리가 사용 가능하고, 크기가 m = 2^n이라고 가정한다. 이것은 다음과 같은 종류의 가능한 블록 크기를 갖는 n level 시스템을 형성한다. 즉 2^n, 2^{n-10}, 2^{n-2}, 2^{n-3}, …, 8, 4, 2이다. 그러나 어떤 주어진 순간에 이것이 블록의 각 형태가 사용 가능하거나 시스템에 있다는 것을 의미하지는 않는다. 어떤 블록과 크기를 사용 가능한지 알기 위해, 헤더가 AVAIL[1], AVAIL[2], …, AVAIL[n]인 n개의 연결 리스트를 사용한다. 일반적으로 AVAIL[i]는 크기가 2^i인 사용 가능한 블록의 위치를 가리킨다. 그러나 더 큰 블록을 나누어서 얻어질 수 있기도 하다. 그리하여 처음에 AVAIL[1], AVAIL[2], AVAIL[3], …, AVAIL[n-1]은 null 포인터를 가지고 AVAIL[n] = 0이 된다. 여기에서 메모리는 0부터 2^{n-1}까지의 주소를 갖는다고 가정한다.

각 블록은 그 블록이 할당되었는지 아닌지를 표시하는 필드를 가지고 있다. 이를 위해 다음과 같은 방법을 사용한다.

FREEK = 1　　k 위치에서 시작하는 블록이 사용 가능한 경우

FREEK = 0　　k 위치에서 시작하는 블록이 사용 가능하지 못한 경우

같은 크기의 여러 블록들이 사용 가능할 수 있기 때문에 각 블록 내에 그 크기의 그 블록을 가리키는 링크를 포함한다. 2^n 크기를 가지는 블록은 단 하나이므로 블록의 부분이 될 수 있다. 그들은 데이터를 포함하고 있지 않으므로 그것을 메모리 관리 시스템에 대한 오버 헤드로 간주한다. AVAIL 리스트도 또한 오버 헤드가 된다.

예로서 32단위 길이를 가지는 메모리를 가정해 보자. 주소는 0부터 31까지 또는 이진수로는 00000부터 11111이 된다. 첫 번째 요구가 크기 8의 블록에 대한 것이라면 크기 32의 블록은 16크기의 두 블록으로 쪼개진다. 이 중 하나는 AVAIL[4] 리스트의 헤드에 위치하며, 나머지는 크기 8의 두 블록으로 쪼개진다. 이 중 하나는 할당될 수 있으며, 나머지는 AVAIL[2] 리스트에 위치한다. 이 연산을 수행한 후 AVAIL 리스트는 다음과 같다.

AVAIL[1] = NULL

AVAIL[2] = 12

AVAIL[3] = NULL

AVAIL[4] = 16

AVAIL[5] = NULL

그리고 메모리는 다음과 같이 나타난다.

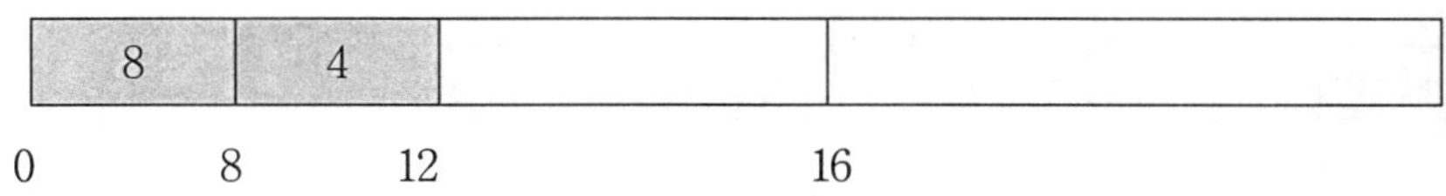

블록이 쪼개지므로 오른쪽 반이 할당되지 않은 채로 남아 있고 왼쪽 반은 할당된다. 지금 크기 8의 블록에 요구가 있다고 가정하자. 이 요구를 만족시키기 위해 16 위치에서 시작하는 블록은 쪼개지고 메모리는 다음과 같이 할당된다.

8	4		8	

0 8 12 16 24

블록의 버디 위치를 알기 위해서 <그림 5-4>을 고려하자. <그림 5-4>은 메모리 할당과 해제가 발생한 후 메모리의 가능한 계층 구조를 나타내고 있다.

<그림 5-4>의 (a)에서 주소 아래에 있는 사각형은 이진 주소이다. <그림 5-4>의 (b)에 있는 트리 구조를 보고 버디가 되는 블록을 쉽게 알 수 있다. FREE 필드는 어느 블록이 사용 가능(FREE = 1)한지 어느 블록이 할당되었는지(FREE = 0)를 보여준다. 크기 8인 2개의 블록과 크기 4인 블록이 하나 있다는 것을 알 수 있다. 트리에서 같은 부모 노드 아래 있는 노드는 버디다.

예를 들어 주소 0과 4(00000과 00100)에 있는 노드와 주소 16과 24(10000과 11000)는 버디다. 각 주소쌍은 i번째 위치에서 단 하나의 비트 차이가 있고 여기서 i는 블록의 수준(level) 번호이며, 2^i는 블록의 크기이다. 위치 k에서 시작하는 2^i인 블록은 다음 위치에서 버디를 가진다.

$k + 2^i$ 주소의 i번째 비트가 0 또는

$k - 2^i$ 주소의 i번째 비트가 1이라면

만약 버디가 해제되면 2개의 버디는 크기 2^{i+1}인 하나의 블록으로 재결합될 수 있다. $i + 1 < m$이라면 새로운 버디들을 합병하는 능력에서 적합한 특징을 가지고 있다. 그러

나 같은 크기의 자유 블록이 버디가 아니기 때문에 재결합될 수 없다면 약간의 외부 단편화 문제가 발생한다. 요구가 2의 지수가 아니라면 그 결과는 내부 단편화가 된다. 우리가 단편화를 제거할 수 없을지라도 버디 시스템은 가능한 한 요구의 크기에 적합한 방법을 선택함으로써 메모리 낭비를 최소화한다.

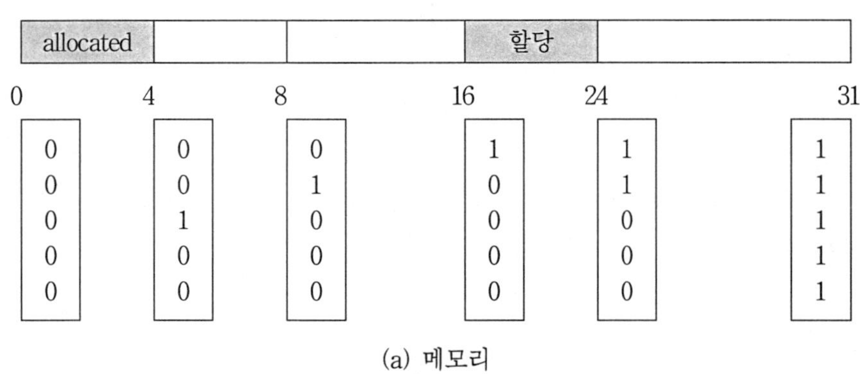

(a) 메모리

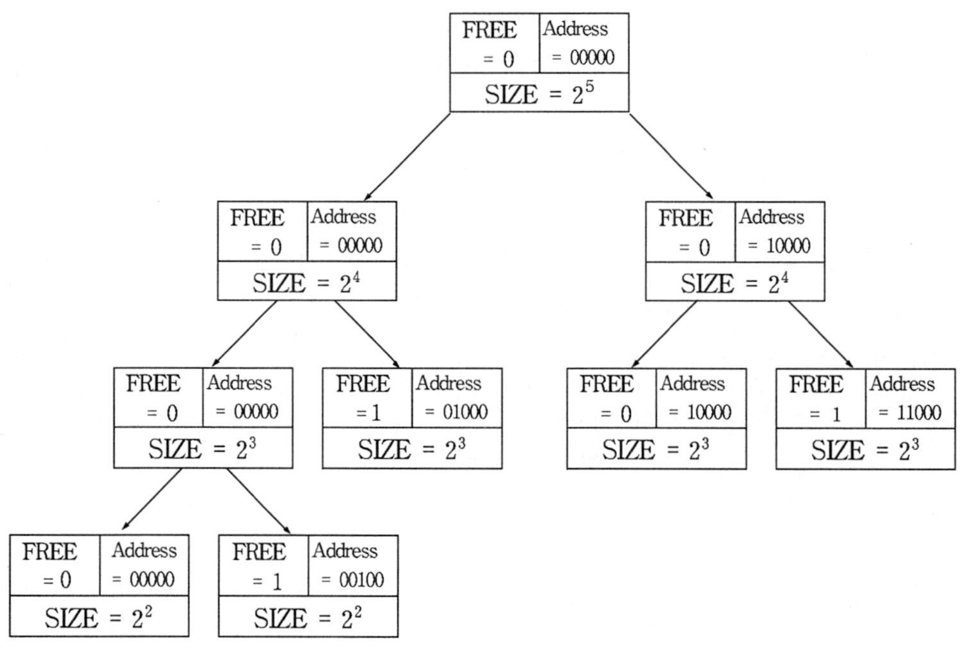

(b) 트리 표현

〈그림 5-4〉 버디 시스템에 의한 메모리 할당

버디 시스템이 메모리 관리 알고리즘을 일반화시켰다. 일반화된 피보나치 시스템을 표현해서 프로그램이 실행되는 동안 메모리를 할당하는 피보나치 메모리 관리 시스템에 대해서 알아보자. 이것은 Hinds, Hirschberg, Knowlton으로부터 제안되었다. 피보나치 시스템은 크기 F_n의 블록을 생성한다.

$$F_n = F_{n-1} + F_{n-2}$$

$$F_0 = 0,\ F_1 = F_2,\ \cdots,\ F_{k+1} = 1$$

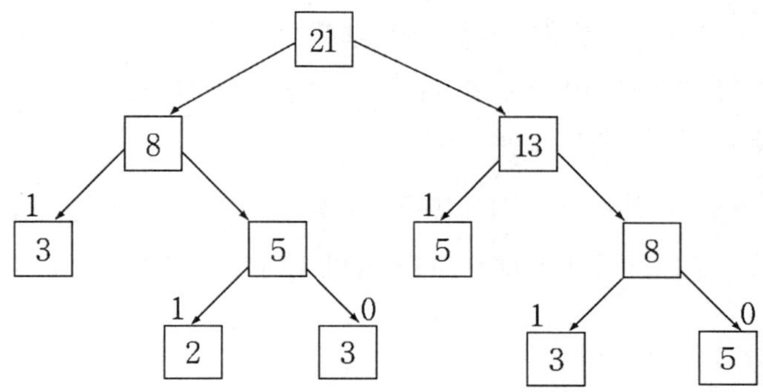

〈그림 5-5〉 피보나치 할당 시스템에서 k=1일 때 피보나치 트리

임의의 k에 대해서 k=0인 경우에 버디 시스템은 크기 $F^n = 2^n$인 블록으로 된다. 아래에 서술한 알고리즘이 어떤 k값에 대해 일반적이라도 실험으로 k=1인 경우를 사용한다. 그래서 앞에서 언급한 버디 시스템은 블록의 집합 1, 1, 2, 3, 5, 8, 13, 21, …로 대치될 것이다.

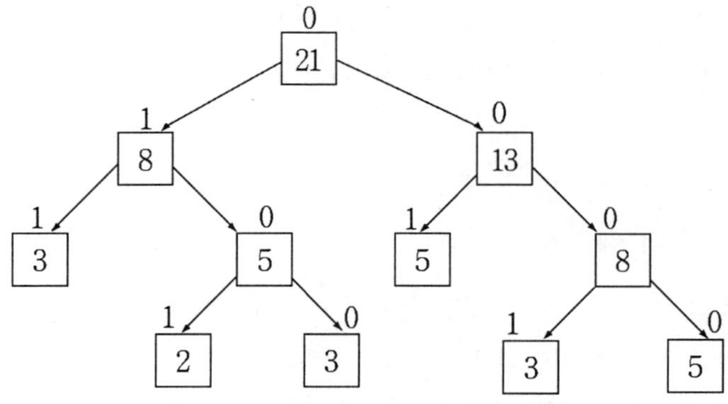

〈그림 5-6〉 〈그림 5-5〉에 있는 트리의 왼쪽 버디 카운트

실제로 <그림 5-6>과 같은 버디 시스템 트리와 유사한 방법으로 인접한 피보나치 블

록의 트리를 볼 수 있다. 피보나치 시스템은 일반화할 때 만나는 중요한 문제를 자유 블록으로 병합하는 인접한 버디를 할당시키는 것이 아니라, 위치시키는 것이다. 그러므로 <그림 5-6>에서 각 노드의 서브 트리는 피보나치 시스템에서 인접한 블록이다. 예를 들어 가장 낮은 수준(level)에서 2와 3은 5에 병합되고, 3과 5는 8에, 5와 8은 13에 병합된다.

양쪽 버디가 일치된다는 것을 확증하는 방법은 왼쪽 버디에 대해 모든 터미널 노드가 0이 되는 왼쪽 버디 계수기를 사용하며, 오른쪽 버디에 대해서 모든 터미널 노드는 0이 아니다. <그림 5-6>에서 단지 두 노드만이 왼쪽 버디라는 것을 알 수 있다. 우리는 이 개념을 분리(split)와 해제(free) 연산을 하는 동안 유용하게 사용할 수 있도록 확장할 수 있다. 다음과 같은 계수를 유지해야 한다.

① 그 노드(가장 큰 블록)은 0의 LEFT-BUDDY-COUNT에 할당된다.

② 각 분리에서 LEFT와 RIGHT BLOCK의 LEFT-BUDDY-COUNT를 순환적으로 할당한다.

LEFT-BUDDY-COUNT(RIGHT-BLOCK) = 0

LEFT-BUDDY-COUNT(LEFT BLOCK) = LEFT-BUDDY-COUNT(PARENT)+1

그러므로 먼저 서술한 LEFT-BUDDY-COUNT를 얻기 위해 규칙을 적용함으로써 <그림 5-6>의 트리를 그릴 수 있다.

마지막으로 최적 메모리 관리 시스템에 대해서 알아보자. 이 방법은 k번째 피보나치 순서에 기초를 두고 버디 시스템을 본떠서 메모리 관리 계획을 설계한다. 처음에 메모리는 적절한 피보나치 숫자의 크기이고 더 작은 메모리에 대한 요구는 F_n의 공식에 따라 블록들을 나누거나 재조립해서 서비스한다. 그렇다면 이렇게 함으로써 메모리 사용률이 높아질 것인가?

<표 5-1>은 k가 증가함에 따라 더 큰 다양한 블록 크기가 있다는 것을 나타내지만, 이렇게 되면 시스템 오버 헤드가 증가한다.

잠시 오버 헤드를 무시할 수 있으며 내부 단편화로 인한 비용을 시험할 것이다. 0부터 n까지 i에 대해 $\{F_i\}$를 $F_0 = 0$이고 $F_n = m$인 메모리 크기를 가지는 블록 크기의 집합이라 하자. 시스템이 X라는 메모리 위치에서 요구의 서비스를 시작한다면 F_i 크기의 블록을 할당할 것이다. (F_i-1 < X < F_i) 이에 수반되는 (F_i − X)가 된다.

<표 5-1> 1부터 250까지의 블록 크기에 대한 일반화된 피보나치 순서

i level	F_i				
	k=0	k=1	k=2	k=3	k=4
1	1	1	1	1	1
2	2	1	1	1	1
3	4	2	1	1	1
4	8	3	2	1	1
5	16	5	3	2	1
6	32	8	4	3	2
7	64	13	6	4	3
8	128	21	9	5	4
9	256	34	13	7	5
10		55	19	10	6
11		89	28	14	8
12		144	41	19	11
13		233	60	26	15
14			88	26	20
15			129	50	26
16			189	69	34
17			277	95	45
18				131	60
19				181	80
20				250	106
21					140
22					185
23					245

메모리 공간에 대한 요구는 항상 정수 위치이지만, 편리를 위해 요구 크기가 연속 확률 함수 pdf(x)에 의해 주어진다고 가정하자. 요구 W에 대한 평균 기대 낭비는 Hirochberg에 의해 다음과 같이 주어진다.

$$\overline{W} = \sum_{i=1}^{n} \int_{F_{i-1}}^{F_i} (F_i - X)pdf(x)dx$$

위의 식을 정리하면,

$$\overline{W} = m - \overline{X} - \sum_{i=1}^{n} (d_i)cdf(F_{i-1})$$

이 되고, 여기서,

m = 최대 메모리 크기

$\overline{X} = \int_0^m x\,pdf(x)dx$ = 평균 요구 크기

n = 구별되는 블록 크기의 수

$d_i = F_i - F_{i-1}$

$cdf(z) = \int_0^z pdf(x)dx$ = 누적 분산 함수

를 의미한다. 메모리 관리의 목적은 주어진 pdf(x)에 대한 W를 최소화하는 것이다. 피보나치 형태의 시스템에 관심을 제한한다면, W를 최소화할 수 있다. 닫힌 형태에서 F_n에 대한 풀이를 위해 k번째 피보나치 순서의 다항식 $X^{k+1} - X^k - 1 = 0$을 조사해야 한다.

고정된 k에 대해 다항식 (k + 1)의 구별되는 근을 갖는다. 이는 n번째 피보나치 수에 대해 닫힌 형태로 표현식을 나타낸다.

f(1)은 음수이고 f(x)는 양수이므로 $f(x) = X^{k+1} - X^k - 1$은 1과 2 사이에 실제 근을 갖는다. 데카르트 법칙(Decartes' rule)에 의해 이것은 단지 양의 근만을 갖는데 이는 α_1로 표시될 수 있다.

그리하여 $1 < \alpha^1 <= 2$ (k = 0이면 $\alpha_1 = 2$)가 된다. f(x)의 또 다른 근은 $\alpha_2, \alpha_3, \cdots, \alpha_{k+1}$이라 하자. α_1은 가장 큰 나머지를 가지는 근이 되고, 사실 $i = 2, 3, \cdots, 4, k+1$에 대해 $| \alpha_1 | < 1$이라는 것을 쉽게 알 수 있다.

명백하게 $U_i = C_1\alpha_1^i + C_2\alpha_2^i + \cdots + C_{k+1}\alpha_{k+1}^i$를 만족하는 $\{U_i\}$ 위에 있는 수들은 F_n에 대한 k번째 피보나치수가 된다.

처음 (k+1)의 순서를 정하는 것은 상수 $C_1, \cdots, C_{k+1}$을 결정하거나, 상수를 정하는 순서를 결정한다.

<표 5-1>에서 특정한 순서 $\{F_i\}$의 $i = 2, 3, \cdots, k+1$에 대해 $| \alpha_1 | < 1$ 이므로,

$$F_i = C_1\alpha_1^i + C_2\alpha_2^i + \cdots + C_k+_1\alpha_{k+1}^i$$

가 되며, 충분히 큰 i에 대해서는,

$$F_i \cong C_1\alpha_1^i$$

가 된다.

C_1a_1의 적절한 값은 <표 5-2>에 나타나 있다. <표 5-1>의 처음 부분은 공식 $F_i = C_1 a_1^i$로부터 얻을 수 있다.

k의 서로 다른 값에 대해 a_1의 값을 고려해 보자. 이 근을 a(k)로 표시한다. 그러면 $1. < a(k) \le 2.$이라는 것을 알 수 있다.

<표 5-2> 피보나치 순서 발생기

	k=0	k=1	k=2	k=3	k=4
C(k)	1	.44721	.41724	.39663	.38119
a(k)	2	1.61803	1.46557	1.38023	1.32427

$a(k) = 1 + \left(\frac{1}{a(k)}\right)^k$이고 모든 k에 대해 $a(k+1) < a(k)$이 된다. 사실 $\lim_{k\to\infty} a(k) = 1$이다.

앞의 식을 특정 예제에 적용시켜 보자. 여기서 요구 크기의 분배는 단일 분배인 pdf(x) =1/m에 의해 주어진다.

그러면 $cdf(x)=x/m$이고 $\bar{x} = m/2$이다.

k가 임의의 수로서 고정된 수라고 하자.

$a(k) = a$이고, $C(k) = C$이므로 $F_i = C_1a_1^i$, $F_n = Ca^n = m$이 된다.

그러면

$$\begin{aligned}\overline{W} &= m - \bar{x} - \sum_{i=1}^{n}(d_i)cdf(F_{i-1})\\ &= m - \frac{m}{2} - C\left(1-\frac{1}{a}\right)\sum_{i=1}^{n}a^i cdf(Ca^{i-1})\\ &= \frac{m}{2} - C\left(1-\frac{1}{a}\right)\sum_{i=1}^{n}a^1\frac{Ca^i}{a^m}\end{aligned}$$

$m \gg 1$이라고 가정하면 $a^2m^2 - 1 \cong a^2m^2$이고, $\overline{W} \cong \frac{m}{2} - \frac{m}{a+1}$이 된다. 그래서 k가 증가함에 따라 a는 1에 접근하므로 W는 k의 증가에 따라 작아진다.

$k > m$이면 메모리 크기 m에 대해 k번째 피보나치 순서는 1부터 m까지의 모든 정수를 포함하며, $\overline{W}$는 0이 된다는 것을 예상할 수 있다. 그러나 이것은 메모리 관리에 있어

서 극단적인 오버 헤드를 초래하며 메모리 영역의 할당과 해제에 대한 탐색 비용을 많이 요구한다.

낭비 함수 $\overline{W}$는 단지 내부 단편화의 비용만을 측정한다. 메모리 시스템과 관련된 오버 헤드는 구별되는 블록 크기의 수인 n의 함수에 의해 주어진다고 가정하자. 그러면 더 원만한 비용 함수는

$$W=m-\overline{x}\sum_{i=1}^{n}(d_i)cdf(F_{i-1})+F(n)$$

이 된다.

이것은 다음 방정식을 고려함으로써 집합 $\{F_i\}_i^{r_i}$을 최적화시킬 수 있다. j = 1, 2, 3, …, n−1에 대해서는 다음과 같다.

$$\frac{\partial W}{\partial F_j}=0\text{이고, } F_0=0 \quad F_n=m\text{은 경계 조건}$$

이것은 상태 방정식에 의해 해결할 수 있다.

$$F_{j+1} = F_j + cdf(F_j) - \frac{cdf(F_{j-1})}{pdf(F_j)}$$

단일 요구 분배의 단순한 예제를 계속해서 F(n) = β·n이라는 가정을 하자. 여기서 β > 0 인 상수일 때,

$$F_{j+1}=F_j+\frac{\frac{F_i}{m}+\frac{F_{i-1}}{m}}{\frac{1}{m}}=2F_j-F_{j-1}$$

을 얻을 수 있다.

차분 방정식은 피보나치 형태가 아니라 닫힌 형태의 해를 갖는다.

j = 0, 1, 2, 3, …, n에 대해서는 다음과 같다.

$$F_j=\frac{m}{n}j$$

그러므로 f(x)의 성질을 안다면 W를 최소화하는 { F_i}를 최소화하는 것이 가능하다.

불행히도 다른 요구 분해와 다른 함수 f(x)는 그렇게 좋은 해가 되지 않는다. 실제로 상태 방정식으로부터 유도한 차분 방정식은 일반적으로 분석적인 해를 구하기가 매우 어렵다. 그러나 어떤 pdf(x)에 대해서 해는 컴퓨터 시스템 설계자들에게 중요한 고려 사항이 된다.

5.3 가비지 수집(Garbage collection)

시스템이 커다란 메모리 블록을 가지고 시작해서 메모리 한쪽 끝의 영역에서부터 할당을 시작한다면, 사용 가능한 공간은 메모리의 반대쪽 끝에 위치할 것이다. 작업들이 끝날 때, 즉 작업이 차지해서 사용하던 영역이 사용 가능해져서 다른 작업들의 메모리에 들어오면 단편화가 생긴다. 사용 가능한 공간은 서로 떨어진 조각으로 분리되어 있기 때문에 사용될 수 없다.

이 문제에 대한 해결책으로 모든 할당 가능한 공간을 연속된 영역으로 옮겨서 메모리의 한쪽 끝에 사용 가능한 공간을 수집할 수 있다. 이런 과정을 압축(compaction)이라 불리며 이는 가비지 수집의 한 형태이다. 가비지 수집은 사용하지 않는 메모리 영역을 사용하기 위해 사용 가능한 공간으로 만들어 주는 것을 말한다.

예를 들어 <그림 5-7>과 같은 연결 리스트 스트링 저장 영역이 있다고 가정하자.

각각은 시작할 때 3개의 수를 가지고 있다. 첫 번째 수는 리스트에서 다음 스트링 책 제목에 대한 링크이다. 두 번째 수는 글자수로써 스트링의 길이를 의미하여 세 번째 수는 유효 플래그이다. 유효 플래그값이 1이면 영역이 할당되었고, 0이면 할당되지 않았다는 것을 의미한다. <그림 5-7>에서 첫 번째 스트링의 시작 주소는 65번지이며, 세 번째 스트링의 시작 주소는 147번지라는 것을 알 수 있다.

HEAD = 65

TAIL = 147

가장 큰 사용 가능한 공간은 40글자이다. 40글자보다 더 큰 글자를 저장하기 위해서는 스트링을 쪼개서 그것을 포인터를 이용해 다른 것에 연결시킨다. 포인터 공간을 차지하고 특별한 조작이 필요하기 때문에 가능하면 포인터의 사용은 피하는 것이 좋을 것이다.

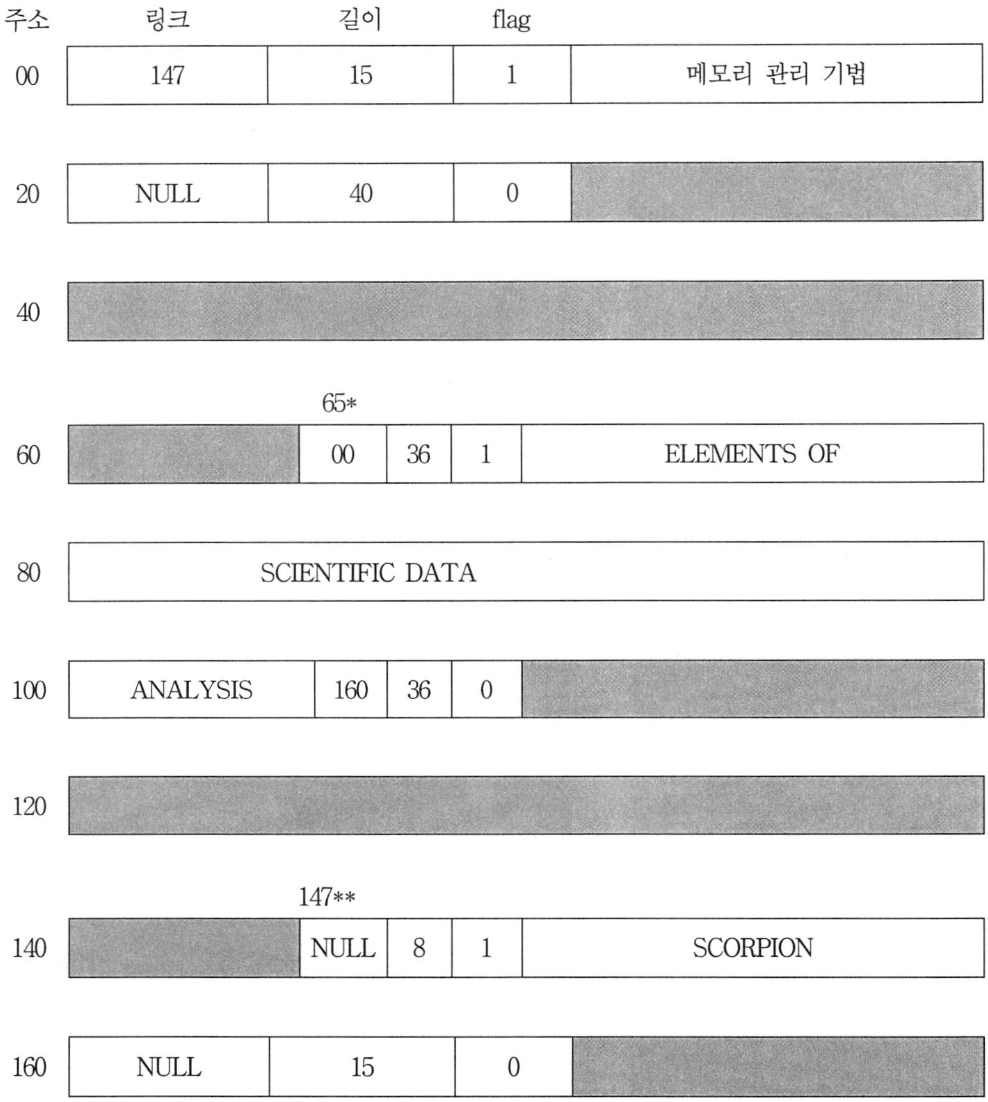

주소	링크	길이	flag	
00	147	15	1	메모리 관리 기법
20	NULL	40	0	
40				
60	(65*) 00	36	1	ELEMENTS OF
80	SCIENTIFIC DATA			
100	ANALYSIS	160	36	0
120				
140	(147**) NULL	8	1	SCORPION
160	NULL	15	0	

* 시작을 표시하는 포인터 (HEAD) = 65

** 끝을 표시하는 포인터 (TAIL) = 147

〈그림 5-7〉 연결 리스트 구조

구조를 균등하게 유지하기 위해서 스트링을 영역의 한쪽 끝으로 수집해서 커다란 자유 영역을 빈 상태로 남겨 둔다. 옮기기 전에 스트링을 같은 상대적 위치에 유지할 것인가를 결정해야 한다. 예를 들어 그것들을 재정리하면 스트링은 다음과 같은 순서가 될 것이다. 메모리 관리 기법, ELEMENTS OF SCIENTIFIC DATA ANALYSIS, SCORPION 포인터가 올바른 순서를 제공해 주므로 확실히 제목들을 재정리하는 것은 어렵지 않다. 스트링이 옮겨질 때 리스트가 올바른 값을 표현하도록 그 값을 바꾸면 된다. 그러나 첫 번째 스트링을 저장 영역의 시작으로 옮긴다면, 이미 거기에 저장된 전체 또는 일부를 지울 수 있는 위험에 처한다.

압축을 수행하기로 결정했다면 링크들을 재정리해야 하는 문제에 직면하게 된다. 스트링이 재정리되어서 압축될 수 있는 또다른 메모리 영역이 있다면 이런 문제는 쉽게 해결된다. 그럼 <그림 5-7>에 있는 전체 블록이 해제될 것이다.

가비지 수집을 언제 어떻게 수행할 것인가에 대한 문제는 매우 중요하다. 어떤 시스템은 사용 가능한 저장 영역이 거의 없을 때에야 비로소 처리를 멈추고 가비지 수집을 시작한다. 제어 프로세서를 좀 더 효율적으로 사용하기 위해 CPU가 휴식(idle) 상태일 때, 예를 들면 입력을 기다리고 있을 때마다 메모리를 수집하는 것이 좋다. 어떤 경우에든 사용자의 요구를 만족시키면서 컴퓨터를 효율적으로 사용할 수 있도록 설계해야 한다.

기억 장소의 해제를 위한 첫 번째 기법은 마킹(marking)과 수집(collection)에 기초를 둔 가비지 수집 방법이다. 프로그램의 실행 중에 활용 가능한 자유 셀(free cell)의 리스트인 AVAIL이 모두 사용되면 가비지 수집 과정이 시작된다. 마킹 단계에서는 프로그램에서 접촉 가능한 모든 셀을 '사용중'이라고 마킹하고, 수집 단계에서는 기억 장소를 선형적으로 훑어서 '사용중'이라고 표시되지 않는 모든 셀을 연결시켜서 자유 리스트(free list)로 만들고, 이것을 AVAIL의 새로운 값이 되도록 한다. 추가적으로 모든 사용중 표시를 비사용중 표시로 되돌려서 차후의 가비지 수집에 준비한다.

두 번째 방법은 누진적 가비지 수집(incremental garbage collection)이다. 누진적 가비지 수집의 참조 카운트 방법에서는 참조 카운터(reference counter)라고 하는 정수를 갖는 부분이 각 셀에 있다. 주어진 셀에서의 참조 카운트는 그 셀을 참조하는 포인터의 전체 개수와 같다. 만약 주소가 α인 셀을 연결하는 새로운 포인터가 생기면 그 참조 카운터는 1씩 증가하며, α로 연결되는 링크 하나가 제거되면 그 참조 카운터의 값은 1씩 감소한다.

참조 카운터가 0이면 α에 대해서는 외부 참조가 없다는 의미이며, 셀 α는 이용 가능한 리스트로 되돌려진다. 이러한 기법을 누적이라고 부르는 이유는 셀이 더 이상 참조되지도 않는 바로 그 순간에 자유 저장 장소로 되돌려짐으로써 한꺼번에 저장되는 것이 아니라 누진적으로 저장 장소의 회수가 이루어지기 때문이다.

5.3.1 마킹 알고리즘

이 분야의 발전은 그리 만족할 만한 수준은 아니다. 이상적으로는 빠른 선형 시간 O(N) 내에서 각 셀의 마킹 비트와 알고리즘에서만 사용되는 정해진 수의 변수를 위한 메모리보다 더 많은 메모리를 필요로 하지 않고 접근이 가능한 리스트 구조의 N개의 셀을 마크할 수 있으면 좋을 것이다. 이것은 제한 영역의 작업 공간이라 한다. 제한 영역의 작업 공간으로 수행되는 마킹 알고리즘을 발견하도록 하는 노력이 중요한 이유는 자유 저장 장소가 모두 없어지는 순간에 그러한 마킹이 발생하기 때문이다. 즉 스택을 수용할 공간도 없고, 그 크기가 무한히 커지는 다른 형태의 저장 장소를 수용할 수도 없는 순간이다. 따라서 스택과 마킹을 위한 택 비트를 이용한 순회(traversal) 기법은 적절하지 않다.

먼저 스택과 택 비트를 이용한 알고리즘에 대해서 알아보자.

다시 말해서 포인터 스택을 이용한 마킹 알고리즘이다. 이 방법은 마크될 리스트 구조의 각 셀은 마크 비트인 MARK(C)를 가지며 사용중이 아님을 나타내는 '−'값을 초기값으로 갖는다. 또 각 비인자형 셀(nonatomic cell) C는 마크 비트 외에 2개의 링크 필드로서 car(c)와 cdrc(c)를 갖고 있다.

또 셀 C의 주소가 주어지면 프리디킷(predicate) ATOM(C)는 만약 C가 인자의 주소이면 참(true), 아니면 거짓(false)을 나타낸다고 가정하자. 이 알고리즘의 숨은 개념은 마크되는 순환 리스트 구조의 생성 트리를 전위 순회(preorder traversal)하는 것으로 6장에서 설명하기로 한다. 이를 위해 마크되지 않는 비인자형 노드를 만날 때마다 먼저 cdr 링크를, 그 다음에 car 링크를 스택에 집어 넣어서, 나중에 그 때까지 검사되지 않는 종속 구조를 순회하게 된다. car 링크가 cdr 링크 다음의 스택에 들어가기 때문에 car 링크가 가리키는 종속 구조가 cdr 링크가 가리키는 종속 구조보다 먼저 순회할 것이다. 이미 마크된 셀로 연결된 링크는 순회할 필요가 없다.

그 외에도 역링크와 태그 비트를 이용한 마킹 알고리즘과 비트 스택을 이용한 Wegbreit 마킹 알고리즘이 있다.

5.3.2 수집(Collection)

수집 알고리즘은 들어가기 전에 주의할 점이 있다. 마킹 알고리즘은 주의 깊게 사용되어야만 한다. 그 알고리즘은 포인터값을 가지는 프로그램 변수들이나 혹은 스택에 대한 포인터들을 같은 장소로 접근할 수 있는 모든 리스트 구조를 마크해야 한다. 또한 구성은 되었지만 단지 부분적으로 완성된 자료 구조들이 지워지는 현상을 방지해야 한다.

가비지 수집 과정은 사용할 수 있는 빈 셀들이 다 떨어졌을 때 시작된다. 이런 과정은 자료 구조의 생성 동안 빈 셀에 대한 요구가 발생할 때 일어난다. 가비지 수집이 시작될 때 다음과 같은 경우가 있을 것이다.

다시 말하면 부분적으로 구성된 리스트 구조는 아마 누산기에 대한 포인터들에 의해서만 참조되고 단지 부분적으로 완성된 구조이기 때문에 그 포인터들이나 태그들이 완성되고, 형태가 잘 갖추어진 리스트 구조들의 특성을 따르지 않는다는 의미에서 잘못된 형태가 리스트 셀 영역에 있을 수 있다.

이런 상황에서 다음과 같은 두 가지 문제가 일어날 수 있다.

① 만약 누산기(accumulator)에 접근할 수 있는 부분적으로 완성된 구조들을 마크하지 않는다면, 그 구조에 존재하는 셀들은 지워져서 자유 기억 장소 리스트에 되돌려지게 될 것이다.

② 잘못 만들어진 구조는 마킹 알고리즘의 올바른 동작을 방해할 수 있다. 이러한 현상의 예방에 주의를 게을리 한 탓에 리스트 구조 프로그램에 가장 어려운 문제 중의 몇 가지가 야기된다는 사실을 경험에 의해 알 수 있다.

이러한 두 가지 문제 중에서 첫 번째 문제가 더 심각하다. 첫 번째 문제로부터 발생하는 에러들을 찾기 어려운 이유는 그들이 단지 연속적으로 발생하며, 그 증후군이 명확하게 에러의 근원에 연관되어 있지 않으므로 진단을 내리기가 어렵기 때문이다. 이러한 에러들에 대한 단속적인 성질은 다음과 같은 사실에 기인한다.

즉, 가비지 수집기는 비밀 보장 구조가 불렀을 때에만 우연 발생적으로 수행되어 완성된 구조가 부분적으로 지워질 것이라는 사실이다. 그런데도 부분적으로 지워지는 구조는 그것이 비록 감지되었더라도 접근하거나, 변경되거나 또는 다른 구조에 사용되기 전까지 어느 정도의 기간 동안 그대로 존재할 수 있다. 예측하지 못한 잘못된 행동이 수행된 시점에서도, 알 수 있는 것은 주어진 구조가 잘못 형성되었다는 사실뿐이다. 그러므로 잘못된 곳의 근원은 알 수 없을지도 모른다.

그러나, 일반적으로 중요한 점은 정상적인 구조에 대한 포인터들이 언제 이용 가능한 공간 리스트에 있는 셀들을 지적하느냐 하는 것이다. 이것은 보통 구조가 부분적으로 지워지는 것이 가비지 수집의 구성 과정 중간에 불려졌을 때 우연히 발생하는 것을 말해주고 있다.

누진 가비지 수집(incremental garbage collection)에는 다음과 같은 세 가지 방법이 있다.

① 누진 카운터 방법

② 인터리브(interleave) 수집 : 단일 프로세서는 선택적인 방법으로 정상 리스트를 처리하거나 가비지 수집을 행한다.

③ 병렬(parallel) 수집

누진 가비지 수집 방식들은 응답 시간 요구 때에 마킹과 수집 방법들에 의해 가비지를 수집하기 위해 멈추는 것이 허용되지 않는 실시간(real-time) 시스템에서 사용된다. 이 중에서 참조 카운터 방법에 대해서 상세하게 알아보자.

하나의 정수를 저장할 수 있도록 각 리스트 셀 내에 필드를 저장한다고 가정하자. 이 필드를 셀 C의 참조 카운터 필드라 하고 REF(C)로 나타낸다. 또한 C가 다른 셀들에 있는 링크 필드에 의해 지적된 횟수를 REF(C) 내에 있는 한 정수로 가지고 있다고 가정한다. 그림에서 이는 단순히 REF(C)가 셀 C를 가리키는 화살표의 수를 갖고 있다는 것을 의미한다.

셀 C에 대한 새 포인터가 만들어져서 어떤 셀의 링크 필드에 기록될 때, C의 참조 카운트를 하나 증가시킨다(REF(C) ← REF(C) + 1). 또한 C에 대한 포인터가 없어질 때에는 하나 감소시킨다(REF(C) ← REF(C) − 1).

어떤 셀의 참조 카운터가 0이 된다는 것은 그것에 대한 외부 참조가 없다는 것을 뜻하며, 따라서 그 셀은 사용 가능하게 되어서, 이용 가능한 공간 리스트에 합류할 수 있다.

참조 카운트 방식은 다음과 같은 두 가지 문제점을 가지고 있다.

① 별도의 참조 카운트 필드는 너무 많은 영역을 차지하며, 기억 장소 사용률을 감소시킨다. 심지어 적당한 크기의 참조 카운터 필드의 할당에 너무 인색하다며 참조카운트가 오버플로를 일으키므로, 회복 방식의 효력을 잃게 할지도 모른다.

② 순환 구조가 허용된다면 접근이 불가능한 가비지의 군들이 발생할 수 있으며, 그 모

든 셀들은 0이 아닌 참조 카운터를 갖게 된다. 이는 한 순환 내에 있는 셀들이 서로가 0이 아닌 참조 카운터들을 상호 유지하고 있기 때문이다. 참조 카운터 방식과 무관한 마킹과 수집 방식은 참조 카운터 방식이 해제할 수 없는 셀들을 모을 수 있다는 점에서 분명히 더 좋은 해결책이 된다. 아마도 가끔 있는 대청소(spring house cleaning)를 위해 마킹과 수집 과정을 부를 수 있을 것이다. 만일 이용 가능한 공간 리스트에 있는 셀들의 수의 합이 고정량의 수집 불능의 자유 셀들의 존재를 암시해 주는 메모리 내의 셀들의 수보다 적을 경우에 일어난다.

기억 장치의 계층적인 측면에서 좋게 작용하는 참조 카운트 방식은 최근에 Deutsch와 Bobrow에 의해서 연구되었다. 이 논문에서 표시와 청소(Mark and Sweep) 방법의 단점을 지적했는데, 사용하지 않는 영역을 수집하는 데 필요한 시간이 사용 중에 있는 공간의 양에 비례한다는 사실이 드러났다.

이와 비교하여 Deutsch와 Bobrow는 참조 카운트 방법을 전이 우선(transition oriented)라고 불렀다. 이들은 데이터 블록이나 레코드들 내의 포인터 필드를 수정하거나 참조 포인터값을 변경시키는 것과 같은 포인터 변경 연산들이 대부분 하나의 계산에 대해 균등하게 분포되어 있으므로 기억 장소 관리의 오버 헤드를 전체 수행 노력에 대략 비례하도록 한다고 주장했다.

마킹 단계에서는 오버 헤드가 그 리스트 시스템 내의 데이터의 양에 비례하는 마킹과 수집에 기초를 둔 가비지 수집에 대해서는 이런 사실이 적당하지 않으므로 점증적인 재요청 기법들에 대한 기초로서 참조 카운터를 제안하는 것 같다.

그러나 아래와 같은 잠재적인 비효율성 때문에 문제는 남아 있다.

① 할당된 각각의 데이터는 참조 카운터를 위한 공간을 차지하는데, 이로 인해 내재적인 심각한 오버 헤드가 발생한다.

② 데이터 접근의 가능성 여부에 영향을 미치는 모든 전이는 참조 카운터를 바꾸어 주어야 하는데, 이것은 모든 할당의 참조 대상의 참조 카운터를 변경하는 것과 같은 연산인 경우에 커다란 오버 헤드가 발생한다.

Deutsch와 Bobrow는 표시와 청소 가비지 수집이 페이징을 최소화하기 위해서 리스트 구조를 압축하고 재구성하는 기능을 가져야 한다고 주장했다. 이 방법은 접근할 수 없는 순환 구조를 수정하기 위해 참조 카운트 방법과 병행하여 가끔 사용된다.

연 / 습 / 문 / 제

5-1 단편화에 대해서 설명하시오.

5-2 단편화의 해결 방안을 제시하시오.

5-3 고정 메모리 할당 방법과 동적 메모리 할당 방법을 비교 설명하시오.

5-4 버디 시스템에 대해 설명하시오.

5-5 best-fit와 first-fit 방법을 설명하시오.

5-6 5-5의 방법을 수행하는 알고리즘을 작성하시오.

5-7 기억 장소를 재조정(relocation)함에 따르는 문제점을 설명하시오.

5-8 피보나치 메모리 관리 방법에 대해 설명하시오.

제6장
트리(Tree)

제4장에서는 노드 사이의 관련성이 가장 간단한 선형 구조에 대해서 살펴보았다. 여기서는 앞에서 정의 된 개념을 보다 확장하여 관련성이 비교적 복잡한 비선형 구조에 대하여 알아본다. 비선형 구조에서도 특히 트리(tree) 구조는 컴퓨터의 여러 분야에서 응용되는 중요한 개념이다.

트리(tree) 구조는 정보의 항목들이 가지(branch)들로서 연관되어서 데이터를 구성하는 구조를 말한다. 우리 주변에서 볼 수 있는 나무나 족보에서처럼 노드(node) 사이의 관계가 계층적 관계를 갖는다. 다시 말하면 일단의 노드(node)들의 속성을 선형 구조로 표현할 수 없는 경우, 예를 들면 조상과 자손들의 관계들을 효율적으로 나타낼 수 있는 방법이다.

이 장에서는 트리(tree) 구조를 정의하고, 기본적인 개념을 설명한다. 그리고 트리 구조에 자료를 기억시키고 트리에 대한 연산을 설명한다.

6.1 트리의 정의

트리는 정점(vertices)인 노드와 각각의 노드를 연결시켜 주는 선분(arc)인 가지(branch)로 형성된 그래프(graph)를 말하며, 그래프를 형성하는 정점 가운데서 어떠한 정점 사이에서도 사이클(cycle)이 형성되지 않은 연결 그래프(connected graph)로 정의할 수 있다. 다시 말해서 트리에 있어서 두 노드 사이의 경로는 하나밖에 존재하지 않는다.

<그림 6-1>의 (a)의 그래프는 자유 트리(free tree)이지만, <그림 6-2>의 (b)의 그래프는 트리가 아니다. 그것은 노드 Ⓔ와 Ⓖ 사이에 추가된 선분이 사이클을 형성하기 때문이다. 그러나 트리는 직관적으로 서로 독립된 노드들이 선분에 의해서 연결된 자료 구조로 간주되므로 그래프 개념보다 좀 더 구체적으로 정의할 필요가 있다. 트리(tree)는 순환적(recursive)으로 정의하면 다음과 같다.

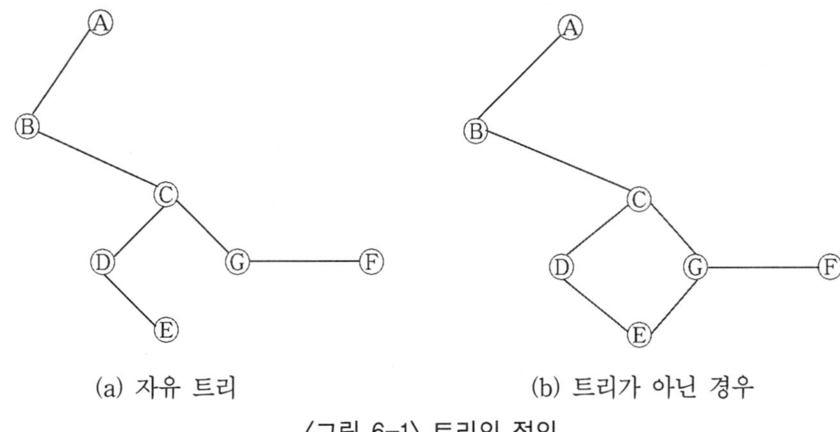

(a) 자유 트리　　　　　　　　(b) 트리가 아닌 경우

〈그림 6-1〉 트리의 정의

정의6-1 트리 T는 다음 성질을 만족하는 1개 이상의 노드들로 구성된 유한 집합 T이다.

(1) T의 원소 가운데 근노드(root node)라고 하는 특정한 1개의 노드가 존재하여야만 한다.

(2) 근노드를 제외한 나머지 노드들은 n개($n \geq 0$)의 서로 분할된 부분 집합 T_1, T_2, T_3, …, T_n으로 나누어지며 각 T_i는 트리가 된다. 이 때 각 T_i들은 트리 T의 서브 트리(subtree)라고 한다.

<그림 6-2>는 트리의 한 예로서 근노드는 A이며, A를 제외한 나머지 노드들은 서브 트리 T_1, T_2가 되고, T_1은 서브 트리 T_{11}, T_{12}, T_{13}으로 구분되며, T_2의 서브 트리는 T_{21}이다.

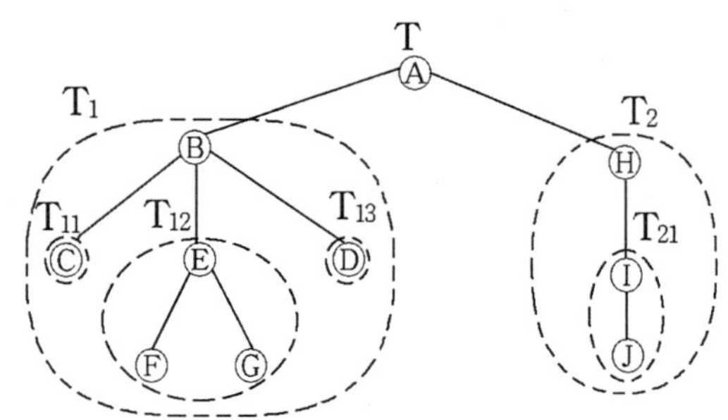

〈그림 6-2〉 트리의 서브 트리

트리의 구조를 설명함에 있어서 사용되는 기본적인 용어에 대하여 알아보자.

노드(node)는 트리(tree)를 구성하는 기본 원소로서 자료와 자료를 연결하는 가지(혹은 포인터)를 포함한다. <그림 6-3>은 12개의 노드를 가지고 있다. 근노드는 A이고, 트리는 맨 위에 있는 근노드에서부터 작성된다. 각 노드가 가진 가지의 수, 즉 서브 트리의 개수를 그 노드의 차수(degree)라 한다. A의 차수는 3이고, C의 차수는 1이며, F의 차수는 0이다. 자식이 없는 노드, 즉 차수가 0인 노드를 터미널노드(terminal node) 혹은 잎노드(leaf node)라고 한다. 여기서 터미널노드는 J, K, F, G, L, I이다. 반대로 차수가 0이 아닌 노드들을 간노드(nonterminal node) 혹은 가지노드(branch node)라 한다.

<그림 6-3>에서는 A, B, C, D, E, H가 간노드들이다. 임의 서브 트리의 근 노드 X의 밑에 존재하는 노드들을 자식노드(children node)라고 하고, X의 위에 존재하는 노드들을 부모노드(parent node)라 한다. 이와 같이 <그림 6-3>에서 D의 밑에 존재하는 H, I가 D의 자식노드이고, D의 상위노드 A가 D의 부모노드이다. 부모노드가 같은 노드들을 형제노드(brother node)라고 한다. H, I는 형제노드이다. 트리를 형성하는 모든 노드의 차수 중 그 최대치를 트리의 차수(degree of tree)라 한다. <그림 6-3> 트리의 차수는 3이다. 한 노드의 조상(ancestors) 노드라 하면 근노드에서부터 그 노드에 이르는 경로상에 존재하는 모든 노드들을 말하는데 L의 조상들은 A, D, H이다.

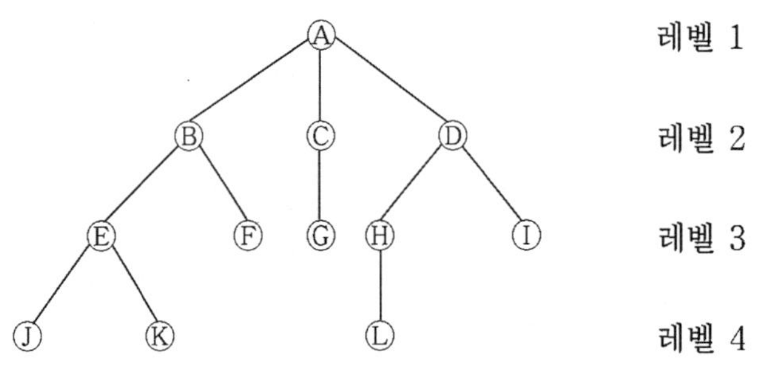

〈그림 6-3〉 트리 구조

임의의 노드에 대한 조상노드와 자손노드들을 구분할 수 있다. 그러므로 트리 전체에 대한 노드의 위치, 즉 노드의 레벨(level)을 다음과 같이 정한다.

① 근노드의 레벨은 1로 정한다.

② 임의의 노드의 레벨이 l이면 그 자식노드의 레벨은 l+1로 정한다.

<그림 6-3>에 모든 노드들의 레벨이 표시되어 있다. 어떤 트리의 높이(height) 또는

깊이(depth)란 그 트리에서의 노드들이 가질 수 있는 최대 레벨을 말한다. <그림 6-3>의 트리의 높이는 4이다.

예제 6-1 <그림 6-4>와 같이 책의 구조도를 트리 구조로 표현할 수 있다. 이것을 <그림 6-4>의 (b)와 같이 재구성한 트리를 보고 다음을 구하고 각각의 경우를 예를 들어서 설명하라.

(1) 경로(path)의 의미

(2) 경로의 길이

(3) ancestor와 descendant 정의

(4) proper ancestor와 proper descendant의 정의

(5) 높이(height)의 정의

(6) 깊이(depth)의 정의

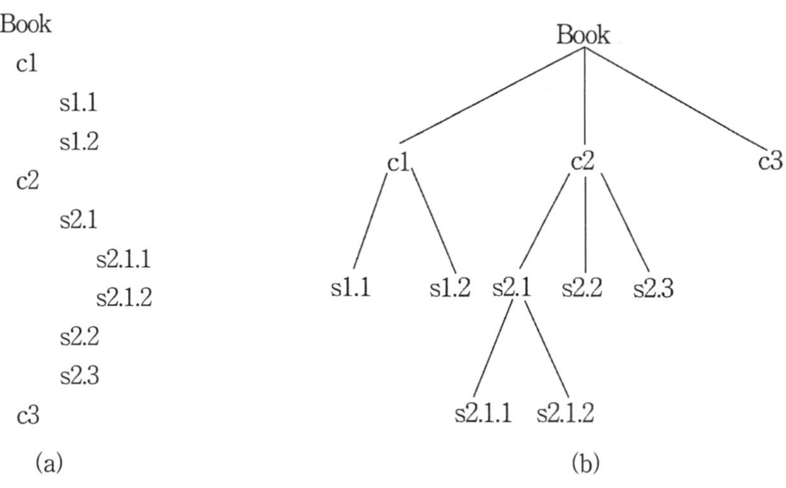

〈그림 6-4〉 책 구성 테이블과 트리 표현

① 경로 : n_i가 트리 내에서 n_i, n_2, … , n_k인 일련 노드이면 이런 일련된 것을 노드 n_1에서 n_k로의 경로(path)라 한다.

예 Book – c2 – s2.1 – s2.1.1

② 경로의 길이 : 경로 내의 노드 수보다 하나가 적은 수를 경로의 길이라 한다. 그러므로 모든 노드로부터 자신까지의 길이는 0인 경로가 존재한다.

예 Book – c2 – s2.1 – s2.1.1의 경로에서 경로의 길이는 3이다.

③ 조상(ancestor)과 후손(descendant) : 노드 a에서 노드 b로의 경로가 있을 때 a는 b의 조상이고, b는 a의 후손이다.

예 s2.1의 조상은 그 노드 자신과 c2, Book이고, s2.1의 후손은 자신과 s2.1.1, s2.1.2이다.

④ 타당한 조상(proper ancestor)과 타당한 후손(proper descendant) : 자기 자신을 제외한 조상이나 후손을 타당한 조상 혹은 타당한 후손이라 한다. 트리 내에서 근노드는 타당한 조상을 갖지 않는 유일한 노드이고, 터미널드는 타당한 후손을 갖지 않는다.

예 s2.1의 타당한 조상은 c2, Book이고, s2.1의 타당한 후손은 s2.1.1, s2.1.2이다.

⑤ 높이(height) : 어떤 한 노드에서 잎(leaf)에 이르는 경로의 최대 레벨을 의미한다. 트리의 높이는 근노드의 높이이다.

예 노드 c1의 높이는 2이고, 노드 c2의 높이는 3이며, c3의 높이는 1이다. <그림 6-4>의 트리의 높이는 4이다.

⑥ 깊이(depth) : 근노드로부터 임의의 노드까지의 유일한 경로의 레벨을 뜻한다.

예 노드 c1의 깊이는 2이고, 노드 c2의 깊이도 2이며, 노드 s2.1.1의 깊이는 4이다.

트리의 노드들의 배열 순서(레벨이 같은 노드의 경우 좌우 순서)가 고정되어 있어 위치상의 의미가 중요한 트리를 순서 트리(ordered tree)라고 하며, 그렇지 않은 트리를 비순서 트리(oriented tree)라고 한다. <그림 6-5>에서 주어진 트리가 비순서 트리라면 <그림 6-5>의 (a)와 (b)는 동일한 것으로 간주된다.

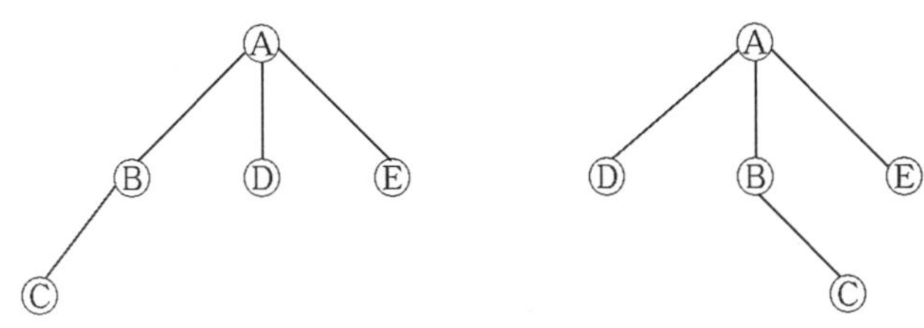

〈그림 6-5〉 2개의 순서 트리

예제 6-2 트리의 임의의 노드 A와 B가 형제노드(근노드로부터 같은 높이를 갖는 노드들)이고, A가 B의 좌측에 있다면 A의 모든 후손들은 B의 모든 후손들의 좌측에 있다고 한다.

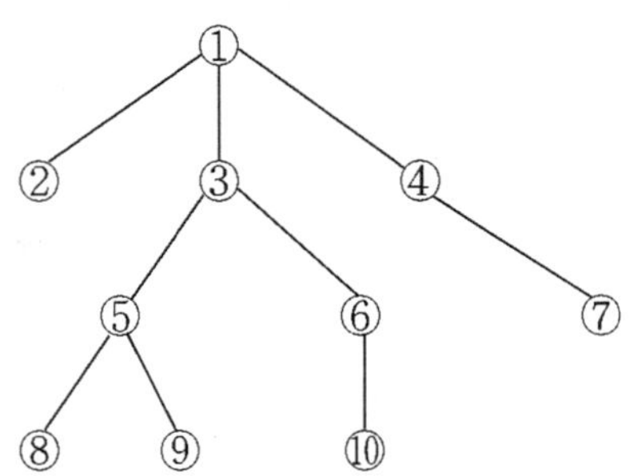

이와 같은 트리를 생각해 보자. 노드 8은 노드 2의 우측에 있고 노드 9, 6, 10, 4, 7의 좌측에 있다. 또 조상노드인 1, 3, 5는 노드 8에 대해 좌우 어느 쪽에도 있지 않다.

어떤 2개의 트리가 주어졌을 때 그 구조가 동일하고 노드의 자료 내용만 다른 경우에 2개의 트리를 닮았다고 한다. 다시 말하면 2개 모두 공집합이거나, 대응하는 서브 트리들이 각각 닮아야 하므로 2개의 트리는 같은 모양이다. 그러나 트리의 구조뿐만 아니라 동일한 위치에 자료 내용을 지닌 2개의 트리를 대등한 트리라고 한다. 다음은 닮은 트리이다.

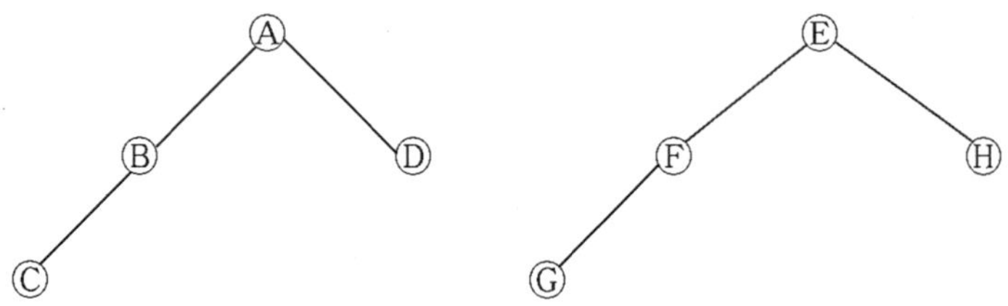

트리군(forest)이란 분리된 트리들의 집합을 말하며, 일반적으로 트리에서 근노드를 제거해 버리면 남는 서브 트리들은 트리군을 형성하게 된다. 그 예로 <그림 6-3>에서 A를 제거하면 다음과 같은 3개의 트리로 된 트리군이 된다.

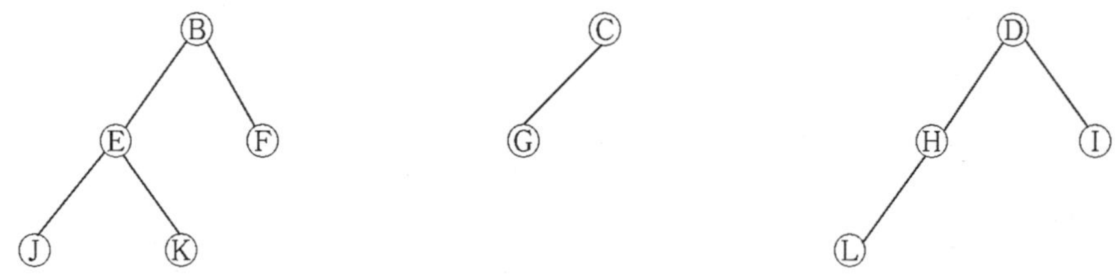

트리를 표현하는 방법은 여러 가지 형태가 있지만 대부분 상단부에 근노드를 그리고, 그 아래쪽으로 레벨 순서에 따라 자식노드를 그린다. 그 중에서 가장 유용한 방식은 리스트를 이용한 표현 방법이다. <그림 6-3>의 트리를 리스트로 표현하면 다음과 같다.

(A (B (E (J, K), F), C (G), D (H (L), I)))

또 다른 트리의 표현 방법으로 연결 리스트를 사용해 보자. 1개의 노드에는 그 차수만큼의 링크 필드가 필요하게 된다. 한 노드는 다음과 같은 구조를 이룬다.

자료	링크1	링크2	....	링크n

<그림 6-3>의 트리 구조를 연결 리스트로 표현하면 다음과 같이 된다.

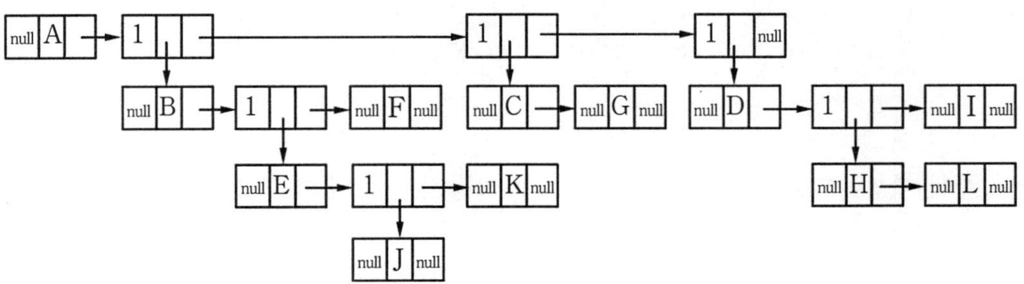

〈그림 6-6〉 〈그림 6-3〉의 트리에 대한 연결 리스트 표현

6.2 이진 트리(Binary tree)

컴퓨터 응용에서 발생하는 트리 가운데서 각 노드의 차수가 2혹은 0인 경우가 많다. 이러한 트리를 엄밀한 의미에서 이진 트리(binary tree)라고 한다. 그러나 이와 같은 정의는

융통성이 결여되어서 이진 트리를 사용할 때 불편하므로 좀 더 포괄적인 Knuth의 이진 트리 정의를 사용하기로 한다. 즉 이진 트리를 형성하는 각 노드의 차수가 2 이하인 것을 통틀어서 이진 트리라고 한다. 여기에는 차수가 1인 노드를 지닌 트리를 포함한다.

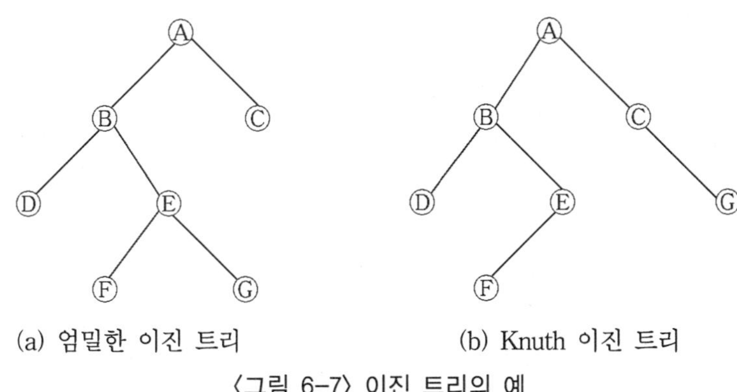

(a) 엄밀한 이진 트리 (b) Knuth 이진 트리

〈그림 6-7〉 이진 트리의 예

이진 트리의 각 노드는 좌측 서브 트리와 우측 서브 트리를 갖는, 즉 좌우 위치가 중요한 의미를 지닌 순서 트리(ordered tree)의 일종이다. 이진 트리는 다음과 같이 정의할 수 있다.

> 이진 트리는 공집합이거나 1개의 근노드와 좌측 서브 트리(left subtree)와 우측 서브 트리(right subtree)로 부르는 2개의 분리된 이진 트리로 구성된 노드의 유한 집합체이다.

이와 같은 정의에 의해서 두 가지 사실을 알 수 있다. 이진 트리는 노드가 하나도 없는 공집합이 가능하다고 정의되는 것이 트리와 가장 큰 차이점이다. 그리고 다음의 두 가지 이진 트리는 서로 다르다.

<그림 6-8>에는 두 가지 종류의 이진 트리가 있다. 이와 같은 2개의 트리를 사향 트리(skewed tree)라 한다. <그림 6-8>의 (a)는 좌측 서브 트리만이 존재하고 우측 서브 트리는 하나도 존재하지 않는다. 이런 경우를 좌측 사향 트리(left skewed tree)라 하고 그 반대를 우측 사향 트리(right skewed tree)라 한다.

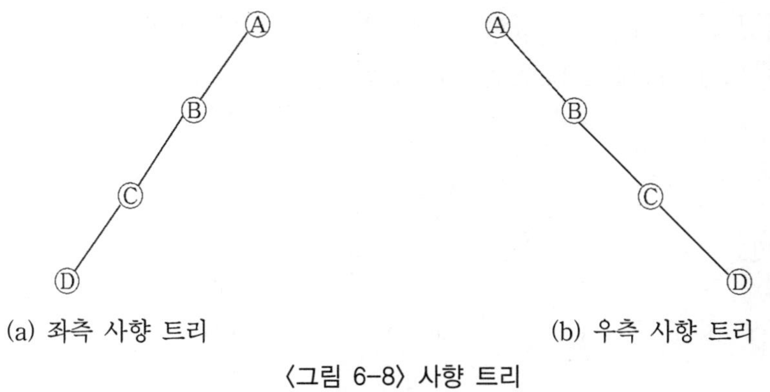

(a) 좌측 사향 트리　　　　　(b) 우측 사향 트리

〈그림 6-8〉 사향 트리

<정리 6-1>

이진 트리에서 레벨이 i인 노드는 최고 2^{i-1}개가 되며, 깊이가 k인 이진 트리에 속한 최대 노드 수는 $2^k-1(k \geq 1)$이다.

증명 레벨이 1인 경우 노드의 수는 $2^{레벨-1}$($2^{1-1} = 2^0 = 1$)개가 요구되며 이 경우는 근 노드를 말한다. 계속적으로 레벨과 노드 수의 관계를 보면 다음과 같다.

레벨	노드수
1	2^{1-1}
2	2^{2-1}
3	2^{3-1}
⋮	⋮
k	2^{k-1}

이와 같이 각 레벨에 대하여 노드 수가 결정될 때, 깊이가 k인 이진 트리에서 노드의 최대 수는 다음과 같다.

$$2^0 + 2^1 + 2^2 + 2^3 + \cdots + 2^{k-1}(\text{k레벨까지})$$

$$= \sum_{i=1}^{k} 2^i - 1$$

$$= 2^k - 1$$

레벨이 i인 노드의 수가 정확히 $2^{(i-1)}$인 이진 트리를 정이진 트리(full binary tree)라고 하는데 <그림 6-9>의 (a)는 깊이가 4인 정이진 트리의 예이다. 또한 노드의 수가 n이고 깊이가 k인 이진 트리 가운데서 깊이가 k인 정이진 트리의 형태로 노드가 배열된 이진 트리를 전이진 트리(complete binary tree)라 한다.

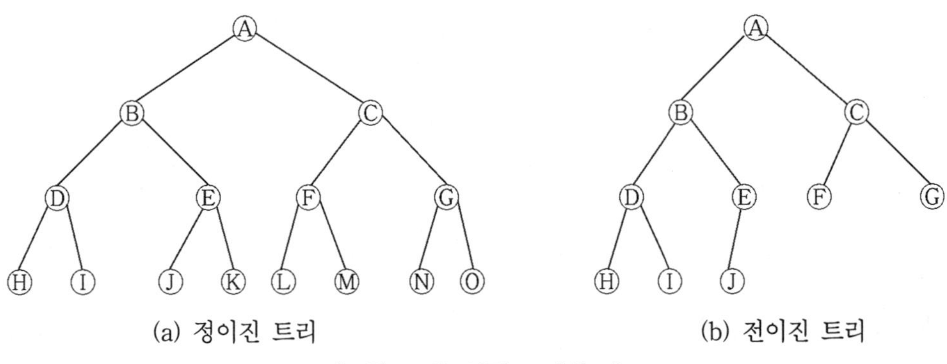

(a) 정이진 트리 (b) 전이진 트리

〈그림 6-9〉 이진 트리의 예

<정리 6-2>

임의의 이진 트리 T에 대하여 터미널노드(terminal node)의 수를 n_0라 하고, 차수가 2인 간노드(nonterminal node)의 수를 n_2라 할 때, n_0와 n_2 사이에 다음과 같은 관계가 성립한다.

$n_0 = n_2 + 1$

증명 차수가 1인 간노드의 수를 n_1이라 하고, T의 전체 노드 수를 n이라고 가정하면 다음 식이 성립한다.

$$n = n_0 + n_1 + n_2 \qquad (6\text{-}1)$$

T의 근노드를 제외한 모든 노드는 반드시 1개의 가지에 연결되어 있으므로 T의 가지의 전체 수를 B라 하면 다음 식이 성립한다.

$$n = B + 1 \qquad (6\text{-}2)$$

그런데 가지의 수와 차수는 동일한 의미를 지니므로 B는 모든 노드의 차수의 합과 같다.

$$B = 1 \cdot n_1 + 2 \cdot n_2 \qquad (6\text{-}3)$$

식 (6-2)와 식 (6-3)으로부터 다음 식이 나온다.

$$n = n_1 + 2 \cdot n_2 + 1 \qquad (6\text{-}4)$$

식 (6-1)과 식 (6-4)로부터 다음 식이 유도된다.

$$n_0 + n_1 + n_2 = n_1 + 2 \cdot n_2 + 1$$
$$n_0 = n_2 + 1$$

6.3 트리의 표현 방법

트리의 저장은 선형 구조와 같이 규칙적이 아니기 때문에 많은 어려움이 따른다. 즉 트리를 구성하는 노드들의 차수에 따라 기억 공간의 할당이 달라진다. 만일 임의의 노드가 2개의 자식노드를 가졌다고 가정하면, 이 노드는 2개의 자식노드에 대한 포인터를 저장하는 2개의 링크가 필요하게 된다. 그래서 2개의 링크를 확보한 상태에서 또 다른 임의의 노드가 3개의 자식노드를 갖게 되면 이미 2개의 링크로 제한하였기 때문에 1개의 자식노드의 위치를 지정할 수 없게 된다. 그러므로 트리를 형성하는 모든 노드들의 차수 중 최대의 차수를 그 트리의 차수로 정한다. 그리고 트리의 차수로 통합하여 링크의 개수를 정하여야 한다.

6.3.1 연속 배열로 표현하는 방법

<그림 6-10>은 깊이 4인 정이진 트리를 나타내고 있다. 이러한 이진 트리에 대한 순차적인 표현은 레벨 1에 있는 노드들로부터 시작하여 레벨 2에 있는 노드들 그리고 레벨 3의 노드들과 같이 노드들을 순차적으로 순서화함으로써 나타낼 수 있다.

어떤 레벨에 있어서 노드들은 <그림 6-10>에서 보는 바와 같이 왼쪽에서 오른쪽으로 순서화되어 있다. 노드들은 1차원 배열에 저장시키는 경우, TREE(i)에서 저장되는 i번째 노드를 가지고 순서적으로 저장이 된다. 그리고 <정리 6-3>에 의하면 어떤 노드 i의 좌측 자식노드, 우측 자식노드, 또 부모노드의 위치를 결정할 수 있다.

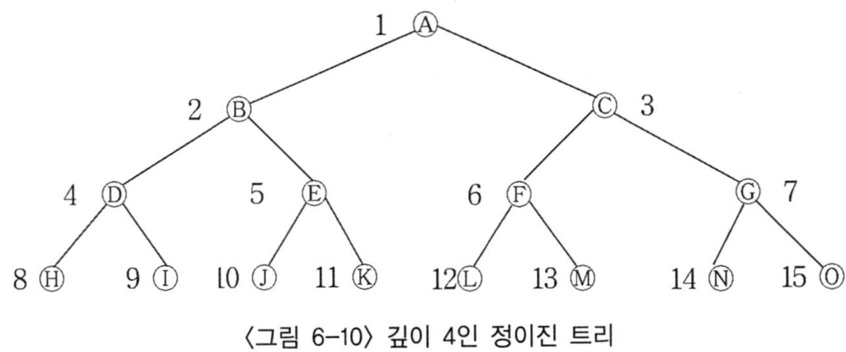

〈그림 6-10〉 깊이 4인 정이진 트리

<정리 6-3>

n개의 노드로 된 정이진 트리(즉 깊이= $\lfloor \log 2n \rfloor + 1$)가 i번째 나타나는 어떤 노드 ($1 \le i \le n$)에 대해 <그림 6-10>과 같이 순서적으로 표현된 경우 다음이 성립된다.

(1) 부모노드인 Parent(i)는 $i = 1$이 아니면 $\lfloor i/2 \rfloor$의 위치에 있게 된다. $i = 1$이면 근노드가 되며 부모노드가 없다.

(2) 좌측 자식노드인 Lchild(i)는 $2i \le n$일 때, 2i의 위치에 있게 된다. 만약 $2i > n$이면 i는 좌측 자식노드가 없다.

(3) 우측 자식노드인 Rchild(i)는 $2i+1 \le n$일 때, 2i+1의 위치에 있게 된다. 만약 $2i+1 > n$이면 i는 우측 자식노드가 없다.

증명 만일 정리 (2)와 정리 (3)이 성립하면 정리 (1)은 당연한 결과이다. 왜냐하면 2i번 노드와 2i+1번 노드는 i번 노드의 자식노드이기 때문이다. 그러므로 정리 (2)를 수학적 귀납법으로 증명한다.

(1) i=1인 경우는 자명하다. 근노드의 좌측 자식노드는 2번 노드이고, 우측 자식노드는 3번 노드로서 2i, 2i+1번이 된다.

(2) $1 \le j \le i$인 모든 자연수 j에 대해서 j의 좌측 자식노드의 위치를 2j라고 가정한다. 즉 i번 노드의 좌측 자식노드의 위치를 2i가 된다고 가정한다.

(3) 이때, 정이진 트리의 노드 번호 순서에 따라 i번 노드의 좌측 자식노드, i번 노드의 우측 자식노드, i+1번 노드의 우측 자식노드가 된다.

<정리 6-3>의 (2)에 의해서 i번 노드의 좌측 자식 노드의 위치는 2i+2번이 된다. 단 $2i+2 \le n$일 때로 국한된다. 따라서 모든 자연수 i에 대해서 i의 좌측 자식노드의 위치는

2i가 되고, i의 우측 자식노드의 위치는 2i+1이 된다.

연속 배열 저장 방법은 기억시키고자 하는 트리를 정이진 트리로 가정하고, 이진 트리의 깊이가 K이면 최대 2k-1개의 노드 영역을 연속적으로 할당한다.

이곳에는 근노드부터 레벨순, 좌우순으로 저장시킨다. <그림 6-11>은 주어진 이진 트리를 연속 배열 저장법으로 기억시킨 예이다.

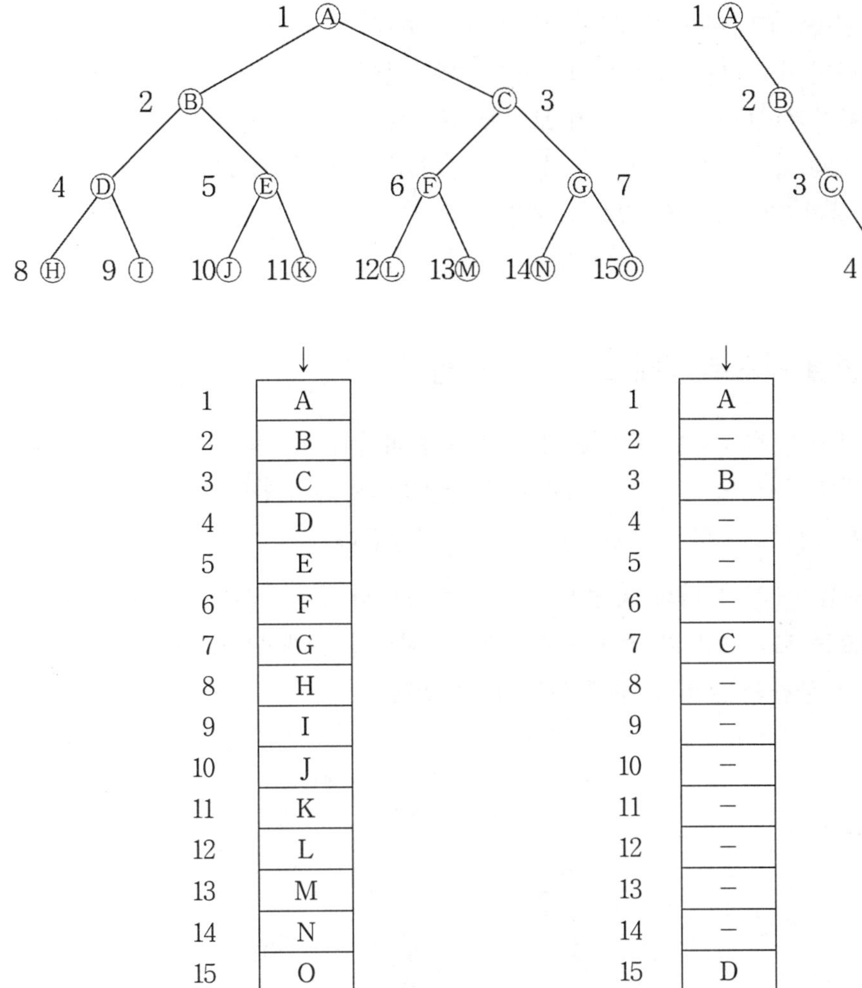

〈그림 6-11〉 이진 트리의 연속 배열 저장의 예

<그림 6-11>과 같이 이진 트리를 연속 배열로 저장시키면 정이진 트리의 경우는 기억장소의 낭비가 전혀 없이 유용하게 사용되고 있다. 그러나 사향 이진 트리는 배열의 반도

사용하지 못하고 있다. 오른쪽 사향 이진 트리는 최악의 경우로 깊이 K인 경우에 2^{k-1}개의 기억 공간이 필요한 반면 단지 K개만을 사용한다.

<정리 6-3>의 매핑 함수를 이용해서 임의의 노드의 좌측 자식노드, 우측 자식노드의 위치와 부모노드의 위치를 계산할 수 있다. 인덱스 5번의 노드 E의 부모노드는 $\lfloor 5/2 \rfloor = 2$, 즉 인덱스 2의 노드 B가 된다. 그리고 좌측 자식노드는 $2 \cdot 5 = 10$, 즉 인덱스 10의 노드 J가 되고, 우측 자식노드는 $2 \cdot 5 + 1 = 11$, 즉 인덱스 11의 노드 K가 된다.

이러한 연속 배열 저장 방법은 대부분의 경우 기억 공간의 낭비가 많지만 모든 이진 트리를 나타낼 수 있다. 그러나 정이진 트리와 전이진 트리는 기억 공간의 낭비가 전혀 없으므로 이상적이나 그 외의 이진 트리에서는 기억 공간의 낭비가 매우 크고 트리의 중간에서 노드를 삽입하거나 삭제할 때 노드들의 레벨이 변하므로 이에 따른 많은 노드들의 이동이 불가피하다. 이와 같은 문제를 해결하기 위해서 연결 리스트 형태로 트리를 표현한다.

6.3.2 연결 리스트 형태로의 표현 방법

트리의 차수에 해당하는 링크를 각 노드가 준비한다. <그림 6-12>의 (a)와 같은 트리는 (b)와 같이 각 노드가 트리의 차수값과 같은 3개의의 포인터를 갖고, 각 노드는 그 노드에 연결된 자식노드의 위치를 알려주도록 구성한다.

<그림 6-12>에서 트리의 차수가 3이므로 링크 필드는 3개가 필요하다. 이때, 노드 B만 제외하고는 모든 노드가 적어도 하나의 널 링크를 갖게 된다. 따라서 이와 같은 표현 방법은 기억 공간의 낭비를 초래함을 알 수 있다.

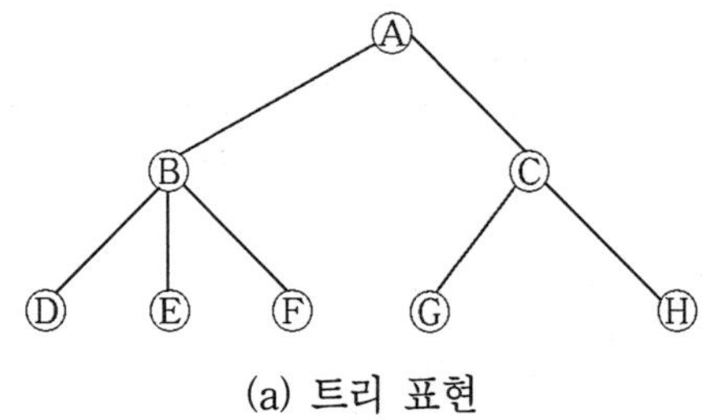

(a) 트리 표현

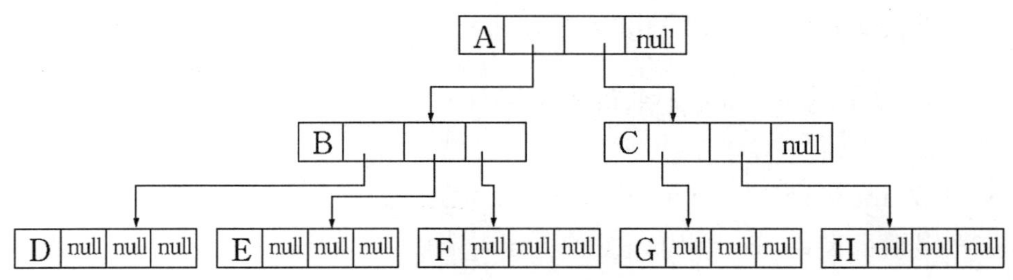

(b) 연결 리스트로 표현

〈그림 6-12〉 연결 리스트에 의한 트리 구조의 표현

그러면 <그림 6-12> 트리의 차수가 3인 트리에서 노드의 수와 널 링크 수와의 상관 관계를 살펴보자. 노드의 차수가 0인 터미널 노드의 수를 n_0, 차수가 1인 노드의 수를 n_1, 차수가 2인 노드의 수를 n_2, 차수가 3인 노드의 수를 n_3이라 할 때 트리의 전체 노드 수를 n 이라고 하면,

$$n = n_0 + n_1 + n_2 + n_3 \qquad (6\text{-}5)$$

이다. 근노드를 제외한 모든 노드는 반드시 1개의 가지에 연결되어 있으므로 가지의 수를 B라 하면,

$$n = B + 1 \qquad (6\text{-}6)$$

이다. 가지의 수와 차수는 같은 의미이므로 B는 다음과 같이 표현할 수 있다.

$$B = 1 \cdot n_1 + 2 \cdot n_2 + 3 \cdot n_3 \qquad (6\text{-}7)$$

식 (6-6)과 식 (6-7)에 의해 다음 식이 유도된다.

$$n = n_1 + 2 \cdot n_2 + 3 \cdot n_3 + 1 \qquad (6\text{-}8)$$

식 (6-5)와 식 (6-8)에 의해 다음 식이 나온다.

$$n = n_0 + n_1 + n_2 + n_3 = n_1 + 2 \cdot n_2 + 3 \cdot n_3 + 1 \qquad (6\text{-}9)$$

트리를 저장할 때, 널 링크가 발생하는 경우에 차수가 0인 경우에는 3개, 차수가 1인 경우에는 2개, 차수가 2인 경우에는 1개이므로 전체 널 링크의 수 N은,

$$N = 3 \cdot n_0 + 2 \cdot n_1 + 1 \cdot n_2$$

으로, 여기에 식 (6-9)를 대입하면 다음과 같다.

$$\begin{aligned} N &= 2 \cdot n_0 + (n_2 + 2 \cdot n_3 + 1) + 2 \cdot n_1 + n_2 \\ &= 2 \cdot n_0 + 2 \cdot n_1 + 2 \cdot n_2 + 2 \cdot n_3 + 1 \\ &= 2 \cdot (n_0 + n_1 + n_2 + n_3) + 1 \\ &= 2 \cdot n + 1 \qquad (6\text{-}10) \end{aligned}$$

다시 말하면 노드의 수가 n개인 트리를 3개의 링크를 사용하여 표현하려면 2n+1개의 널 링크가 생긴다.

n개의 노드를 갖는 차수가 k인 k-ary 트리에서 k개의 링크 영역을 갖는 노드 형태로 저장한다고 할 때, 전체 링크 수는 $n \cdot k$가 된다. 그리고 식 (6-10)에서 널 링크 수는 2n+1개이고, 전체 링크 수는 3n이므로 널이 아닌 링크 수는 $3n-(2n+1)=n-1$이 된다. 그러므로 n개의 노드를 갖는 차수가 k인 트리의 널 링크 수는,

$$\begin{aligned} N &= n \cdot k - (n - 1) \\ &= n \cdot (k - 1) + 1 \qquad (6\text{-}11) \end{aligned}$$

이 된다. 그러면 기억 공간의 낭비를 알 수 있는 널 링크의 점유율을 계산하여 보자.

$$\text{널 링크의 점유율} = \frac{n(k-1)+1}{nk} \qquad (6\text{-}12)$$

식 (6-12)에서 이진 트리의 경우는 k가 2이므로 널 링크의 점유율은 1/2이고, 삼진 트리의 경우는 k가 3이므로 널 링크의 점유율은 2/3이다. 즉 트리의 차수가 증가함에 따라 널 링크의 점유율이 점점 1에 접근한다. 그러므로 가장 좋은 방법은 링크의 수가 적은 차수가 2일 때 링크의 활용도가 가장 크므로 트리를 이진 트리로 변환하여 표현하는 것이다.

2개의 링크를 이용한 이진 트리로 표현하는 것이 가장 이상적이나 경우에 따라서는 일반적인 트리를 표현해야 할 때가 있다. 이 때 널 링크로 인해서 기억 공간이 낭비되므로 이를 활용하는 방법을 한 가지 소개한다.

2개의 링크와 1비트의 태그(tag)를 사용하여 트리를 표현하는 방법이다. 2개의 링크 중에서 하나는 그 노드에 연결된 자식노드 가운데 맨 좌측 자식노드를 지칭하고, 나머지 1

개의 링크는 인접 우측 형제노드를 지칭하도록 한다. 만일 인접 우측 형제노드가 존재하지 않는 경우에는 그 노드의 부모노드를 지칭한다. 또한 1비트의 태그는 그 노드가 부모노드에 대해서 맨 우측 자식노드를 식별하도록 사용한다. 이 경우의 노드 형태는 다음과 같다.

TAG	SONLINK	DATA	BLINK

SONLINK : 맨 좌측 자식노드 포인터
BLINK : 인접 우측 형제 노드 포인터 혹은 부모노드 포인터
TAG : 0 ← 맨 우측 자식노드인 경우
1 ← 그렇지 않은 경우

다음에 주어진 트리를 2개의 링크와 1비트의 태그를 사용하여 표현해 보자.

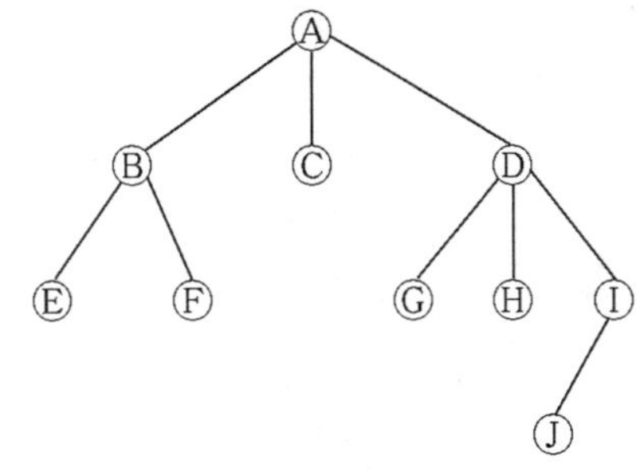

(a) 트리 표현

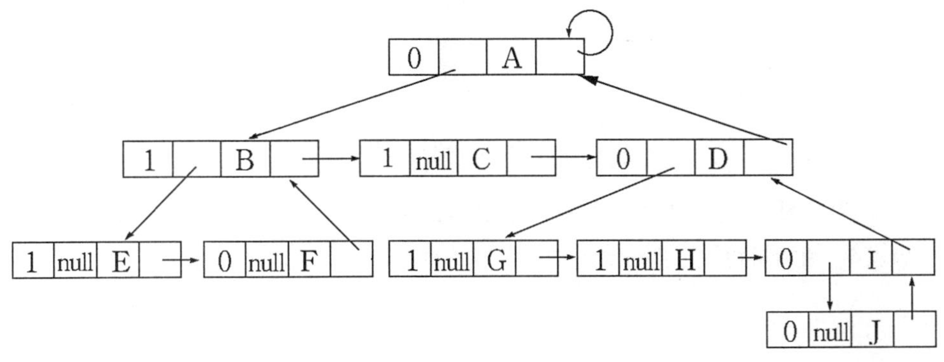

(b) 태그 비트를 이용한 트리 표현

〈그림 6-13〉 2개의 링크와 1개의 태그 비트를 이용한 트리 표현

6.3.3 이진 트리의 연결 리스트 형태로의 표현 방법

주어진 트리가 이진 트리가 아닌 경우, 이 트리를 이진 트리로 변환할 필요가 있다. 이진 트리를 이용하면 널 링크가 점유율이 낮아지기 때문이다. 그러면 일반 트리를 이진 트리로 변환하여 그 결과를 연결 리스트로 표현하는 과정을 알아보자.

1) 트리 구조를 이진 트리 구조로 표현

일반 트리를 이진 트리로 변환하는 데 있어 임의의 한 노드의 자식들의 순서는 중요하지 않다고 본다. 일반 트리를 그대로 표현하면 트리의 노드들이 많은 링크를 필요로 하는 이유는 부모-자식 관계에 근거한 것이며, 한 노드가 임의의 수의 자녀들을 거느리기 때문이다. 이진 트리로 표현하기 위해서는 최대 차수를 2로 제한시킬 수 있는 노드들의 관계가 필요하다. 같은 레벨에 있고 부모노드가 동일한 경우 이 트리에 대응하는 이진 트리는 각 노드의 모든 형제들을 수평선으로 연결시키며 좌측의 정점을 가리키는 가지만 제외하고 부모 노드와 연결된 모든 가지를 제거함으로써 얻어진다. 이진 트리로 변환한 후의 각 노드의 구조는 다음과 같다.

<table>
<tr><td colspan="2">DATA</td></tr>
<tr><td>CHILD</td><td>SIBLING</td></tr>
</table>

트리를 이진 트리로 변환하는 방법은 다음과 같다.

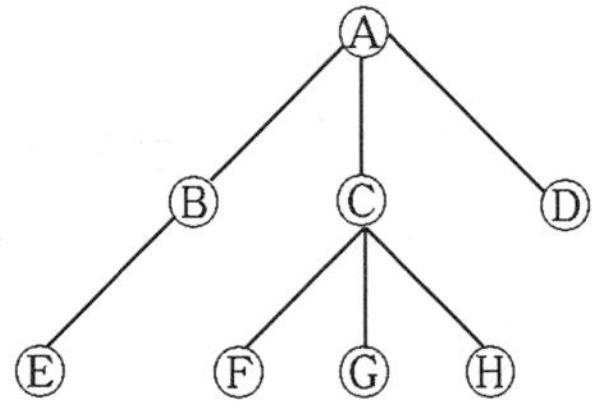

① 가장 왼쪽에 있는 노드를 제외하고, 한 노드로부터 그 노드의 밑에 있는 노드까지의 연결을 제거한다.

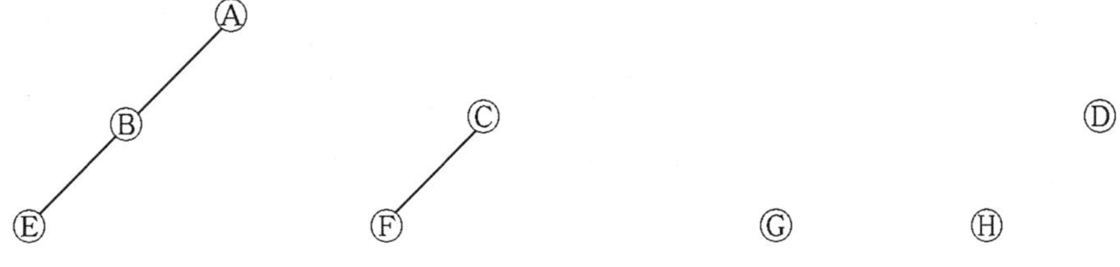

② 한 노드의 형제노드를 연결한다.

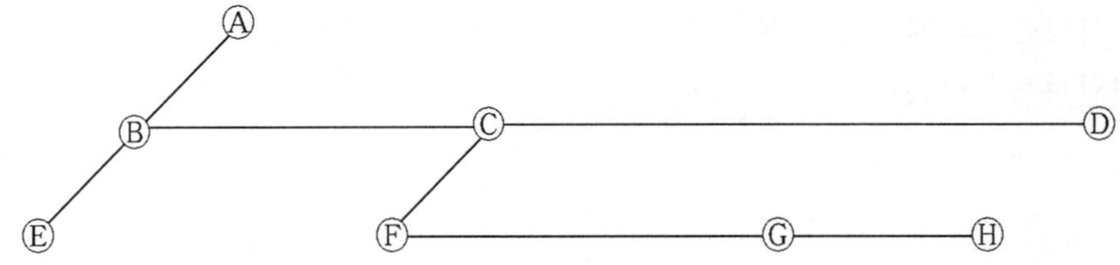

③ 좌측의 자식 관계의 가지를 기준으로 하여 시계 방향으로 45° 가량 비튼다.

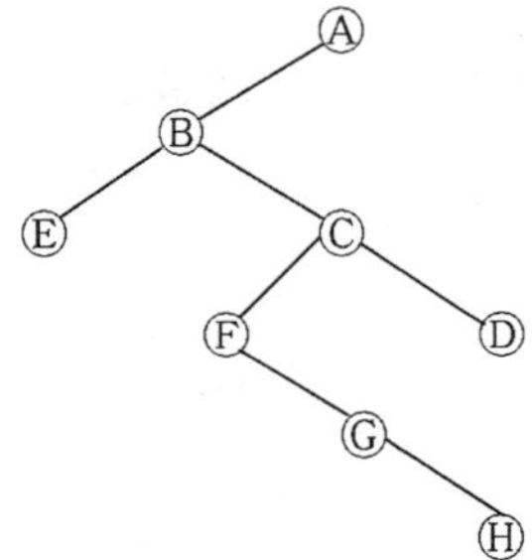

앞에서 설명한 변환 과정을 사용한 트리 변환의 기본 유형은 <그림 6-14>와 같다.

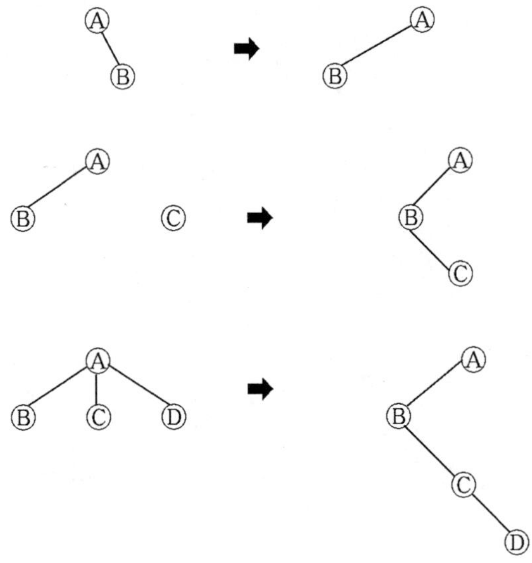

(a) 일반 트리 (b) 이진 트리

〈그림 6-14〉 트리 변환의 기본 개념

한 가지 주목할 만한 사실은 이 변환 방법에 의해 얻어진 이진 트리에서는 근노드의 우측 자식노드가 없다는 것이다. 이는 트리의 근노드에는 형제가 없기 때문이다. 또한 트리군을 구성하는 몇 개의 트리들을 하나의 이진 트리로 변형할 수 있다. 트리군을 이진 트리로 변환하는 방법은 다음과 같다.

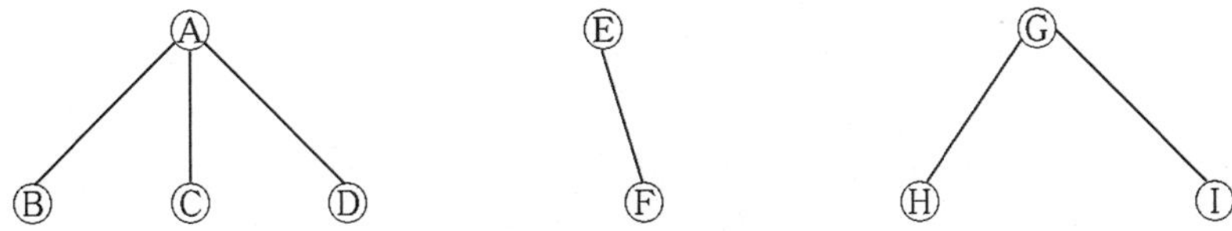

① 각 트리의 가장 왼쪽에 있는 노드를 제외하고, 한 노드로부터 그 노드의 밑에 있는 노드까지의 연결을 제거한다.

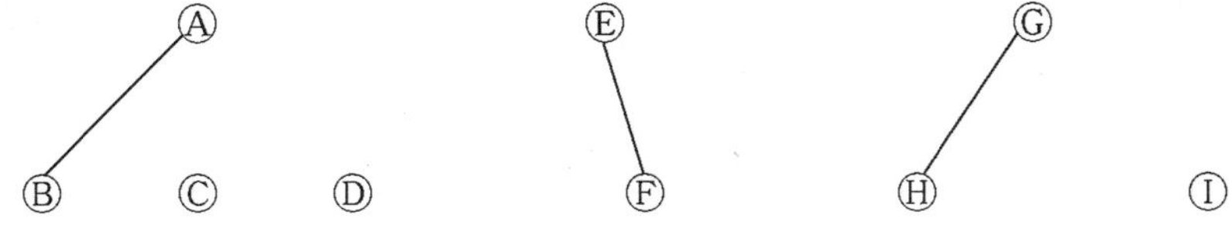

② 각 노드의 형제노드를 연결시킨다.

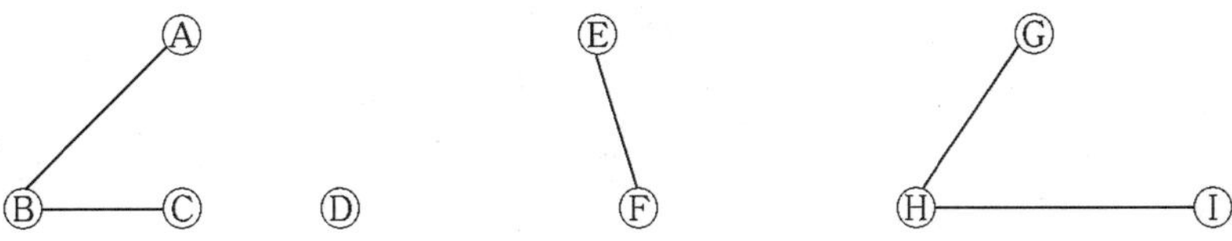

③ 각 트리들의 근노드의 형제 필드를 사용하여 모든 트리들을 연결한다.

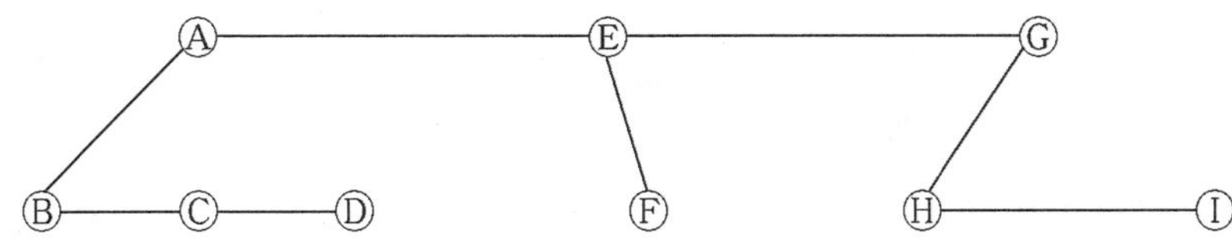

④ 이진 트리의 모습을 닮기 위해서 시계 방향으로 45° 정도 비튼다.

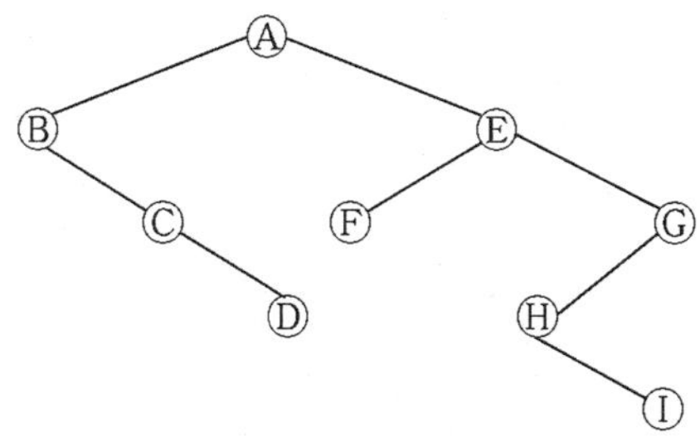

2) 이진 트리의 연결 리스트 형태로의 표현 방법

이진 트리의 노드는 많아야 좌우 2개의 가지를 가지고 있으므로 각 노드별로 2개의 포인터를 둔다. 즉 각 노드에 좌측 자식노드와 우측 자식노드에 대한 포인터를 저장할 링크를 할당함으로써 연결 리스트 구조로 표현할 수 있다. 이와 같은 2개의 링크를 사용할 경우에 노드의 형태는 다음과 같다.

llink	data	rlink

다음에 주어진 이진 트리들을 2개의 링크를 사용한 링크 저장법으로 기억시켜 보자.

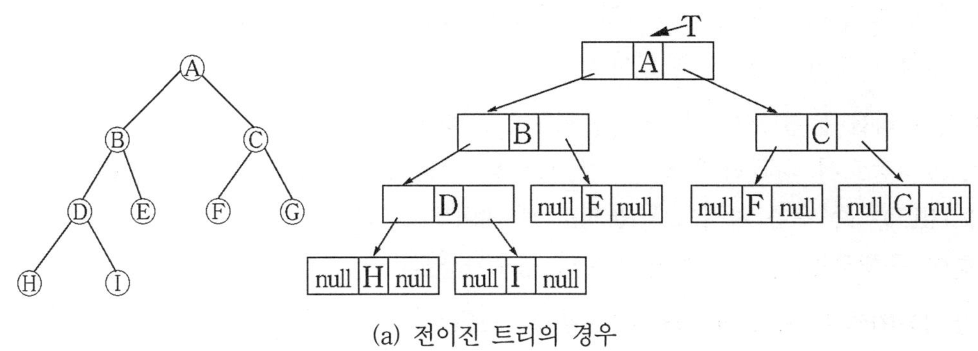

(a) 전이진 트리의 경우

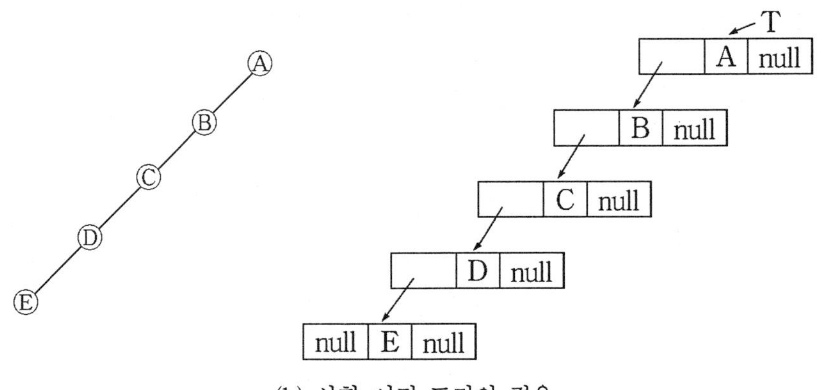

(b) 사향 이진 트리의 경우

〈그림 6-15〉 이진 트리에 대한 연결 리스트 표현

그러나 2개의 링크만 사용할 경우에는 각 노드가 자식노드에 대한 포인터만 가지고 있기 때문에 부모노드를 찾기 어렵다는 단점이 있다.

6.4 이진 트리의 운행

트리의 각 노드를 중복되지 않게 전부 검사하는 운행 방법은 여러 가지 형태가 있으며, 이 때 운행(traversal)이란 트리에서 한 번에 하나의 노드를 찾아가는 것을 말하며, 이를 한 노드를 방문(visit)한다고 말한다. 이러한 트리의 운행은 트리가 선형 구조가 아니기 때문에 선형 구조보다 더욱 복잡하다. 그러나 트리 전체를 운행함으로써 트리의 정보에 대한 선형적 순서를 찾을 수 있다.

이진 트리를 운행할 때 각 노드를 기준으로 하여 좌측 서브 트리와 우측 서브 트리 등 서브 트리들로서 취급하게 된다. 한 노드를 기준으로 하여서 L(LCHILD), D(DATA), R(RCHILD), 즉 우측 자식노드(RCHILD), 데이터노드(DATA), 좌측 자식노드(LCHILD)로 하여 운행하는 방법은 여섯 가지의 경우가 있다.

L-D-R(좌측 노드-데이터 노드-우측 노드)

L-R-D(좌측 노드-우측 노드-데이터 노드)

D-L-R(데이터 노드-좌측 노드-우측 노드)

D-R-L(데이터 노드-우측 노드-좌측 노드)

R-D-L(우측 노드-데이터 노드-좌측 노드)

R-L-D(우측 노드-좌측 노드-데이터 노드)

만약, 좌측이 우측보다 항상 먼저 방문하기로 한다면 세 가지 운행 방법만이 가능한데, 즉 L-D-R, L-R-D, D-L-R이다. 이 세 가지를 각각 중위(inorder) 방식, 후위(postorder) 방식, 전위(preorder) 방식이라고 일컫는다.

<그림 6-16>의 이진 트리를 생각해 보자. 이 트리는 덧셈(+), 곱셈(*), 나눗셈(/), 지수승(**) 등과 변수 A, B, C, D, E로 이루어진 산술식이다. 이 이진 트리가 어떻게 생성되었는지 여기서 생각하지 말고, 단지 이렇게 주어졌다고만 하자. 이제 세 가지 운행 방법을 정의하고 이 트리로서 그 결과를 기술해 보자.

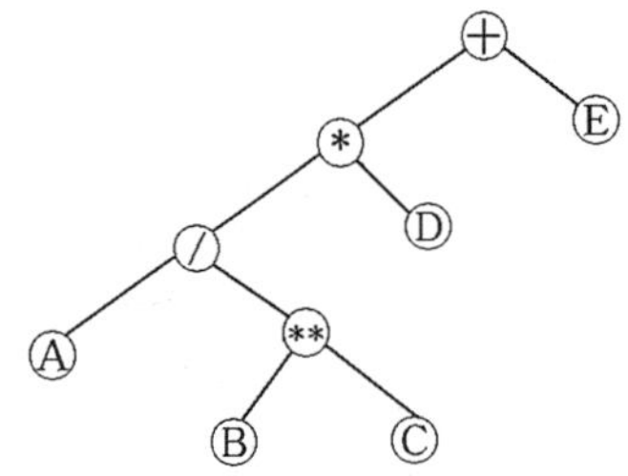

〈그림 6-16〉 A/B**C*D+E 산술식의 이진 트리

6.4.1 중위(inorder) 운행법

중위 운행은 근노드에서 출발하여 각 노드의 좌측 자식노드를 따라 더 이상 갈 수 없을 때까지 검사한다. 이 때 도착한 노드를 방문하고 이것의 부모노드를 방문한다. 그 다음에 우측 서브 트리의 근노드에서 출발하여 앞의 과정을 반복한다. 1개의 서브 트리가 전부 운행되면 이 서브 트리의 근노드를 방문한 후, 이것의 우측 서브 트리의 근노드로 위치를 옮겨 앞서의 과정을 반복한다.

<그림 6-16>을 이용해서 중위 운행법으로 얻은 결과는 다음과 같다.

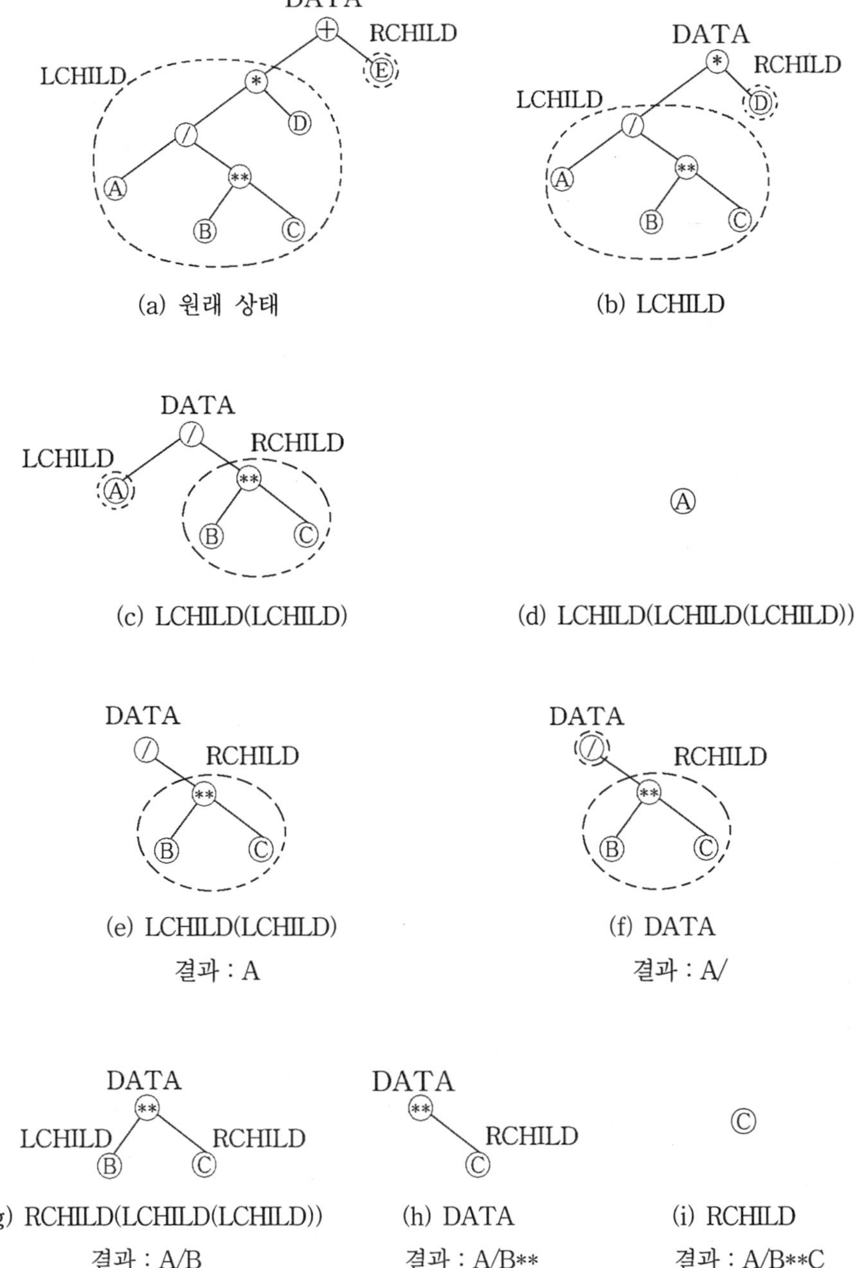
DATA
RCHILD
LCHILD
+
*
/
**
A
B
C
D
E
(a) 원래 상태
(b) LCHILD
(c) LCHILD(LCHILD)
(d) LCHILD(LCHILD(LCHILD))
(e) LCHILD(LCHILD)
결과 : A
(f) DATA
결과 : A/
(g) RCHILD(LCHILD(LCHILD))
결과 : A/B
(h) DATA
결과 : A/B**
(i) RCHILD
결과 : A/B**C

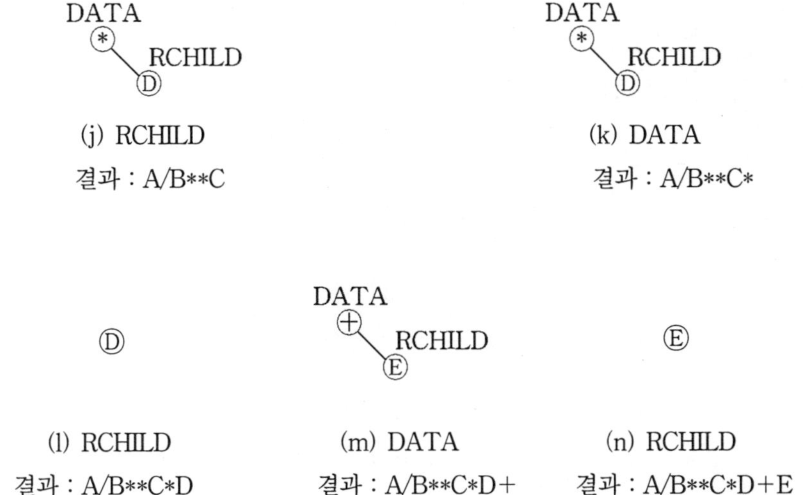

(j) RCHILD 결과 : A/B**C

(k) DATA 결과 : A/B**C*

(l) RCHILD 결과 : A/B**C*D

(m) DATA 결과 : A/B**C*D+

(n) RCHILD 결과 : A/B**C*D+E

이러한 운행 방법을 그대로 묘사하는 순환(recursive) 알고리즘은 다음과 같다.

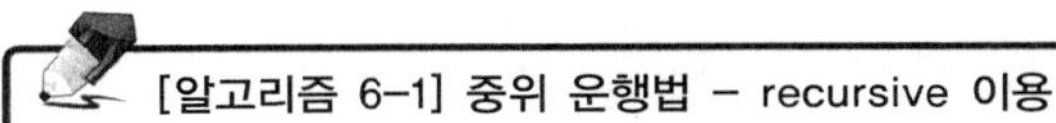

[알고리즘 6-1] 중위 운행법 - recursive 이용

```
procedure INORDER(T)
      // T는 각 노드가 lchild, data, rchild의
         세 필드를 가진 이진 트리이다 //
   if T≠0 then [call INORDER(lchild(T))
                print (data(T))
                call INORDER(rchild(T))]
end INORDER
```

이 순환 알고리즘이 어떻게 작동하는지 <그림 6-16>에 대해 살펴보기로 하자.

inorder의 호출	근 노드의 값	출력
MAIN	+	
1	*	
2	/	
3	A	
4	null	print('A')
4	null	print('/')
3	**	
4	B	
5	null	print('B')
5	null	print('**')
4	C	
5	null	print('C')
5	null	print('*')
2	D	
3	null	print('D')
3	null	print('+')
1	E	
2	null	print('E')
2	null	

중위 운행으로 인쇄되는 값은 다음과 같다.

A / B ** C * D + E

이러한 순환 알고리즘은 비순환 방법(nonrecursive method)으로 하기 위해서 2개의 스택을 이용하는 중위 운행법에 대한 알고리즘을 제시해 보자. 이 알고리즘은 스택의 크기는 n이라 하고 연속된 1차원 배열로 되어 있다.

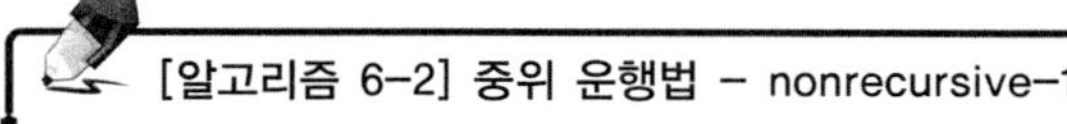
[알고리즘 6-2] 중위 운행법 - nonrecursive-1

```
procedure INORDER_1(T)
    // 크기 N인 스택을 이용한 비순환적 프로시쥬어 //
  i ← 0  // 스택을 초기화 함 //
  L1 :  if T≠0 then [i ← i + 2
```

```
                    if i > n then call stack_full
                    stack(i-1) ← T
                    stack(i) ← 'L2'
                    T ← lchild(T)
                    go to L1;  // 왼쪽 서브트리를 순회 //
  L2 :              print(data(T))
                    i←i+2
                    if i > n then call stack_full
                    stack(i-1) ← T
                    stack(i) ← 'L3'
                    T← rchild(T)
                    go to L1]  // 오른쪽 서브트리를 순회 //
  L3 : if i≠0 then [// 스택이 비지 않았을 때, return과 같은 작용을 함 //
                   T ← stack(i-1)
                   x ← stack(i)
                   i ← i - 2
                   go to x]
end INORDER_1
```

이 알고리즘의 동작에 대해서 조금만 주의해서 보면, 더 간단히 만들 수 있다는 사실을 알 수 있다. 다음의 알고리즘은 단지 1개의 스택을 이용하여 중위 운행하는 것이다.

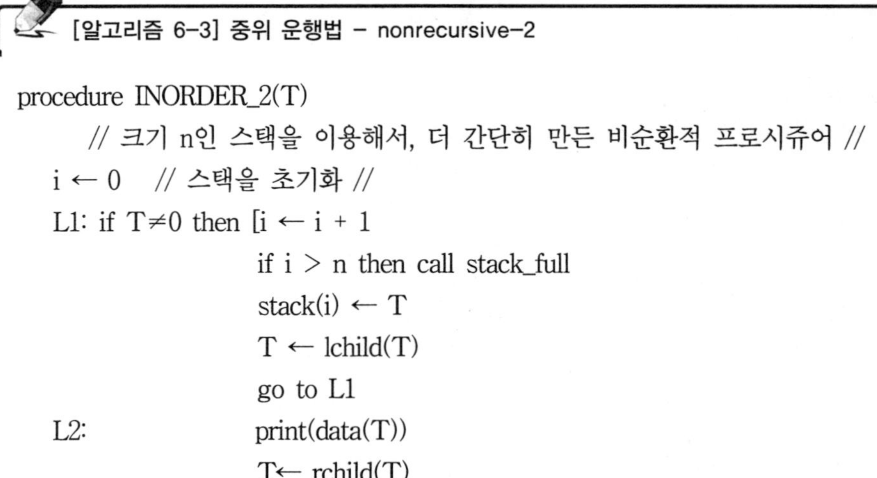

[알고리즘 6-3] 중위 운행법 - nonrecursive-2

```
procedure INORDER_2(T)
    // 크기 n인 스택을 이용해서, 더 간단히 만든 비순환적 프로시쥬어 //
  i ← 0   // 스택을 초기화 //
  L1: if T≠0 then [i ← i + 1
                   if i > n then call stack_full
                   stack(i) ← T
                   T ← lchild(T)
                   go to L1
  L2:              print(data(T))
                   T← rchild(T)
                   go to L1]
```

```
        if i≠0 then [// 스택이 공백이 아닌 경우 //
                    T ← stack(i)
                    i ← i - 1
                    go to L2]
end INORDER_2
```

마지막으로 go to문을 사용하지 않는 가장 좋은 알고리즘은 다음과 같다.

[알고리즘 6-4] 중위 운행법 - nonrecursive-3

```
procedure INORDER_3(T)
      //  크기 N인 스택을 이용하고,
          go to를 쓰지 않은 비순환적 프로시쥬어 //
   i ← 0  // 스택을 초기화 함 //
   loop
       while T≠0 do    // lchild 필드를 따라 내려감 //
          i ← i + 1
          if i > n then call stack_full
          stack(i) ← T
          T ← lchㄴild(T)
       end
       if i = 0 then return
       T← stack(i)
       i ← i - 1
       print(data(T))
       T ← rchild(T)
     forever
end INORDER_3
```

inorder_3에서의 연산 시간과 필요한 기억 장소는 얼마일까? n을 노드 수라 할 때 알고리즘을 살펴보면 트리의 모든 노드들은 스택에 꼭 한 번씩 들어간다.

그러므로 while문은 n번 실행하게 된다. 그리고 트리는 모든 널 링크에 대해 if문을 수행하는데 이진 트리의 널 링크 수는 n+1이므로 연산 시간은 O(n)이다. 또한 스택에 필요한 공간은 트리의 깊이와 일치하는 데 최대로 n이 될 수 있다.

6.4.2 후위(Postorder) 운행법

후위 운행은 각 노드의 좌측 노드를 따라 더 이상 갈 수 없을 때까지 계속해서 진행한다. 이 때 터미널 노드를 방문하고, 그 부모노드의 우측 서브 트리를 조사한다. 이 때 우측 서브 트리에서 앞의 과정을 반복한다. 그리고 나서 부모노드를 방문한다. 다시 말하면 좌측 서브 트리를 방문하고 우측 서브 트리를 모두 방문하고 나서 부모노드를 방문한다.

<그림 6-16>을 이용해서 후위 운행법으로 얻은 결과는 다음과 같다.

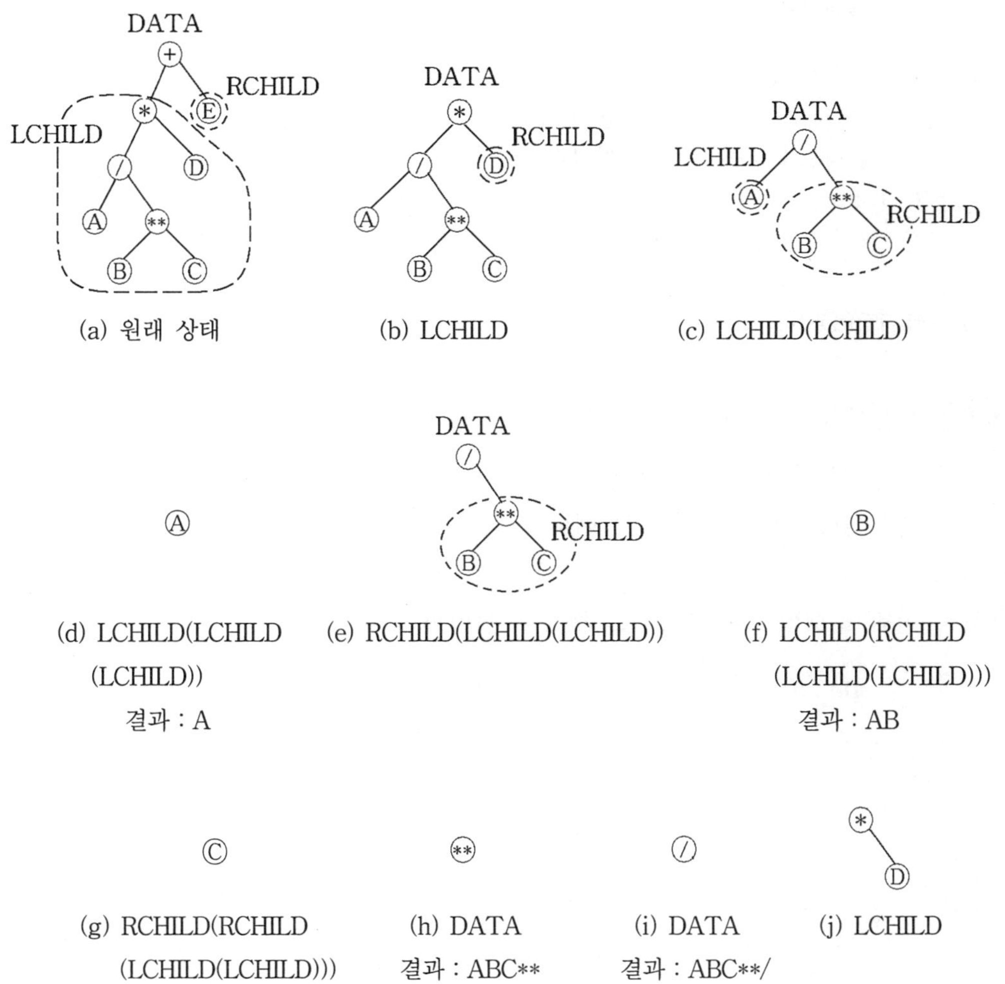

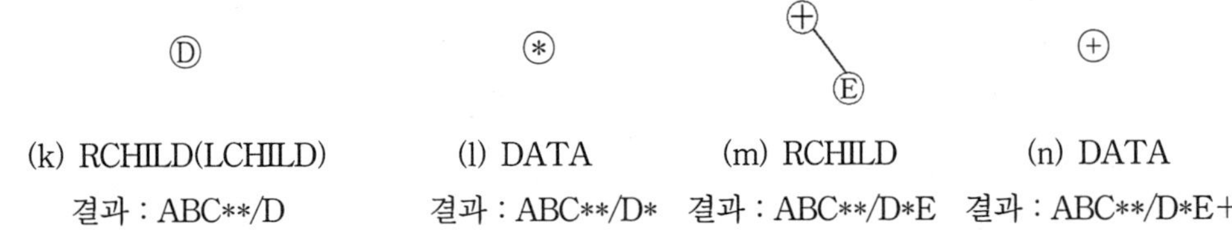

후위 운행에 대한 순환 알고리즘은 다음과 같다.

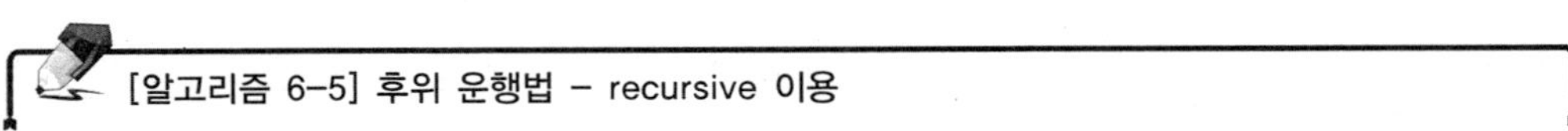


```
procedure POSTORDER(t)
      // T는 각 노드가 lchild, data, rchild의
         세 필드를 가진 이진 트리이다 //
   if T≠0 then [call POSTORDER(lchild(T))
                call POSTORDER(rchild(T))
                print(data(T))]
end POSTORDER
```

6.4.3 전위(Preorder) 운행법

전위 운행법은 먼저 근노드를 검사하고 그 다음 좌측 서브 트리의 근노드를 조사하고, 다시 좌측 서브 트리를 따라간다. 이때 터미널노드이면 그 자신을 검사하고, 그 노드의 부모 노드의 우측 서브 트리에 대해서 앞서와 같은 방법을 반복한다. <그림 6-16>을 이용해서 전위 운행법으로 생성되는 결과는 어떠한지 알아보자.

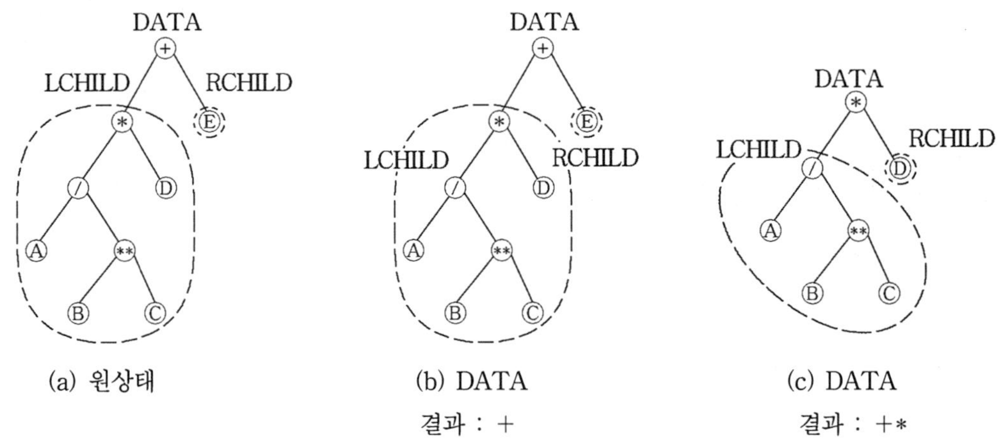

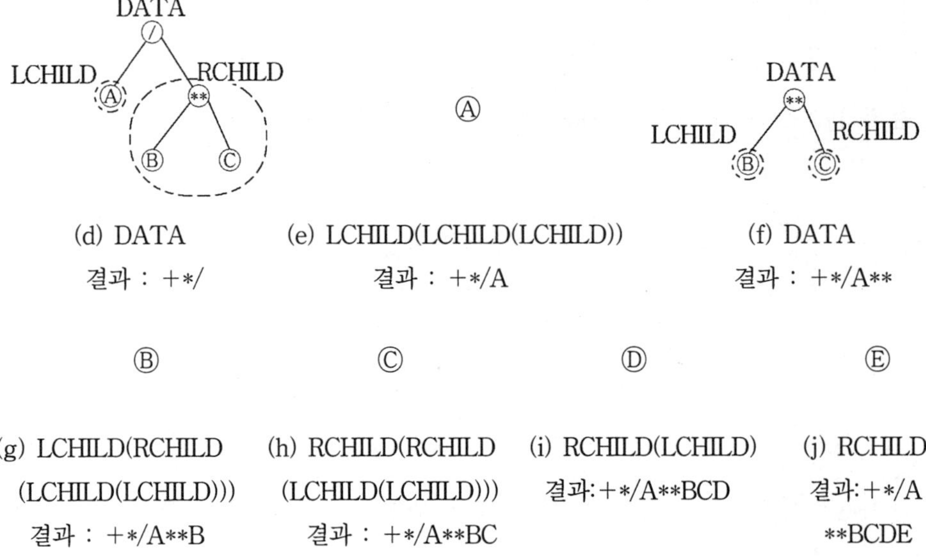

전위 운행법에 대한 알고리즘은 다음과 같다.

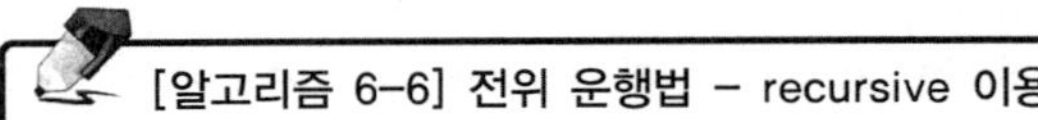


```
procedure PREORDER(T)
      // T는 각 노드가 lchild, data, rchild의
         세 필드를 지닌 이진 트리이다 //
   if T≠0 then [print(data(T))
                call PREORDER(lchild(T))
                call PREORDER(rchild(T))]
end PREORDER
```

6.4.4 일반 트리의 운행법

기억 공간에 저장된 트리의 노드들을 중복되지 않게 검사해 가는 방법을 운행이라고 한다. 일반 트리에 대한 운행 방법 중 가장 간단한 트리 운행으로서 레벨 운행(level order)법이 있다. 이것은 트리의 각 노드를 레벨 순으로 검사하며, 동일한 레벨의 노드들은 좌에서 우로 차례대로 검사하는 운행으로 하향식과 상향식으로 구분되어 있다.

하향식은 트리의 근노드부터 시작하여 레벨이 높은 노드에서 레벨이 낮은 노드의 순서로 검사하는 것을 말하며, 상향식은 레벨이 가장 낮은 터미널노드에서 근노드순으로 검사하는 것을 말한다.

<그림 6-17>은 트리 운행을 위한 예를 나타낸 것이다.

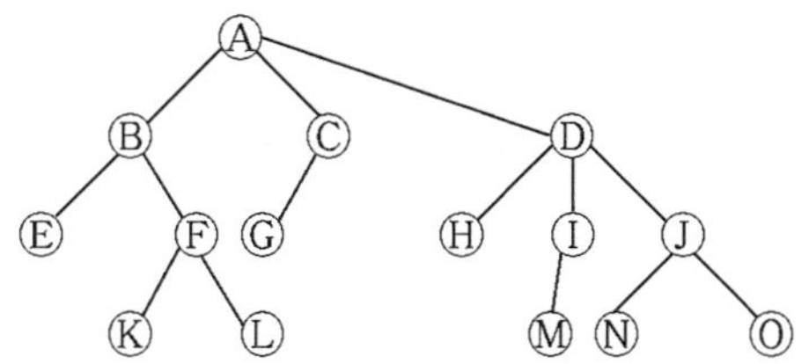

〈그림 6-17〉 일반 트리의 예

<그림 6-17>에서 하향식과 상향식에 의한 운행 순서는 다음과 같다.

하향식 : A, B, C, D, E, F, G, H, I, J, K, L, M, N, O

상향식 : K, L, M, N, O, E, F, G, H, I, J, B, C, D, A

두 번째로 나오는 일반 트리에 대한 운행법은 패밀리 오더(family order) 운행법이다. 이것은 먼저 근노드를 검사하고, 다음에 근노드의 자식노드를 검사한 후 가장 늦게 검사한 자식노드를 검사한 후, 가장 늦게 검사한 자식노드로부터 앞서의 작업을 반복하는 것으로 스택을 이용한다.

다음은 패밀리 오더 운행을 수행하는 과정이다.

① 근노드를 스택에 입력한다.

② 스택에서 1개의 노드를 제거(pop)하여 출력하고 제거된 노드의 자식노드를 좌측부터 모두 스택에 입력한다.

③ 자식노드가 더 이상 없으면 가장 마지막에 들어간 자식노드를 출력하고 방금 출력된 노드의 자식노드를 모두 스택에 입력한다.

④ 만일 세 번째 과정의 수행 중 출력된 노드의 자식노드가 존재하지 않으면 스택의 마지막 노드를 출력하고 그 노드의 자식노드를 모두 스택에 입력한다.

<그림 6-17>에서 패밀리 오더에 의한 운행 순서는 다음과 같다.

A, B, C, D, H, I, J, N, O, M, G, E, F, K, L

앞에서 설명한 이진 트리에 대한 운행법을 일반 트리에서도 적용할 수 있다. 좌측 서브 트리를 검사하고 우측 서브 트리도 검사한 후, 근노드를 방문하는 후위 운행법과 근노드를 방문한 후 좌측 서브 트리를 검사하고 우측 서브 트리를 검사하는 전위 운행법을 <그림 6-18>에 적용해 보면 다음과 같다.

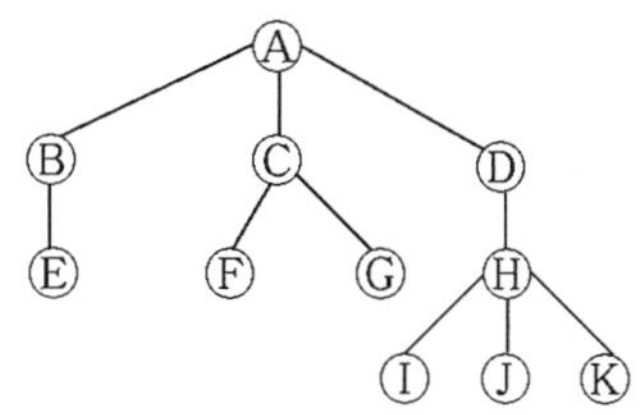

후위 운행 : E, B, F, G, C, I, J, K, H, D, A

전위 운행 : A, B, E, C, F, G, D, H, I, J, K

〈그림 6-18〉 일반 트리에 대한 운행의 예

6.5 이진 트리의 연산

후위 운행 알고리즘을 이용한 주어진 이진 트리를 그대로 복사해내는 알고리즘은 다음과 같다.

[알고리즘 6-7] 이진 트리 복사

```
procedure COPY(T)
      // 이진 트리 T의 복제를 가리키는 포인터를 보내줌 //
   Q ← 0
   if T≠0 then [R←copy(lchild(T))  // 왼쪽 서브 트리를 복사 //
                S ← copy(rchild(T))  // 오른쪽 서브 트리를 복사 //
                call getnode(Q)
                lchild(Q) ← R
                rchild(Q) ← S  // Q의 필드에 저장 //
                data(Q) ← data(T)]
   return(Q)  //  copy는 함수이다 //
end COPY
```

X1, I, J, Z, FST, X2, K와 같은 변수 이름 리스트, 즉 알파벳 데이터를 이진 트리를 이용하여 다루어 보자. 이 데이터로 이진 트리를 만들어 가는데 그 방법은 새로운 데이터가 입력되면 그 노드의 데이터와 비교해서 새로운 것이 알파벳 순서를 기준으로 앞에 있어야 되면 좌측으로 이동하고, 그렇지 않으면 우측으로 이동한다. 이 과정을 트리의 끝에 도달할 때까지 계속된다. 위의 데이터로 얻어진 이진 트리의 결과는 <그림 6-19>와 같다.

즉 (a) X1이 처음 입력되면 근노드를 만들고, (b) I가 입력되면 X1보다 먼저 있어야 하므로 X1의 좌측 자식노드가 된다. (c) J는 X1보다 앞에 있어야 하므로 좌측으로 가고 I보다 뒤에 있어야 하므로 I의 우측 자식노드가 된다. (d) Z는 X1보다 뒤에 있어야 하므로 X1의 우측 자식노드가 된다. (e) FST는 X1보다 앞에 있어야 하므로 X1의 좌측으로 가고 I보다 앞에 있어야 하므로 I의 좌측 자식노드가 된다. (f) X2는 X1보다 뒤에 있어야 하므로 우측으로 가고 Z보다 앞에 있어야 하므로 Z의 좌측 자식노드가 된다. (g) k는 X1보다 앞에 있어야 하므로 좌측으로 가고, J보다 뒤에 있어야 하므로 J의 우측 자식노드가 된다.

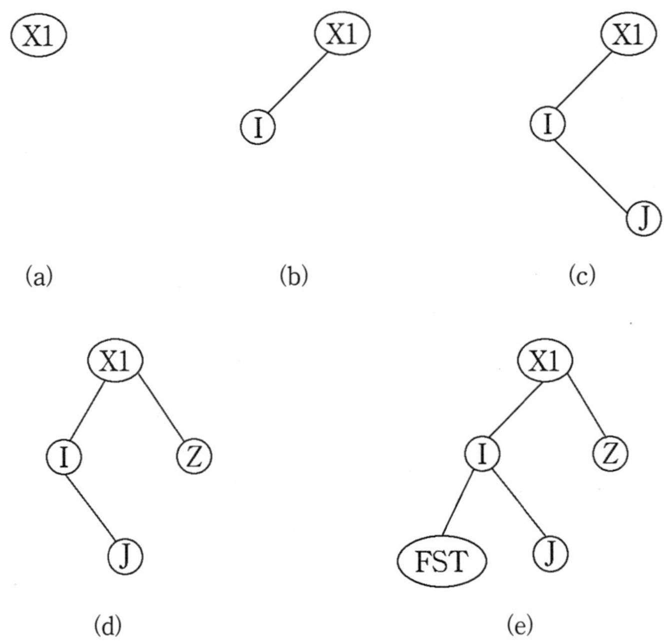

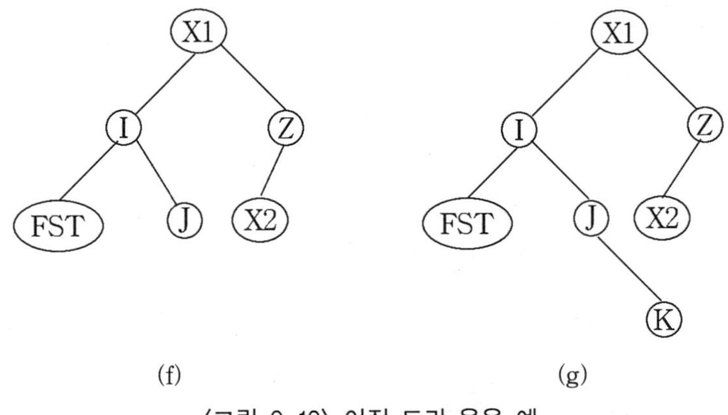

〈그림 6-19〉 이진 트리 응용 예

이러한 방법으로 트리를 구성하고 중위 운행법에 따라 운행하면,

FST, I, J, K, X1, X2, Z

이 출력되어 정렬된 변수 리스트를 얻을 수 있다.

변수 X1, X2, X3, X4, …와 연산자 ∧(and), ∨(or), ¬(not)으로 이루어진 식을 생각해 보자. 이 변수들은 참이나 거짓 2개의 값만을 가질 수 있다. 이 변수들과 연산들로 이루어진 식은 다음 규칙에 의해 규정된다.

① 변수 자체에 하나의 식이다.

② x, y가 식일 때 $x \wedge y$, $x \vee y$, $\neg x$도 식이다. 연산 순서는 not, and, or의 순서인데 괄호는 이보다 우선이다.

식 $(x1 \wedge \neg x2) \vee (\neg x1 \wedge x3) \vee \neg x3$이 이미 <그림 6-20>과 같이 이진 트리로 만들어졌다고 가정하자.

이 트리의 중위 운행 순서는 $x1 \wedge \neg x2 \vee \neg x1 \wedge x3 \vee \neg x3$이 된다. 수식의 만족성을 결정하기 위한 가장 명확한 알고리즘은 (x1, x2, x3)에 가능한 모든 참과 거짓의 조합을 대비해서 그 결과를 조사해 보는 것이다. n개의 변수에 대하여는 2n개의 조합이 가능한데 참을 t, 거짓을 f로 표시하면 n=3일 때 가능한 조합은 (t, t, t), (t, f, t), (f, t, t), (f, t, f), (f, f, t), (f, f, f), (t, t, f), (t, f, f)이다.

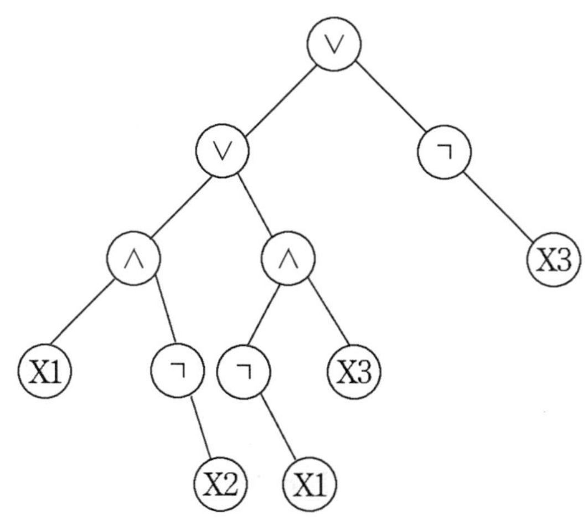

〈그림 6-20〉 이진 트리로 나타낸 명제식

이 알고리즘은 적어도 O($\log_2^n$) 또는 지수적 시간이 필요하며, 여기서 log는 x1, x2, x3에 값을 대입하고, 이 식을 계산하는 데 필요한 시간을 의미한다. 식을 계산하는 방법은 서브 트리의 전체 식이 하나의 값이 될 때까지 계산을 계속하면서 트리를 후위 운행하는 것이다.

이 알고리즘을 위해서는 노드가 4개의 필드를 가진 것으로 가정한다.

LCHILD	DATA	VAL	RCHILD

즉 LCHILD, DATA, RCHILD는 앞에서와 같은 VAL은 값이 참인지 거짓인지 표시할 수 있을 정도의 크기면 된다. 변수 xi를 사용하는 대신에 T → data는 각 변수당 1개의 항을 가진 DEF라는 테이블에 대한 포인터를 갖는다.

따라서 DEF(T → data)는 한 변수의 현재값을 갖게 된다. 이를 후위 순회 알고리즘으로 표시하면 다음과 같다.

[알고리즘 6-8] 명제식 판정

```
procedure POSTORDER_EVAL(T)
      // 이진 트리 T는 명제식을 가지고 있는데 이를 계산하여
        결과는 VAL 필드에 저장 //
```

```
if T≠0 then[call postorder_eval(lchild(T))
            call postorder_eval(rchild(T))
            case
        : data(T) = '¬': val(T) ← not val(rchild(T))
        : data(T) = '∨': val(T) ← val(lchild(T) or val(rchild(T))
        : data(T) = '∧': val(T) ← val(rchild(T) and val(rchild(T))
        : else:      val(T) ← def(data(T))
  end]
end POSTORDER_EVAL
```

이진 트리에 대한 마지막 연산으로 n개의 노드를 가진 서로 다른 이진 트리의 수가 얼마나 되는지를 알아보자. n=0이거나 n=1이면 오직 하나의 이진 트리가 존재한다. n=2이면 다음과 같은 2개의 이진 트리가 존재한다.

n=3이라면 다음과 같은 5개의 서로 다른 이진 트리가 존재한다.

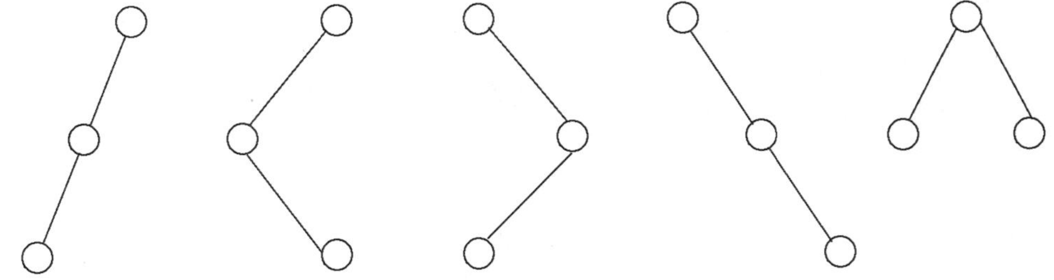

이 문제를 해결하기 전에 이 문제와 동등한 몇 개의 개수 문제에 대하여 살펴보자.

앞의 6.4절에서 전위, 중위, 후위 운행 개념을 소개하였다. 다음의 전위 운행으로 나열된 변수를 A B C D E F G H I와 중위 운행으로 나열된 B C A E D G H F I는 같은 이진 트리라고 가정하자. 이런 나열된 변수들의 쌍은 하나 이상의 다른 이진 트리를 만들 수 있는가? 아니면 유일한 이진 트리를 정의하는가? 전위운행에서 첫 문자 A는 트리의 근노드가 A라는 의미이고 중위운행의 정의에 의하여 A의 좌측 노드들은 A 앞에 나와야 하며, A의 우측 노드들은 A 뒤에 나온다. 그러므로 다음과 같은 트리를 얻을 수 있다.

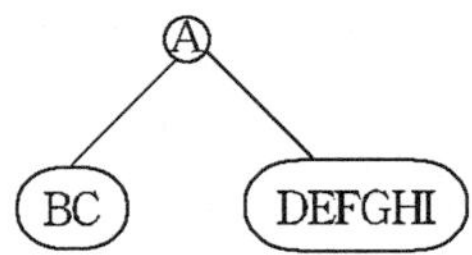

전위운행으로 나열된 변수들을 보면 B가 좌측 서브 트리의 근노드임을 알 수 있고, 중위운행으로 나열된 변수에서 B가 C보다 선행하므로 B는 공백 좌측 서브 트리를 가지며, C는 우측 서브 트리임을 알 수 있다.

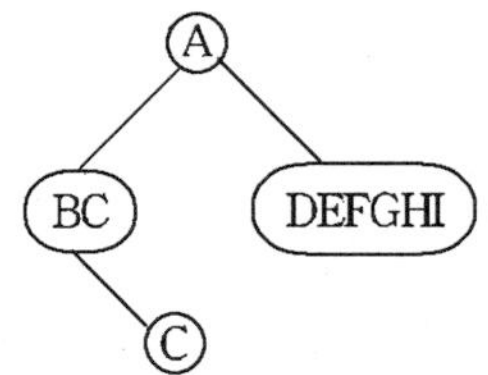

이와 같은 방법으로 우측 서브 트리에서 계속 나가면 다음과 같은 이진 트리를 얻게 된다.

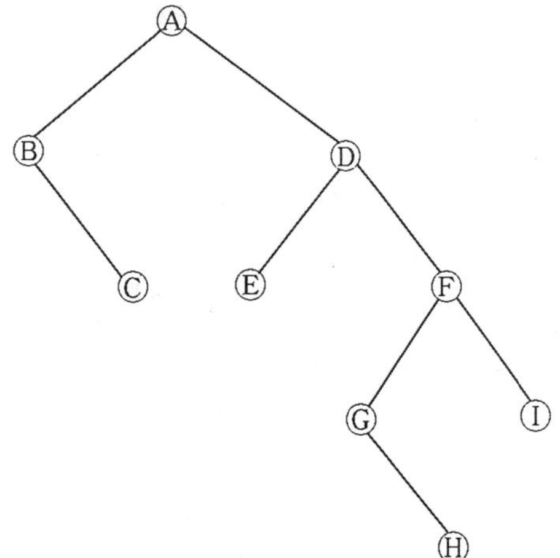

이러한 추리를 공식화하여 모든 이진 트리는 유일한 전위-중위 나열쌍을 가진다는 사실을 증명할 수 있다. N개의 노드를 가진 이진 트리의 노드들을 1부터 N까지의 번호를 부여한다고 하자. 이러한 이진 트리의 중위 순열은 그 트리의 중위 운행에 따라 방문한 노드들의 순서로 정의하고 전위 순열도 같은 방법을 정의한다.

앞서 정의한 이진 트리에 변수 대신에 다음과 같은 자연수를 넣어보자.

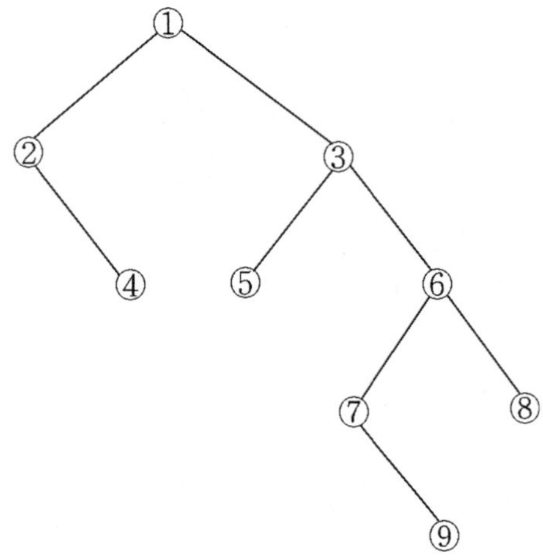

그러면 이진 트리의 전위 순열은 1, 2, 4, 5, 3, 6, 7, 9, 8이고 중위 순열은 2, 4, 1, 5, 3, 7, 9, 6, 8이다. 앞에서 논의한 바와 같이 어떤 트리의 전위 순열이 1, 2, … n으로서 그 트리의 노드에 번호가 부여된다면 서로 다른 이진 트리는 서로 다른 중위 순열을 정의한다. 그러므로 서로 다른 이진 트리의 수는 전위 순열 1, 2, …, n으로 가지는 이진 트리로부터 얻을 수 있는 중위 순열의 수와 같다.

이와 같은 중위 순열의 개념을 이용하면 1부터 n까지의 수를 스택에 넣었다가 가능한 모든 방법으로 삭제하여 만들 수 있는 상이한 순열의 수가 n개의 노드를 가진 상이한 이진 트리의 수와 같다는 것을 증명할 수 있다. 가령 중위 순열 1, 2, 3에 대하여 스택을 이용하여 얻을 수 있는 순열은 (1 2 3) (1 3 2) (2 1 3) (2 3 1) (3 2 1)이며, (3 1 2)는 얻을 수 없다. 이들 5개의 순열들은 아래와 같은 3개의 노드를 가진 상이한 5개의 이진 트리와 각각 대응한다.

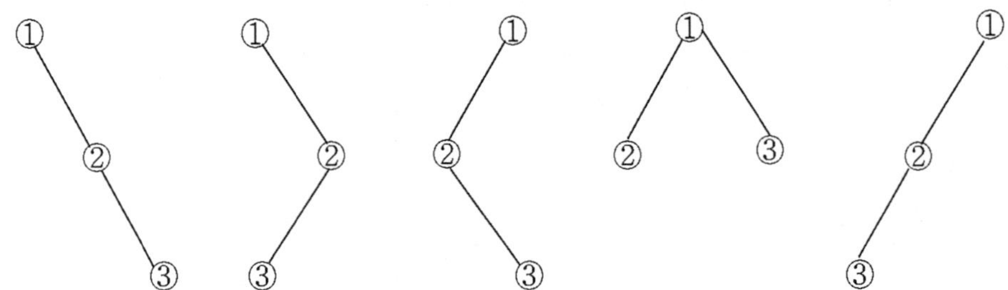

앞에서 논한 두 문제와 유사한 또 다른 문제를 생각해 보자. 다음과 같이 n개의 행렬의 곱을 계산한다고 할 때,

$$M_1 * M_2 * M_3 * \cdots * M_n$$

행렬의 곱셈에는 결합 법칙이 성립하므로 이 연산은 어떤 순서로 행하여도 관계가 없다. 그렇다면 이 연산을 하기 위해서는 몇 가지의 서로 다른 방법이 있겠는가?

가령 N=3이라면 다음 두 가지의 방법이 있다.

$$(M_1 * M_2) * M_3 \text{ and } M_1 * (M_2 * M_3)$$

그리고 n=4라면 다음의 다섯 가지의 방법이 있다.

$$(M_1 * M_2) * M_3) * M_4,\ (M_1 * (M_2 * M_3)) * M_4,$$
$$M_1 * ((M_2 * M_3) * M_4),\ (M_1 * (M_2 * (M_3 * M_4))),$$
$$((M_1 * M_2) * (M_3 * M_4))$$

n개의 행렬을 곱하는 서로 다른 방법의 수를 b_n이라 하자. 그러면 $b_2=1$, $b_3=2$, $b_4=5$이다. 그리고 $M_{i,\ j}$, $i \le j$가 $M_i * M_{i+1} * \cdots * M_j$를 나타낸다고 하면 지금 계산하고자 하는 행렬의 곱은 M_{1n}이 된다. M_{1n}은 $M_{1i} * M_{i+1,\ n}$, n, $1 \le i < n$ 중의 하나를 계산함으로써 얻을 수 있다. M_{1i}와 $M_{i+1,\ n}$을 계산하기 위한 방법의 수는 각각 b_i와 b_{n-i}이다. 그러므로 $b_1 = 1$이라 하면 다음의 식을 얻을 수 있다.

$$b_n = \sum_{1 \le i \le n-1} b_i\ b_{n-i},\ n > 1$$

여기서 b_n을 n에 관한 식으로 표현한다면 문제는 해결될 것이다. 이제 b_n을 n개의 노드를 가진 서로 다른 이진 트리의 수라 하면 여기서도 b_n을 n으로 나타내야 할 것이다. 그런데 b_n은 다음 그림과 같이 b_i, b_{n-i-1}개의 노드를 가진 3개의 서브 트리로 이루어진 가능한 모든 이진 트리의 합이라는 것을 알 수 있다($0 \le i \le n-1$).

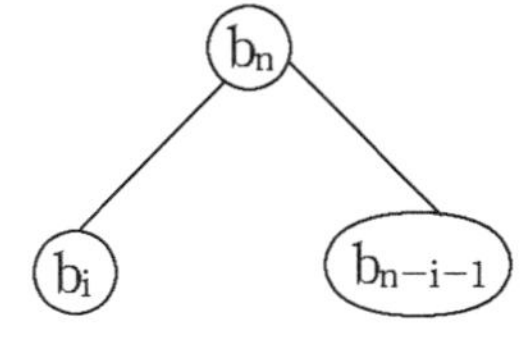

이것을 식으로 나타내면,

$$b_n = \sum_{0 \le i \le n-1} b_i,\ b_{n-i-1},\ n>1 \text{ 그리고 } b_0=1 \qquad (6\text{-}13)$$

이 된다.

이 식과 행렬이 계산에서 나온 식은 근본적으로 같은 것이다. 따라서, n개의 노드를 가진 이진 트리의 수와 스택을 이용하여 얻은 1부터 n까지의 수들의 순열의 수, 그리고 n+1개의 원소를 곱하는 방법의 수는 모두 같은 것이다. 이 수를 구하기 위해 식 (6-13)의 순환식을 풀어야 한다.

$$B(x) = \sum_{i \ge 0} b_i x_i \qquad (6\text{-}14)$$

을 가정하자. 여기서 B(x)는 이진 트리의 수를 구하는 생성 함수라 한다.

다음으로 순환 관계에 의하여 다음의 등식을 얻을 수 있다.

$$xB^2(x) = B(x) - 1$$

$B(0) = b_0 = 1$을 이용하여 2차 방정식을 풀면,

$$B(x) = \frac{1-\sqrt{1-4x}}{2x}$$

이 된다. 여기서 더 전개하는 것은 매우 바람직하지 못하나 이항 정리를 이용하여 $(1-4x)^{1/2}$를 확장하면,

$$\begin{aligned} B(x) &= \frac{1}{2x}\left(1-\sum_{n \ge 0}\binom{1/2}{n}(4-x)^n\right) \\ &= \sum_{m \ge 0}\binom{1/2}{m+1}(-1)^m 2^{2m+1} x^m \qquad (6\text{-}15) \end{aligned}$$

으로 된다. 식 (6-14)와 식 (6-15)를 비교해 보면 b_n은 B(x)에서 x^n의 계수임을 알 수 있다.

$$\binom{1/2}{n+1}(-1)^n 2^{2n+1}$$

더 간단히 해보면 다음과 같다.

$$b_n = \frac{1}{n+1}\binom{2n}{n}$$

따라서 개략적으로,

$$b_n = O(\ 4^n\ /\ n^{3/2})$$

임을 알 수 있다.

6.6 스레디드 이진 트리(Threaded binary tree)

지금까지 부모노드에서 자식노드를 가리키는 포인터를 이용하여 트리를 운행하였다. 이러한 운행 알고리즘에서 포인터를 기억할 링크 필드를 필요로 하였다. 그러므로 널 링크의 수 n(k-1)+1을 이진 트리에 적용하면 k가 2이므로 n+1개의 널 링크가 생긴다. 따라서 널 링크를 활용하는 방법을 강구해야 할 것이다.

어떤 링크가 널 링크인지 아닌지 구분되면 이진 트리 운행법에 따라서 현 위치의 노드 직전에 검사된 노드의 포인터나 혹은 직후에 검사될 노드의 포인터를 저장한다면 전술한 운행 알고리즘의 문제점을 해결할 수 있다. 이러한 점을 감안하여 이진 트리 운행에 이용할 수 있게 한 것이 스레디드(threaded) 이진 트리이다.

스레디드 이진 트리를 표현하는 일반적인 규칙은 다음과 같다.

① 임의의 노드의 포인터가 널 포인터일 때, 그것이 좌측 포인터라면 그 노드의 직전에 검사될 노드를 지적하도록 포인터값을 설정한다.

② 임의의 노드의 포인터가 널 포인터일 때, 그것이 우측 포인터라면 그 노드의 직후에 검사될 노드를 지적하도록 포인터값을 설정한다.

물론 해당 노드 직전이나 직후에 검사될 노드는 트리의 운행을 어떠한 방법으로 실행하느냐에 따라 달라진다. 만약 P → Rchild가 null이면 그것을 중위 운행법으로 트리를 운행할 때 P 후에 나타날 노드를 가리키는 포인터로 대치시키고, 노드 P → Lchild가 null이면 노드 P 이전에 방문할 노드를 가리키는 포인터로 사용한다.

<그림 6-21>은 이진 트리를 새로운 스레디드 이진 트리로 나타낸 것이며, 여기서 점

선은 스레디드를 나타낸다.

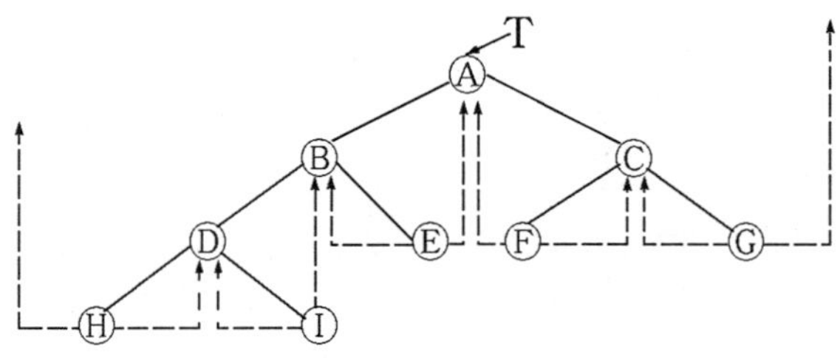

〈그림 6-21〉 스레디드 이진 트리의 예

트리 T를 중위 운행하면 H D I B E A F C G의 순서로 된다. 예를 들어 노드 E는 좌우 포인터가 null 포인터였는데 좌측 포인터는 선행하는 B를 가리키는 선행 스레디드가 되고, 우측 포인터는 후행하는 A를 가리키는 후행 스레디드가 된다.

기억 공간에 트리를 표현할 때 스레디드와 정상 포인터를 구별하기 위한 2개의 특별한 1비트 영역, 즉 LBIT와 RBIT가 필요하다.

LBIT(P) = 1, P → lchild가 정상 포인터일 때
LBIT(P) = 0, P → lchild가 스레디드일 때
RBIT(P) = 1, P → rchild가 정상 포인터일 때
RBIT(P) = 0, P → rchild가 스레디드일 때

<그림 6-21>의 h → lchild와 g → rchild가 어떠한 노드도 가리키지 않고 매달려 있는 것을 방지하기 위해서 헤드노드를 갖게 한다. 공백 이진 트리의 헤드노드는 다음과 같다.

LBIT	LCHILD	DATA	RCHILD	RBIT
0		–		1

<그림 6-21>과 완전한 기억 공간 내의 표현은 다음과 같다.

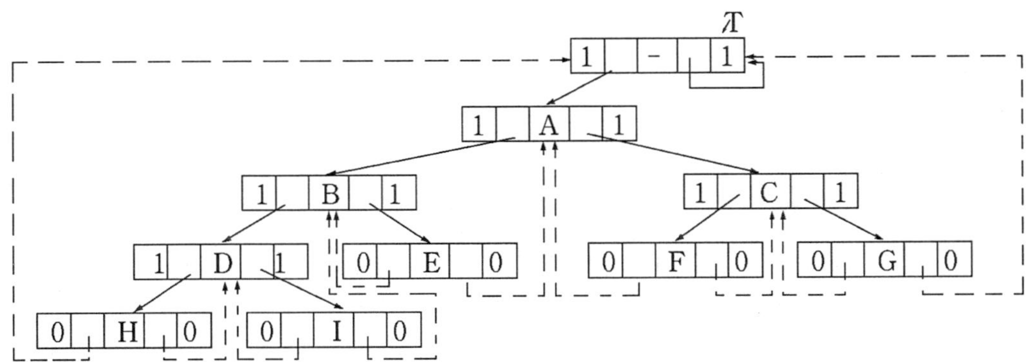

이제 스레디드 이진 트리를 이용해서 중위 운행법으로 후자를 구하는 방법은 다음과 같다.

① rbit(p) = 0이면 p의 중위 후속자는 p → rchild이다.

② rbit(p) = 1이면 p의 중위 후속자는 우측 자식노드로부터 시작하여 lbit = 0이 될 때까지 좌측 자식 링크를 따라 찾는다.

스레디드 이진 트리의 중위 운행을 수행하기 위한 알고리즘을 소개한다.

먼저 insuc(x)는 이진 트리에서 노드 x의 후속자를 찾는 알고리즘이다.

tinorder 알고리즘은 insuc 알고리즘을 여러 번 호출하여 모든 노드를 중위 운행순으로 나열한 것이다.

[알고리즘 6-9] 스레디드 이진 트리의 중위 후속자를 찾음

```
procedure INSUC(x)
      // 스레디드 이진 트리에서 x의 중위 후속자를 찾음 //
   s ← rchild(x)  // 만일 rbit(x) = 0이면 return //
   if rbit(x) = 1 then [while lbit(s) = 1 do  // 왼쪽으로 따라감 //
                              s ← lchild(s)  // 스레디드일때까지 //
                        end]
   return (s)
end INSUC
```

[알고리즘 6-10] 스레디드 이진 트리 중위 운행법

```
procedure TINORDER(t)
      // 스레디드 이진 트리 t를 중위운행으로 순회함 //
   head ← t
   loop
     t ← insuc(t)
     if t = head then return
     print(data(t))
   forever
end TINORDER
```

n개의 노드를 가진 이진 트리의 insuc 알고리즘은 상수 시간이므로 tinorder 알고리즘의 연산 시간은 O(n)이다.

전위 운행을 하였을 때 스레디드 이진 트리는 <그림 6-22>와 같다. 이런 스레디드는 전위나 후위 운행 알고리즘을 역시 간단하게 해준다.

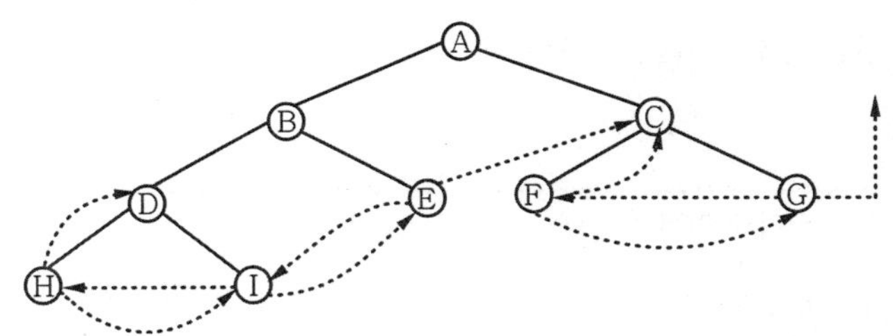

〈그림 6-22〉 스레디드 이진 트리의 예(전위 운행)

스레디드 이진 트리에서의 노드 삽입 과정을 살펴보자. 여기서 단지 어떤 노드 T를 이진 트리의 임의의 노드 S의 우측 자식 노드로서 삽입한다고 하자.

이때 노드 S의 우측 서브 트리가 존재하지 않는 경우에는 <그림 6-23>의 (a)처럼 간단히 삽입된다. S의 우측 서브 트리가 공백이 아니면 우측 서브 트리는 T가 삽입된 후에 S의 우측 서브 트리가 된다.

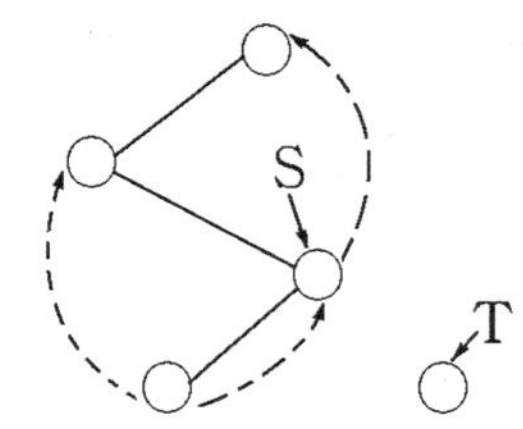

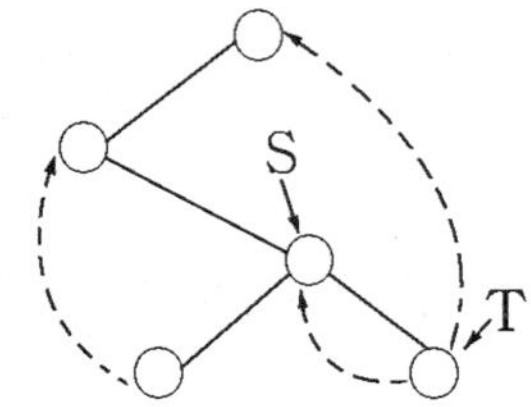

(a) S의 우측 서브 트리가 없는 경우

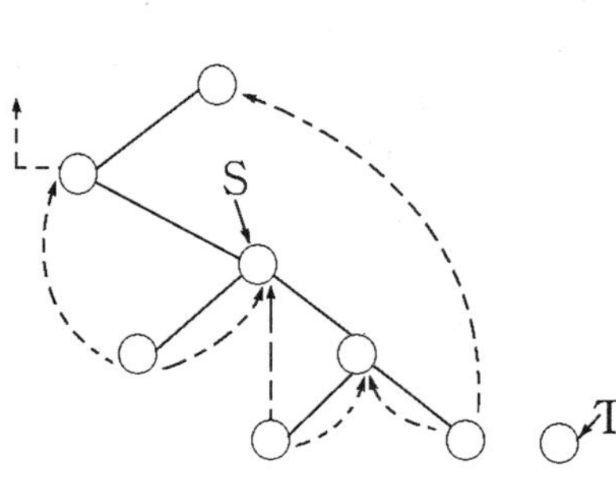

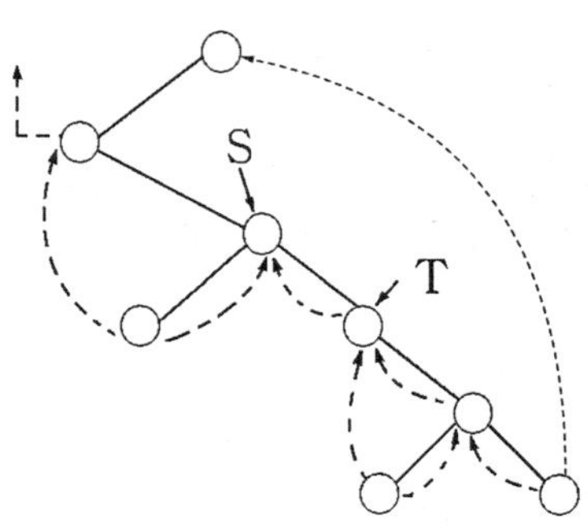

(b) S의 우측 서브 트리가 있는 경우

〈그림 6-23〉 스레디드 이진 트리에서 S의 우측 자식노드로 T를 삽입

이러한 삽입 알고리즘은 다음과 같다.

[알고리즘 6-11] 스레디드 이진 트리에서 우측 자식노드로 삽입

```
procedure INSERT_RIGHT(s, t)
      // 스레디드 이진 트리에서 S의 오른쪽 자식으로 노드 T를 삽입함 //
   rchild(t) ← rchild(s); rbit(t) ← rbit(s)
   lchild(t) ← s; lbit(t) ← 0  // lchild(t)는 스레디드 //
   rchild(s) ← t; rbit(s) ← 1 // 노드 t를 s에 붙임 //
   if rbit(t) = 1 then [w ← insuc(t)  // s가 오른쪽 자식을 가짐 //
                        lchild(w) ← t]
end INSERT_RIGHT
```

6.7 경로 길이(Path length)

트리의 경로 길이는 근노드로부터 각 노드에 이르는 거리의 합계로서 트리를 사용하는 컴퓨터 알고리즘에 있어서는 알고리즘 수행 시간과 밀접한 관계가 있으므로 매우 중요하다. 이진 트리의 경로 길이는 편의상 외부 경로 길이(external path length)와 내부 경로 길이(internal length)로 구분된다.

원래 주어진 이진 트리에 각 터미널노드에 2개의 가상적인 새로운 노드, 즉 외부 노드를 추가한다.

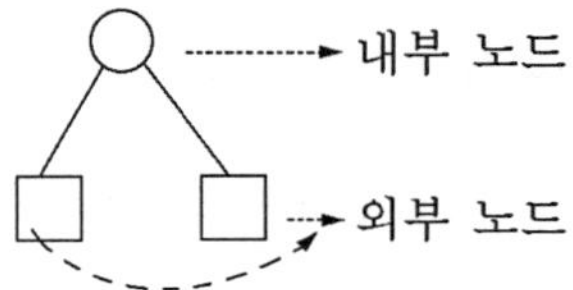

트리에 외부 노드를 부가한 확장 이진 트리(external binary tree)는 다음과 같다.

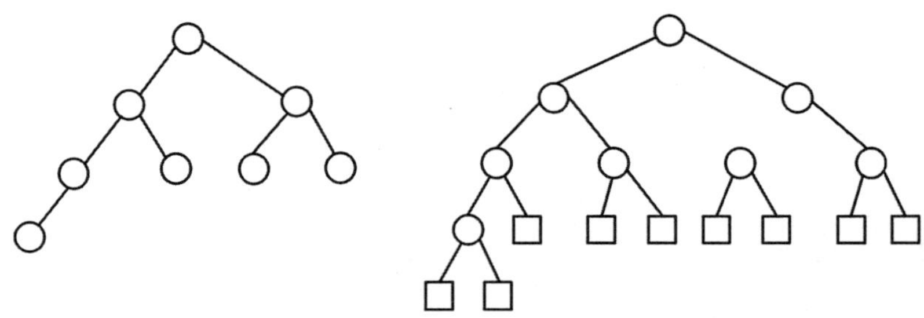

n개의 내부 노드를 지닌 확장 이진 트리에는 항상 n+1개의 외부 노드가 존재한다. n개의 내부 노드로 된 확장 이진 트리 T의 외부 경로 길이 E(T)는 모든 내부 노드들의 경로의 합이다.

위 트리의 E(T)=4+4+3+3+3+3+3+3+3=29이다. 내부 경로 길이 I(T)는 모든 내부 노드들의 경로의 합이다. 위 트리의 I(T)=0+1+1+2+2+2+2+3+3=16 이다.

이와 같은 합은 외부 노드 수 또는 내부 노드 수로 나누어 평균 거리를 구할 수 있다.

외부 노드에 평균 거리 $= \frac{E(T)}{N+1}$

내부 노드에 평균 거리 $= \frac{I(T)}{N}$

<정리 6-4>

n개의 내부 노드를 가진 이진 트리의 외부 경로 길이를 E라 하고, 내부 경로 길이를 I라 할 때 $E = I + 2n$이 성립한다.

증명 수학적 귀납법으로 증명한다.

n=1일 때 $I_1=0$, $E_1=1+1=2$ 이므로 $E_1=I_1+2 \cdot 1$이 성립한다.

n=k일 때, $E_k=I_k+2*k$가 성립함을 가정한다.

n=k+1인 경우를 살펴보자.

노드의 개수가 k인 이진 트리에서 새로 1개의 노드 x가 추가되어 전체 노드 개수는 k+1이 되었다고 하자. 이때,

$$E_{k+1} = E_k + 2 + D_x \tag{6-16}$$

$$I_{k+1} = I_k + D_x \tag{6-17}$$

가 된다. 여기서 D_x는 근노드에서 x 노드까지의 거리이다.

위의 식은 (6-16)과 식 (6-17)에서 다음과 같이 된다.

$$E_{k+1} - I_{k+1} = E_k - I_k + 2 = 2k + 2 = 2(k + 1)$$

따라서 다음과 같다.

$$E_{k+1} = I_{k+1} + 2(k + 1)$$

그러므로 n개의 노드를 가진 이진 트리에 대하여 $E = I + 2n$은 성립한다.

n개의 노드를 가진 이진 트리에서 노드들이 배열된 위치에 따라서 E와 I의 값이 달라질 수 있다. 사향 이진 트리일 때는 I가 최대가 된다. 사향 이진 트리일 때는,

$$I = \sum_{i=0}^{n-1} i = \frac{1}{2}n(n-1)$$

가 되며, 최소가 되는 때는 전이진 트리일 때이다. 즉 노드들이 근노드에 최대한 가까이 위치한 것으로서 1개의 근노드, 거리 1인 노드 2개, 거리 2인 노드 4개를 갖는 전이진 트리의 I값을 계산하면 다음과 같다.

$$\begin{aligned} I &\le 60+2 \cdot 1+4 \cdot 2+8 \cdot 3+\cdots+2^{k-1}(k-1) \\ &= \sum_{j=1}^{k-1} j \cdot 2^j = \sum_{j=1}^{k-1} j(2^{j+1}-2^j) = \sum_{j=1}^{k-1} j \cdot 2^{j+1} - \sum_{j=1}^{k-1} j \cdot 2^j \\ &= (k-2)2^k+2 \\ &= (\lfloor \log_2 n \rfloor -2)(n+1)+2 \\ &= O(n\log_2 n) \end{aligned}$$

경로 길이에 대한 개념을 확장하여 각 외부 노드에 가중치를 할당, 가중된 경로 길이(weighted path length)를 정의하면 다음과 같다.

$$\text{가중된 경로 길이} = \sum_{i=1}^{n} W_i l_i$$

단, W_i는 i번째 노드의 가중치이고 l_i는 i번째 노드의 길이다. 응용될 때 대개 가중치를 외부 노드에만 할당하고, 외부 가중 경로 길이를 계산하는 것이 많다.

전술한 바에 의하면 이진 트리의 경로 길이를 최소로 하는 경우는 전이진 트리였다. 그러나 가중된 경로의 길이를 최소로 하는 것 중 전이진 트리가 아닌 것도 있다.

예제 6-2 n=3인 이진 트리와 4개의 가중치 $q_1=15$, $q_2=2$, $q_3=4$, $q_4=5$가 주어졌다. 다음에 주어진 두 가지 형태의 이진 트리에 대한 외부 경로 길이를 계산하라.

① 사향 이진 트리인 경우

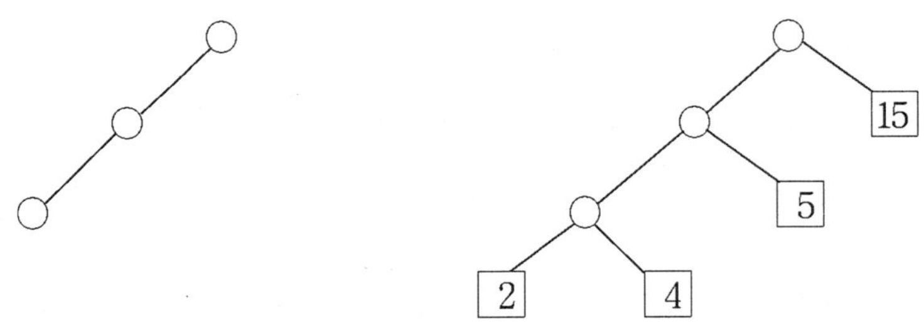

외부 가중 경로 길이 = 1·15 + 2·5 + 3·4 + 3·2 = 43

② 전이진 트리의 경우

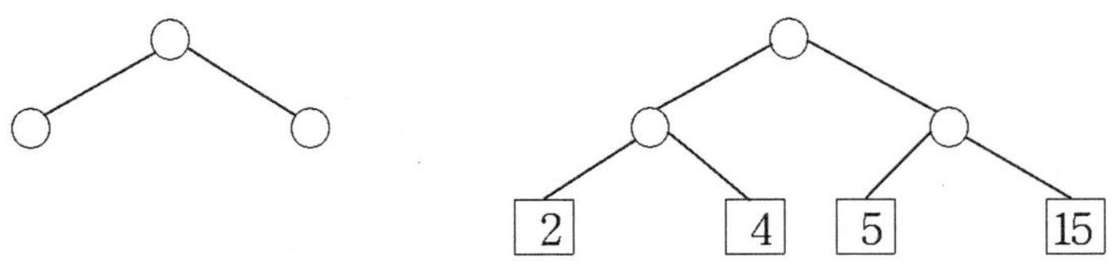

외부 가중 경로 길이 = 2·2 + 2·4 + 2·5 + 2·15 = 52

D. Huffman이 제시한 외부 가중 경로 길이 최소화 알고리즘을 소개하기 전에 그 응용 예를 살펴보자. 데이터 통신에서 수신된 코드, 즉 비트 스트링을 판독하여 그에 대응하는 메시지를 전달한다고 가정하자.

이때 코드를 판독하는 방법은 이미 만들어져 있는 디코드 트리(decode tree)를 디코드 하여 해당하는 메시지를 지적하게 된다. 각 메시지는 디코드 트리의 외부 노드로 연결되어 있는데, 코드의 내용에 따라서 올바른 메시지가 있는 외부 노드를 찾아야 한다.

예를 들어, 코드의 비트 내용이 0이면 좌측 가지를 찾고 1이면 우측 가지로 간다고 하면 다음에 주어진 디코드 트리에서 코드 000, 001, 01, 1에 대응하는 메시지는 M_1, M_2, M_3, M_4가 된다.

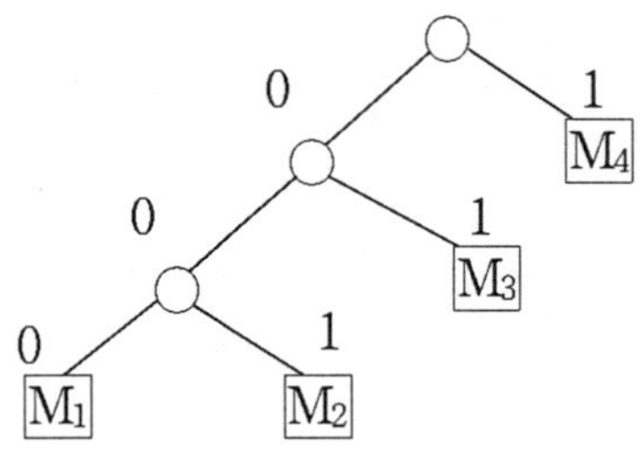

이와 같은 코드를 Huffman 코드라 하며, 각 코드를 디코드하는 데 걸리는 시간은 코드의 길이, 즉 코드를 형성하는 비트수에 정비례한다. 또한 디코드 트리의 근노드에서 각 메시지가 연결되어 있는 외부 노드까지의 거리는 그 메시지에 대응하는 코드의 길이와 같음을 알 수 있다.

메시지 M_i가 전달되는 상대 빈도수를 W_i라 하고, 근노드에서 M_i까지의 거리를 ℓ_i라 할 때 시간의 기대치는 다음과 같이 표현한다.

$$\text{디코드 시간의 기대치} = \sum_{i=1}^{n+1} W_i \cdot \ell_i$$

단, 노드의 개수가 n인 이진 트리에 대한 외부 노드 수는 n+1이다. Huffman 코드의 결정은 최소의 외부 가중 경로 길이를 갖는 디코드 트리에 대한 디코드 시간의 기대치를 최소로 하는 코드 선택과 같은 의미를 갖는다. 그러면 Huffman이 제시한 외부 가중 경로 길이가 최소인 이진 트리 형성 알고리즘에 대해 알아보자.

n개의 노드로 이루어진 n개의 트리군을 만든다. 다음에 새로운 근노드를 설정하고 외부 노드의 가중치의 합이 최소인 이진 트리를 선택하여 새로운 근노드의 좌측 서브 트리가 되게 하고, 다시 최소의 가중치를 갖는 이진 트리를 선택하여 우측 서브 트리가 되게 하는 과정을 (n-1)번 되풀이하면, n개의 이진 트리는 1개의 새로운 이진 트리로 결합된다. 이렇게 해서 형성된 이진 트리는 외부 가중 경로 길이가 최소가 된다. 이에 대한 이론적 타당성을 입증하는 증명은 생략한다.

Huffman 알고리즘은 다음과 같다.

[알고리즘 6-12] Huffman 알고리즘

```
procedure HUFFMAN(L, n)
        // L은 1개의 노드를 가진 n개의 이진 트리의 리스트 //
```

```
    for i ← 1 to n-1 do  // n-1번 루프 //
      call getnode(t)          // 두 개의 가장 적은 가중치를 가진 트리를 합해서
      lchild(t) ← LEAST(L)       새로운 하나의 이진 트리를 만듬 //
      rchild(t) ← LEAST(L)
      weight(t) ← weight(Lchild(t)) + weight(rchild(t))
      call INSERT(L, t)
    end
  end HUFFMAN
```

[알고리즘 6-12]에서 트리의 노드 형태는 다음과 같다.

llink	weight	rlink

이 알고리즘에서 근노드가 t이고 그 깊이가 1보다 큰 모든 트리 L에 대하여, weight(t)는 t에 있는 모든 외부 노드의 가중치 합을 나타낸다. 알고리즘 HUFFMAN은 서브 알고리즘 LEAST와 INSERT를 사용한다. LEAST는 L에서 최소 weight를 갖는 트리를 결정해서 그 트리를 삭제하는 알고리즘이고, INSERT는 리스트 L에 새로운 트리를 첨가하는 알고리즘이다.

예제 6-3 주어진 가중치 $W_1=18$, $W_2=10$, $W_3=7$, $W_4=5$, $W_5=3$으로 [알고리즘 6-12]에 따라 이진 트리를 만들어 보자.

① 초기 상태 L : 18 10 7 5 3

② i = 1일 때 L : 18 10 7 (8: 5, 3)

③ i = 2일 때 L : 18 10 (15: 7, (8: 5, 3))

④ i = 3일 때 L : 18

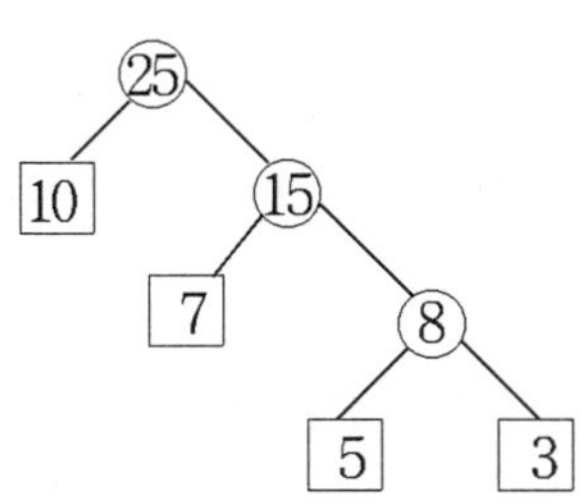

⑤ i = 4일 때 L :

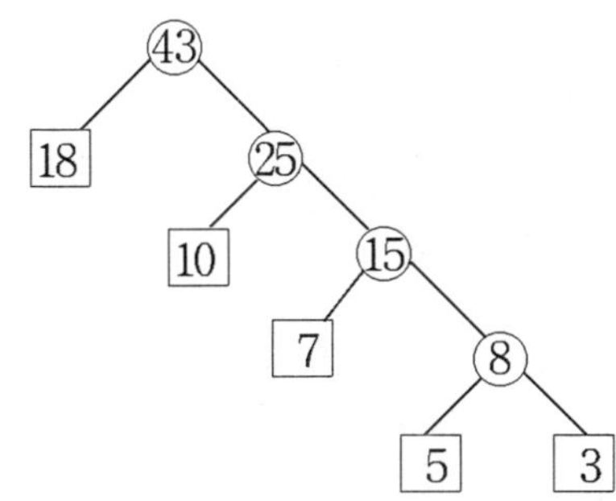

6.8 트리의 응용

트리를 이용하여 집합을 표현하는 집합의 연산을 수행하는 방법에 대해서 알아보자. 여기서 집합들의 모든 원소는 1, 2, …, n으로 되어 있다고 가정하자. 그리고 모든 집합들은 서로 분리되어 있다고 가정하자. 즉 S_i와 $S_j(i \neq j)$는 어떤 원소도 공통으로 가지고 있지 않다는 의미이다. 예를 들어 1부터 10까지의 10개의 원소들은 3개의 분리된 집합으로 나눌 수 있다.

즉, $S_1=\{1, 7, 8, 9\}$, $S_2=\{2, 5, 10\}$, $S_3=\{3, 4, 6\}$이다. 이와 같은 집합들에 대하여 수행하고자 하는 연산은 다음과 같다.

① 합집합(union) : 만약 S_i와 S_j가 2개의 분리된 집합인 경우, 그들의 합집합, $S_i \cup S_j = \{x|x$는 S_i 또는 S_j 내에 있는 모든 원소$\}$이다. 그러므로 $S_1 \cup S_2=\{1, 7, 8, 9, 2, 5, 10\}$이다. 앞에서 모든집합이 서로 분리되었다고 가정했기 때문에 S_i와 S_j의 합집합 연산을 하면 S_i와 S_j는 독립적으로 존재하지 않고 대신 $S_i \cup S_j$로 존재한다고 가정할 수 있다.

② 탐색(Find(i)) : 원소를 포함하고 있는 집합을 찾는 것이다. 예를 들면 4는 S_3에, 9는 S_1에 있다.

집합들은 트리로 표현할 수 있다. 집합 S_1, S_2, S_3을 트리로 표현해 보면 다음과 같다.

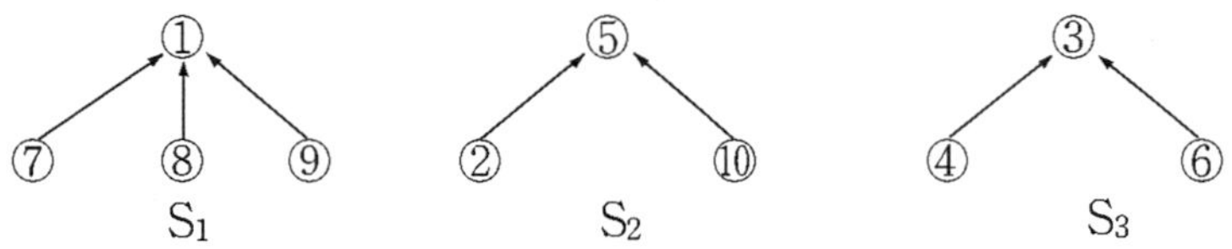

먼저, S_1과 S_2의 합집합을 만들기 위해서 두 트리 중의 하나를 다른 트리의 서브 트리로 만든다. 그러면 $S_1 \cup S_2$는 다음과 같은 형태의 표현 중 하나가 될 것이다.

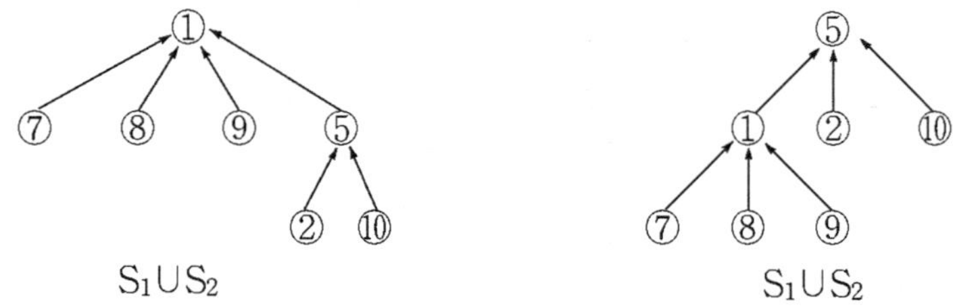

합집합을 만들려면 한 근노드의 부모노드가 다른 트리의 근노드를 가리키게 하면 쉽게 된다. 더욱 쉽게 하려면 각 집합을 가리키는 포인터를 사용하면 된다. 그리고 각 근노드가 집합 이름을 가리키는 포인터를 가지고 있다면 한 원소가 어느 집합에 포함되어 있는지를 결정하기 쉽다. S_1, S_2, S_3에 대한 자료 표현은 다음과 같은 형태를 취한다.

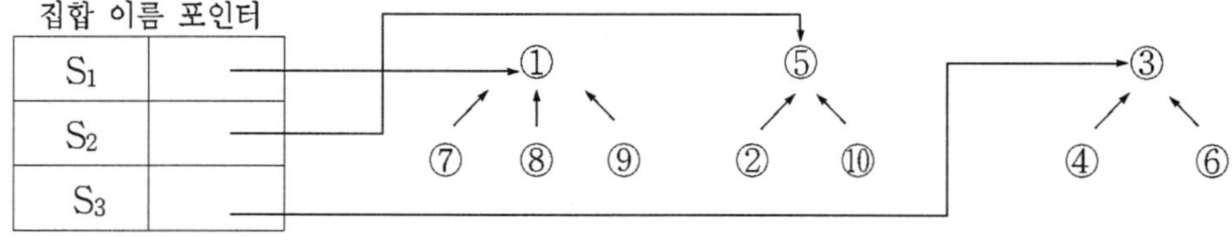

union과 find 알고리즘을 제시하는데 있어서 실제 집합 이름은 무시하고, 그 집합을 표현하는 트리의 근노드에 의해서 집합을 식별하는 것이다. 집합 이름의 변형은 쉽다. 만약 원소 i가 근노드가 j인 트리에 속하고, j가 집합 이름 테이블의 k번째 원소를 가리키는 포인터를 가진다면, 그 집합의 이름은 name(k)이다. 집합 S_i와 S_j를 합집합하기 위해서는 근인 포인터 S_i와 S_j로 된 트리를 결합하면 된다. Find(i)의 작업은 다음과 같다. 즉 원소 i를 포함하는 트리의 근노드를 결정하는 것이다. 그리고 union(i, j)는 i, j라는 근노드를 가진 트리들을 합하는 것을 의미한다. 트리에서의 노드들은 1에서부터 n에 이르는 숫자로 되어 있으며, 그 결과 노드 색인은 원소 색인에 대응한다.

이와 같이 원소 6은 색인 6으로 된 노드에 의해 나타난다. 계속해서 각 노드는 단지 한 영역이 필요하다. 즉 자신의 부모노드에 연결시키는 parent 영역이다. 근노드는 parent 영역이 NULL이다. 앞에서 설명한 것을 기본으로 하여 필요한 자료 구조는 배열이다. 즉 정수형 parent(1 : max-sets)임을 의미한다.

다음의 알고리즘은 union과 find 알고리즘이다.

[알고리즘 6-13] 합집합

```
procedure U(i, j)
      // 근 i와 j, i ≠ j인 분리 집합을 합집합으로 만듬 //
   parent(i) ← j
end U
```

[알고리즘 6-14] 탐색

```
procedure F(i)
      // 원소 i를 갖고 있는 트리의 근 j를 찾음 //
   j ← i
   while parent(j) > 0 do   // 만일 이 노드가 근이면 parent(j) = 0임 //
      j ← parent(j)
   end
   return(j)
end F
```

이 두 알고리즘을 잘 살펴보면 표현은 쉽지만 그들의 성능은 매우 좋지 않다는 것을 알 수 있다. 예를 들어 p개의 원소가 각각 p개의 집합에 하나씩 포함되어 있다면, S_i={1}, 1≤i≤p일 때 그 집합들을 나타내면 트리들은 처음 상태 p개의 트리군이고 parent(i) =0, 1≤i≤p일 것이다. 이 집합에 union-find 작업을 다음과 같은 순으로 수행해 보자. 이와 같은 순서로 연산하면 다음과 같은 트리가 만들어진다.

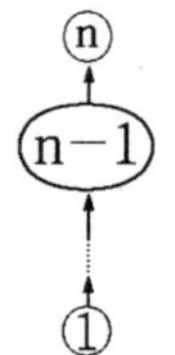

합집합에 대해 소요되는 시간은 상수이므로 모든 n−1번의 합집합 연산은 O(n)시간 내에 처리된다. 그러나 각 find가 한 노드에서 근노드에 이르는 parent 연결이 필요하므로 i레벨에 있는 원소에 대한 find를 처리하는 데 요구되는 시간은 O(i)이다. 그러므로 n−2번의 find를 수행하기 위해서는 $O\left(\sum_{i=1}^{n-2} i\right) = O(n^2)$의 시간이 필요하다. 알고리즘을 변경하여 이런 트리가 발생하지 않는 더 좋은 알고리즘을 작성해 보자.

이를 위해 union(i, j)에 가중 법칙(weighted rule)을 적용시켜 보자. 만약 트리 i에 있는 노드 수가 j 트리의 노드 수보다 적다면 j를 i의 부모로 만들고, 그렇지 않으면 i를 j의 부모 노드로 만든다는 규칙이다. 다음의 그림이 나타낸 트리는 union한 결과이다.

처음 상태는 다음과 같다.

① ② …… ⓝ

union(1, 2), f(1) = 1 하면 다음과 같다.

① ③ …… ⓝ
↑
②

union(2, 3), f(1) = 1 하면 아래와 같다.

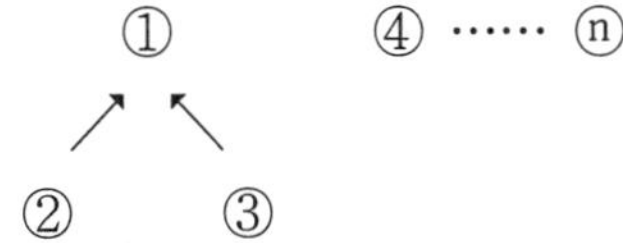

union(1, 4), f(1) = 1 하면 다음 트리가 생성된다.

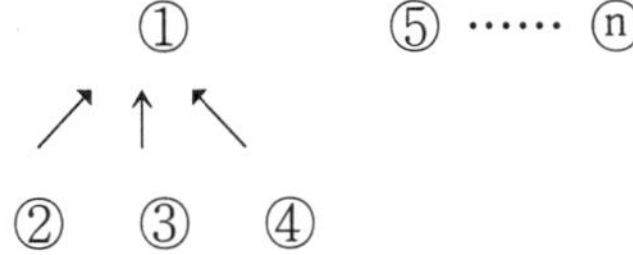

union(1, n), f(1) = 1 하면 가중 법칙에 의해서 다음 트리가 얻어진다.

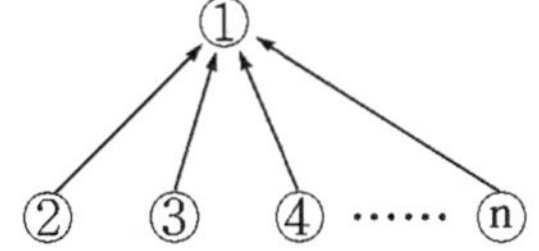

이 경우에는 최대 레벨이 2이므로 n개의 find를 하는 데 요구되는 시간은 단지 O(n)이다. 그러나 이와 같은 것은 최악의 경우가 아니다. <정리 6-4>에서는 가중 법칙을 적용하면 어떤 노드든지 최대 ⌊logn⌋ +1레벨을 갖는다는 것을 보여준다.

먼저 가중 규칙을 구현하는 것을 제시한다. 이 법칙을 적용하기 위해서는 노드들이 있는지를 알아야 한다. 이와 같은 것을 쉽게 하기 위해서 모든 트리의 근노드에 count 영역을 유지한다. 만약 i가 어떤 트리의 근노드라면 count(i)는 그 트리의 노드 수이다. 계수는 parent 필드에 음수로 저장될 수 있을 것이다. 음수를 사용함으로써 포인터와 계수를 구별하기 위하여 1비트 영역을 사용하는 것이다. 모든 노드에서 parent는 양수를 가짐으로써 혼돈은 없을 것이다.

[알고리즘 6-15] union

```
procedure UNION(i, j)
    //  가중 법칙을 이용하여 근노드 i와 j, i≠j의 합집합을 구함.
        이때 parent(i)=-count(i), parent(j)=-count(j)이다 //
  x ← parent(i) + parent(j)
  if parent(i) > parent(j)  then [parent(i) ← j   // i가 더 적은 수의 노드를 가짐  //
                                  parent(j) ← x]
                             else [parent(j) ← i   // j가 더 적은 수의 노드를 가짐  //
                                  parent(i) ← x]
end UNION
```

union 알고리즘을 수행하기 위해서는 여전히 상수 O(1)시간이 필요하다. 그리고 find 알고리즘은 변경되지 않고 그대로 존재한다. find를 수행하기 위한 최대 시간은 <정리 6-5>에 의해 결정된다.

<정리 6-5>

n개의 노드를 가진 트리 T의 union 알고리즘으로 생성되는 트리는 어떤 노드에 대해서도 ⌊$\log_2 n$⌋ +1보다 큰 레벨을 갖지 못한다.

증명 n−1일 때는 당연하다. i(i<= n-1)개의 노드를 가진 모든 트리가 이 정리를 만족한다고 가정하면, i = n일 때 역시 참이라는 것을 증명하면 된다. 마지막 union작업이 수행되었다고 고려하자. 여기서 1≤m≤n/2이라 가정하자. 그러면 T에 있는 노드들의 최고 레벨은 k의 최고 레벨과 같거나 j의 그것보다 1이 크다. 전자의 경우라면 T에서 최대 레벨$\leq \lfloor \log_2(n-m) \rfloor + 1 \leq \lfloor \log_2 n \rfloor + 1$이 되며 후자의 경우는 T에서 최대 레벨$\leq \lfloor \log_2 m \rfloor + 2 \leq \lfloor \log_2 n/2 \rfloor + 2 \leq \lfloor \log_2 n \rfloor + 1$이 되어 만족함을 알 수 있다.

<정리 6-5>에 대한 몇 개의 union을 예로서 살펴보자.

예제6-4 초기 상태 parent(i) = −count(i) = −1, 1 ≤ i ≤ n = 2^3에서 시작된 다음 일련의 합집합 연산에서 union 알고리즘의 동작을 살펴보자.

union(1, 2), union(3, 4), union(5, 6), union(7, 8), union(1, 3), union(5, 7), union(1, 5) 연산 결과는 다음과 같은 트리를 얻는다.

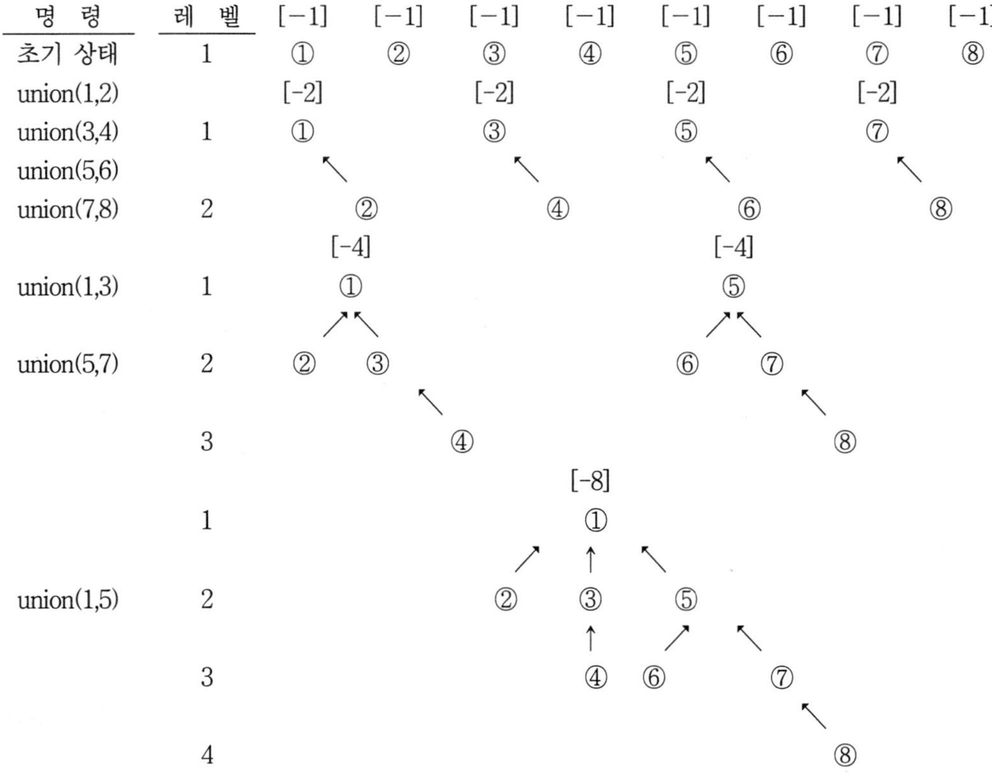

앞의 예에서 볼 수 있듯이 m개의 노드를 가진 트리의 최대 레벨은 ⌊logm⌋+1이다. <정리 6-5>의 결과에 따라 n개의 원소로 이루어진 트리에서 find 알고리즘을 한 번 수행하는 데 걸리는 최대 시간은 O(logn)이다. 만약 n-1개의 union과 m개의 find 처리의 혼합된 순서를 연속적으로 실행하기 위해서는 최악의 경우 O(n+mlogn)의 시간이 필요하여 상당히 개선할 여지가 있음을 알 수 있다.

이것은 축소 법칙(collapsing rule)을 사용하여 find 알고리즘을 개선하는 것이다. 축소 법칙이란 만일 j가 i로부터 i의 근노드에 이르는 경로 위에 있고 parent(j)≠root(i)라면, parent(j)에 root(i)를 세트시킨다.

새로운 알고리즘은 다음과 같다.

[알고리즘 6-16] find

```
procedure FIND(i)
      //  원소 i를 포함하는 트리의 근노드를 찾음. 근노드 i에서 j에 이르는
          모든 노드를 축소한다 / /
   j ← i
   while parent(j) > 0 do    // 근을 찾음 //
      j ← parent(j)
   end
   k ← i
   while k ≠ j do  // i부터 j까지의 노드들을 축소함 //
      t ← parent(k)
      parent(k) ← j
      k ← t
   end
   return(j)
end FIND
```

이와 같은 수정된 알고리즘은 개개의 find에 대한 시간은 앞서 작성한 알고리즘보다 배의 시간이 걸리나, 연속적인 find에 대한 최악의 경우는 피할 수 있다.

예제 6-4 union 알고리즘을 이용하여 〈예제 6-4〉의 연속된 합집합 연산에 의해서 생성된 트리를 생각해 보자. 그리고 다음과 같은 8개의 find를 실행시켜 보자.

find(8)   find(8)   find(8)   ……   find(8)

find의 첫 알고리즘 f를 이용하면, find(8)은 3개의 parent 링크 필드를 거쳐야 하므로, 8개의 find를 처리하기 위해서는 전체 24번의 이동이 필요하다. 그러나 find 알고리즘을 이용하면 첫 번째 find(8)은 3개의 링크를 거친 후 또 3개의 링크를 재조정하기 위해 세 번의 이동만이 필요하게 된다. 그리고 나머지 7번의 링크 필드만 거치면 되므로 전체 13번의 이동이 필요하다. union-find 알고리즘을 이용하여 4.1.2절의 동치 쌍들의 집합을 처리해 보자. 처음에는 각각 하나의 변수에 하나의 트리가 되는 12개의 트리가 있다.

각 트리는 동치 부류를 나타내고 있다. 각 레벨에서 간단한 2개의 find를 수행함으로써 두 원소가 같은 동치 부류에 속하는지 알 수 있다.

parent(i) = −1, 1 ≤ i ≤ 12이다.
1≡5, 4≡2, 7≡11, 9≡10, 8≡5, 7≡9, 4≡6, 3≡12, 12≡1

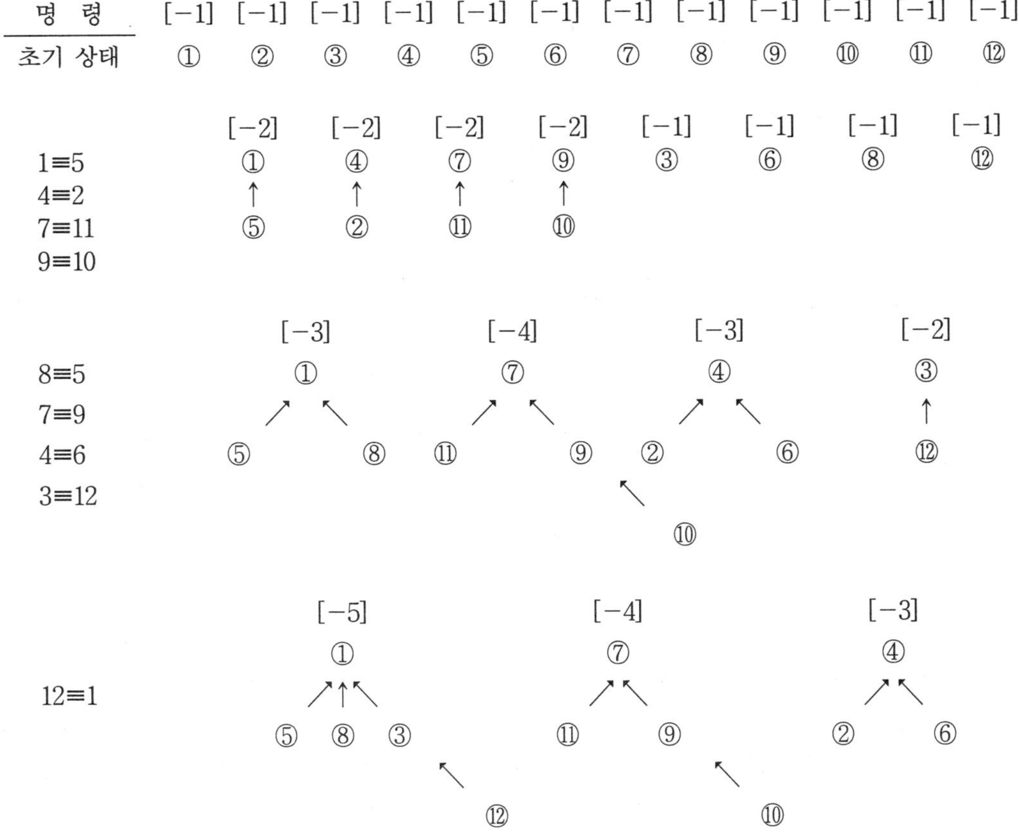

연 / 습 / 문 / 제

6-1 트리의 정의와 트리가 성립되기 위한 조건을 설명하시오.

6-2 트리의 구성원을 설명하시오.

6-3 이진 트리와 사향 이진 트리에 대해 설명하시오.

6-4 다음 산술식을 이진 트리로 표현하시오.

(1) A+(B−C*D+E)+(F/(G−H))

(2) A↑2+3*B−(2−C)/D+(E+F)

(3) A/B/C−D*cos(E-F)+log(H+J)

(4) −(A+B/C-(E+F)+G↑2/H)

6-5 다음 표현들을 중위법(infix notation)으로 표현하시오.

(1) +−ABC

(2) +A−BC

(3) ++A−*↑BCD/+EF*GHI

(4) +−↑ABC*D**EFG

(5) AB+C−

(6) ABCDE−+↑*FG*−

6-6 다음 트리를 이진 트리로 표현하시오.

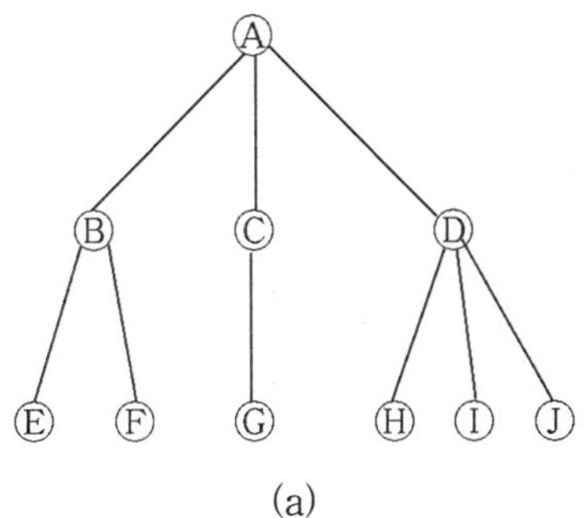

(a)

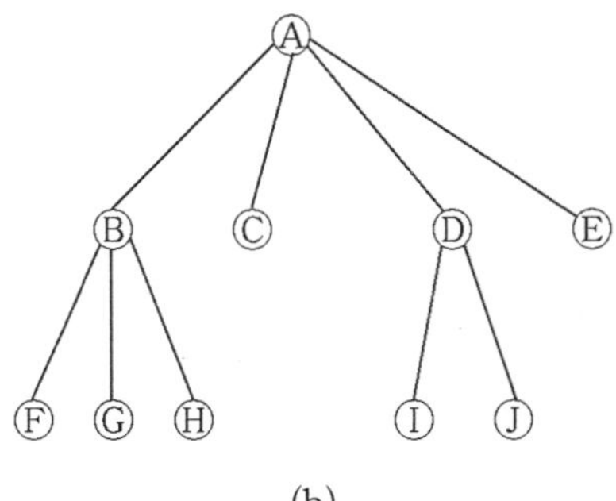

(b)

6-7 이진 트리를 구성하는 노드 수를 n이라고 할 때, 내부 패스 길이 I와 외부 패스 길이 E 사이의 관계식 $E = I + 2n$이 성립함을 증명하시오.

6-8 스레디드 이진 트리와 이진 트리의 차이점을 기술하시오.

제 7 장

그래프(Graph)

그래프는 1736년에 유명한 Koenigsberg의 다리 문제를 해결하기 위해 오일러(Euler)가 최초로 사용한 것으로 알려져 있다. Koenigsberg 시에는 Pregal 강이 Kneiphot 섬 주위로 흐르면서 도시를 둘로 가르고 있었다. <그림 7-1>의 (a)와 같이 7개의 다리가 있었다. 이때 임의의 지역에서 출발하여 7개의 다리를 모두 한 번만 지나서 원래 위치로 되돌아올 수 있는지 여부를 결정하는 문제였다.

오일러는 이것이 불가능함을 증명하였다. <그림 7-1>의 (b)와 같이 섬은 정점(vertices)으로 놓고 다리를 간선(edges)으로서 나타냄으로써 문제를 생각했다.

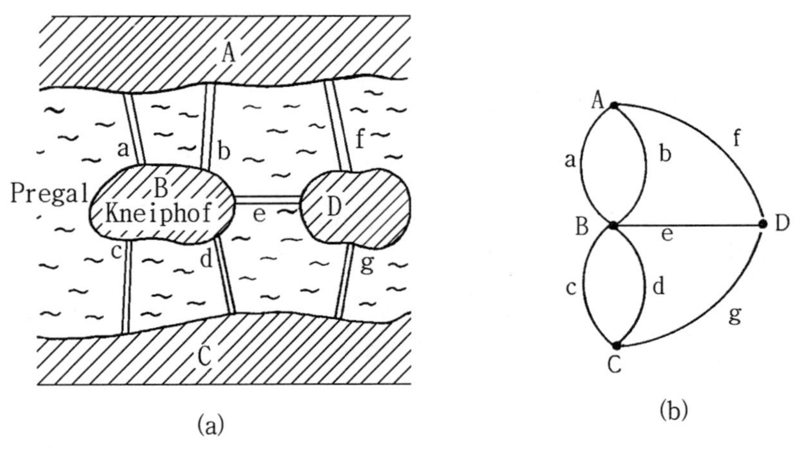

〈그림 7-1〉 Koenigsberg의 다리

오일러는 각 정점의 차수가 짝수인 경우에만 임의의 정점에서 출발하여 각 간선을 단 한 번씩만 거치고 출발한 정점으로 되돌아오는 길이 있음을 보였다. Koenigsberg의 다리는 네 정점의 차수가 모두 홀수이기 때문에 오일러 행로는 존재하지 않는다. 이와 같이 원소의 개수가 유한한 집합일 때 이들 원소와 원소들 사이의 관계가 비선형 구조로서 원소들 사이에 다양한 관계를 표현하고자 할 때 그래프 구조를 이용할 수 있다. 컴퓨터 과

학 및 일반 공학 분야에서 자주 발생하는 많은 문제들이 데이터들 사이의 관계가 비선형 구조로서 임의의 관계를 표현할 수 있어야 한다. 그래프 구조는 트리 구조의 일반적인 구조로서 방향성 그래프(directed graph)와 무방향성 그래프(undirected graph)를 사용해서 컴퓨터 통신망이나 도로망 등 복잡한 응용 문제를 효과적으로 표현할 수 있다.

이 장에서는 그래프에 대한 기본적인 개념을 설명하고, 기억 공간에 표현하는 방법에 대해서 알아본다. 또한 그래프에 대한 기본 알고리즘으로서 그래프 횡단(traversal) 알고리즘을 소개하고, 응용 예로서 최소 비용 스패닝 트리와 두 정점 사이의 최단 거리 경로를 찾는 문제를 살펴본다.

7.1 그래프의 개념

그래프 G(V, E)는 정점(vertex)이라고 불리는 원소들의 집합 V와 간선(edges)이라 불리는 V의 원소들의 비순서화된 쌍들의 집합 E로 구성된다. 이와 같이 그래프 G는 V와 E의 두 집합으로 이루어진다. V는 공집합이 아닌 정점들의 유한집합이고, E는 간선, 즉 연결선의 집합이다. 또한 V(G)는 그래프의 정점의 집합을 의미하고, E(G)는 그래프의 간선의 집합을 의미한다. 무방향성 그래프(undirected graph)에서는 간선을 나타내는 정점 쌍은 순서가 없다. 그리고 (V_1, V_2)로 표시하며 (V_1, V_2)와 (V_2, V_1)은 간선을 의미한다.

방향성 그래프(directed graph)에서는 각 간선을 방향이 표시된 쌍, 즉 $V_1 \rightarrow V_2$를 $<V_1, V_2>$로 표시하며, 여기서 정점 V_1은 간선의 꼬리(tail)이고, V_2는 간선의 머리(head)라 부른다. 따라서 $<V_1, V_2>$와 $<V_2, V_1>$은 서로 다른 간선을 나타낸다.

<그림 7-2>는 몇 가지 그래프의 예로서 G_1, G_2는 무방향성 그래프, G_3은 방향성 그래프이다. 또 G_4는 혼합 그래프(mixed graph)이다.

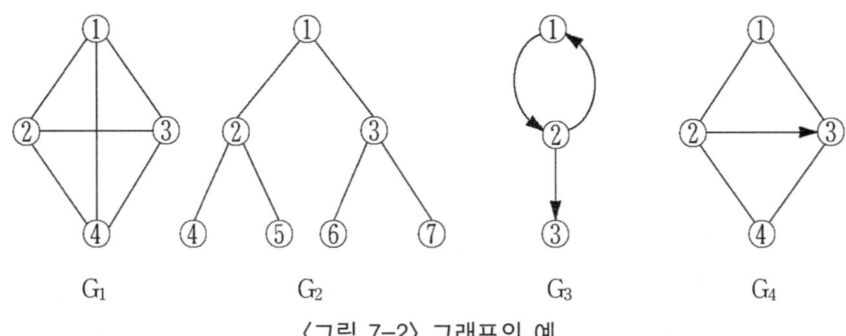

〈그림 7-2〉 그래프의 예

각 그래프의 정점과 간선의 집합 V(G), E(G)는 다음과 같다.

$V(G_1) = \{1, 2, 3, 4\}$
$E(G_1) = \{(1, 2), (1, 3), (1, 4), (2, 3), (2, 4), (3, 4)\}$

$V(G_2) = \{1, 2, 3, 4, 5, 6, 7\}$
$E(G_2) = \{(1, 2), (1, 3), (2, 4), (2, 5), (3, 6), (3, 7)\}$

$V(G_3) = \{1, 2, 3\}$
$E(G_3) = \{\langle 1, 2\rangle, \langle 2, 1\rangle, \langle 2, 3\rangle\}$

$V(G_4) = \{1, 2, 3, 4\}$
$E(G_4) = \{(1, 2), (1, 3), (2, 4), (3, 4), \langle 2, 3\rangle\}$

그래프 G_2는 트리 형태로 되어 있는 그래프이다. 트리는 그래프의 특별한 경우로서 취급된다. 만약 (V_1, V_2) 또는 $\langle V_1, V_2\rangle$가 E(G)에 속한 간선이라면 $V_1 \neq V_2$이라는 조건이 필요하다. 또한 E(G)는 집합이므로 그래프는 같은 간선을 중복해서 포함하지 않을 것이다. 그래프에 이러한 제한이 없을 때는 만들어지는 다중 그래프(multigraph)는 그래프가 아니다. <그림 7-3>은 그래프가 아니라 다중 그래프이다. 정점 3과 4 사이에 간선이 여러 개 존재하는 것이다. 그리고 정점 1의 간선은 루프(loop), 즉 정점이 같은 간선이기 때문이다.

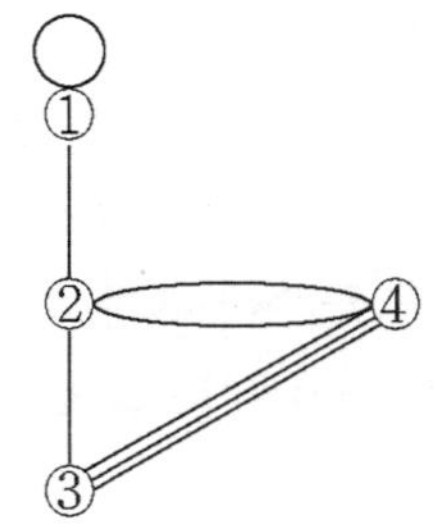

〈그림 7-3〉 다중 그래프

그래프를 정의할 때에는 중복 간선에 루프를 허용하지 않는다. n개의 정점을 갖는 그래프에서 $V_i \neq V_j$인 비순서쌍 (Vi, Vj)들의 수는 n(n−1)/2이다. 이것은 n개의 정점을 갖는 무방향성 그래프에서 간선의 최대수이다. 정확히 간선의 수가 n(n-1)/2인 그래프를 완전(complete)하다고 말하며 <그림 7-2>의 G_1은 정점의 수가 4인 완전 그래프이다.

n개의 정점을 갖는 방향성 그래프의 최대 간선의 수는 n(n−1)이다. 방향성 그래프(directed graph)를 digraph라고도 한다.

만약 (V_1, V_2)가 E(G)에 있는 간선이면 V_1과 V_2는 인접(adjacent)한다고 하며, 이때 간선 (V_1, V_2)는 정점 V_1과 V_2에 부속(incident)된다고 한다. 예를 들어 <그림 7-2>의 G_2에서 정점 2에 인접한 정점들은 1, 4, 5이고 G_2에서 정점 3에 부속된 간선은 (1, 3), (3, 6), (3, 7)이다.

$V(G') \le V(G)$이고 $E(G') \le E(G)$인 그래프 G′는 그래프 G의 부분 그래프를 나타낸 것이다.

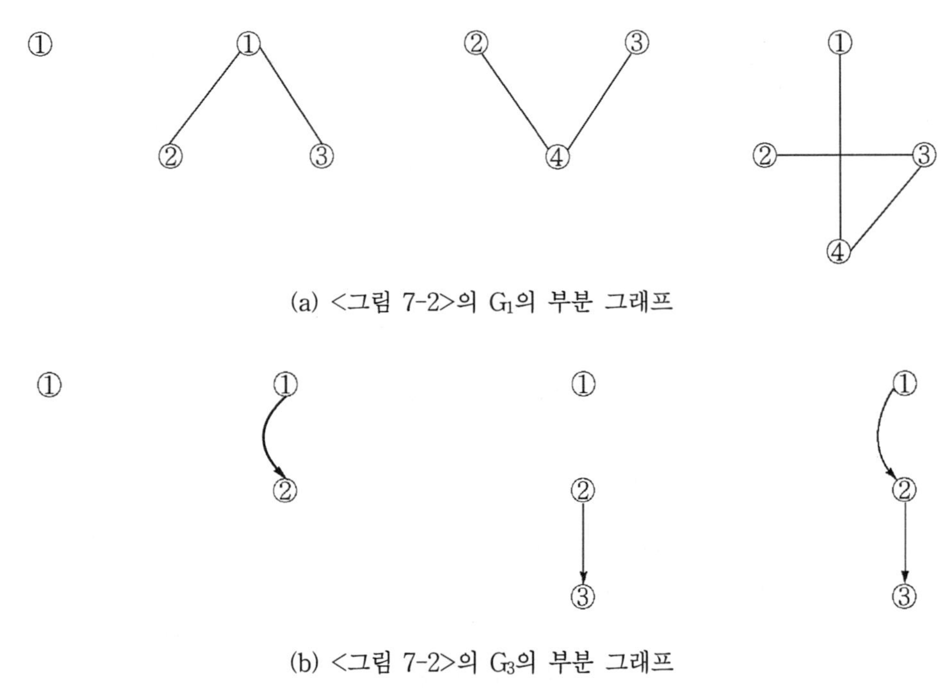

(a) <그림 7-2>의 G_1의 부분 그래프

(b) <그림 7-2>의 G_3의 부분 그래프

〈그림 7-4〉 부분 그래프의 예

그래프 G의 정점 V_p에서 V_p까지의 경로(path)라 하면 E(G)에 있는 간선(V_p, V_{i1}), (V_{i1}, V_{i2}), …, (V_{in}, V_p)들이 있을 때 정점 V_p, V_{i1}, V_{i2}, …, V_{in}, V_p들의 순서를 말한다. 한 경로의 길이(length)는 그것을 구성하는 간선의 수이다. 한 경로상에 있는 모든 정점들이 서로 다를 때 그 경로를 단순 경로(simple path)라고 한다. 이 경우 처음과 끝의 정점이 같아도 되며 이러한 단순 경로를 사이클(cycle)이라고 한다.

<그림 7-2>의 G_1에서 경로 (1, 2), (2, 3), (4, 3)을 1, 2, 4, 3과 같이 쓰며 길이가 3인

경로라 한다. 여기서 1, 2, 4, 3은 단순 경로이지만 1, 2, 4, 2는 단순 경로가 아니다. <그림 7-2>의 G_3에서 1, 2, 3은 단순방향 경로이다. 그리고 1, 2, 3, 2는 간선 <3, 2>가 없기 때문에 경로가 아니면 G_1에서 1, 2, 4, 3, 1과 G_3의 1, 2, 1은 사이클이다.

그래프 G의 임의의 상이한 2개의 정점에 이르는 경로가 모두 있다면 G는 연결 그래프(connected graph)이고 그렇지 못한 경우 비연결 그래프(unconnected graph)이다. <그림 7-2>의 G_1과 G_2는 연결 그래프이고 <그림 7-5>는 비연결 그래프이다.

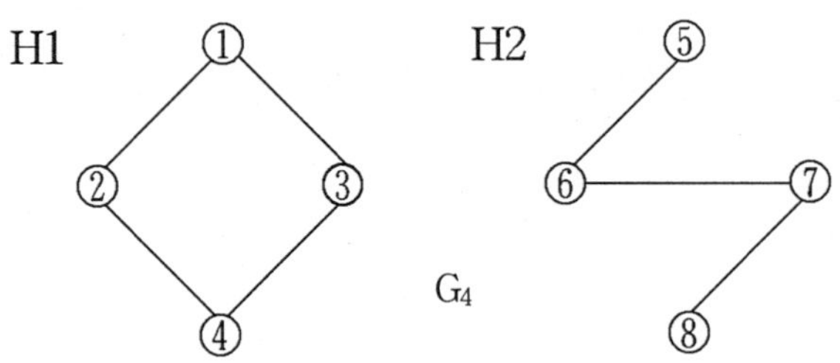

〈그림 7-5〉 2개의 연결 요소로 이루어진 비연결 그래프

무방향성 그래프에서 연결 요소(connected component)라는 것은 최대 연결 부분 그래프(maximum connected subgraph)를 말하며, <그림 7-5>의 G_4는 H1과 H2의 두 요소를 갖고 있다.

방향성 그래프 G에서 V(G)에 속한 서로 다른 두 정점 V_i, V_j의 모든 쌍에 대해서 V_i에서 V_j로 가는 방향 경로가 존재할 때 강력 연결 그래프(strongly connected graph)라고 하며, <그림 7-2>의 G_3은 V_3에서 V_2의 경로가 없으므로 강력 연결 그래프가 아니다.

정점에 부속한 간선들의 수를 그 정점의 차수(degree)라고 하며, 그래프 G가 방향성 그래프일 경우 임의 정점 V가 머리가 되는 간선들의 수를 정점 V의 진입 차수(indegree)라 하고, V가 꼬리가 되는 간선들의 수를 정점 V의 진출 차수(outdegree)라 한다.

<그림 7-2>의 G_1에서 정점 1의 차수는 3이고, G_3의 정점 2의 진입 차수는 1, 진출 차수는 2, 그리고 차수는 3이다. 만약 n개의 정점과 e개의 간선을 갖는 그래프 G에서 정점 i의 차수를 d_i라 하면 e는 다음과 같다.

$$e = \frac{1}{2}\sum_{i=1}^{n} d_i$$

7.2 그래프의 표현

컴퓨터 프로그램에서 그래프를 처리하기 위해서는 먼저 컴퓨터 내부에서 그것을 어떻게 표현할 것인가를 결정해야 한다.

여러 가지 방법으로 그래프를 나타낼 수 있지만 여기서는 정점을 중심으로 하는 인접 행렬(adjacent matrices), 인접 리스트(adjacent list), 인접 다중 리스트(adjacent multilist) 표기 방법이 있다.

이러한 과정을 거치는 주된 이유는 배열의 인덱스를 이용하여 각 정점에 일치하는 정보에 보다 빨리 접근하기 위해서다.

7.2.1 인접 행렬(Adjacent matrix)

G = (V, E)를 n개의 노드를 가진 그래프라 하면 G의 인접 행렬은 2차원의 n × m 배열 A로서 간선 (V_i, V_j)가 집합 E의 원소이면 A(i, j) = 1이고 그렇지 않은 경우에는 A(i, j) = 0이 된다. <그림 7-2>의 G_1과 G_3을 인접 행렬로 표시하면 다음과 같다.

	1	2	3	4
1	0	1	1	1
2	1	0	1	1
3	1	1	0	1
4	1	1	1	0

<그림 7-2>의 G_1에 대한 인접 행렬

	1	2	3
1	0	1	0
2	1	0	1
3	0	0	0

<그림 7-2>의 G_3에 대한 인접 행렬

〈그림 7-6〉 〈그림 7-2〉에 대한 인접 행렬

간선 (V_i, V_j)가 E(G)에 속하면 간선 (V_j, V_i)도 E(G)에 속하므로 무방향성 그래프의 인접 행렬은 대칭적(symmetric)이 되지만 방향성 그래프의 인접 행렬은 대칭이 아닐 수도 있다. 인접 행렬을 사용하여 그래프를 표현할 때 필요한 기억 장소는 n^2비트이다.

무방향성 그래프에서는 행렬의 상위 또는 하위 삼각형만 사용하면 되므로 약 반 정도의 기억 장소를 절약할 수 있다.

인접 행렬을 보고 다음의 두 가지 사실을 알 수 있다.

① 무방향성 그래프에서 정점 i의 차수는 그 행의 합인 $\sum_{i=1}^{n} A(i, j)$이다.

② 방향성 그래프에서 정점 i의 진출 차수는 그 행의 합인 $\sum_{j=1}^{n} A(i, j)$이고, 진입 차수는 열의 합인 $\sum_{i=1}^{n} A(i, j)$이다.

이와 같은 인접 행렬 표현은 G에 연결된 간선의 총수를 알아보기 위해 최악의 경우 $O(n^2)$만큼의 수행 시간이 걸린다. 또한 인접 행렬의 대부분의 원소가 0이라면 시간적인 문제와 기억 장소의 사용 측면에서도 낭비가 심하다.

7.2.2 인접 리스트(Adjacent list)

인접 리스트로 표현하는 경우에 있어서 인접 행렬 n행은 n개의 연결 리스트로서 표현된다. 즉 각 정점에 대해 하나의 리스트가 존재한다. 리스트 i에 있는 노드들은 정점 i로부터 인접되어 있는 정점들을 나타낸다.

각 노드는 적어도 2개의 필드, 즉 vertex와 link 필드를 갖는다. vertex 영역은 정점 i에 인접한 정점들을 표시하고 link 영역은 다음의 정점을 연결하는 영역이다.

<그림 7-2>의 G_1과 G_2를 인접 리스트로 표시하면 다음과 같다.

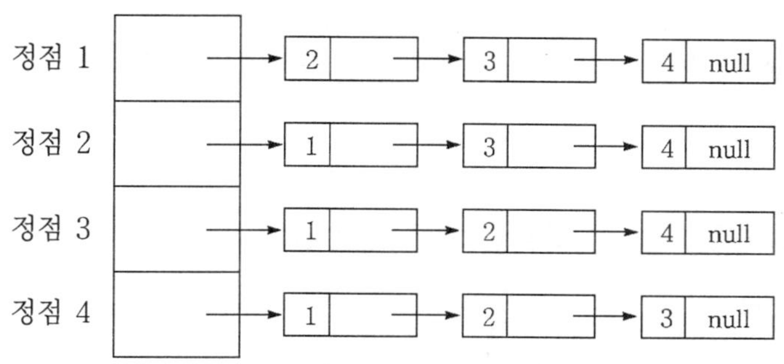

(a) <그림 7-2>의 G_1에 대한 인접 리스트

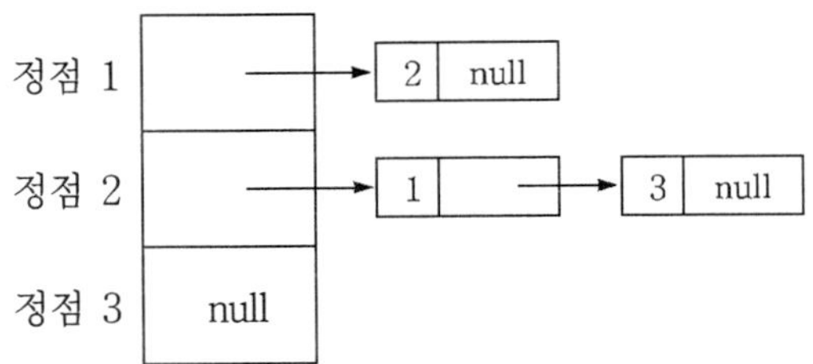

(b) <그림 7-2>의 G_3에 대한 인접 리스트

〈그림 7-7〉 〈그림 7-2〉의 인접 리스트

이 표현법에서는 입력으로 나타나는 간선의 순서가 중요하다. 즉 사용되는 리스트 삽입 방법에 따라 인접 리스트에서 정점이 나타나는 순서가 결정된다. 이러한 인접 리스트에 의한 그래프의 표기에서 기억 장소의 사용은 얼마나 되는지 알아보자. n개의 정점과 e개의 간선이 존재하는 무방향성 그래프의 경우 n개의 헤드 노드와 2e개의 리스트 노드가 필요하다. 값이 m인 수를 표현하기 위해 O(logm)비트가 필요하기 때문에 헤드 노드를 나타내기 위해서 최소한 logn개의 비트가 필요하고, 각 리스트 노드를 나타내기 위해서 (logn + loge)가 필요하다.

무방향성 그래프에서 임의의 노드에 대한 차수는 인접 리스트에서 해당되는 헤드 노드 다음에 나오는 리스트 노드의 개수와 같으며, 그래프에 존재하는 총 간선의 개수는 O(n+e)시간 내에 알 수 있다. 방향성 그래프에서도 그래프에 있는 총 간선의 수를 알기 위해서는 O(n+e)만큼의 시간이 걸린다. 그러나 방향성 그래프에서 임의의 노드에 관한 진출 차수는 쉽게 알 수 있지만 진입 차수의 계산은 그리 쉽지 않다.

또 다른 정점에 인접한 모든 정점을 반복하여 접근할 필요가 있는 경우에는 인접 리스트 외에 또 다른 리스트의 집합이 필요하다. 이 리스트의 집합을 역인접 리스트(inverse adjacency list)라 하는데, 각 정점에 대해 하나의 리스트를 갖는다. 각 리스트들은 그 리스트가 표현하고 있는 정점에 인접한 모든 정점에 대한 노드들로 구성된다.

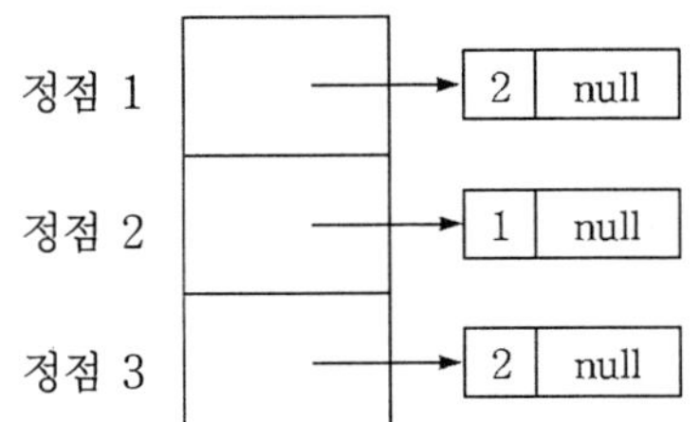

〈그림 7-8〉 〈그림 7-2〉의 G_3에 대한 역인접 리스트

7.2.3 인접 다중 리스트(Adjacency multilist)

이는 인접 리스트로 무방향성 그래프를 표현할 때 간선(v_i, v_j)는 v_i에 대한 리스트와 v_j에 대한 리스트도 나타내어야 한다. 이러한 기억 장소의 낭비를 개선하기 위해 다중 리스트로 구현하면 쉽게 해결된다. 노드 구조는 다음과 같으며, M은 그 간선이 조사되었는지의 여부를 마크하는 한 비트의 마크 필드이다.

M	V_1	V_2	V_1에 대한 link	V_2에 대한 link

<그림 7-2>의 G_1에 대한 인접 다중 리스트를 나타내면 다음과 같다.

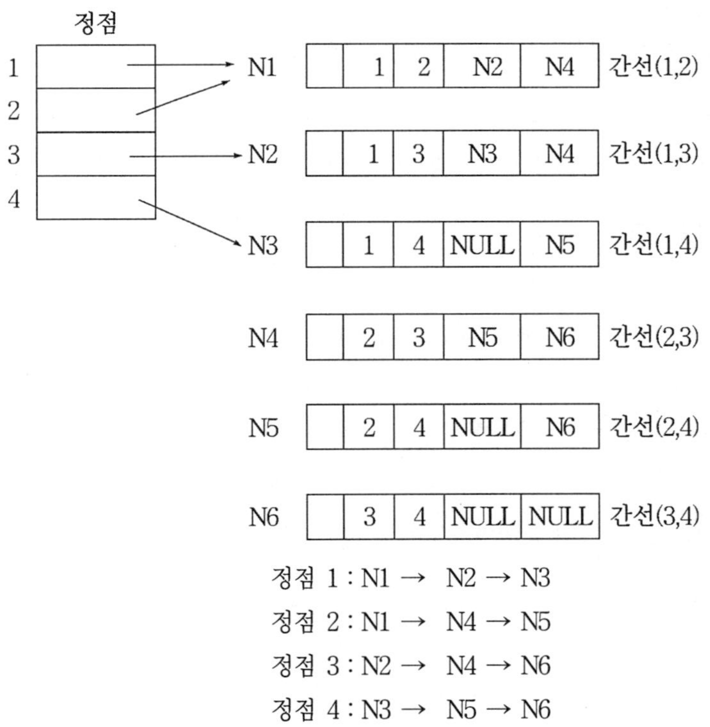

이와 같은 리스트에서 노드 1의 차수를 구하기 위해서는 1에 해당되는 헤드 노드를 출발하여 연결된 리스트 노드를 조사해 M에 조사했음을 기록하고, 링크 1을 따라 다시 해당되는 헤드 노드로 와서 계속하여 더 이상 조사할 리스트 노드가 없을 때까지 반복한다.

인접 다중 리스트인 경우, 무방향성 그래프에서 간선의 중복을 피하게 되어 기억 장소의 측면에서 효율적이다. 그러나 방향성 그래프의 경우 진입 차수의 계산이 어렵다.

7.3 그래프의 운행

그래프의 운행을 위해 널리 쓰이는 방법 중 두 가지는 깊이 우선 검색(depth-first search)과 너비 우선 검색(breadth-first search)이다.

이 두 가지의 알고리즘은 사실상 매우 유사하다. 단지 차이는 그 검색을 하는데 사용되는 자료 구조에 있을 뿐이다. 너비 우선 검색은 큐(queue)를 사용하는데 반해 깊이 우선 검색은 스택(stack)을 이용한다.

7.3.1 깊이 우선 검색(DFS : Depth-First Search)

임의의 그래프가 연결되었는지 아니면 주어진 그래프가 사이클을 갖는지 여부를 검사하는 문제를 해결하는데 깊이 우선 검색 방법이 유용하게 사용될 수 있다.

무방향성 그래프에서 깊이 우선 검색 방법은 다음과 같다.

① 시작 정점 V를 방문한다.

② V에 인접하면서 방문하지 않은 정점 W를 선택하여, W를 시작 정점으로 하고 깊이 우선 검색을 다시 시작한다.

③ 모든 인접 정점들이 이미 방문된 정점에 도달하면, 방문되지 않은 인접 정점을 갖는 노드로 거슬러 올라가 그 정점부터 다시 깊이 우선 검색을 시작한다.

④ 방문하지 않은 어떤 정점에 도달할 수 없을 때 검색이 끝난다.

예로서 <그림 7-9>의 (a)에서 그래프 G를 <그림 7-9>의 (b)에서와 같이 인접 리스트로 표현한다. 만약 깊이 우선 검색으로서 정점 V_1에서부터 시작한다면 G의 정점들은 V_1, V_2, V_4, V_8, V_5, V_6, V_3, V_7의 순서로 방문한다.

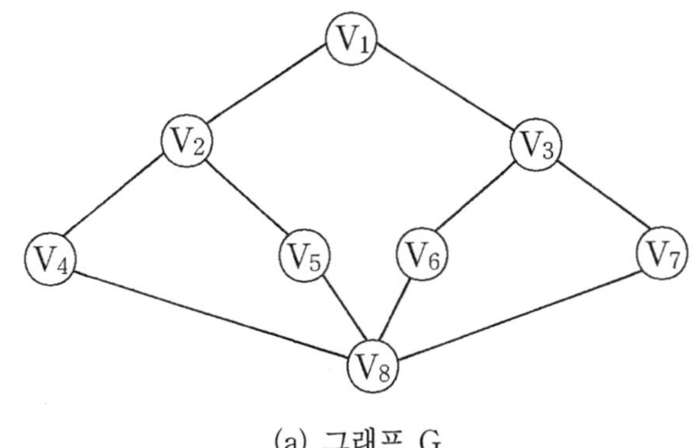

(a) 그래프 G

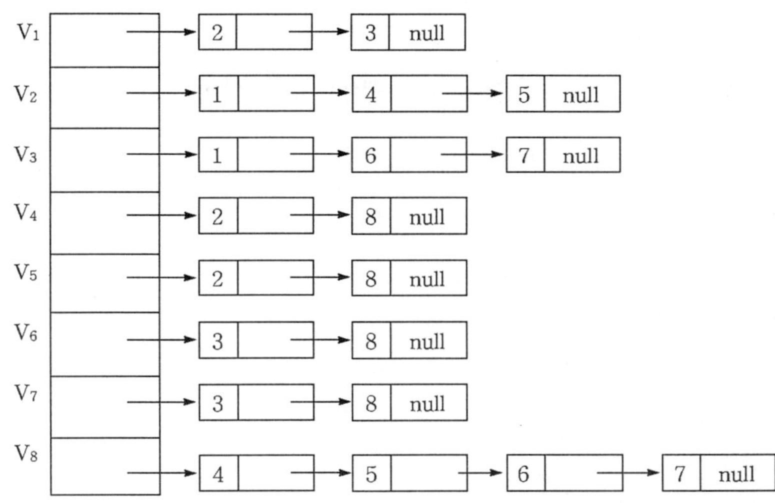

(b) (a)의 인접 리스트

〈그림 7-9〉 그래프 G와 인접 리스트

깊이 우선 검색은 순환 알고리즘으로 기술하는 것이 쉽고 스택을 사용해야 한다.

[알고리즘 7-1] 인접 리스트로 표현된 그래프에 대한 DFS

```
procedure DFS(v)
    // n 정점을 가진 무방향성 그래프 G=(V, E)와,
     처음에 0으로 초기화된 배열 VISITED(n)가 주어졌을 때 이 알고리즘은
      v로부터 VISITED는 전역 변수임 //
```

```
        VISITED(v) ← 1
        for each vertex w adjacent to v do  // v에 인접한 각 정점 w에 대하여 //
          if VISITED(w) = 0 then call DFS(w)
        end
end DFS
```

[알고리즘 7-1]에서는 인접 리스트에 있는 노드들을 한 번씩 조사하는데 리스트 노드는 V_e개가 있으므로 검색 시간은 O(e)가 걸리게 된다. 인접 행렬로 그래프 G를 나타낼 때 V에 인접한 모든 정점을 결정하는데 O(n) 시간이 걸리고 방문해야 할 정점의 수가 n을 넘지 않으므로 총 시간은 $O(n^2)$이다.

7.3.2 너비 우선 검색(BFS : Breadth-First Search)

무방향성 그래프에서 너비 우선 검색은 다음과 같다.

① 시작하는 정점 V를 결정하여 방문한다.

② 정점 V에 인접하면서 방문되지 않은 모든 정점을 방문하고 다시 이 정점에 대하여 인접하여 방문하지 않은 모든 정점에 대하여 너비 우선 검색을 계속한다.

③ 더 이상 방문할 정점이 없을 때는 BFS는 끝이 난다.

④ BFS 방식은 큐를 이용한다.

예로서 <그림 7-9>의 (a)에서 정점 V_1에서부터 시작하여 너비 우선 검색을 하면 V_1, V_2, V_3, V_4, V_5, V_6, V_7, V_8의 순서로 방문한다. 큐를 사용한 너비 우선 검색 과정을 기술하면 [알고리즘 7-2]와 같다.

[알고리즘 7-2] 인접 리스트로 표현된 그래프에 대한 BFS

```
procedure BFS(v)
      //        G의 너비 우선 검색 은 정점 v에서 시작하여 수행됨.
       방문한 모든 정점들은 VISITED(i) = 1로 표시됨.
       그래프 G와 배열 VISITED는 전역 변수로서
       VISITED는 처음에 0으로 고정됨 //
       VISITED(v) ← 1
       initialize Q to be empty // Q←nil 큐를 초기화 //
```

```
loop
    for each vertex w adjacent to v do  // v에 인접한 각 정점 w에 대하여 //
      if VISITED(w) = 0 then [call ADD(w, Q); VISITED ←1]
    end
    if Q=nil then return
    call DELETED(v, Q)
  forever
end BFS
```

각 정점은 정확히 한 번 큐에서 얻어진다. 그래서 각각은 많아야 n번씩 수행한다. 만약 인접 행렬을 이용하면 방문한 각 정점들의 수행 시간은 O(n)이 되므로 n개의 정점에 대해서는 $O(n^2)$의 시간이 걸린다.

인접 리스트를 사용할 경우 d_i가 V_i의 차수일 때 총 $d_1+d_2+d_3+\cdots+d_n = O(e)$의 시간이 걸린다.

7.4 그래프의 응용

그래프 구조는 여러 분야에 응용이 되고 있다. 이 절에서는 일례로서 각 선이 가중치를 가지고 있는 그래프에서 주어진 그래프에 대한 최소 비용 신장 트리를 구하는 문제와 어떤 주어진 정점에서 다른 정점까지의 최단 거리를 구하는 문제를 살펴본다.

7.4.1 최단 경로(Shortest path)

최단 경로는 그래프의 가지(branch)에 각각 거리(weight)가 주어져 있을 때, 원점으로부터 최종 목적지까지 연결하는 그래프를 통한 최단 경로를 찾는 문제이다. 여기서 해결하는 방안은 원점에서 시작하여 각 노드까지의 최단 경로를 거리의 크기순으로 점차적으로 파악해 가면서 목적지 노드에 다다르면 문제가 해결되는 것이다.

1) 하나의 출발점에서 모든 종착점

방향성 그래프 G = (V, E)와 가중치 함수 W(e)가 주어지고 출발 정점 V_0이 주어졌을 때 V_0에서 G의 나머지 모든 정점으로의 최단 경로를 찾는 것이다. 그러면 Dijkstra가 제시한 알고리즘을 살펴보자.

$V = \{V_0, V_1, V_2, \cdots, V_n\}$이고, 정점 V_0이 출발점(source)인 방향성 그래프 G=(V, E)가 주어지고 비용은 가중치에 대한 2차원 배열이다. 그리고 거기에서 W(i, j)는 간선 i → j에 대한 정점 i에서 이르는 비용(가중치)이다. 만약 간선 i → j에 이르는 것이 없다면 그 때 W(i, j)를 무한대값(실제 프로그램에서 매우 큰 값)으로 가정하게 되며, 각 단계에서 dist(i)는 정점 i에 대한 가장 짧은 경로의 길이를 포함한다. 예를 들어 <그림 7-10>의 방향성 그래프를 생각해 보자.

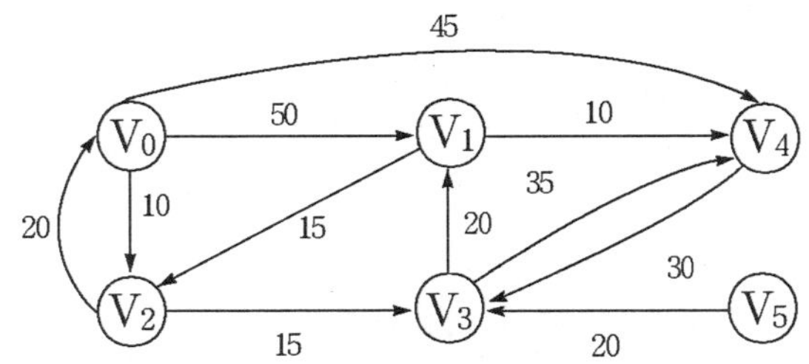

〈그림 7-10〉 V_0이 출발점인 방향성 그래프 G=(V, E)

V_0이 출발점이면 V_0에서 V_1까지의 최단 경로는 V_0 V_2 V_3 V_1이다. 이 경로의 길이는 10+15+20 = 45로, V_0에서 V_5로의 경로는 존재하지 않는다. S를 최단 경로가 이미 찾아진 정점들의 집합이라고 하고, S에 있지 않은 W에 대해 dist(W)는 V_0에서 출발하여 S에 있는 정점들만을 거쳐 W에 도달하는 최단 경로라고 하자. 이때 다음과 같은 사실을 알 수 있다.

① 만약 최단 경로가 정점 U로 가는 것이라면, 그 경로는 V_0에서 시작하여 U에서 끝나며 그 경로는 S에 있는 정점들만을 통과하게 된다. 이것을 증명하기 위해서는 U로 가는 최단 경로상에 있는 중간 정점들이 모두 S에 있음을 보여야 한다. 만약 S에 포함되지 않은 정점 W가 이 경로에 있다고 가정해 보자. 그러면 V_0에서 U로 가는 경로는 V_0에서 U로 가는 경로보다 거리가 짧은 V_0에서 W로 가는 경로를 포함해야 한다. 가정에 의한 최단 경로는 오름차순에 의해 찾아지므로 V_0에서 W로 가는 더 짧은 경로가 이미 발견되어야 한다. 그러므로 S에 없는 중간 정점은 존재하지 않는다.

② 생성된 다음 경로의 종착점은 S에 없는 모든 정점에서 dist(U)가 최소인 그런 정점 U가 되어야 한다. 이것은 dist정의와 ①에서 유도된다. S에 없는 정점 중에서 dist가 서로 다른 정점들이 있다면 그 중에 아무 것이나 선택할 수 있다.

③ 정점 U를 ②에서와 같이 결정하고 V_0에서 U로 가는 최단 경로가 생성되면 정점 U는 S의 구성 원소가 된다. 이때 V_0에서 시작해서 S에 있는 정점만을 통과하여 S에

없는 정점 W에서 끝나는 최단 경로의 거리가 감소하게 될 수 있다. 즉 dist(w)의 값이 줄어들 수도 있다는 것이다. 이것은 V_0에서 출발하여 U를 거쳐 W로 가는 경로가 U를 거치지 않은 경로보다 더 짧을 때 일어난다. 여기서 V_0에서 U로 가는 경로나 U에서 W로 가는 경로상의 중간 정점들은 모두 S에 있어야 한다. 그리고 V_0에서 U로 가는 경로는 위에서 정의된 것이 못된다. 또한 U에서 W로 가는 경로는 어떤 중간 정점도 포함하지 않게 선택될 수도 있다. 따라서 만약 dist(w)가 변해서 감소한다면 그것은 V_0에서 U를 통하여 W로 가는 경로 때문이며, V_0에서 U로 가는 최단 경로는 U에서 W로 가는 간선을 통한 경로로서 경로의 길이는 dist(u) + length(<u, w>)가 된다.

Dijkstra가 개발한 알고리즘은 한 정점 V_0로부터 그래프 G에 있는 다른 정점들에 대한 최단 경로의 비용을 결정하는 것인데 지금까지 알아본 사실들을 이용하고 있다. G의 n개의 정점들은 1에서 n까지 번호가 붙여져 있다고 가정하고, 집합 S는 비트 배열로서 만약 노드 i가 S에 있다면 S(i)=1, 없다면 S(i)=0이 된다.

그래프 그 자체는 어떤 간선 <i, j>의 가중치를 cost(i, j)로 표시하는 비용 인접 행렬로 표시한다고 가정한다. cost(i, j)는 간선 <i, j>가 E(G)에 없으면 매우 큰 수, 즉 $+\infty$로 표시한다. 알고리즘은 다음과 같다.

[알고리즘 7-3] 최단 경로-Dijkstra 알고리즘

```
procedure SHORTEST_PATH(v, cost, Dist, n)
      // DIST(j), 1 ≤ j ≤ n는 n개의 정점을 가진 방향성 그래프 G에서
         정점 v에서 정점 j로의 최단 경로의 거리를 나타낸다.
         G는 그것의 비용 인접 행렬 COST(n,n)으로 표시됨 //
   declare S(1:n)
   for i ← 1 to n do    // S를 공백으로 초기화 //
     S(i) ← 0; DIST(i) ← COST(v, i)
   end
   S(v) ← 1; DIST(v) ← num ← 2    // 정점 v를 S에 첨가 //
   while num < n do    // 정점 v로부터 n-1 경로를 결정 //
        choose u: DIST(u) = min {DIST(w)}  // s(w) = 0 //
        S(u) ← 1; num ← num + 1    // 정점 u를 S에 첨가 //
        for all w with S(w) = 0 do    // 거리를 갱신 //
```

```
            DIST(w) ← min {DIST(w), DIST(u) + COST(u, w)}
         end
     end
end SHORTEST_PATH
```

<그림 7-10>에 대한 Dijkstra 알고리즘의 계산 과정은 다음과 같다.

반 복	S	W	dist(V_1)	dist(V_2)	dist(V_3)	dist(V_4)	dist(V_5)
초기	{V_0}	–	50	10	max	45	max
1	{V_0,V_2,}	V2	50	10	25	45	max
2	{V_0,V_2,V_3}	V3	45	10	25	45	max
3	{V_0,V_2,V_3,V_1}	V1	45	10	25	45	max
4	{V_0,V_2,V_3,V_1,V_4}	V4	45	10	25	45	max
5	{V_0,V_2,V_3,V_1,V_4,V_5}	V5	45	10	25	45	max

Dijkstra 알고리즘은 비용을 나타내기 위해서 인접 행렬을 사용할 경우 W에 대한 for 문이 O(n)의 시간이 걸리고 이것이 전체 알고리즘 내에서 n-1번 실행되므로 전체 시간은 $O(n^2)$이 됨을 쉽게 알 수 있다. 만약 모든 간선들의 개수 e가 n^2보다 훨씬 적어서 인접 리스트 표현을 사용하면 전체 실행 시간은 O(e+nlogn)이 되어서 더 나아진다.

2) 모든 노드간의 최단 경로

모든 노드간의 최단 경로는 i≠j인 모든 정점들의 쌍(V_i, V_j)에서의 최단 경로를 찾는 것을 말한다. 이 문제를 해결하는 한 방법으로서 V(G)의 각 정점들을 출발점으로 생각하고 알고리즘 shortestpath를 n번 적용할 수도 있다. 이 경우 전체 수행 시간은 $O(n^3)$이 된다.

이 알고리즘은 G가 각 음의 길이를 갖는 사이클을 갖지 않는 한 간선들의 가중치가 음수라도 제대로 동작한다. 그리고 $O(n^3)$의 연산 시간을 가진다.

그래프 G는 cost(i, j) = 0이고, i≠j일 때 간선 <i, j>가 G에 없는 경우 cost(i, j) = +∞로 표시되는 비용 인접 행렬로 표현한다. A_k(i, j)를 k보다 큰 인덱스를 갖는 정점을 중간에 통과하지 않고 i에서 j로 가는 최단 경로의 비용이라 정의하자.

그러면 $A_n(i, j)$는 i에서 j로 가는 최단 경로의 비용이 될 것이다. 왜냐하면 G에서 n보다 더 큰 인덱스를 갖는 정점이 없기 때문이다. $A_0(i, j)$는 그 경로 위에 중간 정점을 갖지 않기 때문에 단순히 cost(i, j)가 된다.

$$A_0(i, j) = cost(i, j)$$

모든 쌍에 대한 알고리즘의 기본 착상은 $A_0(i, j)$에서 시작하여 $A_1(i, j)$, $A_2(i, j)$, …, $A_n(i, j)$를 찾는 문제가 된다. $A_{k-1}(i, j)$를 이미 생성했으면 다음과 같은 사실을 인식함으로써 $A_k(i, j)$를 생성해 낼 수 있다.

① 만일 노드 i에서 j로 가는 경로에 노드 k가 들어가지 않는다면 $A_k(i, j)$는 $A_{k-1}(i, j)$와 같은 값을 가지게 된다.

② i에서 j로 가는 경로에 k가 들어가게 되면 이러한 경로는 i에서 k로 가는 경로와 k에서 j로 가는 경로로 구성되므로 그 비용은 $A_{k-1}(i, j) + A_{k-1}(k, j)$가 된다.

이러한 사항은 G가 정점 k를 포함하는 여러 개의 사이클을 갖지 않기만 하면 사실이다. 만약 G가 정점 k를 포함하는 음의 길이의 사이클을 가지면 k개의 사이클을 만들 수도 있으며 이렇게 되면 그 길이는 $A_{k-1}(i, j) + A_{k-1}(k, j)$보다 작아지게 된다.

이러한 이유로 모든 노드간의 최단 경로 문제를 위한 그래프에는 음의 길이를 갖는 사이클이 존재하지 않아야 하며 해결 과정은 다음과 같이 요약된다.

$$A(i, j) = cost(i, j)$$
$$A_k(i, j) = \min \{Ak-1(i, j), A_{k-1}(i, k) + A_{k-1}(k, j)\}, k \geq 1$$

<그림 7-11>의 비용을 갖는 방향성 그래프를 고려해 보자. 처음 A_0의 값과 3번의 반복 후의 것들은 다음과 같다.

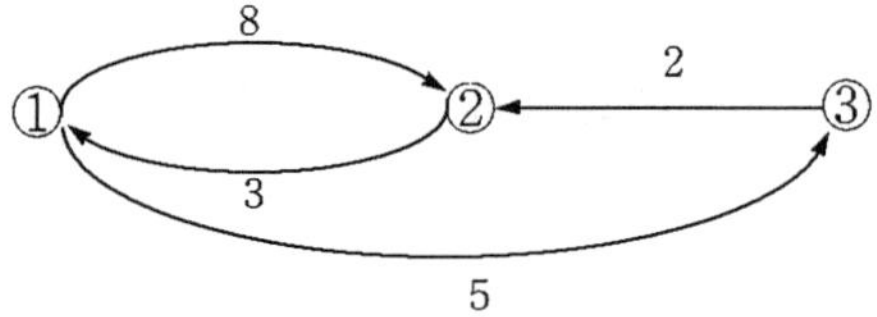

〈그림 7-11〉 비용을 갖는 그래프

	1	2	3
1	0	8	5
2	3	0	∞
3	∞	2	0

$A_0(i, j)$

	1	2	3
1	0	8	5
2	3	0	8
3	∞	2	0

$A_1(i, j)$

	1	2	3
1	0	8	5
2	3	0	8
3	5	2	0

$A_2(i, j)$

	1	2	3
1	0	7	5
2	3	0	8
3	5	2	0

$A_3(i, j)$

〈그림 7-12〉 연속적인 A 행렬들의 값들

이런 방법은 R.W. Floyd에 의해 제안되었고 이의 계산을 수행하기 위한 알고리즘은 다음과 같다.

[알고리즘 7-4] 최단 경로-Floyd 알고리즘

```
procedure ALL_COST(COST,A,n)
      //  COST(m,n)은 n 정점을 가진 그래프의 비용 인접 행렬이고,
          A(i,j)는 정점 vi와 vj 간의 최단 경로 비용이다.
          단, COST(i,j)=0, 1 ≤ i ≤ n //
   for i ← 1 to n do
      for j ← 1 to n do
         A(i,j) ← COST(i,j)  // COST를 A에 복사 //
      end
   end
   for k ← 1 to n do   // 최대 인덱스 k를 가진 정점을 통한 경로 //
      for i ← 1 to n do  // 모든 정점 쌍들에 대해서 //
         for j ← 1 to n do
            A(i,j) ← min{A(i,j), A(i,k) + A(k,j)}
         end
      end
```

```
    end
end ALL_COSTS
```

7.4.2 이행적 폐쇄(Transitive closure)

모든 쌍에 대한 최단 경로에 관련된 문제는 모든 쌍의 노드 i, j에 대해 i에서 j로 가는 경로가 존재하는지를 결정하는 것이다. A가 G의 인접 행렬일 때 만약 길이가 양인 경로에서 i에서 j로 가는 경로가 존재하면 $A^+(i, j) = 1$, 그렇지 않으면 0이 되는 성질을 갖는 행렬 A^+를 G의 이행적 폐쇄(transitive closure) 행렬이라 부른다.

i에서 j로 길이가 0보다 크거나 같은 경로가 존재하면 $A^*(i, j) = 1$이고, 그렇지 않으면 0인 특성을 갖는 행렬 A^*를 G의 반사 이행적 폐쇄(reflexive transitive closure) 행렬이라 한다. <그림 7-13>은 주어진 방향성 그래프에 대한 A^+와 A^* 행렬을 나타내고 있다. A^+와 A^*의 유일한 차이점은 대각선에 있는 항들에 있다.

만약 <i, j>가 G에 있는 간선이면 cost(i, j) = $+\infty$로 처리하는 allcosts 알고리즘을 사용한다고 하자. 그러면 $A(i, j) < +\infty$이면 $A^+(i, j) = 1$로 함으로써 최종 행렬 A에서 A^+를 쉽게 구할 수 있다. A^*도 A^+의 대각선 항을 모두 1로 함으로써 얻을 수 있다.

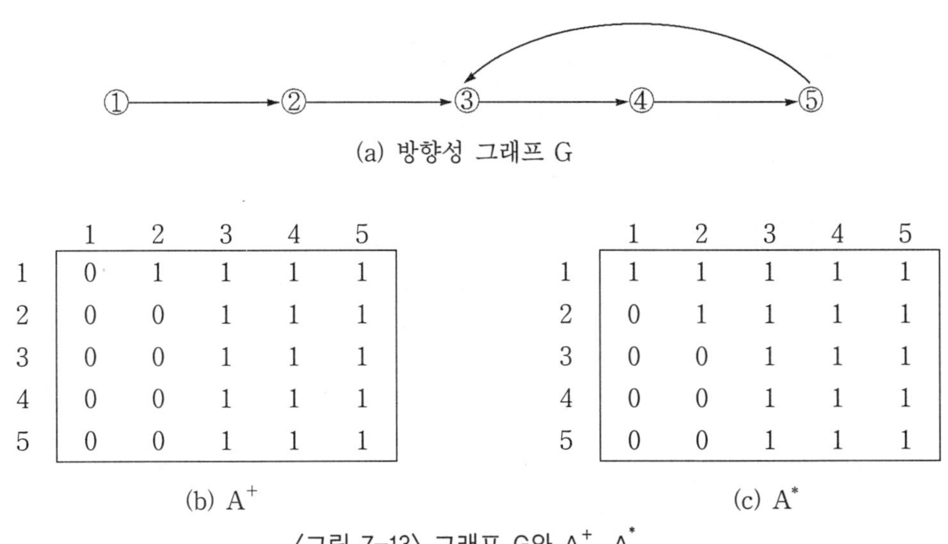

(a) 방향성 그래프 G

	1	2	3	4	5
1	0	1	1	1	1
2	0	0	1	1	1
3	0	0	1	1	1
4	0	0	1	1	1
5	0	0	1	1	1

(b) A^+

	1	2	3	4	5
1	1	1	1	1	1
2	0	1	1	1	1
3	0	0	1	1	1
4	0	0	1	1	1
5	0	0	1	1	1

(c) A^*

〈그림 7-13〉 그래프 G와 A^+, A^*

7.4.3 최소 비용 신장 트리

G=(V, E)는 연결 그래프이다. G에 있는 간선과 모든 정점으로 구성된 트리를 신장 트리(spanning tree)라고 한다. <그림 7-14>의 (a)는 완전 그래프이고, (b)~(d)는 (a)의 그래프에 대한 신장 트리를 나타낸다.

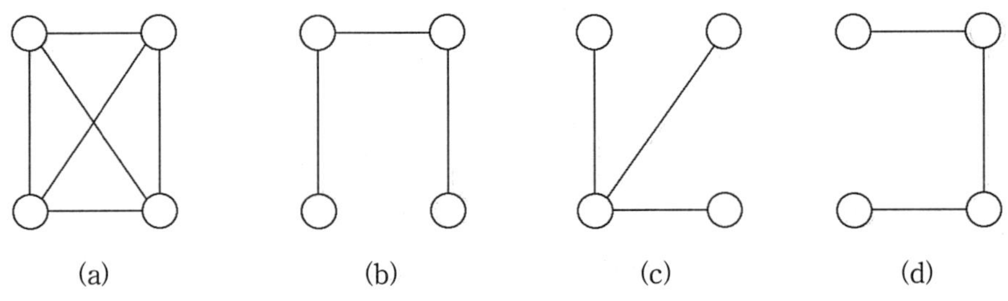

〈그림 7-14〉 완전 그래프와 3개의 신장 트리

그래프 G에 대한 DFS나 BFS는 어떤 점에서 시작하든 G에 있는 모든 정점을 방문한다. 이 경우에 G의 간선들은 검색중에 방문된 간선들의 집합 T와 나머지 간선들의 집합 B로 나눌 수 있다. 집합 T에 있는 간선들은 G의 모든 정점을 포함하는 트리를 형성한다. DFS나 BFS 어느 것이 사용되더라도 T의 간선들은 신장 트리를 형성한다. DFS를 호출해서 만들어진 것을 깊이 우선 신장 트리(depth first spanning tree)라 하고, BFS를 호출해서 만들어진 것을 너비 우선 신장 트리(breadth first spanning tree)라 한다.

<그림 7-15>는 그래프 G에서 정점 V_1에서 시작했을 때의 깊이 우선 신장 트리와 너비 우선 신장 트리를 보여주고 있다.

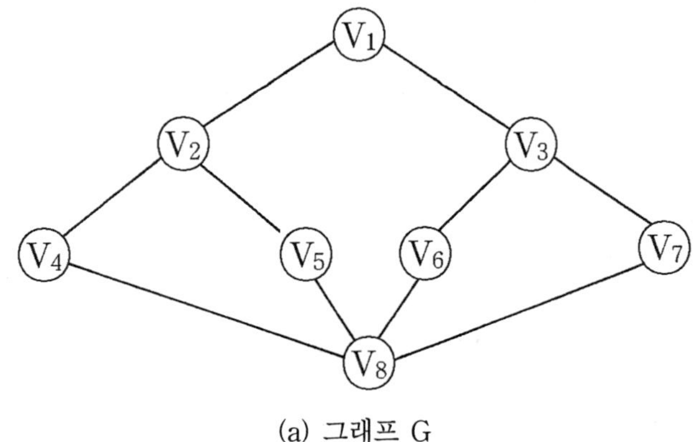

(a) 그래프 G

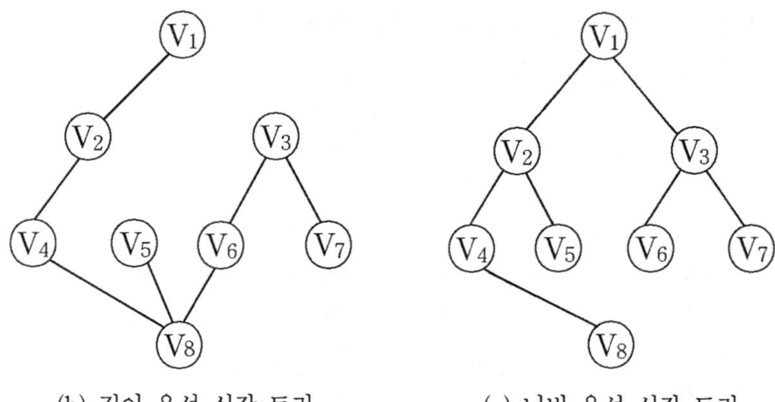

(b) 깊이 우선 신장 트리 (c) 너비 우선 신장 트리

〈그림 7-15〉 신장 트리

n개의 정점을 갖는 그래프가 연결(connected)되려면 적어도 n-1개의 간선을 가져야 하고, n-1개의 간선을 갖는 모든 연결된 그래프는 트리다. 만약 그래프 G의 정점이 도시를 나타내고, 간선이 두 도시를 연결하는 도로망이라면, n개의 도시를 모두 연결하는데 필요한 최소의 도로는 n-1개이다. 그러나 대부분의 실제 상황에서 그 간선들은 자신에게 부여된 가중치를 갖고 있다. 이런 가중치는 건설 비용이나 링크의 거리 등 여러 가지를 나타낼 수 있다. 가중치 그래프가 주어졌을 때 최소 비용으로나 최단 거리로 모든 도시를 연결하는 통신망을 선정하려 한다고 하자. 그러므로 G에서 최소 비용 신장 트리를 찾는 것은 주된 관심사이고, 이때 신장 트리의 비용이란 그 트리의 모든 간선 비용의 총합이다.

최소 비용 신장 트리(minimum cost spanning tree)를 구하는 방법들은 간선을 분류시켜 가격(비용)이 낮은 순으로 간선을 받아들여 트리를 형성해 가는 Kruskal 방법과 minimum cost 간선들의 집합을 A라 할 때, 그 다음에 선택되는 간선은 A에 존재하지 않으나 A의 정점에 인접한 간선들 중 가장 짧은 간선을 선택해 나가는 prim 방법이 있다. 또한 priority 큐를 사용해서 prim의 방법을 개선한 Johnson 방법도 또한 널리 알려져 있다.

1) prim의 방법

가중치 그래프 G=(V, E)에서 V={1, 2, 3, …, n}으로 구성되어 있다. 이때, 출발점을 노드{1}로 선택하여 시작한다. 그리하여 이것에 가장 가까운 노드인 비용이 가장 낮은 노드중 연결이 안 된 노드를 찾아서 이 두 노드를 연결시키게 된다. 그리하여 정점이 모두 연결될 때까지 앞의 방법을 계속 반복한다. prim 알고리즘의 실행 시간은 $O(n^2)$이다.

다음 주어진 그래프에서 prim방법으로 최소 비용 신장 트리를 구해보자.

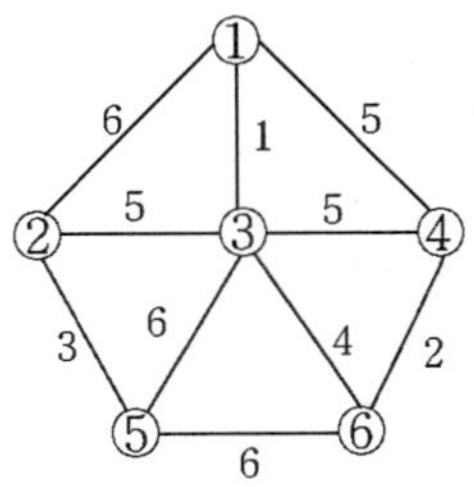

① 출발점 {1}에서 출발한다. 그리고 가장 가까운 노드 중 연결이 안 된 비용이 가장 낮은 노드 {3}을 선택해서 연결한다.

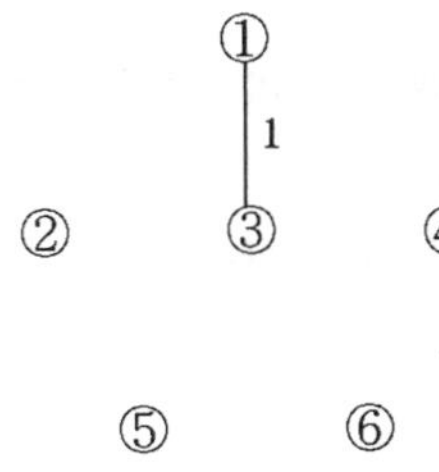

② 노드 {3}에서 가장 가까운 노드 중 연결이 안 된 비용이 가장 낮은 노드 {6}을 선택해서 연결한다.

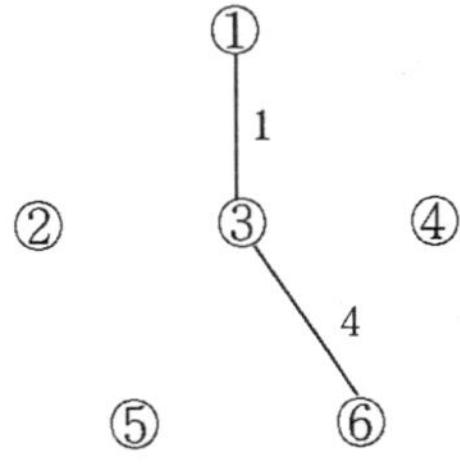

③ 노드 {6}에서 가장 가까운 노드 중 연결이 안 된 비용이 가장 낮은 {4}번 노드를 선택하여 연결한다.

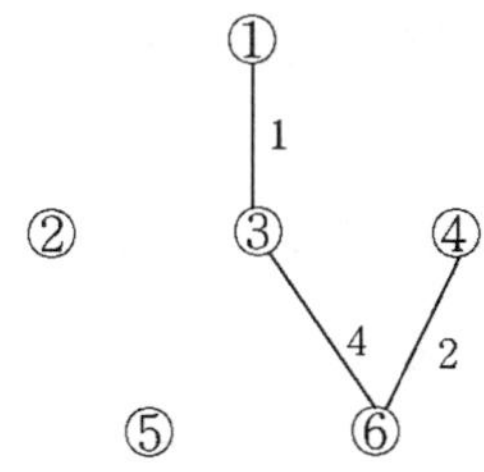

④ 노드 {4}에서 가장 가까운 노드인 {1} 또는 {3}은 이미 연결되어 있으므로 선택 불가능하다.

⑤ 노드 {3}에서 가장 가까운 노드 중 연결이 안 된 비용이 가장 낮은 {2}를 선택해서 연결한다.

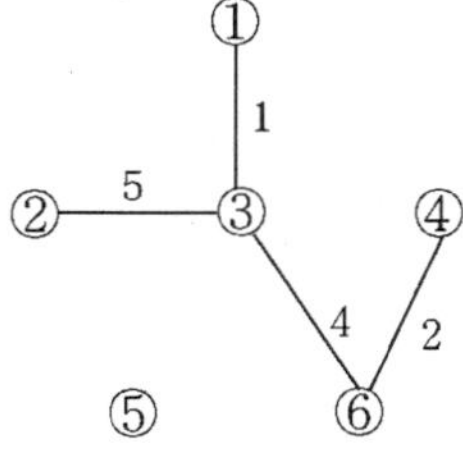

⑥ 노드 {2}에서 가장 가까운 노드 중 연결이 안 된 {5}를 선택해서 연결한다.

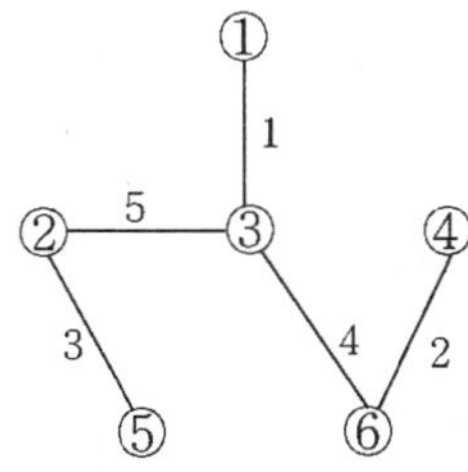

2) Kruskal 방법

Kruskal 알고리즘은 V={1, 2, …, n}을 가진 연결 그래프 G=(V, E)와 E의 간선상에 비용 함수가 정의되었다고 가정한다. G에 대한 최소 비용 신장 트리를 생성하는 다른 방법은 G의 n개의 정점에 간선을 갖지 않는 T=(V, 0) 그래프로부터 시작한다.

각 정점은 각각 연결 요소(connected component)이다. 알고리즘이 진행됨에 따라 연결 요소의 집합을 가지게 되고, 각 요소에 대해 신장 트리를 형성하는 선택된 간선을 가질 것이다. 점진적으로 큰 요소를 세우기 위해 비용이 증가하는 순으로 E로부터의 간선들을 조사해야 한다. 간선이 서로 다른 연결 요소에 2개의 정점을 연결한다면 우리는 이 간선을 버려야 한다.

왜냐하면 연결 요소에 대한 신장 트리에 이것을 추가하면 사이클이 되기 때문이다. 모든 정점들이 하나의 요소일 때, T는 G에 대한 최소 비용 신장 트리이다. <그림 7-16>은 Kruskal 방법으로 최소 비용 신장 트리를 구한 것이다.

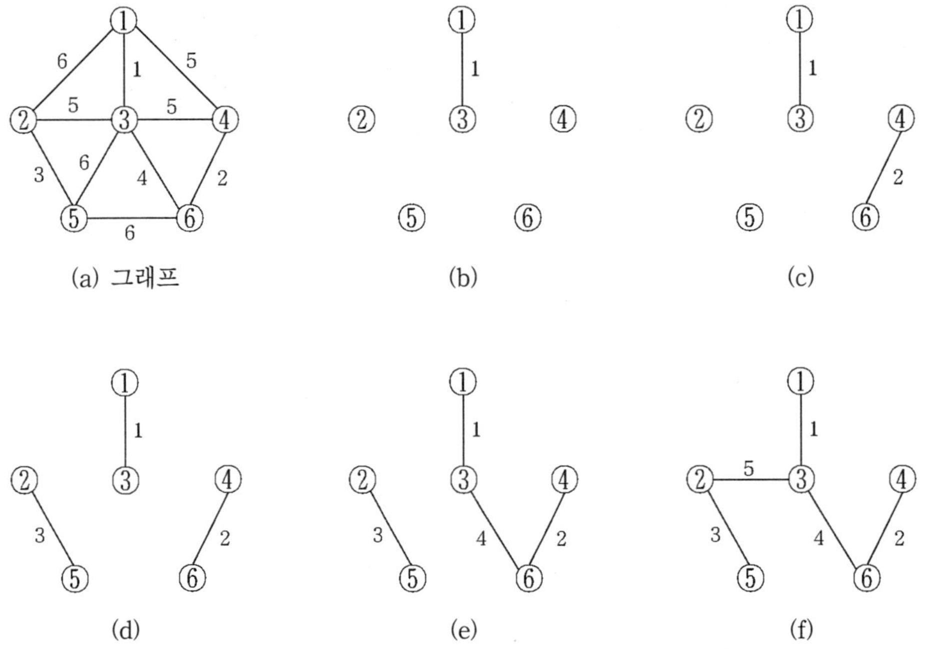

〈그림 7-16〉 Kruskal 알고리즘에 의한 최소 비용 신장 트리

<그림 7-16>에서 (a)의 가중치 그래프를 생각해 보자. T에 첨가된 간선의 연속이 <그림 7-16>의 (b)~(f)에서 보인다. 비용이 1, 2, 3, 4인 간선이 고려되어서 그들은 사이클을 만들지 않기 때문에 선택된다.

비용이 5인 (1, 4)와 (3, 4)는 사이클을 만들기 때문에 선택되지 않는다. 그러나 비용이 5인 나머지 간선 (2, 3)은 사이클을 형성하지 않으므로 선택되어서 최소 비용 신장 트리를 완성한다.

Kruskal 알고리즘의 실행 시간은 O(eloge)이다.

7.4.4 위상 정렬과 임계 경로

아주 간단한 프로젝트를 제외한 대부분의 프로젝트는 작업(activity)이라는 부프로젝트로 나누어질 수 있다. 이런 작업들을 연속적으로 수행하면 전체 프로젝트가 끝나게 된다. 이러한 작업들 중 몇몇은 그 작업을 하기 위해서는 필수적으로 먼저 끝나야 하는 작업이 있는 반면에, 다른 작업과는 무관한 작업도 있을 수 있다.

따라서 선행 관계들은 여러 작업들 사이의 우선 관계를 정의한다고 할 수 있다. 이렇게 정의된 관계는 노드가 작업을 나타내고, 방향 간선이 선행 관계를 표시하는 방향성 그래프로 보다 명확히 나타낼 수 있을 것이다. 이 그래프는 만약 작업 i가 작업 j의 선행 작업이라면 간선 <i, j>를 갖는다. 이러한 작업을 순서화한 것을 위상 정렬(topological sort)이라 한다.

정의7-1 정점이 작업을 나타내고 그 간선이 작업간의 우선 관계를 나타내는 방향성 그래프를 정점 작업 네트워크(activity on vertex network) 또는 AOV 네트워크라 한다.

정의7-2 AOV 네트워크 G에서 만약 i에서 j까지의 방향 경로가 존재하면 정점 i는 정점 j의 선행자(predecessor)이다. 만약 ⟨i, j⟩가 G의 간선이면 i는 j의 직접 선행자(immediate predecessor)이다. 만약 i가 j의 선행자라면 j는 i의 후속자(successor)이다. i가 j의 직접 선행자라면 j는 i의 직접 후속자(immediate successor)이다.

<그림 7-17>은 AOV 네트워크다. C_3, C_4와 C_{10}은 C_7의 직접 선행자이며 C_2와 C_4는 C_1의 C_{12}는 C_4의 후속자이나 직접 후속자는 아니다.

정점들의 집합에 대한 간선들의 집합에 의해 정의된 우선 관계(precedence relation)가 이행적(transitive)임을 쉽게 알 수 있다. i, j, k에 대하여 $i \rightarrow j$ and $j \rightarrow k$이면 $i \rightarrow k$인 관계는 이행적이다. 한 AOV 네트워크가 어떤 프로젝트를 나타내려고 한다면, 그것의 우선 관계는 비반사적이 되어야 함을 알 수 있다.

정의7-3 관계는 집합 S의 어떤 원소 x에 대해서도 X.X인 경우가 성립되지 않을 때 그 집합 S에 대해 비반사적이다. 이행적이면서 비반사적 관계를 부분 순서(partial order)라 한다.

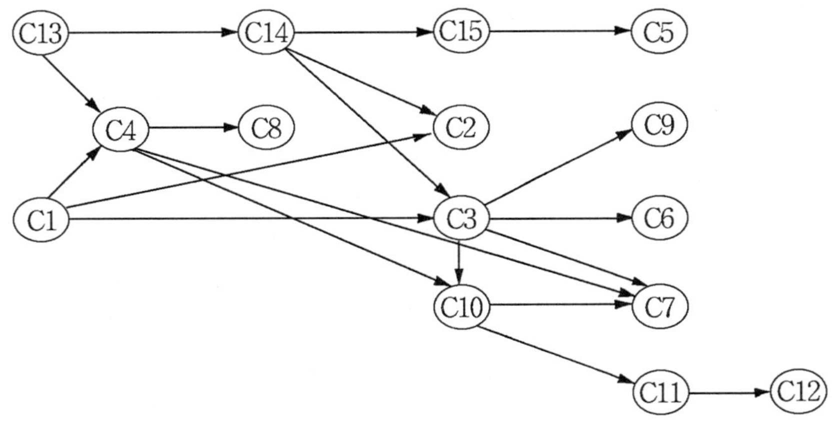

〈그림 7-17〉 AOV 네트워크

만약 우선 관계가 비반사적이 아니면 그 자신이 자신의 선행자인 작업이 있게 되며, 그러므로 그것이 시작하기 전에 이미 끝나 있어야 한다. 이것은 분명히 불가능하며, 이런 형태의 모순성이 없을 때 그 프로젝트는 실행 가능한 것이 된다. 어떤 AOV 네트워크가 주어졌을 때 주요 관심사는 그것이 간선에 의해 결정되는 우선 관계가 비반사적인지 아닌지를 결정하는 것과 같은 경우가 된다.

방향 사이클을 갖지 않는 방향성 그래프를 비사이클(acyclic) 그래프라 한다. 어떤 AOV 네트워크가 실행 가능한지를 검사하는 알고리즘은 또한 그 간선들의 선형 순서(linear order), 즉 V_{i1}, V_{i2}, …, V_{in}을 생성할 것이다. 이 선형 순서화는 네트워크에서 i가 j의 선행자라면 i가 선형 순서에서도 j보다 앞선다는 특징을 가질 것이다. 이러한 성질을 갖는 선형 순서를 위상 순서(topo-logical order)라 한다.

<그림 7-17>의 네트워크에서 두 가지 가능한 위상 순서는 C1, C13, C4, C8, C14, C15, C5, C2, C3, C10, C7, C11, C12, C6, C9이거나 C13, C14, C15, C5, C1, C4, C8, C2, C3, C10, C7, C6, C9, C11, C12가 된다.

이 작업들을 위상 순서로 정렬하는 알고리즘은 매우 간단해서 선행자를 갖지 않는 정점들을 하나씩 기록함으로써 수행될 수 있다. 그리고 이 기록된 정점에서부터 나온 모든 간선을 제거한다. 이 두 과정은 모든 정점이 다 기록되었다가 또는 그 네트워크에 남아 있는 모든 정점들이 선행자를 가짐으로써 더 이상 아무 일도 진행하지 못할 때까지 반복된다. <그림 7-18>은 AOV 네트워크에서 알고리즘이 수행되는 과정을 나타내고 있다.

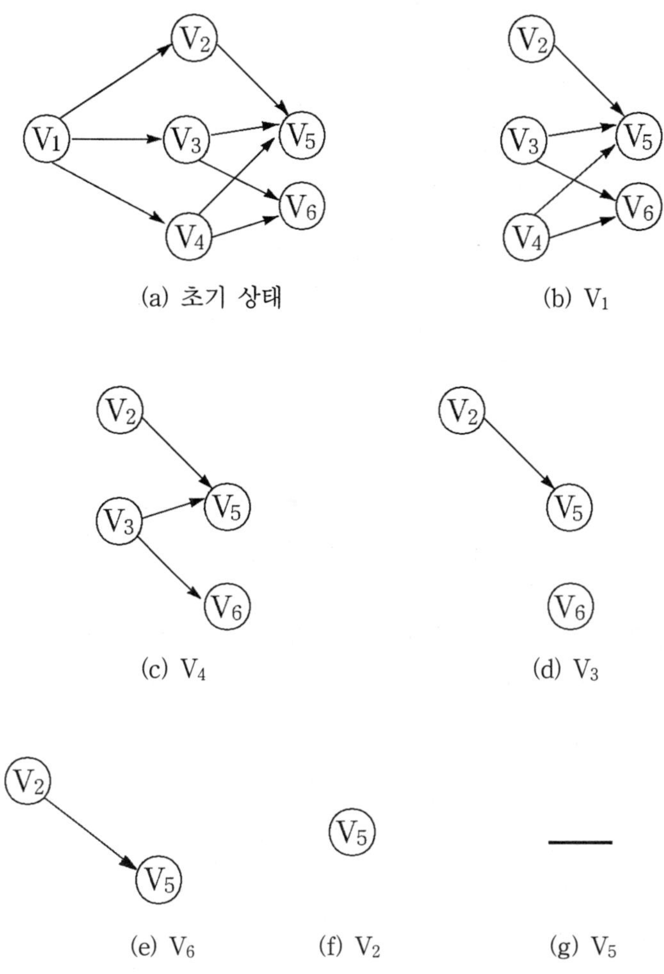

〈그림 7-18〉 AOV 네트워크상에서 위상 순서 구하는 예

AOV 네트워크와 밀접하게 관련된 작업 네트워크로서 간선에 작업을 표시하는 간선 작업 네트워크(activity on edge network) 또는 AOE 네트워크가 있다. 이것은 어떤 프로젝트를 위해 수행되는 작업들을 방향 간선으로 표현한 것이다.

네트워크에 있는 정점들은 공정들을 나타낸다. 공정들은 어떤 작업들의 완료를 나타내고 있다. 어떤 간선으로 표현되는 작업들은 그 간선의 꼬리에 있는 정점의 공정이 완료되지 않는 한 시작될 수 없다.

<그림 7-19>는 11개의 작업, 즉 a_1, …, a_{11}로 표현되는 가상적 프로젝트에 대한 AOE 네트워크이다. 거기에는 9개의 공정 V_1, V_2, …, V_9가 있다. 공정 V_1과 V_9는 프로젝트의

시작점과 완료점이다. 각각의 작업에 붙어 있는 숫자들은 그 작업을 수행하는 데 걸리는 시간이다. 그래서 작업 a_1은 6일이 걸리고 a_{11}은 4일이 걸리게 된다.

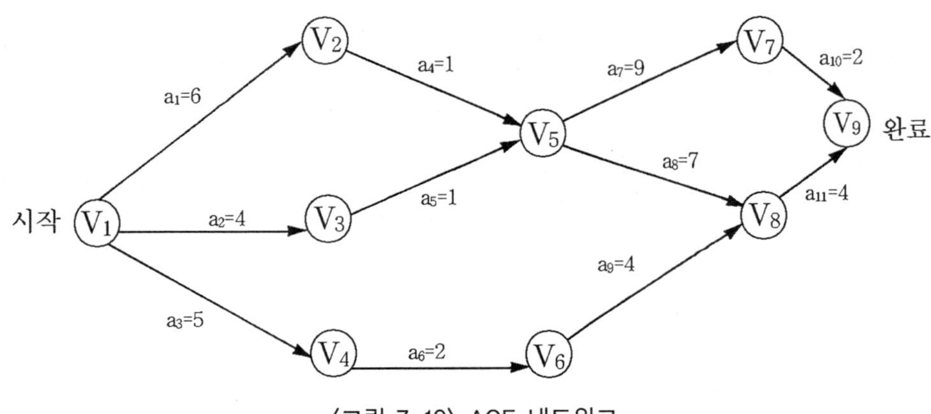

〈그림 7-19〉 AOE 네트워크

작업 a_1과 a_2, a_3은 그 프로젝트가 시작된 후에 서로 병행하여 수행될 수 있다. a_4와 a_5, a_6 등은 공정 V_2와 V_3, V_4가 각각 완료되기 전까지는 시작할 수 없다. a_7과 a_8은 공정 V_5가 완료된 후 서로 병행하여 수행될 수 있다.

AOE 네트워크에서 각 작업들은 병행 수행될 수 있기 때문에, 그 프로젝트를 완료하는 최소 시간은 출발점에서 완료점까지 최장 경로의 길이가 될 것이다.

이때 가장 긴 길이를 갖는 경로를 임계 경로(critical path)라 한다. V_1, V_2, V_5, V_7, V_9의 경로는 <그림 7-19>의 네트워크에서 임계 경로가 된다. 이 임계 경로의 길이는 18이다. 하나의 네트워크에는 1개 이상의 임계 경로가 있을 수 있다. <그림 7-19>에서 V_1, V_2, V_5, V_8, V_9도 또한 임계 경로가 된다.

연 / 습 / 문 / 제

7-1 그래프의 정의를 기술하시오.

7-2 그래프에서 진입 차수와 진출 차수를 설명하시오.

7-3 다음 용어들을 설명하시오.

(1) 간선
(2) 정점
(3) 경로
(4) 차수
(5) 루프

7-4 그래프 운행법의 DFS와 BFS의 개념을 설명하시오.

7-5 그래프에서 인접 행렬의 표시하는 방법을 설명하시오.

7-6 방향성 그래프와 무방향성 그래프를 예를 들어 설명하시오.

7-7 최소 스패닝 트리에서 Prim과 Kruskal 방법을 기술하시오.

7-8 다음 무방향성 그래프에서 노드 A와 노드 F 사이의 최단 경로를 구하시오.

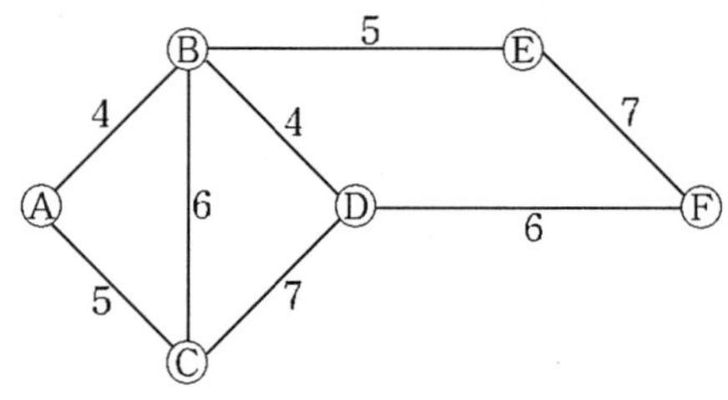

제 8 장

검색(Search)

컴퓨터의 기억 공간 내에 기억된 자료들 중에서 어떠한 성질을 만족하는 자료를 찾는 것을 검색(searching)이라고 한다. 그런데 이것은 두 가지 전제를 내포하고 있다. 그 하나는 검색의 대상인 자료를 적절한 구조로 기억 공간에 표현하는 것이다. 이 두 사항은 검출 방법에 따라 자료 구조를 선택하거나 반대로 자료 구조에 따라 적당한 검출 방법을 결정할 수 있으므로 서로 상대적인 관련을 맺고 있다.

이때 자료란 여러 가지 의미 있는 값들은 말하며, 이들의 모임을 자료 집합이라 한다. 값이 수치이든 문자로 된 것이든 자료를 컴퓨터의 기억 공간에 표현하는 단위로는 항목, 레코드 등이 있다. 자료들 중 더 이상 쪼갤 수 없는 의미를 갖는 1개의 값을 항목 또는 필드라 하고, 1개 이상의 항목들은 서로 관련이 있는 것끼리 짝을 지어 모아 저장하는 형태를 레코드(record)라 한다.

예를 들어, 동사무소에 갖추고 있는 개인별 주민 등록표를 보자. 한 장의 주민등록표에는 개인의 이름, 생년월일, 본적, 주소, 성별, 주민등록번호 등이 기록되어 있다. 이들 각각의 값이 항목이며, 이 각 항목별 값을 기록한 주민등록표는 레코드이다. 이 주민등록표를 하나씩 구별할 수 있는 항목으로 가장 확실한 것은 주민등록번호이다. 주민등록번호처럼 한 레코드를 다른 레코드와 구별할 수 있는 값을 키(key)라 하고, 특별히 각 레코드를 완전히 구별할 수 있는 키를 주요 키(primary key)라고 한다. 물론 각 항목이 키가 될 수 있다. 그러나 이름은 동명이인인 경우 그들을 구별하기가 모호하므로 주요 키는 아니다. 위의 예에서는 주민등록번호가 주요 키이다.

규모가 적은 레코드의 집합을 표(table)라 하고 규모가 큰 레코드의 집합을 파일(file)이라 한다. 파일 또는 표를 구성하는 방식으로 배열(array), 선형 리스트(linear list), 트리(tree) 등의 자료 구조를 이용할 수 있다.

검색 작업은 자료 저장 매체, 검색 시행 방법 등에 따라 여러 관점에서 여러 가지로 분할할 수 있다. 자료를 보관하는 컴퓨터의 기억 공간은 대체로 주기억 공간과 보조 기억 공간이다. 주기억 공간에 저장한 파일이나 표로부터 필요한 자료를 찾는 것을 내부 검색(internal search)이라 하고, 기타 보조 기억 장치에 있는 파일이나 표를 이용하는 것을 외부 검색(external search)이라 한다.

여기서는 내부 검색만 다루기로 한다. 모든 검색 방법은 원하는 레코드를 표시할 때 주로 키를 이용한다. 그러므로 검색 방법은 대체로 다음 두 가지로 다시 구분할 수 있다.

그 하나는 주어진 키와 파일이나 표에 있는 레코드들의 키를 비교하면서 필요한 레코드를 찾는 방법(comparison method)이며, 다른 하나는 주어진 키 자체의 계수적 성질을 이용하여 파일이나 표로부터 바로 필요한 레코드를 찾는 방법(noncomparison method)이다. 이들에 해당하는 구체적인 방법들로는 선형(linear) 검색, 제어(controlled) 검색, 트리(tree) 검색, 그리고 해싱(hashing) 검색 등을 들 수 있다.

8.1 선형 검색

하나의 파일이 있을 때 그것을 저장하기 위한 방법으로는 순차적(sequential)과 비순차적(nonsequential)인 방법 두 가지가 있다. 여기서 파일 F가 있다고 가정하고 특정한 키값 k를 가지고 레코드를 검색한다고 하자.

F가 n개의 레코드를 가지고 있고, 또 레코드 R_1, R_2, …, R_n 중에서 임의의 R_i 키값을 K_i로 하면 키값들은 K_1, K_2, …, K_n의 순으로 찾고자 하는 레코드가 있을 때까지 차례로 K와 비교하면서 검색을 수행한다. 이렇게 모든 레코드를 대상으로 처음부터 하나씩 차례로 비교하면서 마지막 레코드까지 일치하는 것을 찾아 순차적으로 조사하는 것을 선형 또는 순차 검색(linear or sequential search)이라고 한다.

이러한 선형 검색의 내용을 대략 정리한 것이 [알고리즘 8-1]이다.

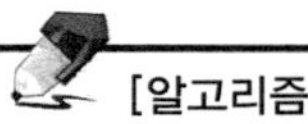

[알고리즘 8-1] 선형 검색

```
procedure SEQSRCH(Fm n, i, K)
      // 키값이 K1, K2, …, Kn인 파일 F에서 Ki=K인 레코드 Ri를 검색한다.
         만일 그러한 레코드가 없으면 i값은 0을 갖는다 //
   K0 ← K; i ← n
   while Ki ≠ K do
      i ←i - 1
```

```
    end
end SEQSRCH
```

위의 알고리즘에서 K_0=K인 더미 레코드(dummy record) R_0을 사용하면 while 루프에서 파일의 종료에 대한 검사를 하지 않아도 되므로 검색이 간단하게 된다. 파일에서 키값으로 K를 가진 레코드가 없으면 i는 0이 되고, 위의 알고리즘은 n+1번의 비교가 수행된다. 성공적인 검색의 경우에 수행되는 키의 비교 횟수는 파일에서 찾고자 하는 레코드의 위치에 따라 다르다.

1) 비순서 파일인 경우의 순차 검색

n개의 레코드로 구성된 파일이 비순서 파일일 경우, 찾고자 하는 레코드의 키값을 K라 하고, i번째 레코드의 키값을 K_i라 하면 다음 알고리즘에 의해 검색될 수 있다.

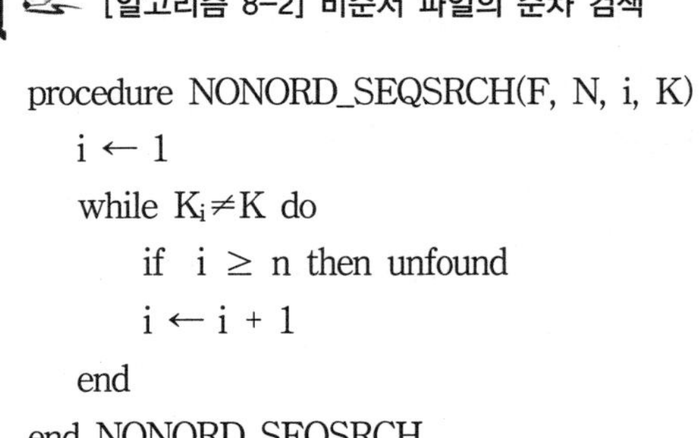

[알고리즘 8-2] 비순서 파일의 순차 검색

```
procedure NONORD_SEQSRCH(F, N, i, K)
    i ← 1
    while Ki≠K do
        if  i ≥ n then unfound
        i ← i + 1
    end
end NONORD_SEQSRCH
```

비순서 파일의 경우, 첫 번 레코드의 키값부터 찾고자 하는 레코드의 키값을 비교하는데, n번째 레코드 이전에 발견되면 found 루틴으로 분기하여 필요한 작업을 수행하지만, n번째 레코드까지 비교해도 같은 키값이 없으면 unfound 루틴으로 분기하여 적절한 작업을 행하여야 한다. 여기서 찾으려는 레코드가 발견되지 않으리라는 확신은 n번째 레코드의 키값과 비교할 때까지는 알 수 없다.

2) 순차 검색의 평균 검색장

파일 내의 특정 레코드를 찾기 위한 비교 횟수를 검색장(search length)이라고 한다. 일반적으로 순차 검색 방법의 성능을 잘 나타내는 것은 검색 단위 동작의 평균 비교 횟수, 즉 평균 검색장(average search length)이다. 평균 검색장은 각 검색 동작에 필요한 비교 횟수의 총합을, 검색을 요구한 전체 횟수로 나누어 산출하며, 여기서 임의 레코드 R_i는 그 레코드에 접근하는 확률 P_i를 갖는다고 하자. P_i는 예측하기가 모호하므로 n개의 레코드 각각이 나타나는 확률이 같다고 가정하면 레코드 R_i의 확률값은 1/n이 된다.

성공적으로 검색이 수행되었을 때, 키의 평균 검색장 L은 식 (8-1)과 같다.

$$
\begin{aligned}
L &= \sum_{i=n}^{n} i \cdot P_i \\
&= 1 \cdot \frac{1}{n} + 2 \cdot \frac{1}{n} + 3 \cdot \frac{1}{n} + \cdots\cdots + (n-1) \cdot \frac{1}{n} + n + \cdot \frac{1}{n} \\
&= \frac{1}{n} \sum_{i=1}^{n} i = \frac{1}{n} \cdot \frac{n(n+1)}{2} \\
&= \frac{n+1}{2} \qquad (8\text{-}1)
\end{aligned}
$$

이와 같이 전체 수행 빈도는 O(n)이 된다.

3) 순서 파일인 경우의 순차 검색

성공하지 못한 검색의 경우, 파일 전체를 검색한 후에 존재하지 않는 것을 알 수 있다. 만일 레코드의 배열이 키 순서대로라면 찾고자 하는 레코드의 존재 여부는 중도에서도 판단될 수 있을 것이다. 다음의 오름차순인 순서 파일인 경우의 순차 검색 알고리즘은 다음과 같다.

[알고리즘 8-3] 순서 파일의 순차 검색

```
procedure ORD_SEQSRCH(F, i, K)
   i ← 1
   WHILE K ≠ Ki DO
       if K < Ki then unfound
       i ← i + 1
   end
end ORD_SEQSRCH
```

순서 파일이 비순서 파일보다 평균 검색 시간이 $\frac{1}{2}\log_2 n$배 빠르다고 한다.

4) 개선된 순차 검색

순차 검색의 검색 효율을 높이기 위한 방법으로 전진 이동 처리법과 전위법이 있다. 전진 이동 처리법(move to front method)은 레코드의 집합에서 검색 대상 레코드가 검색되면 그 레코드를 표나 파일로 구성된 리스트의 맨 앞으로 이동시키고 다른 레코드를 하나씩 뒤로 이동한다. 이 방법은 한 번 검색된 레코드는 다시 검색될 가능성이 높으므로 재검색의 가능성이 높은 레코드들을 앞으로 이동함으로써 순차 검색의 효율성을 증가시킬 수 있다.

전위법(transposition method)은 특정 레코드가 집중적으로 검색 대상이 되는 지역성이 거의 없는 균등한 검색 확률을 가지는 레코드 리스트에 적합한 검색 방법이다. 따라서 검색에 성공한 레코드들을 반드시 그 앞의 레코드와 위치를 바꾸어 빈번하게 검색 대상이 되는 레코드만 리스트의 앞에 놓이게 된다.

8.2 제어 검색

파일이 일정한 순서로 배열되어 있다면, 어떤 특정 레코드를 빠르게 찾을 수 있을 것이다. 즉 i번째 레코드의 키 K_i와 주어진 키 K를 비교하면, $K>K_i$, $K=K_i$, 그리고 $K<K_i$의 세 가지 상태 중 어느 한 상태임을 알 수 있다. 이러한 세 가지 정보를 다음에 비교할 자료를 선택하는 기준으로 이용하는 방법이 제어 검색(controlled search)이다. 제어 검색에는 비교할 키를 선택하는 방법에 따라 이분 검색, 피보나치 검색 및 보간 검색으로 나눌 수 있다.

8.2.1 이분 검색

특정 순서로 배열된 순차 파일을 검색하는 방법 중에서 가장 많이 알려진 방법은 이분 검색(binary search)이다. 이 방법은 순차 검색처럼 파일의 처음부터 끝까지 하나 하나씩 찾는 것이 아니라 파일 중앙에서부터 검색을 시작한다.

예를 들어 어떤 파일의 키값이 오름차순으로 배열되어 있다고 가정하자. 그러면 파일 순서상 중앙 레코드의 키 K_m과의 비교 결과에 따라 다음 결론 중 하나를 얻을 수 있을 것이다.

① $K < K_m$이고 찾고자 하는 레코드가 이 파일에 있다면 그것은 이 파일에서 키값이

K_m보다 작은 반대쪽 파일에 있을 것이다.

② K = K_m이라면 중간 레코드가 찾고자 하는 레코드이다.

③ K > K_m이고 찾고자 하는 레코드가 이 파일에 있다면 그것은 이 파일에서 키값이 K_m보다 큰 반대쪽 파일에 있을 것이다.

비교 후에 검색이 완료되지 않으면 검색해야 할 나머지 파일의 크기는 순차 검색에서는 원래보다 단지 하나만 감소하는 데 비해 이분 검색은 원래 크기의 반 가량으로 줄어든다. 따라서 첫 번째 키 비교 후에 검색될 파일의 크기는 레코드 수가 n이라면 최대로 n/2이고 k번 비교 후의 최대로 n/2k이다.

레코드 R_1, R_2, …, R_n을 가진 파일 F는 키값이 $key_1 \leq key_2 \leq \cdots \leq key_n$의 순으로 배열된 순차 파일로서 여기서 K = key_i인 R_i를 이분 검색하는 알고리즘과 순서도는 다음과 같다.

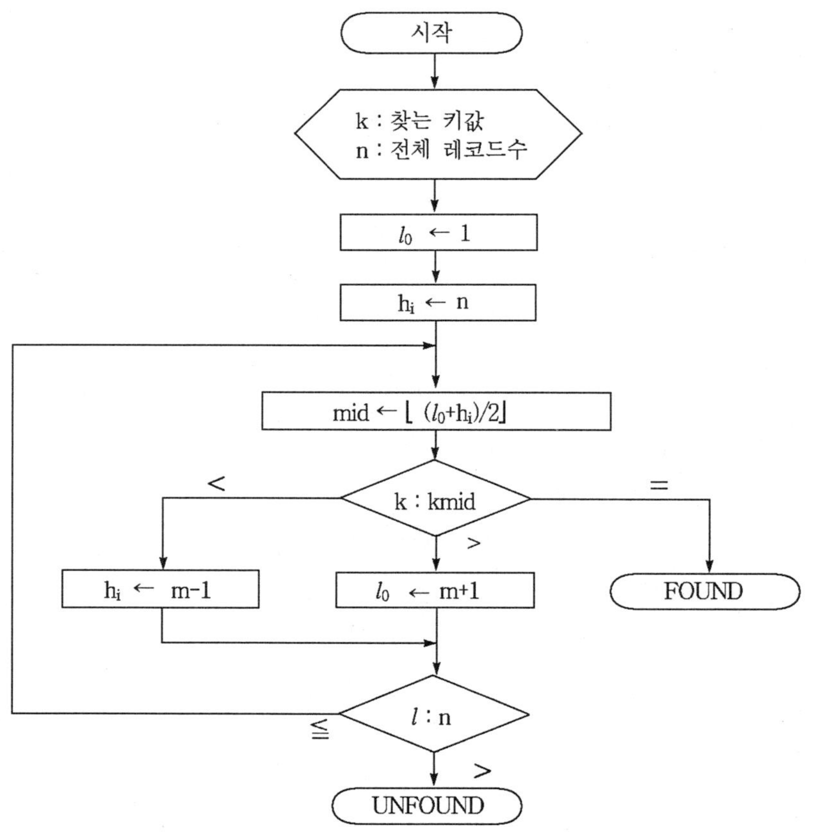

〈그림 8-1〉 이분 검색 순서도

[알고리즘 8-4] 이분 검색 알고리즘

```
procedure BINSRCH(F, n, i, K)
      // 레코드 R1 , …, Rn을 가진 파일 F는 키가 K1 ≤ K2 ≤ … ≤ Kn의
         순으로 정열된 순차 파일인데 여기서 Ki = K인 레코드 Ri를 찾는다.
         단 레코드가 없으면 i = 0으로 된다.
         알고리즘 중에 ℓ은 Kℓ이 K와 같을 수 있는 가장 작은 인덱스이며
          h는 Kh가 K와 같을 수 있는 가장 큰 인덱스이다  //
   ℓ ← l; h ← n
   while ℓ ≤ h do
      m ← ⌊(ℓ+h)/2⌋ // 중간 레코드의 인덱스를 계산 //
      case
         : K > Km : ℓ ← m + 1  // 윗 반쪽에서 찾는다 //
         : K = Km : i ← m; return
         : K < Km : h ←m - 1  // 밑의 반쪽에서 찾는다 //
      end
    end
    i ← 0  // K의 키를 가진 레코드가 없다 //
end BINSRCH
```

[알고리즘 8-4]에서 k는 주어진 키를 값으로 갖는 변수이며, 수행 종료 직후의 함수값은 찾는 레코드의 번호 또는 찾는 레코드가 R에 없음을 나타내는 값 0이다.

예제 8-1 15개의 레코드로 구성된 표가 있다. 이 표에서 키 T를 가진 레코드를 검색하려고 한다. 각 레코드 등은 다음과 같은 키들을 가지고 오름차순으로 정리되어 있다면 검색 과정은 다음과 같다.

번호	1	2	3	4	5	6	7	8	9	10	11	12	13	14	15
키	A	B	D	F	H	I	L	O	P	Q	T	U	W	Y	Z

① 처음에 비교할 대상은 $\ell_0 = 1$, $h_i = 15$이므로 mid = $\lfloor(\ell_0+h)/2\rfloor$에 의해 mid=8인 키 Q의 레코드이다. T > 0이므로 ℓ_0=q이다.

② 다음으로 비교할 대상은 mid=12인 키 U이다. T < U이므로 h=11이다.

③ 다음은 mid=10의 키 Q와 비교하며, 이 결과 Q < T이므로 ℓ_0=11이다.

④ mid=11일 때 키가 일치한다.

이상과 같이하여 주어진 키를 찾을 수 있다. 이러한 과정은 대략 그림으로 나타내면 다음과 같다.

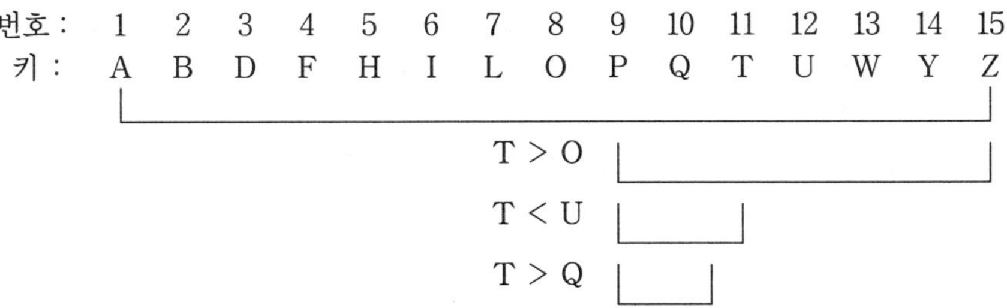

이분 검색이 어떻게 진행되는가를 이해하려면 n=15인 경우, <그림 8-2>와 같은 이진 트리를 연상하는 것이 가장 좋다. 이분 검색이 이진 트리 구조를 검색 수행에 직접 이용하는 것이 아니며, 단지 설명 방법으로 검색 진행 과정을 나타내기 위한 방편이다. <그림 8-2>는 레코드 번호로 나타낸 것이다. 이 이진 트리는 이분 검색을 진행하면서 주어진 키와 비교되는 순서를 경로로 나타내면서 모든 레코드의 키를 작성한 것이다.

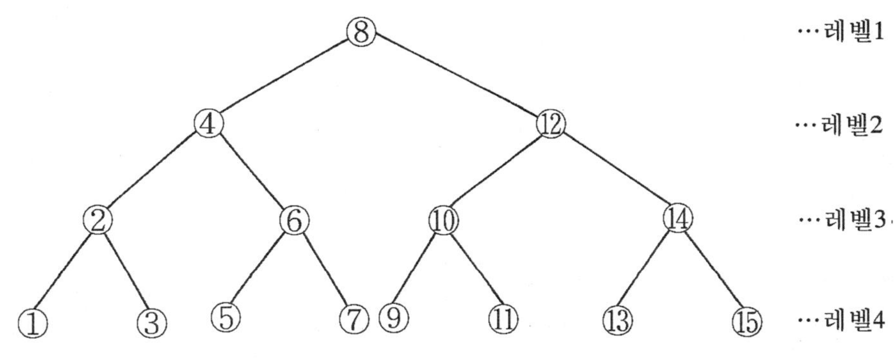

〈그림 8-2〉 이분 검색 비교 순서와 일치하는 이진 트리

이 이진 트리의 근 노드는 맨 처음 비교되는 중간 레코드이며, 좌측 또는 우측 서브 트리의 근 노드 역시 주어진 키의 근 노드와 같지 않을 때 다음으로 비교할 키의 레코드이다. <그림 8-2>의 이진 트리에서 노드 8, 12, 10, 11은 <예제 8-1>의 비교 순서와 일치한다.

이진 트리의 레벨이 이분 검색을 수행할 때 필요한 비교 횟수라는 사실이다. 예를 들어 노드 11의 키 T 레코드를 찾을 때 4회의 비교가 필요하였는데 <그림 8-2>의 이진 트리에서도 노드 11의 레벨은 4이다. 또 다른 중요한 성질은 이진 트리의 깊이가 순서 정리된 파일에서 이분 검색을 할 때 수행하는 최대 비교 횟수와 일치하는 것이다. 레코드의 수

n이 $2^{k-1} \leq n \leq 2^{k}$이면 이분 검색 때 최소 1회, 최대 k회만큼 키를 비교하여야 한다.

그런데 k는 이진 트리의 최대 레벨 수이고 그의 깊이이다. 말하자면 n개의 레코드를 가진 집합 R에서 최대키 비교 횟수는 $(\log_2 n)+1$이다. 예를 들어 <예제 8-1>의 경우 n=15이고 $2^3 < 15 < 2^4$이므로 최대 4회의 비교 작업을 해야 함을 알 수 있다.

n개의 레코드 중 i번째 레코드를 검색하는 확률을 P_i, 레코드의 접근 빈도수를 f_i라 하면 $P_i = f_i / \sum_{i=1}^{n} f_i$이다. 여기서 모든 레코드의 검색 확률이 같다고 가정하면, $P_i = 1/n$이므로 평균 검색장 L은 i번 레코드를 검색하는 데 필요한 횟수를 C_i라 할 때 다음과 같다.

$$\begin{aligned} L &= \sum_{i=1}^{n} C_i \cdot P_i \\ &= \frac{1}{n} \sum_{i=1}^{n} C_i = \frac{\text{전체비교횟수(Cn)}}{n} \end{aligned} \qquad (8\text{-}2)$$

모든 비교 횟수의 합을 정리하면 비교 횟수 1, 2, 3, …, k와 이들 각각에 해당하는 레코드 수의 곱들의 합과 같다. 즉 레벨 i의 수는 2^{i-1}이므로 모든 i에 대한 $i \cdot 2^{i-1}$의 합이다. 이를 전체 비교 횟수 C_n이라 하면 식 (8-3)과 같다.

$$\begin{aligned} Cn &= \sum_{i=1}^{n} C_i = \sum_{i=1}^{k} i \cdot s^{i-1} \\ &= \sum_{i=1}^{k} i \cdot 2^{i-1} \cdot 1 = \sum_{i=1}^{k} i \cdot 2^{i-1} \cdot (2-1) \\ &= \sum_{i=1}^{k} i \cdot (2^{i} - 2^{i-1}) \\ &= \sum_{i=1}^{k} (i \cdot 2^{i} - i \cdot 2^{i-1}) \\ &= \sum_{i=1}^{k} i \cdot 2^{i} - \sum_{i=1}^{k} i \cdot 2^{i-1} \\ &= \sum_{i=1}^{k} i \cdot 2^{i} - \sum_{i=1}^{k} (i-1+1) \cdot 2^{i-1} \\ &= \sum_{i=1}^{k} i \cdot 2^{i} - \sum_{i=0}^{k-1} (i+1) \cdot 2^{i} \\ &= \sum_{i=1}^{k} i \cdot 2^{i} - \sum_{i=0}^{k-1} i \cdot 2^{i} - \sum_{i=0}^{k-1} 2^{i} = (1 \cdot 2 + 2 \cdot 2^2 + \cdots + k \cdot 2^k) - \\ &\quad (0 \cdot 2^0 + 1 \cdot 2^1 + \cdots + (k-1) \cdot 2^{k-1}) - (2^0 + 2^1 + \cdots + 2^{k-1}) \\ &= k \cdot 2^k - (2^k - 1) \\ &= 2^k(k-1)+1 \end{aligned} \qquad (8\text{-}3)$$

따라서 식 (8-2)에 대입하면 식 (8-4)와 같다.

$$L = \sum_{i=1}^{n} C_i = \frac{1}{n} \cdot C_n = \frac{1}{n}\{2^k(k-1)+1\} \quad (8\text{-}4)$$

n = 2k − 1이므로 2k = n + 1, k = $\log_2(n+1)$이기 때문에,

$$= \frac{1}{n}\{(n+1)(\log_2(n+1)-1)+1\}$$

$$= \frac{n+1}{n} \log_2(n+1)-1 \text{이다.} \quad (8\text{-}5)$$

모든 노드수가 2_k-1이 아니며, 다른 가정들이 위의 분석에서 에러를 범할 수 있기 때문에 n이 비교적 큰 값이어야 한다. 따라서 식 (8-5)는 다음과 같은 근사값을 받아들이는 것이 일반적이다.

$$L \approx \log_2(n+1) - 1$$

그러므로 이분 검색의 평균 비교 횟수는 대체로 $\log_2 n$에 비례함을 알 수 있다. 이분 검색은 분명히 n이 상당히 클수록 효과를 얻을 수 있는 방법이다. 집합 R의 레코드들을 키의 오름차순 혹은 내림차순으로 정리하는 작업을 필요로 한다.

8.2.2 피보나치 검색

이분 검색과 기본적인 검색의 개념은 비교 대상을 선정하는 기준이 피보나치 수열에 의하므로 피보나치 검색(Fibonacci search)이라고 한다.

$$F_0 = 0,\ F_1 = 1,\ F_i = F_{i-1} + F_{i-2},\ i \geq 2$$

이러한 피보나치 수열은 0, 1, 1, 2, 3, 5, 8, 13, 21, 34, … 등이다. 이 검색의 내용을 좀 더 자세히 설명하면 다음과 같다. 레코드 수 n이 어떤 피보나치수 F_k보다 1만큼 작다고 하자. 즉 $n+1=F_k$이다. 그러면 주어진 키 k와 비교하는 키를 $K_{F_{k-1}}$이라 할 때, 서로 비교하는 결과는 다음과 같다.

① $K = K_{F_{k-1}}$이면 발견된 경우이다.

② $K < K_{F_{k-1}}$이면 검색하려는 레코드는 인덱스 1번에서 $(F_{k-1})-1$번 범위에 있다.

③ $K > K_{F_{k-1}}$이면 검색하려는 레코드는 인덱스 $(F_{k-1})+1$번부터 F_k-1번 범위에 있다.

이와 같이 범위가 결정되면 다음에 비교되는 인덱스 레코드는 ②의 경우 F_{k-2}번 레코드이고 ③의 경우 $(F_{k-1})+(F_{k-3})$번 레코드가 된다. 다음에 제시하는 알고리즘과 순서도는 이러한 내용의 피보나치 검색을 수행하는 것이다. 이 [알고리즘 8-5]는 주어진 키 K와 같은 키를 가진 레코드를 키에 의해 오름차순으로 정리된 집합 R에서 검색하기 위한 것이다. m은 음이 아닌 정수값을 갖는 변수로서 R의 크기 n과 $F_k+m=n+1$의 관계를 갖는다. 이때 $F_{k+1} > n+1$이다. i는 검색이 끝난 후 찾은 레코드의 인덱스 번호를 갖는 변수이며 검색에 실패할 때는 0을 갖는다.

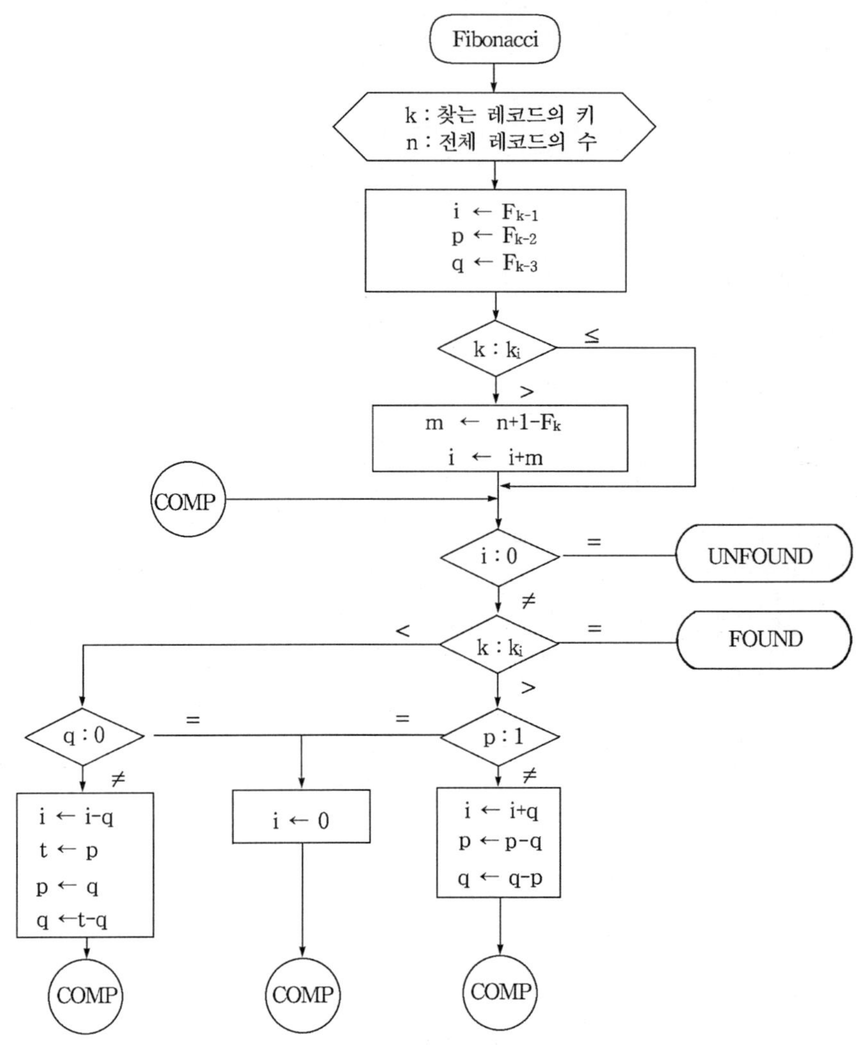

〈그림 8-3〉 피보나치 검색의 순서도

[알고리즘 8-5] 피보나치 검색 알고리즘

```
procedure FIBSRCH(G, n, i, k)
    // 키가 작은 것에서 큰 순서로 정렬된 순차 파일 G에서 키가 Ki = K인
       레코드 Ri를 검색한다. Fk+m = n+1, m≥0, Fk+1 > n+1로 가정하는데
       여기서 n은 G의 레코드 수이다. Fk와 Fk+1은 연속된 피보나치 숫자이며,
       만일 K가 없으면 i는 0의 값을 갖는다 //
  i ← Fk-1 ; p ← Fk-2 ; q ←Fk-3 ; m←m+1−(i+p)
  if K > Ki then [// 오른쪽 서브 파일의 크기가 F가 되도록 i의 값을 정함 //
                 i ← i + m]
  while i ≠ 0 do
      case
        :K < Ki : if q = 0 then i ← 0
                          else [ i ← i− q; t ← p; p ← q; q ← t − q]
        :K = Ki : return
        :K > Ki : if p = 1 then i ← 0
                          else [i ← i + q; p ← p − q; q ← q − p]
      end
  end
end FIBSRCH
```

피보나치 검색의 진행 과정을 이진 트리로 나타내 보면 <그림 8-4>와 같다. 이 그림은 n=20인 경우의 이진 트리이다. n은 F_8-1이므로 처음에 비교할 키는 K_{13}이다. $K < K_{13}$이면 F_{k-2}의 키 K_8과 비교하고, $K > K_{13}$이면 $F_{k-1}+F_{k-3}$의 키 K_{18}과 비교해야 한다.

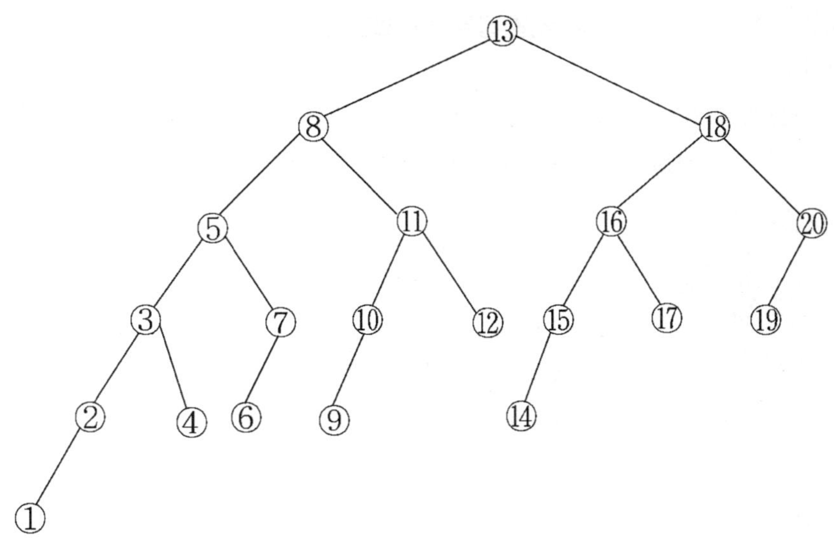

〈그림 8-4〉 n=20인 경우의 피보나치 트리

피보나치 검색은 평균적으로 이분 검색보다 다소 적은 비교 횟수로 동작을 하나 최악의 경우는 더 나쁘다.

8.2.3 보간 검색

처음에 비교할 대상을 선정할 때, 처음부터 주어진 키 k와 일치하는 것이 있을지도 모를 가능한 부분의 키를 택하여 검색을 진행하는 것이 좋을 것이다. 즉 사전에서 'search'의 의미를 찾는다면 's'로 시작하는 단어들이 있는 부분을 펼쳐 찾아가는 것이 바람직한 방법이다. 이러한 개념을 근거로 검색을 진행하는 방법이 보간 검색(interpolation searching)이다.

비교할 키를 선정하는 기준은 다음과 같다.

$$i = \frac{k - k_i}{k_n - k_i} \cdot n$$

여기서 k는 초기에는 추측에 의해 주어지는 찾으려는 키값이며, k_i는 키의 최소값, k_n는 키의 최대값을 의미한다. 물론 n은 레코드의 수를 나타낸다. 레코드 수 n이 500 이상일 때 이진 검색 보다 우수하다. 이 검색 방법의 성능은 파일이나 표의 키들의 분포에 영향을 받는다.

예제 8-2 R = {4, 7, 8, 10, 12, 14, 18}인 경우 14를 보간 검색하는 경우에 첫 번째 검색할 키의 위치를 구하라.

찾고자 하는 키 K는 14이고, 레코드 내의 키의 최소값은 4, 최대값은 18이므로 키의 있음직한 위치 i는 다음과 같다.

$$i = \frac{14-4}{18-4} \cdot 7$$
$$= \frac{10}{14} \cdot 7$$
$$= \frac{70}{14}$$
$$= 5$$

따라서 5번째부터 검색을 한다.

8.3 블록 검색

파일을 몇 개의 블록(block) 단위로 나누어 찾고자 하는 레코드가 어느 블록에 있는가를 판단한 다음, 그 블록 내의 레코드를 선형 검색에 의해 찾는 방법을 블록 검색(block search)이라고 한다.

한 블록이 p개의 레코드를 수행할 수 있으면 집합 R의 레코드들을 보관하기 위해서 $q = \lceil n/p \rceil$ 개의 블록이 필요하다. 이들을 $B_1, B_2, \cdots, B_q$라 하자. 한 블록 내의 레코드들은 일정한 순서로 지정되어 있지 않아도 되나 블록은 어떤 순서로 정리되어 있어야 한다. 또한 그 순서가 오름차순이라면 어느 한 블록의 모든 레코드들의 키값은 그 다음 순서의 어느 블록의 임의의 한 레코드의 키값보다 작도록 되어야 한다. 이 검색의 편의를 위해 각 블록의 레코드들이 가진 키들 중 큰 값의 키들을 모아 하나의 인덱스를 구성한다. 이를 정리하면 다음과 같다.

① q개의 블록들 중 두 블록 B_ℓ, B_m 내의 임의의 키 K_i, K_j는 $\ell < m$이면 $K_i < K_j$이어야 한다. 단 $1 \le \ell < m \le q$이다. 각 블록의 레코드의 수를 N_ℓ, N_m이라 하면 $1 \le i \le N_\ell$, $1 \le j \le N_m$이다.

② q개의 블록이 각각 최대의 키들을 $K_{B_1}, K_{B_2}, \cdots, K_{B_q}$라 하면 인덱스 I는 이들을 순서 있게 정리한 집합이다.

$I = \{ K_{B_1}, K_{B_2}, \cdots, K_{B_q} \}$
단, $K_{B_1} < K_{B_2} < \cdots < K_{B_q}$이다.

주어진 키 K를 갖는 레코드를 검색하려면 먼저 인덱스 I를 조사하여 그 키 K의 레코드가 있음 직한 블록을 정하고, 그 블록 내의 레코드들의 키와 K를 비교해 간다. 다시 말하면 인덱스의 키들과 비교하여 $K_{B_{i-1}} < K < K_{B_i}$이면 K를 가진 레코드는 블록 B_i의 레코드의 키들과 비교하여 원하는 레코드를 찾는다.

예제 8-3 다음과 같은 15개의 키를 가진 레코드들이다. 이들을 크기 4인 블록에 나누어 저장하고 블록 검출을 한다고 가정하자. 이때 블록과 인덱스의 구성이 다음과 같을 때 레코드 38을 찾는 과정을 살펴보자.

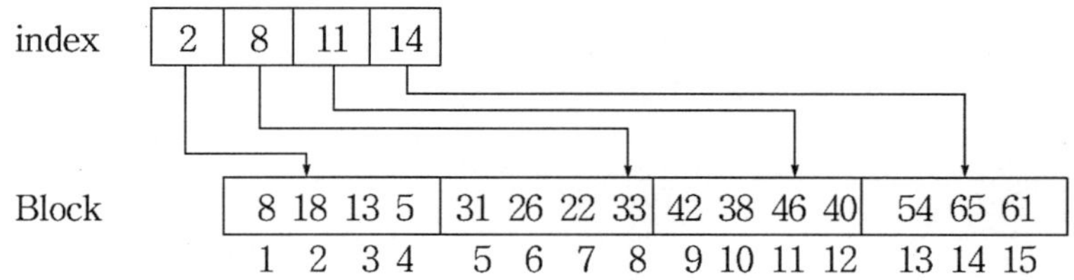

키 '38'의 레코드를 찾으려면, 먼저 인덱스를 통해 첫 번째 블록의 18과 비교한다. 18 < 38 이므로 두 번째 블록의 33과 비교한다. 역시 33 < 38이므로 세 번째 블록의 레코드들 중 '46'과 비교한다. 38 < 46이므로 세 번째 블록의 레코드들 중 '46'의 레코드를 제외한 나머지 3개의 레코드의 키들과 비교한다. 그러면 번호 10의 '38'을 찾을 수 있다.

그러면 블록 검색의 과정을 분석해 보자. 블록 검색은 크게 두 작업으로 나누어 볼 수 있다. 첫째는 블록을 결정하기 위해 인덱스를 조사하는 일이고, 둘째는 블록 내에서 원하는 레코드를 찾는 일이다. 따라서 평균 검색장 L은 블록을 결정하기 위한 평균 비교 횟수 L_b와 블록 내에서 레코드를 찾는 평균 비교 횟수 L_w의 합으로 산출된다.

$$L = L_b + L_w \qquad (8\text{-}6)$$

집합 R의 레코드를 검색하는 확률이 모두 같다면 한 블록을 검색하는 확률과 블록 내의 한 레코드를 찾는 확률은 각각 1/q, 1/s이므로 L_b, L_w는 다음과 같다. 이때 q는 블록의 개수이고 s는 블록당 레코드의 수를 나타낸다.

$$L_b = \frac{1}{q} \sum_{i=1}^{q} i \tag{8-7}$$

$$L_w = \frac{1}{s} \sum_{i=1}^{s-1} i \tag{8-8}$$

여기서 L_w에서 상한이 s−1로 표시되는 것은 블록의 최대값을 확인할 때 1개의 레코드는 먼저 검토가 되기 때문이다. 따라서 식 (8-6)에 식 (8-7), (8-8)을 대입하면 블록 검색의 평균 검색장은 다음과 같다.

$$\begin{aligned} L &= \frac{1}{q} \sum_{i=1}^{q} i + \frac{1}{s} \sum_{i=1}^{s-1} i \\ &= \frac{1}{q} \cdot \frac{q(q+1)}{2} + \frac{1}{s} \cdot \frac{s(s-1)}{2} \\ &= \frac{q+1}{2} + \frac{s-1}{2} = \frac{q+s}{2} \end{aligned}$$

그런데 q=n/s이므로 이것을 대입하면 다음과 같다.

$$L = \frac{n/s+s}{2} = \frac{1}{2} \cdot \frac{n+s^2}{s}$$

여기서 L이 최소가 되기 위해서는,

$$\frac{d}{ds} L = \frac{d}{ds} \left\{ \frac{1}{2} \cdot \left(\frac{n+s^2}{s} \right) \right\} = 0$$

을 만족시키는 S를 구하여야 한다. 여기서,

$$\frac{d}{ds}\left(s + \frac{n}{s}\right) = 0, \quad 1 - \frac{n}{s^2} = 0, \quad s = \sqrt{n}$$

이므로 블록 내의 레코드 $\sqrt{n}$으로 할 경우 L은 최소값을 갖게 된다. 따라서 최소 평균 검색장 L′은 다음과 같이 표시된다.

$$L' = \frac{1}{2} \cdot \frac{n+s^2}{s} = \frac{2n}{2\sqrt{n}} = \sqrt{n}$$

따라서 평균 비교 횟수는 n, s에 영향을 받는다. L은 $s = \sqrt{n}$일 때 최소값을 갖게 되므로 블록 검색은 한 블록당 $\sqrt{n}$개의 레코드를 보관할 때 가장 효율적이다.

8.4 트리 검색

비교적 빠르게 필요한 자료를 찾을 수 있고 레코드의 삽입과 삭제 작업을 효율적으로 수행할 수 있는 다른 방법으로는 이 절에서 설명한 이진 트리를 이용하는 검색 방법(tree search)을 들 수 있다. 이를 위해 특정한 성질을 갖도록 구성하는 이진 트리를 특별히 이진 검색 트리(binary search tree)라고 한다.

파일을 이진 검색 트리 형태로 구성하면 검색 시간이 이진 검색과 같은 $\log_2 n$으로 되고 레코드의 삽입과 제거를 비교적 효율적으로 수행할 수 있다.

이진 검색 트리 T는 각 노드가 1개의 키를 갖는 이진 트리로서 각 노드의 키값은 다음과 같이 구성된다.

① 좌측 서브 트리 노드들의 키값은 근 노드의 키값보다 모두 작다.

② 우측 서브 트리 노드들의 키값은 근 노드의 키값보다 모두 크다.

③ 각 서브 트리 내에서도 ①과 ②는 순환적으로 적용된다.

예를 들어 <그림 8-5>는 {4, 2, 3, 6, 1, 12, 8}의 리스트를 이용해서 이진 검색 트리를 만들어 놓은 것이다.

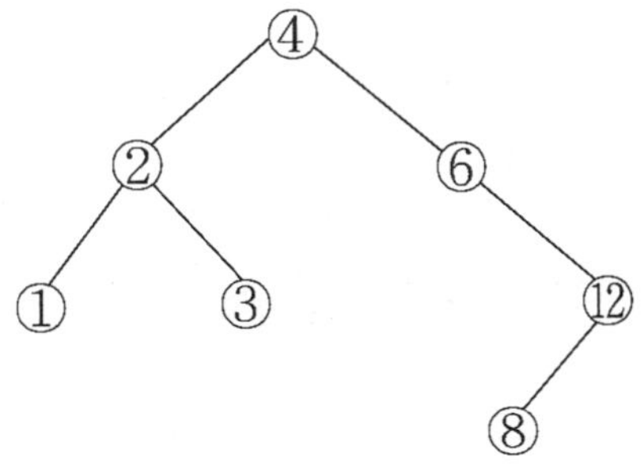

〈그림 8-5〉 이진 검색 트리

키 K를 가진 레코드를 이진 검색 트리 T에서 찾으려면 먼저 근 노드의 키 K_T와 주어진 키 K를 비교한다. 제어 검색과 마찬가지로 이 비교 결과에 따라 다음 순서의 과정을 진행한다. 만일 K와 K_T가 같다면 성공적으로 검색을 하는 것이다. 그러나 K가 K_T보다 작다면 이제 주어진 키 K의 레코드가 좌측 서브 트리 내에 존재할 수 있다고 기대하면서 좌측 서브 트리의 근 노드와 비교하며, K가 K_T보다 크다면 마찬가지의 근거로 우측 서브 트리의 근 노드와 비교하면서 검색을 진행한다.

[알고리즘 8-6]은 이러한 내용을 정리한 검색 알고리즘이다. 이진 검색 트리는 두 링크 부분(llink, rlink)과 하나의 자료 부분으로 된 노드로 표현되었다고 가정한다. 이 알고리즘의 T는 근 노드를 가리키는 이진 검색 트리의 포인터이고, i는 성공적인 경우에 찾는 노드를 지칭하며, 실패한 경우에는 0의 값을 갖는 임시 지역 변수의 포인터이다.

[알고리즘 8-6] 이진 검색 트리 알고리즘

```
procedure TRESRCH(T, i)
   i ← T   // T는 검색 트리의 헤드 포인터 //
   h ← n
   while i ≠ null do
       case
           :K < Ki : i ←llink(i)
           :K = Ki : return
           :K > Ki  : i ← rlink(i)
       end
   end
end TRESRCH
```

순서만 다르고 같은 키값들로 구성된 2개의 키 집합 K와 K′가 있다. 집합 K로 이진 검색 트리 T를 구성하고 K′로 이진 검색 트리 T′를 구성한다.

키집합	입력 순서의 키들										
K	U	Z	J	S	D	G	P	A	M	C	X
K′	M	G	U	J	P	X	C	D	S	Z	A

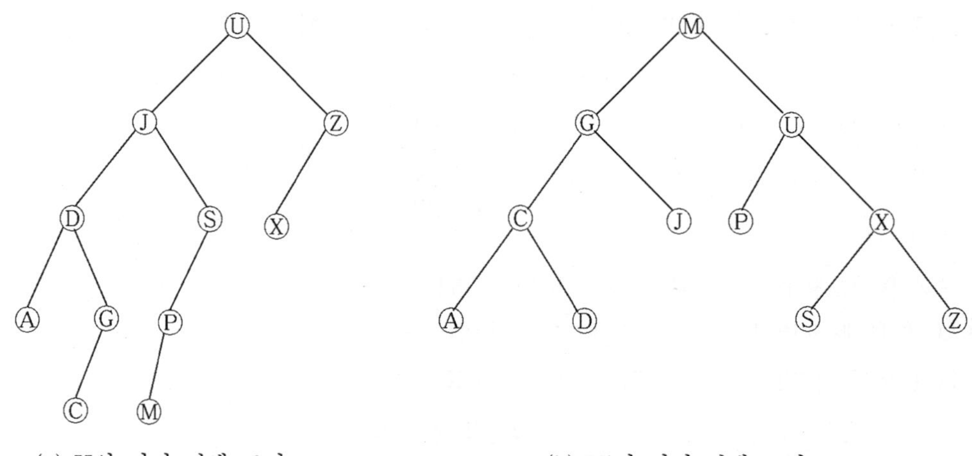

(a) K의 이진 검색 트리 (b) K′의 이진 검색 트리

〈그림 8-6〉 이진 검색 트리

이와 같이 서로 같은 키들로 구성된 2개의 키 집합 K, K′가 이진 검색 트리의 구성 형태에 어떻게 영향을 미치는가를 알아볼 수 있다. 말하자면 키들의 입력 순서가 이진 검색 트리의 성능에 영향을 준다. 레코드의 수가 증가하면 이진 검색 트리의 모양에 따라 더 큰 차이를 나타낼 수 있다. <그림 8-7>의 이진 검색 트리는 트리 검색의 성능을 가장 나쁘게 하는 모양들의 예이다. 이들의 평균 검색 길이는 선형 검색보다 좋지는 않으며, O(n)의 동작으로 필요한 자료를 찾을 수 있다.

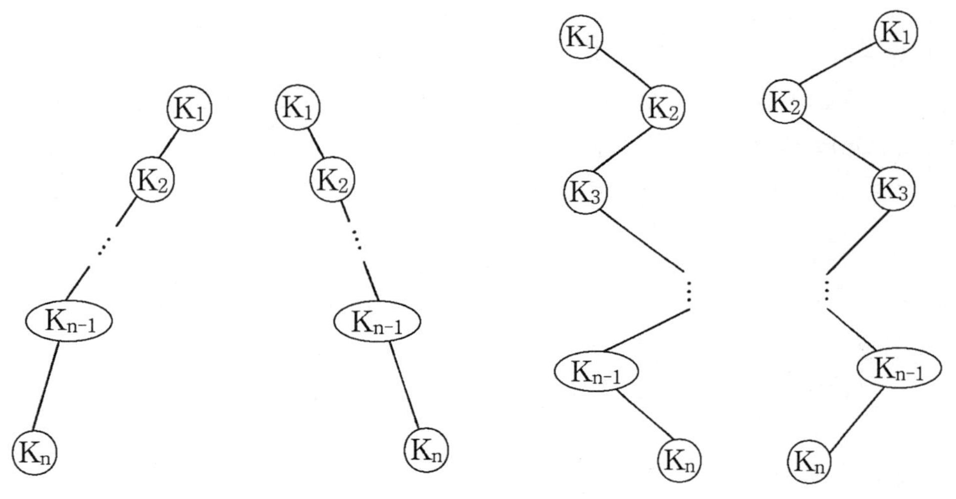

(a) K의 이진 검색 트리 (b) K′의 이진 검색 트리

〈그림 8-7〉 가장 성능이 나쁜 이진 검색 트리

가장 좋은 성능을 가진 이진 검색 트리는 근 노드를 중심으로 좌·우측 서브 트리의 모양이 대칭을 이루고 단 노드들의 레벨이 거의 같을 때이다. 이때의 이진 검색 트리를 균형 트리(balanced tree)라 한다.

균형 트리는 무게 균형 트리(weight balanced tree)와 높이 균형 트리(height balanced tree)의 두 가지 경우로 나눈다. 무게 균형 트리는 각각의 서브 트리에서 노드의 개수가 균형을 이룬 것을 말하며, 높이 균형 트리는 각각의 서브 트리의 균형을 이룬 것이다. 트리 T가 높이 균형 트리이기 위한 조건은 다음과 같다.

① T_L이 T의 좌측 서브 트리의 근 노드라고 하자.

② T_R이 T의 우측 서브 트리의 근 노드라고 하자.

③ T_L과 T_R은 높이가 균형을 이루어야 한다.

④ h_L은 T_L의 높이이다.

⑤ h_R은 T_R의 높이이다.

⑥ $| h_L - h_R | \le 1$이다.

즉, 모든 노드의 좌측 서브 트리와 우측 서브 트리의 높이의 차는 기껏해야 1이다. 높이 균형 트리로서 top-down 2-3-4 트리, red-block 트리 등이 있다. 높이 균형 트리를 유지하기 위해서는 새로운 키가 삽입될 때마다 트리의 균형 여부를 판별해서 불균형 트리가 되면 재균형(rebalancing) 작업을 해야 한다.

트리 검색에 사용하는 이진 검색 트리는 처음의 빈 트리에 저장할 레코드를 하나씩 차례로 입력하여 모든 레코드들을 노드로 갖도록 구성한다. 좀 더 구체적으로 설명하면 i번째 레코드를 입력한 후 새로운 i+1번째의 레코드를 입력하면 먼저 새 레코드의 키를 이용하여 저장될 위치를 결정하여야 한다.

이제는 이진 검색 트리로부터 한 레코드를 제거하는 경우를 생각해 보자. 입력 작업과 마찬가지로 먼저 제거할 레코드를 찾아야 한다. 이후 그 레코드가 터미널 노드 또는 중간 노드인 경우 등을 고려하여 처리하여야 한다. 먼저 한 레코드 x를 제거하는 방법의 개요를 설명하면 다음과 같다.

① x가 터미널 노드이면 그대로 제거한다.

② x가 가지 노드이면, 그의 우측 서브 트리가 없을 때는 x를 하고, 그의 좌측 서브 트리로 x를 대신한다.

③ ②에서 우측 서브 트리를 가지면 중위 운행법으로 x의 후속 노드, 즉 x의 우측 서브

트리 중 키값이 가장 작은 노드를 찾아 x의 우측 서브 트리에서 제거한 후 x를 대신 하도록 한다.

<그림 8-8>은 주어진 한 이진 검색 트리에서 각 경우마다의 제거 작업 결과를 나열한 것이다.

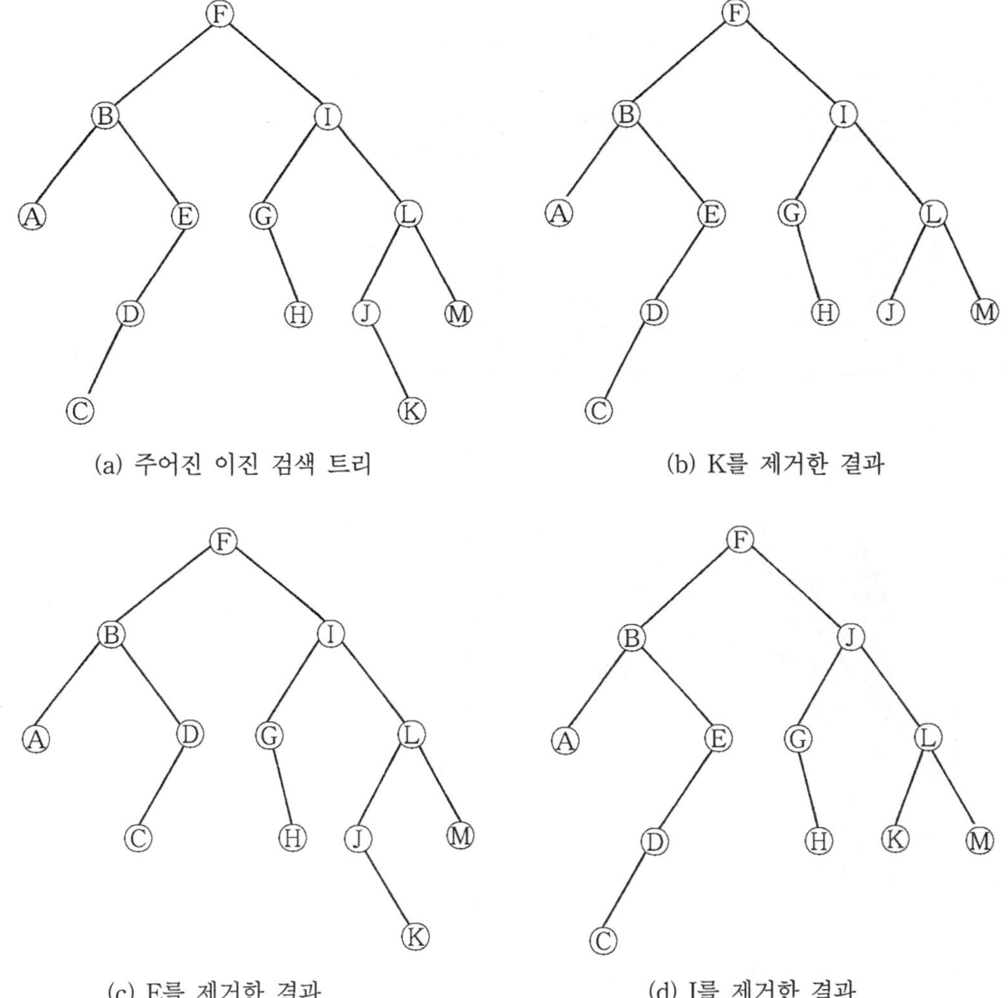

(a) 주어진 이진 검색 트리

(b) K를 제거한 결과

(c) E를 제거한 결과

(d) I를 제거한 결과

〈그림 8-8〉 각 경우별 제거 작업 결과

일반적으로 이진 트리의 평균 검색 길이는 키들을 무작위로 배열하여 구성한 이진 검색 트리에 대하여 계산하거나 또는 키들을 배열 가능한 모든 경우에 대하여 구성할 수 있는 트리들에 대한 평균 검색 길이들로 나타내기도 한다. 즉 평균 검색장 L은 다음과 같다.

$$L \leq 2\log_e n \leq 1.386 \log_2 n \approx 1.4 \log_2 n$$

지금까지 알아본 검색 방법에 대해 요약하여 보면 <표 8-1>과 같다.

〈표 8-1〉 검색 비교 방법 비교

검색 방법	검색 길이	기억 공간	프로그래밍 용이성	장 점
선형 검색	$\frac{n+1}{2}$	n	간단함	프로그래밍이 쉽다.
이분 검색	$\log_2(n+1)-1$	n+2	적당함	속도가 빠르다.
블록 검색	$\sqrt{n}$	n+9	적당함	프로그래밍과 갱신이 쉽다.
이진 트리 검색	$1.4 \log_2 n$	2n	어려움	속도 빠르고 갱신이 쉽다.

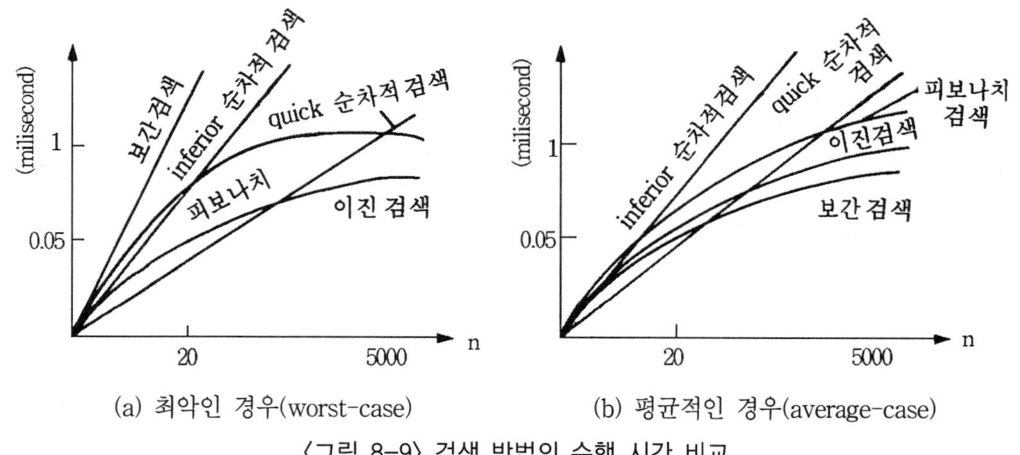

(a) 최악인 경우(worst-case)　　(b) 평균적인 경우(average-case)

〈그림 8-9〉 검색 방법의 수행 시간 비교

8.5 해싱(Hashing)

지금까지 여러 가지 검색 방법들을 알아보았다. 이들은 자료 구조로 구성된 파일이나 표에 대하여 주어진 키와 저장된 레코드의 키들을 비교하여 검색을 수행하는 것이다. 이 절에서는 키를 직접 비교하는 방법이 아닌 다른 방법에 대해 설명하고자 한다.

표나 파일을 구성한 각 레코드 키의 계수적인 성질을 분석하여 레코드의 저장 주소를 산출하고 그것을 그 주소의 기억 공간에 보관하여 같은 과정을 반복하여 주어진 키의 레코드를 검색하거나 기존 레코드의 제거, 삽입 등을 수행하는 방법으로 기억 공간을 충분히 사용할 수 있고, 시간적으로 아주 우수한 검색법이다. 이것은 해싱(hashing)을 이용하는 방식이다.

8.5.1 해싱의 개념

해싱은 해싱 함수(hashing function)라는 어떤 특정한 규칙에 의하여 주어진 키로부터 해시표(hash table)라고 하는 기억 공간에 그 키의 저장할 주소를 결정하고, 키값을 가진 레코드를 다른 검색 방법과 같이 키를 비교하면서 찾는 것이 아니라, 해싱 함수로 산출한 주소를 바로 접근하는 점이 다르다.

해시표는 레코드를 1개 이상 보관할 수 있는 버킷(bucket)들로 구성된 기억 공간을 말한다. 레코드들을 보조 기억 공간에 저장할 때는 그 공간 내의 주소와 레코드의 키를 한 단위로 해시표에 보관하며, 이 해시표는 주기억 공간에 보관하기도 한다. 해시표의 시작 주소로부터 각 버킷들은 연속된 주소를 가지며, 그 시작 주소를 기준으로 상대 주소(relative address)를 산출할 수 있으므로 이 상대 주소를 이용하여 각 버킷들을 구별하면 편리하다. 해시표의 크기 즉 해시표를 구성한 버킷들의 수를 m이라고 할 때, 각 버킷들의 상대 주소는 0, C, 2C, …, (m−1)C이다. 이때 C는 버킷의 단위 크기이다. 앞으로는 편의상 단위 크기 C를 1이라고 가정하며, 버킷도 특별한 언급이 없는 한 1개의 레코드를 보관한다고 가정한다.

해싱 함수는 키 k에 대한 해시표 내의 버킷 주소를 계산하는 일정한 규칙이다. 이를 함수 h로 표현하면 h(k)는 버킷 주소를 말하며 이를 홈 주소(home address)라고도 한다. 해싱 함수는 키들의 집합을 버킷 주소들의 집합에 대응시킨다는 의미에서 매핑(mapping) 함수라고도 한다. 가장 이상적인 해싱 함수는 키 집합 k의 한 원소와 버킷 주소 집합 B

의 한 원소가 1 : 1 대응 관계를 갖는 것이다. 이러한 이상적인 함수는 실제 환경에서 찾기가 어려우며, 적어도 다음의 두 가지 성질을 만족하여야 한다.

① 계산은 빠르고 쉬워야 한다.

② 임의의 키값을 변수로 하여 계산된 함수값은 다른 어떤 키값으로 계산된 결과와 가급적 중복되지 않는다.

해싱 함수를 구현한 프로그램은 컴퓨터가 갖추고 있는 기계어의 종류와 성능에 따라 다르고, 이 두 성질은 각각 기계적인 요소와 레코드의 키를 구성한 자료를 기반으로 그 주소를 계산하므로 구성 과정, 검색, 입력, 제어 과정과 파생될 수 있는 문제점을 살펴보자.

<표 8-3>은 15명의 성을 기억시키기 위한 해시표 작성용 해싱 함수 계산값이다. 여기서 버킷은 13개로 구성하고, 해싱 함수는 키의 각 바이트의 우측 4바이트의 값으로 이루어진 수치값을 해시표의 크기 13으로 나눈 나머지를 홈 주소로 산출한다. 예로서 HWANG을 <표 8-3>에 따라 하나의 수 '86157'을 만들고, 우측 4바이트를 취한 '6157'을 해시표의 크기 13으로 나누어 8을 구한다. 즉 홈 주소는 8이다.

〈표 8-2〉 알파벳의 EBCDIC 코드값

ZONE	DIGIT BIT	1	2	3	4	5	6	7	8	9
00	0001~0101	A	B	C	D	E	F	G	H	I
01	0101~0101	J	K	L	M	N	O	P	Q	R
10	0001~0101		S	T	U	V	W	X	Y	Z

<표 8-3>에서 LEE와 CHA는 동일한 홈 주소 4를 갖게 된다. 물론 KIM, HWANG, CHOI도 동일한 홈 주소 8을 갖는다. 이와 같은 홈 주소를 갖는 레코드의 집합을 유사 레코드(synonym record)라고 부르고, 서로 다른 키가 같은 홈 주소를 가질 때 즉 $h(k_1)=h(k_2)$일 때는 충돌(collision) 혹은 클래시(clash)라고 한다. 유사 레코드는 버킷에 빈자리가 있는 한 보관할 수 있다.

그러나 어떤 레코드는 별도의 방법으로 처리해야 한다. 레코드를 보관할 수 없는 경우를 과잉 상태(overflow)라고 한다. 크기가 1이면 충돌이 되는 동시에 과잉 상태가 된다. 따라서 <표 8-3>에서 LEE와 CHA는 충돌을 유발하여 버킷의 크기가 1이면 CHA는 과잉 상태가 되며, 만약 버킷의 크기가 2이면 보관할 수 있기 때문에 과잉 상태는 아니다.

〈표 8-3〉 입력되는 키들과 그들의 해싱 함수값

번호	키	변환된 수	13으로 나눈 수(홈 주소)
1	HONG	8657	12
2	KIM	294	8
3	LEE	355	4
4	SONG	2657	5
5	PARK	7192	3
6	HWANG	86157	8
7	KWACK	26132	9
8	CHOI	3869	8
9	SHU	284	11
10	SUNG	2457	0
11	SHIN	2895	9
12	YOON	8665	7
13	JUNG	1457	1
14	HAN	815	9
15	CHA	381	4

<그림 8-10>은 슬롯을 2개 사용하였으므로 버킷의 크기는 2이다. 이것은 <표 8-3>의 해시 표의 구성 결과를 나타낸다.

home address 1	JUNG	
2		
3	PARK	
4	LEE	CHA
5	SONG	
6		
7	YOON	
8	KIM	HWANG
9	KWACK	SHIN
10		
11	SHU	
12	HONG	
13	SUNG	
오버플로 공간	CHOI	HAN

〈그림 8-10〉 〈표 8-3〉의 해시표 구성 결과

<그림 8-10>에서 'KWACK'은 h(KWACK)=q이므로 'SHIN'과 충돌이 되지만 버킷의 빈 자리가 있어 저장할 수 있으나, 다음의 'HAN'은 h(HAN)=q이지만 이미 홈 주소 q번지 버킷에는 다른 레코드들이 보관되어 있어 보관할 자리가 없으므로 충돌인 동시에 과잉 상태가 된다.

과잉 상태를 유발한 레코드는 별도의 방법으로 보관하여야 한다. <그림 8-10>의 화살표는 과잉 상태를 유발한 레코드를 보관한 버킷을 가리키는 포인터이다. 결국 충돌이나 과잉 상태는 해싱의 검색 속도를 떨어뜨리는 결과를 초래한다. 그러므로 해싱 함수는 레코드들을 해시표 내의 전 공간에 고르게 저장할 수 있어야 하고, 충돌이 가능한 한 발생하지 않는 것이어야 한다. 또한 충돌이나 과잉 상태를 유발한 레코드들을 효율적으로 취급할 수 있는 방법도 모색해야 한다.

8.5.2 해싱 함수의 종류

가장 이상적인 해싱 함수는 키 집합 k와 한 노드의 홈 주소의 버킷 집합 B가 1 : 1의 대응 관계를 갖는 것이다. 그러나 실제 이러한 이상적인 경우는 찾기가 힘들다. 대체로 해싱 함수를 적용하는 과정은 다음과 같이 세 단계로 나누어 볼 수 있다.

① 키를 해싱 함수의 입력값으로 정리한다.
② 정리된 입력값에 대한 해싱 함수의 값을 계산한다.
③ 계산한 값이 해시표의 정해진 범위의 값이 아니면, 그 범위의 값으로 조정한다.

그러면 해싱 함수의 종류에 대해 알아보자.

1) 제산(Division) 방법

이 방식은 키값을 필요한 해시표 중에서 어느 한 수를 나눈 나머지를 홈 주소로 하는 것이다.

$$h(k) = k \bmod q$$

여기서 k는 키, q를 해시표의 크기 이하로 하고 mod는 modulo 연산자를 나타낸다. 또 h(k)로 결정되는 주소의 범위는 $0 \leq h(k) \leq q$이다.

q 선택시 세심한 주의가 필요하다. 왜냐하면 q를 잘 선택함으로써 충돌의 발생을 줄

일 수 있기 때문이다. 만일 q가 2의 배수라면 짝수 값의 키는 짝수의 홈 주소를, 홀수 값의 키는 홀수의 홈 주소를 가지므로 표의 사용이 편중된다. 또 q가 3의 배수인 경우, 서로 다르나 같은 문자들로 구성된 AB나 BA는 12와 21이 되어 같은 3으로 해시표에 저장되므로 충돌을 유발한다. 그리고 기억 공간에 어떤 기준으로 저장하느냐에 따라 달라진다. 만일 키의 길이가 6바이트라고 가정하고 'XA'를 저장한다면 <그림 8-11>과 같이 두 형태가 될 것이다.

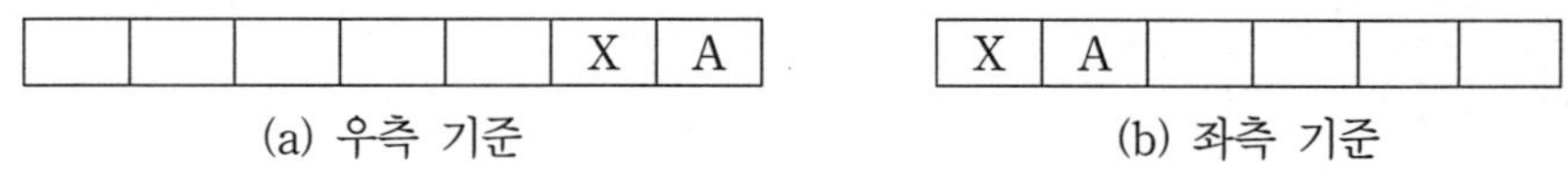

(a) 우측 기준 (b) 좌측 기준

〈그림 8-11〉 키값의 표현 형태

<그림 8-11>의 (b)의 경우 길이가 짧은 키들은 모두 0000으로 같은 홈 주소를 가지므로 굉장히 나쁜 결과를 초래한다. 이러한 문제점들은 q를 소수(prime number)로 택함으로써 극복된다. 컴퓨터의 자소수(64, 256 등)를 r로 하고, k, a는 어떤 작은 정수인 값 rk ±a로 나누어 떨어지지 않는 소수를 q로 선택하는 것이 모든 경우에 가장 무난하다.

2) 제곱 방법(Mid-square)

키값을 제곱시켜 그 제곱한 값의 중간 부분부터 몇 비트를 취하여 번지로 채택하는 방법이다. 여기서 비트 단위를 r자릿수로서 정하면 표현할 수 있는 개수는 2이므로 해시표의 크기도 2의 거듭제곱으로 할 수가 있다.

0 n − 1 × 0 n − 1 = 0 2n − 1

K

k비트를 취하여 해시표 내의 번지를 가지고 취하는 것이다.

3) Folding

이 방식은 키를 여러 부분으로 나누고, 각 부분의 값을 모두 더하거나 혹은 보수 값을 취해 더하여 홈 주소를 얻는 것이다. folding법은 각 부분별로 우측 끝을 맞추어 더한 값을 홈 주소로 하는 fold shifting 방식과 각 부분의 경계선을 접어 역으로 정렬하여 더하는 fold boundary 방식이 있다.

먼저 fold shifting을 설명하면 shift시킨 각 부분의 우측 끝 부분을 일치시켜 더한 값을 해시 번호로 취하는 방법은 다음과 같다.

1	2	3	2	0	3	2	4	1	1	1	2	2	0

여기서 다시 5개의 부분으로 나누면 다음과 같다.

p_1	1	2	3	p_2	2	0	3	p_3	2	4	1	p_4	1	1	2	p_5	2	0

이것을 우측 끝을 맞추어서 더하면 다음과 같다.

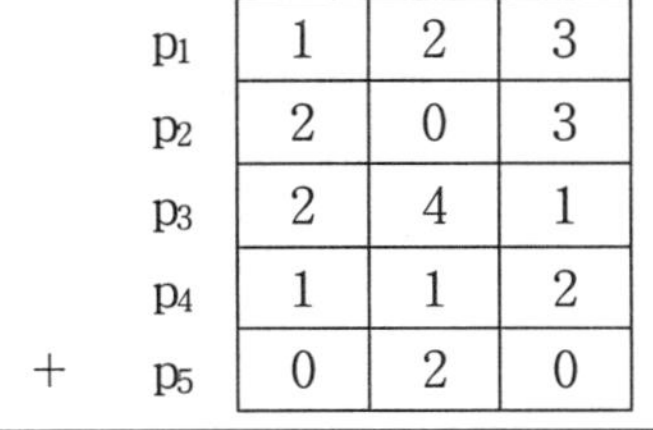

	p_1	1	2	3
	p_2	2	0	3
	p_3	2	4	1
	p_4	1	1	2
+	p_5	0	2	0
		6	9	9

6 9 9 : 해시 번지이다.

나누어진 부분들간에 접촉될 때 하나 건너의 부분값들을 역으로 정렬해서 더하는 값을 해시 번지로 취급하는 방법이다. 위의 예는 다음과 같다.

	p_1	1	2	3
	p_2	3	0	2
	p_3	2	4	1
	p_4	2	1	1
+	p_5	0	2	0
		8	9	7

8 9 7 : 해시 번지이다.

4) 숫자 분석법(Digit-analysis)

숫자 분석법은 상품 번호나 수로 구성된 키들의 그 수 자체를 주소로 사용하는 것이다. 이 접근 방식은 굉장히 빠르다. 그러므로 백화점에서 상품을 분류할 때 의류가 12이고 남성용은 04, 신사복은 03, 하복은 02로 하였다면 이의 상품 번호는 12-04-03-02가 되며, 이를 12040302 위치에 저장하게 된다. 이 경우 몇 천만 개의 주소를 필요로 하게 되므로 기억 공간의 낭비가 크다. 따라서 이 방식은 기억 공간이 한정이 되어 있다면 그 기억 공간에 적용할 수 있도록 하여야 한다.

단 100개의 기억 공간이 있다면 이들 수중에서 몇 개를 제거하여 000~999 범위에 포함되도록 키의 주소를 변환시켜야 한다.

이 방법은 키를 구성한 수들이 모든 키들 내에서 각 자리별로 어떤 분포를 가지고 있는가를 파악하여 분포가 비교적 고른 자리부터 필요한 자리만큼 택하여 키의 홈 주소를 결정한다. 예로 <표 8-4>를 보자.

<표 8-4> 숫자 분석법의 예

KEY	주소
12 - 04 - 03 - 02	302
12 - 05 - 02 - 01	201
12 - 04 - 04 - 11	411
12 - 05 - 02 - 23	223
12 - 02 - 12 - 05	205

<표 8-4>에서 키들을 살펴보면 각 열에서 많이 보이는 열을 제거하고 고르게 분포된 6, 7, 8열의 값을 취하여 키의 주소로 변환됨을 알 수 있다. 이는 가장 균일한 분포를 갖는 숫자만을 선택해야 한다는 원칙을 설명하고 있다. 그러나 이 방법은 모든 키들이 이미 알려진 경우에만 사용할 수 있으며, 새로운 레코드가 삽입되어 키의 분포 상태가 변하면 분석을 다시 하여야 한다. 그러므로 삽입과 삭제가 빈번히 요구되는 경우에는 비효율적이다.

5) 진수 변환(Radix conversion)

이 방식은 임의의 진법으로 주어진 키를 다른 진법으로 보고 키를 변환하여 홈 주소를 얻는 것이다. 다시 말하면 어떠한 키가 8진법으로 표현된 것일 때, 이를 11진법으로 표현한 것으로 취급하여 다시 10진법의 수로 변환하여 홈 주소를 얻는다. 이 예는 해시표와 크기가 10^n(n은 양의 정수)이라고 가정한 것이다. 그러면 변환된 키로부터 n자리를 취하여 홈 주소를 사용한다.

예로서 크기가 10000인 해시표에 키가 $(172145)_8$인 레코드를 저장할 홈 주소를 구하면 8진법의 키를 11진법으로 표현한 것으로 보고 10진법의 수로 변환하면,

$$1\times11^5 + 7\times11^4 + 2\times11^3 + 1\times11^2 + 4\times11^1 + 5\times11^0 = 266370$$

이므로 하위 네 자리만 취해 6370을 얻어 홈 주소로 한다.

6) 대수적 코딩법(Algebraic coding)

이 방법은 키를 이루고 있는 각 자리의 비트수를 다항식의 계수로 간주하여, 이 다항식을 해시표의 크기로부터 정한 다항식으로 나누고, 이때 얻은 나머지 다항식의 계수를 홈 주소로 사용한다.

키 k가 $k_1, k_2, \cdots, k_n$으로 구성된다면 식 (8-9)와 같은 다항식으로 본다.

$$P(x)= \sum_{i=1}^{n} k_i \cdot x^{i-1} \qquad (8\text{-}9)$$

해시표의 주소 범위가 $0\sim2^t-1$일 때 식 (8-10)의 다항식을 정한다.

$$D(x) =X^t + \sum_{i=1}^{t} d_i \cdot x^{i-1} \qquad (8\text{-}10)$$

그러면 P(x)를 D(x)로 나눈 나머지 다항식 R(x)를 얻을 수 있다.

$$R(x)= \sum_{i=1}^{t} h_i \cdot x^{i-1} \qquad (8\text{-}11)$$

식 (8-11)로부터 계수$(h_1, h_2, \cdots, h_t)_2$를 키 K의 홈 주소로 한다.

7) 무작위 방법(Random method)

난수 발생 프로그램(random number generator)을 이용하여 난수를 발생시켜 각 키의 홈 주소를 산출하는 방법이다. 이때 주어진 키 K를 난수 계산 프로그램의 초기치로 이용한다.

대개의 프로그램은 난수로 1보다 작은 양의 실수를 산출하므로 해시표의 크기 n을 곱

하여 0~n−1 범위의 값으로 변환하여 이용한다. 만일 충돌이 발생하면 그 다음 난수를 취한다.

8.5.3 과잉 상태의 처리

해싱의 단점 중의 하나인 충돌(collision)은 해싱 함수를 이용하여 번지를 정할 때, 서로 다른 키값을 사용했음에도 불구하고 같은 번지로 연결되는 경우, 즉 $h(k_i)=h(k_j)$ $k_i \neq k_j$이다. 이와 같은 경우를 충돌이라 한다.

모든 키가 같은 주소를 가질 수 있다고 가정할 때, 즉 한 버킷의 크기를 정의할 때 과잉 현상이 일어난다. 이들은 각각 충돌 처리 방법과 과잉 상태 처리 방법에 의하여 처리하여야 한다. 방법 수행상의 차이는 있으나 내용은 유사하므로 여기서는 버킷의 크기가 1인 경우를 중심으로 설명한다.

어느 한 레코드가 충돌을 일으켰다면, 그 레코드의 키 k의 해싱 함수값 h(k)의 주소에는 이미 다른 레코드가 보관되어 있으므로 키 k의 레코드를 저장하기 위하여 다른 기억 장소를 찾아야 한다. 다른 기억 장소를 찾아 레코드를 보관하는 일은 충돌 또는 과잉 현상을 처리한다고 하며, 이 방법에는 다음에 설명하는 여러 가지 방법이 있다. 이 방법들은 레코드를 보관할 새로운 기억 장소를 결정하며 한 번 찾은 기억 장소가 또 여의치 못할 때는 계속해서 또 다른 기억 장소를 찾아야 한다. 이들 기억 장소의 주소를 후속 주소(subsequent address)라고 하며, $h_1(k)$, $h_2(k)$, … 등으로 표기한다. 이에 대해 맨 처음 해싱 함수로 결정한 주소 h(k)를 $h_0(k)$으로 표기한다.

1) 선형 방법(Linear method)

충돌을 해결하는 방법 중에 가장 간단한 방법으로, 이 방법은 충돌이 발생할 경우, 빈 영역이 발견될 때까지 순차적으로 리스트를 계속 찾아서 충돌을 야기시킨 키를 충돌된 영역에서부터 찾아 나가서 첫 번째 빈 영역에 위치시켜서 수행하는 방법을 의미한다.

선형 방법은 $h_0(k)$대신 키 k의 레코드를 저장할 후속 주소로 $h_1(k)=h_0(k)+1$을 선정한다. 다시 $h_1(k)$ 주소에 레코드를 저장할 수 있는지 여부를 확인해야 하며, 빈 자리이면 새 레코드를 저장한다. 그러나 또 다른 레코드가 저장된 곳이면 다음 후속 주소로 $h_2(k)=h_1(k)+1$, 즉 $h_2(k)=h_0(k)+2$를 정하여 같은 작업을 반복하면서 빈 자리를 찾을 때까지 진행한다.

일반적으로 선형 방법은 i번 후속 주소 $h_i(k)$를 식 (8-12)로 정의한다.

$$h_i(k) = h_0(k) + i \ (\text{단}, i = 1, 2, 3, \cdots) \qquad (8\text{-}12)$$

선형 방법은 매우 간단한 방법이나 실제로 구하려면 다음과 같은 경우를 고려하여야 한다.

첫째, $h_0(k)$가 해시표의 맨 마지막 주소이면서 충돌이 일어나는 경우이다. 다시 말하면 충돌이 되면 새 레코드를 보관할 기억 장소를 찾아야 하는데 $h_0(k)$는 해시표의 주소 범위를 넘게 되는 경우이다. 한 가지 해결책으로 해시표가 원형으로 구성되어 있다고 생각하며, 그 $h_0(k)$를 해시표의 처음 주소로 정하여 새 레코드를 저장하도록 시도하는 방법을 생각할 수 있다.

일반적으로 말하면 $h_0(k)+1, \cdots, n-1, 0, 1, \cdots, h_0(k)-1$의 순서를 따라야 한다. 단, n은 해시표의 크기이며 마지막 주소는 $n-1$이다. 그러므로 식 (8-12)의 후속 주소 결정식은 식 (8-13)과 같이 쓴다.

$$h_i(k) = (h_0(k) + i) \bmod n \ (\text{단}, i = 1, 2, 3, \cdots) \qquad (8\text{-}13)$$

여기서는 n은 해시표의 크기이며, 마지막 주소는 $n-1$이 된다.

둘째, 해시표에 보관되어 있는 레코드를 제거하는 경우이다. 제거하는 레코드가 차지한 버킷을 지우는 것만으로는 곤란하다. 레코드를 찾을 때 이 레코드가 충돌을 일으켜 제거하려는 레코드의 다음 자리에 저장되었다면 검색 작업은 제거한 레코드 자리가 빈 곳으로 더이상 작업을 수행하지 않고 끝나므로 찾는 레코드를 그대로 지우는 대신 레코드가 제거된 자리임을 표시하는 부가적인 플래그를 두어 처리하는 것이 바람직하다.

셋째, 해시표의 어느 버킷이든지 레코드가 보관되어 있는지 또는 비어 있는지를 확인할 수 있어야 한다. 효율적으로 그렇게 하려면 특정 플래그를 설정하여야 한다. 그렇게 하려면 해시표를 설정하는 초기에 각 자리가 비어 있음을 표시하도록 특정 플래그를 정리하는 작업을 수행하여야 한다.

이외에도 레코드를 저장하는 해시표의 각 버킷의 크기는 항상 1은 아니므로 실제의 홈 주소의 계산에 이를 고려하여야 한다. 예를 들어, 4바이트의 두 단어를 한 단어로 구성한 해시표가 있다면 그 길이는 8바이트이므로 홈 주소가 α인 버킷의 주소는 $\alpha+1$이 아닌 $\alpha+8$이 그 실제의 주소이다.

레코드의 제거 작업이 비교적 쉽지 않다는 것 외에 선형 방법의 다른 점은 군집(clustering) 현상이다. 서로 다른 두 키 k와 k′가 각각 다른 키들과 충돌을 일으켰을 때 k, k′의 후속 주소들 중 $h_i(k)$와 $h_j(k)$가 같아서 이후의 후속 주소들이 모두 같게 된 경우를 일컫는다.

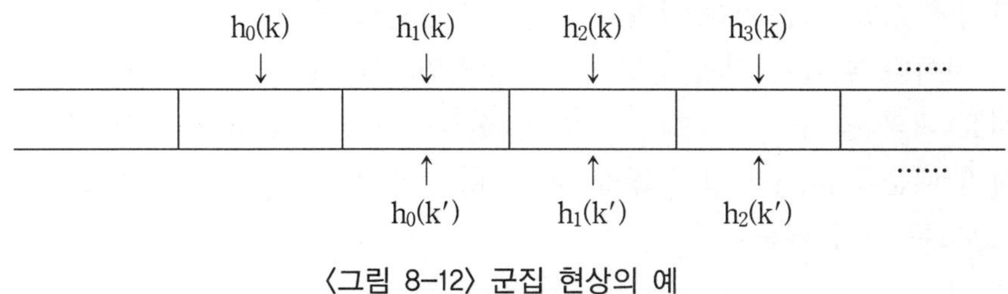

〈그림 8-12〉 군집 현상의 예

해시표의 모든 버킷들이 레코드들로 거의 채워짐에 따라 필요한 레코드를 검색하거나 새로운 레코드를 저장하는데 심각한 영향을 주게 된다. 충돌을 더 일으켜 검색 길이를 증가시키기 때문이다. 이런 현상은 다른 과잉 상태 처리 방법, 예를 들어 난수 처리 방법과 2차 처리 방법을 이용하면 개선될 수 있다.

2) 난수 방법(Random method)

난수 처리 방법은 일정한 순서로 해시표 내의 홈 주소를 후속 주소로 결정하는 선형 방법과 달리 난수 계산 프로그램을 이용하여 해시표의 홈 주소를 택하여 충돌을 해결하는 방법이다. $h_0(k)$의 자리에 다른 레코드가 이미 저장되어 있다면 난수 r_1을 계산하여 $h_0(k)$에 더한 값을 후속 주소로 사용한다. 이 경우 계산된 후속 주소에도 저장되어 있다면 난수 r_2를 계산하여 $h_0(k)$에 더해 결정하며, 빈 자리가 발견될 때까지 같은 방법을 계속 적용해 간다. 이 난수 방법과 후속 주소를 정하는 식은 다음과 같다.

$$h_i(k) = (h_0(k) + r_1) \bmod n$$

3) 2차 처리 방법(Quadratic method)

이 방법은 선형 방법의 clustering 문제를 해결하는 방법이다. 이것은 문제를 야기시킨 키를 충돌이 발생된 위치에서 가급적 먼 자리에 이동시켜서 수행하는 방법이다.

이 방법은 i번째의 후속 주소를 식 (8-14)에 의해 계산하여 결정한다. 단 a, b는 상수이다.

$$h_i(k) = (h_0(k) + a_i + b_i^2) \mod n \text{ (단 } i = 1, 2, 3, \cdots) \tag{8-14}$$

후속 주소를 $h_0(k)$에서 1씩 증가하는 것 외에는 선형 방법과 유사한 개념이다. 특히 n이 양의 정수 j에 대하여 4j + 3의 소수일 때 이 처리 방법은 해시표의 모든 버킷들을 조사할 수 있다.

선형 방법에 대한 난수 처리 방법과 2차 처리 방법의 주안점은 제1군집 현상을 제거할 수 있다는 것이다. 이들은 선형 방법처럼 순차적인 자리의 주소를 후속 주소로 사용하지 않고 해시표 내의 홈 주소를 비교적 임의로 선정하여 충돌을 유발한 레코드들을 분산시켜 저장하기 때문에 i와 j가 같지 않을 때 $h_i(k) = h_j(k')$이더라도 $h_i+1(k) = h_j+1(k')$이 되지 않도록 하기 때문이다.

그러나 이 두 방법은 군집 현상을 완전히 해결하지 못하고 다른 종류의 군집 현상을 내포하고 있다. 이것은 서로 다른 키 k와 k'의 i번째 후속 주소가 끝나면 i+1번째 이후의 후속 주소들은 같은 자리를 지칭하는 제2군집 현상이다. 물론 제1군집 현상은 제2군집 현상을 포함한다. 이 제2군집 현상을 제거할 수 있는 처리 방법은 다음의 2차 계수 처리 방법이다. 식 (8-15)는 제2군집 현상을 표현한 것이며, <그림 8-13>은 제2군집의 한 예를 나타낸 것이다.

$$h_i(k) = h_i(k'),\ h_i+L(k) = h_i+L(k') \tag{8-15}$$

여기서 L은 양의 정수이다.

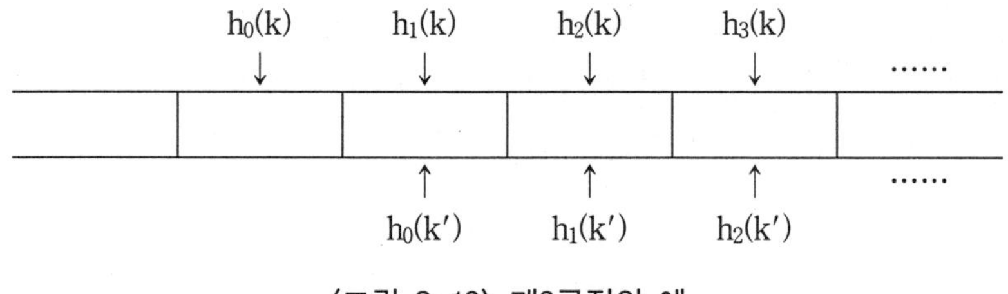

〈그림 8-13〉 제2군집의 예

4) 2차 계수처리 방법(Quadratic quotient method)

이 방법은 식 (8-14)에서 상수 b대신 키 k로부터 산출되는 몫 q(k)를 i^2에 곱하여 후속 주소를 결정한다. 그러므로 서로 다른 2개의 키 k와 k'가 $h_0(k) = h_0(k')$이라도 그들의 몫은 서로 다른 것이며 후속 주소들의 값이 달라진다. 식 (8-16)은 2차 계수 방법을 표현한 것이다.

$$h_i(k) = (h_0(k) + a_i + q(k) \cdot i^2) \bmod n \qquad (8\text{-}16)$$

지금까지 충돌을 유발한 레코드를 처리하는 기법으로 해시표 내의 자리를 한 규칙으로 결정하고 그들을 저장하는 방법들에 관해서 설명하였다.

5) 연결 방법(Chaining method)

이 방법은 충돌이 다른 충돌을 생기게 하는 가능성을 제거시키는 것이다. 이것은 레코드를 저장하는 부분과 포인터를 보관하는 부분을 가진 버킷을 단위로 이루어진 해시표만을 두고 유사 레코드들을 연결 리스트로 구성하여 저장하거나, 해시표와는 다른 기억 공간을 하나 더 설정하여 유사 레코드를 처리하는 것이다. 이들은 각각 직접 연결 기법(direct chaining), 간접 연결기법(indirect chaining)이라고 한다.

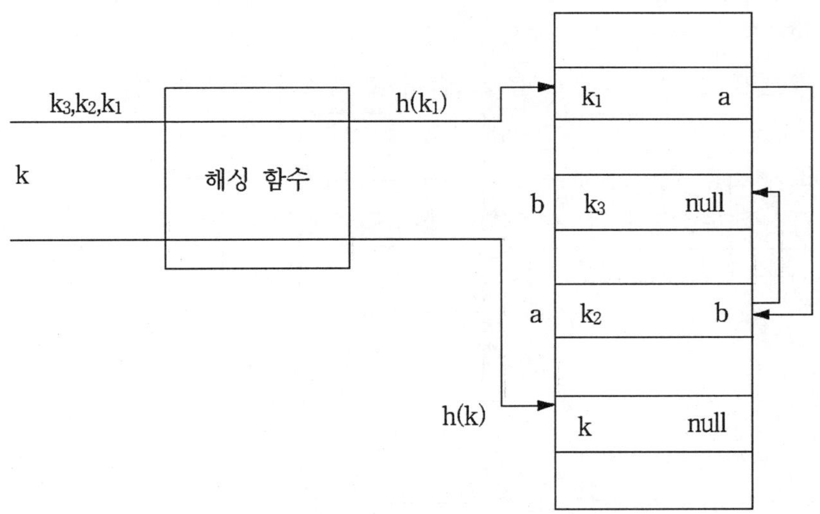

〈그림 8-14〉 직접 연결 기법의 운영 예

<그림 8-14>는 키 k_1, k_2, k_3들이 모두 같은 홈 주소를 갖는다고 할 때 리스트를 구성하는 예이다. 입력 순서상 처음의 키 k_1의 레코드는 해시표의 주소 $h(k_1)$의 버킷이 빈 곳이므로 그대로 저장한다. 다음 순서로 입력되는 키 k_2의 레코드는 이미 해시표의 $h(k_2)$자리를 k_1 레코드가 차지하고 있으므로 다른 버킷을 택하여 k_2 레코드를 저장하고, 그 주소 a를 $h(k_1)$의 링크 부분에 보관한다. k_3 레코드 역시 같은 기법으로 처리한다.

이러한 직접 연결 기법으로 검출과 삽입하는 과정은 다음과 같다.

① h(k)를 계산하다.

② h(k)의 버킷이 빈 것이면 키 k의 레코드를 저장한다.

③ 다른 레코드가 저장되어 있다면, 리스트에서 키 k의 레코드를 찾고, 찾으면 끝낸다.

④ 찾는 키가 없으면, h(k)의 기존 레코드가 리스트의 처음 레코드일 경우 k 레코드는 다른 빈 자리를 찾아 저장하고, 링크를 조정한다.

⑤ 그렇지 않으면 h(k)에 있는 레코드를 빈 다른 버킷으로 옮기고, 그 자리에 k 레코드를 저장한다.

기존 레코드를 옮기는 작업은 ④의 결과로 그 레코드가 원래의 홈 주소가 아닌 장소에 보관되어 있기 때문이며, 다른 빈 버킷을 찾는 일과 링크를 조절하는 일을 수반하여 번거롭고 복잡하다. 이러한 단점을 보완할 수 있는 방법이 간접 연결 기법이다.

<그림 8-15>는 이 방법으로 리스트를 구성한 예를 나타낸 것이다.

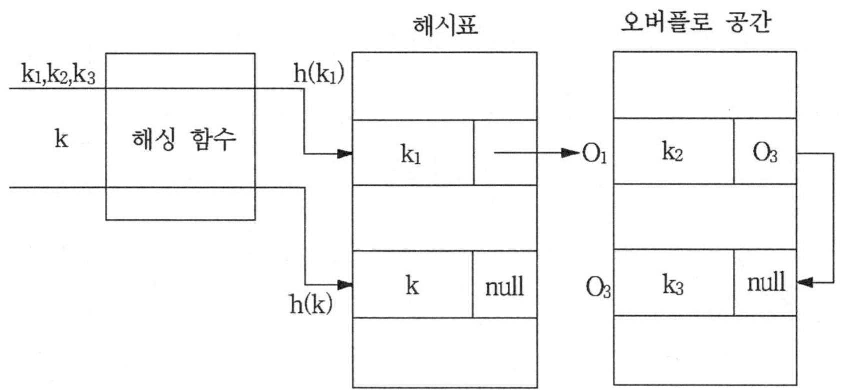

〈그림 8-15〉 간접 연결 기법의 운영 예

키 k_2는 $h(k_1)=h(k_2)$이므로 오버플로 공간의 어느 한 빈 자리를 택하여 k_2 레코드를 저장하고 그 주소 O_1을 $h(k_1)$의 링크 부분에 저장한다. 다음으로 입력되는 k_3도 마찬가지로 처리된다. 이렇게 하여 직접 연결 기법의 기존 레코드를 옮기는 일은 피할 수 있으나, 해시표의 기억 공간을 필요로 한다. 그러나 이것은 해시표의 크기를 작게 하면 큰 단점이 안 될 수 있다.

일반적으로 연결 방법은 리스트의 길이가 길면 키를 찾는 비교 횟수가 증가하므로 본

래의 해싱 검출의 의도를 벗어나 비효율적이며 적당한 해싱 함수를 선택하여 리스트의 길이를 짧도록 해야 한다. 이때 버킷의 크기를 2 이상으로 늘리는 방편을 쓸 수도 있다.

6) 오버플로 공간 처리 방법(Overflow area method)

이 방법은 연결 방법과는 달리 각 버킷에 링크 부분을 두지 않고, 과잉 상태를 유발한 레코드들을 모두 오버플로 공간에 저장하는 단순한 방법이다. 만일 찾는 레코드가 없으면 오버플로 공간의 모든 레코드들을 비교하여 찾아야 하는 단점이 있다. 그러므로 이 방법은 오버플로 상태 발생 확률이 적다고 기대되는 경우에 효율적이며, 레코드들을 자기 디스크의 같은 보조 기억 공간에 저장하는 경우에 사용한다. 때로는 오버플로 공간 전체를 찾는 부담을 줄이기 위해 분산된 오버플로 공간 처리 방법을 쓰기도 한다. 예를 들어 자기 디스크의 각 실린더에 별도의 공간을 설정하고 그 실린더에서 발생하는 과잉 상태의 레코드를 그 곳에 저장한다.

7) 성능 분석

해싱에서 한 레코드에 접근하는 데 필요한 평균 검색 길이를 분석하여 보자. 버킷이 m개가 있고 한 해시표에 n개의 레코드들이 저장되어 있다면 적재율(load factor) α는 n/m이 된다. 여기서 n < m이다. 따라서 검색될 확률이 α라면 이것은 레코드의 위치를 찾기 위해 행해져야 하는 조사(probe)의 확률도 된다.

아무런 비교도 일어나지 않았을 때는 부수적인 비교를 해야 할 확률은 1이다. i번째 비교에서 검색에 성공할 확률은 α^i이며 정확히 i번 비교 후에 레코드의 위치를 찾게 될 확률은 $\alpha^{i-1}(1-\alpha)$이다. 따라서 평균 검색 길이 L은 식 (8-17)과 같다.

$$L=\sum_{i=0}^{n} i \cdot \alpha^{i-1}(1-\alpha)=\frac{1-a}{1-a^2}=\frac{1}{1-a} \qquad (8\text{-}17)$$

예로서 해싱 함수로 고안된 파일에서 적재율은 3/4이고 30,000개의 레코드가 있다면 적재율 α는 n/m이므로 n:m = 3 : 4, n=30,000일 때 버킷은 40,000개가 필요하며 레코드에 대한 평균 검색 길이 L은

$$L=\frac{1}{1-a}=\frac{1}{1-n/m}=\frac{1}{1-3/4}=4$$

와 같이 4가 된다.

과잉 상태 처리시 평균 검색 길이는 달라진다. 이 경우 해시표에 주어진 키의 값을 성공적으로 찾을 때까지의 평균 검색 비교 횟수를 L_s, 주어진 키가 해시표에 있어 찾지 못한 때의 평균 검색 비교 횟수를 L_u라고 한다면 <표 8-5>와 같이 정리 할 수 있다.

<표 8-5> 과잉 상태 처리시의 평균 비교 횟수

과잉 상태 처리 기법	L_s	L_u
선형 방법	$\frac{1}{2}(1+\frac{1}{1-\alpha})$	$\frac{1}{2}(1+\frac{1}{(1-\alpha)^2})$
난수 방법 2차 처리 방법 2차 계수 처리법	$-\frac{1}{\alpha}\log_e(1-\alpha)$	$\frac{1}{1-\alpha}$
연결 방법	$1+\frac{\alpha}{2}$	α

난수 처리 기법과 연결 기법의 산출 과정에 대해서 알아보자. 우선, 난수 처리 기법의 평균 조사 횟수를 산출해 보자. n+1번째 레코드를 저장하기 위해 i번 비교가 필요한 확률 p_i는 식 (8-18)이다 그러므로 이때의 평균 비교 횟수 E_n은 식 (8-19)이다.

$$P_i = \binom{m-i}{n-i+1}\binom{m}{n} \qquad (8\text{-}18)$$

$$E_n = \sum_{i=1}^{m} iP_i \qquad (8\text{-}19)$$

$$E = \frac{1}{n}\sum_{k=0}^{n-1} E_k \qquad (8\text{-}20)$$

따라서 구하려는 평균 조사 횟수 E는 식 (8-20)이다.

그런데 식 (8-18), 식 (8-19)로부터 E_k는 다음과 같이 정리된다.

$$E_k = \sum_{i=1}^{m} iP_i = (m+1) - \sum_{i=1}^{m}(m+1-i)\ \left[\begin{matrix}m-i\\k-i+1\end{matrix}\right] / \left[\begin{matrix}m\\k\end{matrix}\right]$$
$$= (m+1) - \sum_{i=1}^{m}(m+1-i)\left[\begin{matrix}m-i\\m-k+1\end{matrix}\right] / \left[\begin{matrix}m\\k\end{matrix}\right]$$

$$= (m+1) - \sum_{i=1}^{m}(m-k) \left[\begin{matrix} m+1-i \\ m-k \end{matrix}\right] / \left[\begin{matrix} m \\ k \end{matrix}\right]$$

$$= (m+1) - (m-k) \left\{\sum_{i=1}^{m}\left[\begin{matrix} m+1-i \\ m-k \end{matrix}\right]\right\} / \left[\begin{matrix} m \\ k \end{matrix}\right]$$

$$= (m+1) - (m-k) \left[\begin{matrix} m+1 \\ m-k+1 \end{matrix}\right] / \left[\begin{matrix} m \\ k \end{matrix}\right]$$

$$= (m+1) - \frac{(m-k)(m+1)}{(m-k+1)}$$

$$= \frac{m+1}{m-k+1} \qquad (8\text{-}21)$$

식 (8-20), 식 (8-21)을 정리하면,

$$E = \frac{1}{n} \sum_{k=0}^{n-1} \frac{m-1}{m-k+1}$$

$$= \frac{m+1}{n} \sum_{k=0}^{n-1} \frac{1}{m+1-k}$$

$$= \frac{m+1}{n} \left(\sum_{j=1}^{n+1}\frac{1}{j} - \sum_{j=1}^{m-n+1}\frac{1}{j}\right)$$

$\sum_{j=1}^{m} \frac{1}{j} = \log_e m + \upsilon$($\upsilon$는 아주 작은 상수)이므로 다음과 같다.

$$E = \frac{m+1}{n} \{ \log_e(n+1) - \log_e(m-n+1)\}$$

$$= \frac{m+1}{n} \log_e \frac{m+1}{m+1-n}$$

그러므로 m이 클 때는 다음과 같다.

$\frac{m+1}{n} \approx \frac{m}{n} = \frac{1}{a}$이므로

$E \approx \frac{1}{a}\log_e(1-d)$이다. 단, E=Ls (8-22)

과잉 상태 처리 기법으로 연결 기법을 사용하는 해싱 검출을 하기 위해 주어진 키 k의 홈 주소 h(k)에 있는 레코드를 처음 노드로 구성한 리스트의 길이(단, 처음 노드는 제외)가 ℓ이고, 키 k가 그 리스트의 ℓ 중 j 번 ($i \le j \le \ell$) 노드라면 j번 비교를 해야 한다. i번 키 k_i를 검출하기 위해 필요한 평균 비교 횟수는 1 + [(i−1)/m]이다. 따라서 구하는 L_s는 다음과 같이 산출한다.

$$
\begin{aligned}
L_s &= \frac{1}{n}\sum_{i=1}^{n}\left(1+\frac{i-1}{m}\right) \\
&= \frac{1}{n}\left\{n+\frac{1}{m}\sum_{i=1}^{n}(i-1)\right\} \\
&= 1 + \frac{n-1}{2m}
\end{aligned}
$$

여기서 m이 비교적 큰 값이라면 $\frac{n-1}{m} \approx \frac{n}{m} = \alpha$이므로

$$L_s = 1 + \frac{\alpha}{2}$$

이다.

연 / 습 / 문 / 제

8-1 순차적 검색, 블록 검색, 이진 검색에 대해서 다음을 설명하시오.

(1) 특성
(2) 평균 검색장
(3) 장단점

8-2 제어 검색 방법에 대해 서술하시오.

8-3 R = {1, 2, 3, 4, 5, 6, 7, 8, 9, 10, 11, 12, 13, 14, 15, 16}으로 오름차순으로 정렬된 파일에 대한 이진 검색과 피보나치 검색 알고리즘을 이용하여 검색할 때 2, 10의 2개의 키를 찾기 위하여 키들이 서로 비교된 횟수를 구하시오.

8-4 해싱이 키 비교 검색 방법과의 차이점을 기술하고, 해싱의 장단점을 설명하시오.

8-5 해싱에서 폴딩과 난수 방법에 대해 설명하시오.

8-6 해싱에서 오버플로 처리방법을 설명하시오.

8-7 해싱에서 충돌 현상의 해결 방안을 제시하시오.

8-8 해싱 함수의 효율은 어떤 요인에 의하여 좌우되는가를 설명하시오.

8-9 다음 용어를 기술하시오.

(1) collision
(2) synonym
(3) primary key
(4) hash table

8-10 Height-balance 트리의 height를 결정하는 알고리즘을 설명하시오.

제 9 장

정렬(Sort)

일련의 자료들을 필요에 의해서 특정한 항목에 대하여 순서적으로 배열, 처리하는 경우가 일상생활에서 흔히 발생된다. 예들 들면 많은 학생들을 정돈시킬 경우 키가 작은 사람부터 차례로 세우든가, 또는 키가 큰 사람부터 세우든가 하는 두 가지 방법 중의 하나로 일렬로 세우게 될 것이다. 그리고 전화번호나 사전의 항목들이 가나다순으로 배열되어 있어서 사용하기 편리한 것과 같이 자료가 어떤 항목에 대하여 순서 배열되어 있을 때 컴퓨터 내부에서 처리가 편리하게 된다.

이 장에서는 순서 정렬 알고리즘을 이해하기 위한 기본 개념을 소개하고 주기억 장치 내에서 순서 배열에 적당한 여러 가지 내부 순서 정렬 알고리즘을 검토할 것이다. 또한 처리해야 할 자료의 양이 많은 경우에 외부 보조 기억 장치를 활용하는 외부 순서 정렬 알고리즘에 대해서도 살펴보기로 한다.

9.1 정렬의 개념

컴퓨터의 기억 공간 내에 기억된 자료들 중에서 각 레코드의 특정 부분을 키(key)로 하여 키값의 순서로 정리하는 것을 정렬(sort)이라고 한다. 일정한 순서로 배열하는 경우에는 크기가 작은 것부터 큰 순으로 정렬시키는 오름차순(ascending)과 크기가 큰 것에서 작은 순으로 정렬시키는 내림차순(descending) 두 가지 경우가 있다.

정렬은 정렬 장소에 따라 정렬하려는 파일을 주기억 장치 내부에 로드(load)하여 재배열을 완료시키는 내부 정렬(internal sort)과 정렬하려는 파일의 크기가 주기억 장치의 크기만으로 감당하기가 어려울 때 파일 전체를 메모리에 로드할 수 없으므로 보조 기억 장치를 이용하여 정렬을 완료하는 외부 정렬(external sort)로 구분된다. 외부 정렬은 주로 보조 기억 장치의 특성에 따르며 사용자 프로그램의 한 부분으로 내부 정렬 알고리즘과 함께 사용된다.

내부 정렬 알고리즘은 비교에 의한 정렬(comparative sort)과 분산에 의한 정렬(distributive sort)로 구분된다. 비교에 의한 정렬은 2개의 키를 한 번에 비교하고, 또 그 값을 서로 바꾸어줌으로서 수행되며, 분산에 의한 정렬은 키를 여러 부분 집합으로 나누어서 한 부분 집합 내에 있는 항목이 다른 부분 집합에 있는 항목보다 크도록 만드는 것이다. 이와 같은 내부 정렬 알고리즘은 다음과 같이 구분할 수 있다.

① 삽입법 : 단계 i에서 i번째 레코드를 이미 분류된 i−1번까지 중에서 적절한 위치에 삽입시키는 방법이다.

삽입정렬(insertion sort), 셸 정렬(shell sort)

② 교환법 : 비교하고자 하는 각 레코드의 키값들을 한 번에 2개씩 비교함으로써 분류하는 방법이다.

버블 정렬(bubble sort), 퀵정렬(quick sort)

③ 선택법 : 단계 i에서 i번째 가장 큰(가장 작은)레코드를 분류되지 않은 상태에서부터 선택하여 해당 위치에 놓는 방법이다.

히프정렬(heap sort)

④ 병합법 : 많은 자료들을 여러 개로 분리하여 분류된 부분표로 나누어진 것을 하나의 표로 병합하는 방법을 의미한다.

2−원 병합 정렬(2−way merge sort)

⑤ 분배법 : 비교하고자 하는 각 레코드의 키값을 한 번에 한 비트씩 검토하여 분류하는 방법을 말하는데 각 키들의 크기 분배에 상당히 민감하다.

기수정렬(radix sort)

처리해야 할 자료의 양이 너무 많아서 주기억 장치에 모두 저장할 수 없을 경우, 보조 기억 장치에 저장해 놓고 주기억 장치로 불러들여 정렬하면서 다른 보조 기억 장치에 저장하는 외부 정렬 알고리즘은 제한된 주기억 장치를 최대한 활용하기 위해서 보조 기억 장치를 이용하여 분류하는 방법이다. 그 종류로는 다음과 같은 것들이 있다.

① disk sorting

2 − way merge

k − way merge

② tape sorting

균형 병합 정렬(balanced merge sort)

다상 병합 정렬(polyphase merge sort)
캐스케이드 병합 정렬(cascade merge sort)
교대식 병합 정렬(oscillating merge sort)

주어진 상황에 따라서 가장 효과적인 정렬 알고리즘을 선택할 필요가 있다. 먼저 순서 정렬 알고리즘을 선택에 영향을 미치는 요인을 살펴보면 다음과 같다.

① 컴퓨터 시스템의 특성 : 레코드가 저장된 기억 공간이 주기억 장치 디스크, 혹은 드럼, 테이프 등에 따라서 하드웨어 특성을 감안한 알고리즘이 선택되어야 한다.
② 순서 배열해야 할 자료의 양
③ 초기 자료의 배열 상태 : 만일 자료의 배열된 상태를 어느 정도 알 수 있다면 이에 적합한 알고리즘 선택이 가능할 것이다.
④ 키값의 분포
⑤ 키 비교 횟수, 레코드의 이동 횟수, 혹은 필요한 작업 공간의 크기

이상에서 나열한 요인들은 서로 독립된 것이 아니라, 서로 연관성이 있다. 그리고 알고리즘을 분석하는 일은 상당히 어려운 일이다. 모든 상황에 다 들어맞는 알고리즘은 없다. 따라서 어느 알고리즘이 가장 적당한가를 비교하여 효율적으로 이용하여야 한다. 이와 같은 점을 염두에 두고 먼저 내부 순서 정렬 알고리즘부터 살펴보기로 하자.

9.2 내부정렬(internal sort)

내부 정렬에서 가장 간단한 알고리즘은 n개의 자료에 대해 통상 $O(n^2)$의 시간이 소요되며, 이는 정렬하고자 하는 객체의 개수가 매우 적을 때만 유용하다.

내부 정렬 알고리즘은 자료 이동 속도가 빠른 주기억 장치 내에 레코드가 저장된 경우에 적합한 것들이다. 여기서 특별한 언급이 없는 한, 키의 값에 대하여 오름차순으로 정렬함을 전제로 한다. 다시 말하면, 정렬하려면 키 필드를 사용하여 증가하는 순서로 레코드를 배열하는 것이다. 즉 각각의 키값 $k_1, k_2, \cdots, k_n$을 갖는 레코드 $r_1, r_2, \cdots, r_n$이 주어졌을 때 $k_{i1} \le k_{i2} \cdots \le k_{in}$의 순서로 $ri_1, ri_2, \cdots, ri_n$으로 레코드를 배열하며, 여기서 레코드들은 모두 다른 값을 가질 필요가 없다.

내부 정렬 알고리즘의 수행 시간을 평가하는 기준은 여러 가지가 있으나 가장 많이 사용되는 방법은 n개의 레코드를 정렬하기 위해 사용되는 알고리즘의 라인수이다.

9.2.1 삽입 정렬(Insertion sort)

가장 단순한 정렬 알고리즘 중의 하나로서 이미 순서 정렬되어 있는 서브파일에 새로운 1개의 레코드를 입력하여 그 순서를 찾아 삽입시킨다. 삽입된 레코드가 포함된 서브파일은 계속 정렬된 상태를 유지한다. 이때 가상적인 레코드 R_0를 설정해서 여기의 키값을 $k_0=-\infty$로 넣고 시작한다.

레코드 $R_1, R_2, \cdots,\ R_i\ (K_1 \le K_2 \le \cdots \le K_i)$에 레코드 R이 삽입되면 전체 크기 (i+1)개 레코드도 분류된 상태가 되는 것이다.

이 방법은 두 번째 키와 첫 번째 키를 비교하여 순서대로 나열하고, 이어서 세 번째 키를 두 번째 키와 첫 번째 키와 비교하여 순서대로 나열하고 계속하여 n번째 키를 앞의 (n−1)개의 키와 비교하여 알맞은 순서에 삽입하는 것이다. 이 때 1개의 레코드가 삽입될 때마다 삽입된 위치 이후의 레코드들은 한 레코드씩 뒤로 이동되어야 한다. 지금까지 설명한 내용을 정리하면 다음 [알고리즘 9-1]과 같다.

[알고리즘 9-1] 삽입 정렬

```
procedure INSERT_SORT(R, n)
      // 입력 : 정렬되지 않은 n개의 레코드로 구성된 파일 R //
      // 출력 : 키값에 따라 오름차순으로 재배열된 R //
   for j ← 2 to n do
      R ← Rj ; K ← Kj
      i ← j − 1
      while i > 0 and Ki > K do
         Ri+1 ← Ri
         i ← i − 1
      end
      Ri+1 ← R
   end
end INSERT_SORT
```

위의 알고리즘 while문에서 레코드의 삽입할 위치 결정과 레코드 이동을 하게 되는데 최악의 경우 i번 비교하게 되어 연산 시간은 O(i)가 된다. 따라서 별도의 공간을 사용하지 않는 원시 리스트(source list)가 완전히 역순으로 되어 있는 경우의 최악의 경우로 최

대 비교 횟수 C_{max}는 다음과 같다.

$$C_{max} = 1 + 2 + \cdots + (n-1) = n(n-1)/2$$

이미 정렬이 되어 있는 경우인 최소 비교 회수 C_{max}는 (n−1)이므로 평균 비교 횟수는 각 패스별로 중간 정도에서 부분적인 정렬이 완료되었을 경우는,

$$C = C_{max}/2 = n(n-1)/4$$

가 되어 (n−1)개의 레코드를 정렬할 때 삽입 정렬을 이용하면 소요되는 연산 시간 (time complexity)은 $C \approx n^2/4$로 n^2의 함수로 표시되어 $O(n^2)$이 된다.

예제 9-1 n=5인 경우의 입력 레코드를 (5, 4, 3, 2, 1)이라 할 때 삽입 정렬 알고리즘을 적용하여 순서 배열해 보자. 여기서 하나의 필드를 가진 레코드들로서 그 자체가 키라고 한다.

초기 순서 : [5] 4 3 2 1

j = 2 : [4 5] 3 2 1

j = 3 : [3 4 5] 2 1

j = 4 : [2 3 4 5] 1

j = 5 : [1 2 3 4 5]

예제 9-2 n=5인 경우의 입력 레코드가 (2, 3, 4, 5, 1)인 경우에 삽입 정렬을 적용해 보자.

초기 순서 : [2] 3 4 5 1

j = 2 : [2 3] 4 5 1

j = 3 : [2 3 4] 5 1

j = 4 : [2 3 4 5] 1

j = 5 : [1 2 3 4 5]

<예제 9-2>의 경우와 <예제 9-1>을 관찰해 보면 <예제 9-2>의 경우가 키의 비교 횟수나 레코드 이동 시간이 <예제 9-1>의 경우보다 훨씬 짧다. 이처럼 초기 상태의 입력 자료가 부분적으로 순서 배열되어 있는 경우는 위의 insert 알고리즘의 적용이 바람직하

다. 부분적으로 순서 정렬되어 있지 않은 노드수를 k라 하면, 정렬하는데 걸리는 연산 시간은 O(k · n)이 되며, 최악의 경우에는 $O(n^2)$이 됨을 알 수 있다.

9.2.2 버블 정렬(Bubble sort)

버블 정렬은 주어진 파일에서 인접한 2개의 레코드 키를 비교하여 그 크기에 따라 레코드 위치를 교환한다. 즉 첫 번째와 두 번째 키를 비교하여 첫 번째가 두 번째보다 크다면 위치를 교환하고, 다음에 두 번째에 위치한 레코드의 키와 세 번째 키를 비교하여 이러한 작업을 수행한다. 이와 같은 과정을 파일의 마지막 레코드까지 수행했을 때 가장 큰 값의 키를 갖는 레코드가 맨 마지막에 위치하게 된다. 2회전에서는 마지막 레코드는 제외하고 비교, 교환 작업을 수행한다. 레코드의 수를 n이라 할 때 최대 (n−1)회전을 수행해야 한다.

버블 정렬에서는 임의 회전에서 레코드의 교환이 발생하지 않는다면 이미 정렬된 상태이다. 따라서 정렬 수행중에 이미 정렬된 상태 여부를 파악하기 위해서 플래그를 두어 레코드의 교환 여부를 검토함으로써 작업 시간을 줄일 필요가 있다.

그러므로 각 회전을 수행할 때 레코드의 위치 교환이 발생 여부를 나타내는 플래그를 알고리즘에 설정할 필요가 있다. 이것을 완성된 알고리즘으로 나타내면 다음과 같다.

[알고리즘 9-2] 버블 정렬

```
procedure BUBBLE_SORT1(R, n)
      // 입력 : 순서 정렬이 되어 있지 않은 n개의 레코드로 구성된 파일 //
      // 출력 : 키값에 따라 오름차순으로 재정렬된 파일 //
   k ← n
   flag ← 1  // 초기화 : 수행할 수행 횟수와 플래그 초기화 //
   while flag > 0
      k ← k − 1
      flag ← 0
      for j ← 1 to k do
        if Kj > Kj+1 then [Rj ↔ Rj+1; flag ← 1]
      end
   end
```

end BUBBLE_SORT1

예제 9-3 n=5인 경우의 입력 레코드를 (9, 8, 3, 5, 7)이라고 할 때 버블 정렬을 적용해 보자.

초기순서 : 9, 8, 3, 5, 7
1회전(flag = 1) : 8, 3, 5, 7, 9
2회전(flag = 1) : 3, 5, 7, 8, 9
3회전(flag = 0) : 3, 5, 7, 8, 9

위의 알고리즘을 분석하면 while 이하의 과정이 k를 (n−1)에서 1까지 감소시키면서 최대 (n−1)회전 수행된다. 매회전 수행할 때마다 그때의 k값에 따라 키의 비교 횟수가 k번이 된다. 따라서 전체 정렬 시간을 키의 비교 횟수로 나타내면 다음과 같다.

$$\text{키의 총 비교 횟수} = \sum_{k=1}^{n-1} k = \frac{n(n-1)}{2} \approx \frac{n^2}{2}$$

그러므로 전체 정렬 시간은 $O(n^2)$이 된다. 키의 비교 횟수뿐만 아니라 레코드의 교환 횟수에서 레코드가 정확한 위치에 도달할 때까지 계속 레코드의 교환이 이루어진다. 최악의 경우에 키를 비교할 때마다 계속 레코드의 교환이 이루어진다. 따라서 최악의 경우에 총 레코드의 교환 횟수는 n(n−1)/2번이 된다.

예를 들어 정렬되어 있지 않은 입력 레코드를 (8, 3, 4, 9 ,7, 11, 12, 13, 14, 15, 16, 17)라 할 때 버블 정렬하면 수행 과정은 다음과 같다.

① 초기순서

8 3 4 9 7 11 12 13 14 15 16 17

② 1회전

3 4 8 7 ⑨ 11 12 13 14 15 16 17

③ 2회전

3 4 7 ⑧ 9 11 12 13 14 15 16 17

④ 3회전

3 4 7 8 9 11 12 13 14 15 16 17

이와 같은 경우를 자세히 살펴보면 1회전 수행 과정에서 ⑨표 위치 후반에서는 레코드의 교환이 발생하지 않는다. 그러므로 매회전 수행하는 과정에서 레코드 교환이 최종적으로 발생한 위치를 j번째와 (j+1)번째 레코드 사이라면 (j+1)번째 이후의 레코드들은 이미 정렬이 부분적으로 끝난 상태여서 그 이후는 사실상 키를 비교할 필요가 없다. 따라서 매회전 수행시에 이미 정렬되어 있는 위치에 관한 정보를 알려줌으로써 불필요한 비교 횟수를 줄여서 시간을 단축할 수 있다. 이러한 사실을 감안한 개선된 알고리즘은 다음과 같다.

[알고리즘 9-3] 개선된 버블 정렬

```
procedure BUBBLE_SORT2(R, n)
   flag ← n
   while flag > 0 do
      k ← flag−1
      flag ← 0
      for j ← 1 to k do
         if Kj > Kj+1 then [Rj ↔ Rj+1; flag ← j]
      end
   end
end BUBBLE_SORT2
```

예제 9-4 n=5인 경우에 입력 레코드(9, 8, 3, 5, 7)에 대해 개선된 버블 정렬 알고리즘을 적용해 보자.

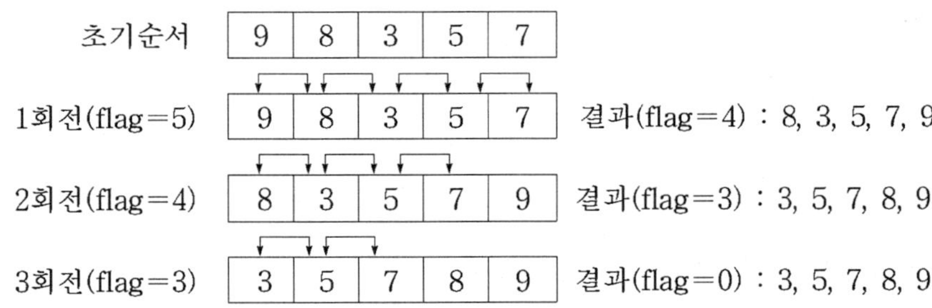

9.2.3 선택 정렬(Selection sort)

선택 정렬의 기본 개념은 아주 간단하다. i번째 패스에서 A(i), ⋯, A(n) 리스트에서 가장 작은 키를 갖고 있는 레코드를 선택하여 이를 A(i)와 교환하는 것이다. i번째 패스 후, 결과로서 정렬된 리스트 A(1), ⋯, A(i)가 얻어지며, 완전한 알고리즘은 다음과 같다.

[알고리즘 9-4] 선택 정렬

```
procedure SELECTION_SORT(R, n);
   for i ← 1 to n−1  do
      R ← Ri ; K ← Ki
      for j ← i + 1 to n do
          if K > Kj then R ← Rj; K ← Kj
      end
      Ri ↔ R
   end
end SELECT_SORT
```

이러한 알고리즘의 비교 횟수는 버블 정렬처럼 수행중 정렬 완료 여부를 검토할 수 없으므로 비교 횟수 C는 다음과 같다.

$$C = (n-1) + (n-2) + \cdots + 2 + 1 = n(n-1)/2 \approx n^2/2$$

위와 같이 n개의 레코드를 정렬하는 데 소요되는 연산 시간(time complexity)은 $C \approx n^2/2$으로 n^2의 함수로 표시되어 $O(n^2)$이 된다.

예제 9-5 n=5인 경우에 입력 레코드(9, 8, 3, 5, 7)에 대해 선택 정렬 알고리즘을 적용해 보자.

초기순서 :	9	8	3	5	7
1회전 :	3	8	9	5	7
2회전 :	3	5	9	8	7
3회전 :	3	5	7	8	9
4회전 :	3	5	7	8	9

9.2.4 쉘 정렬(Shell sort)

쉘 정렬은 삽입 정렬의 개념을 확대하여 일반화한 것이다. 즉 쉘 정렬의 특수한 경우를 삽입 정렬이라고 할 수 있다. 쉘 정렬은 알고리즘이 간단하여 쉽게 프로그램 할 수 있고, 수행 능력도 삽입 정렬보다는 우수하다고 평가된다. 그러나 수행 능력을 자세히 분석하기란 매우 어렵다.

쉘 정렬은 입력 파일을 어떤 매개 변수의 값으로 서브파일을 구성하고, 각 서브파일을 삽입 정렬 방식으로 순서 정렬하는 과정을 반복한다. 이 때 서브파일을 결정하는 매개 변수 H의 값을 점점 감소시키면서 서브파일을 순서 배열하는데 매개 변수의 값을 1로 하는 순간 모든 작업이 끝난다. 따라서 매개 변수의 값이 매우 작아지는 단계에서 이미 부분적으로 정렬된 레코드 수가 많아져서 매우 빠른 속도로 정렬이 이루어진다. 쉘 정렬에 관한 알고리즘은 다음과 같다.

[알고리즘 9-5] 쉘 정렬

```
procedure SHELL_SORT(R, n, H, t)
     // 입력 : 크기 n의 순서 배열되지 않은 파일 //
     //  R = (R1, R2, … , Rn) //
     // 매개 변수 파일 H = (h1, h2, …, ht); h1 = 1 //
     // 출력 : 키값에 대해 오름차순으로 순서 배열된 파일 R //
  for s← t to 1 by −1 do
     h=hs
     for j ← h + 1 to n do
        R ← Rj; K ← Kj; i ← j − h
        while i > 0 and Ki > K do
           Ri+h ← Rj; i ← i − h
        end
        Ri+h ↔ R
     end
  end
end SHELL_SORT
```

쉘 정렬 알고리즘에서 매개 변수 입력 $H = (h_i)$이면 삽입 알고리즘이 된다.

예제 9-6 n=12인 입력 파일 R=(7, 19, 24, 13, 31, 8, 82, 18, 44, 63, 5, 29)와 5개의 매개 변수값 H=(1, 2, 3, 4, 6)이 주어졌을 때 여기에 쉘 정렬 알고리즘을 적용해 보자.

① $h = h_5 = 6$일 때의 정렬 과정이다.

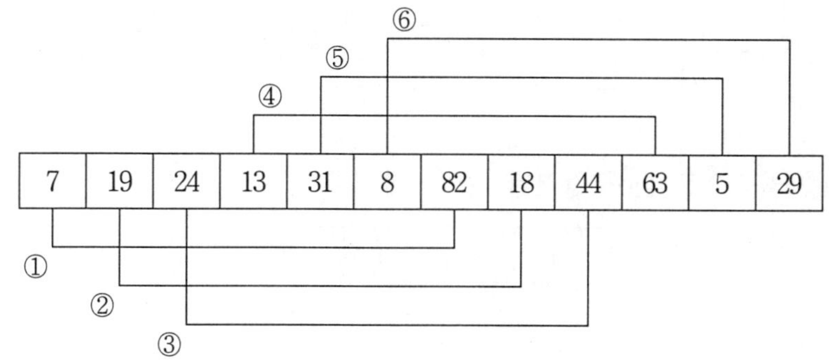

② $h = h_4 = 4$일 때의 정렬 과정이다.

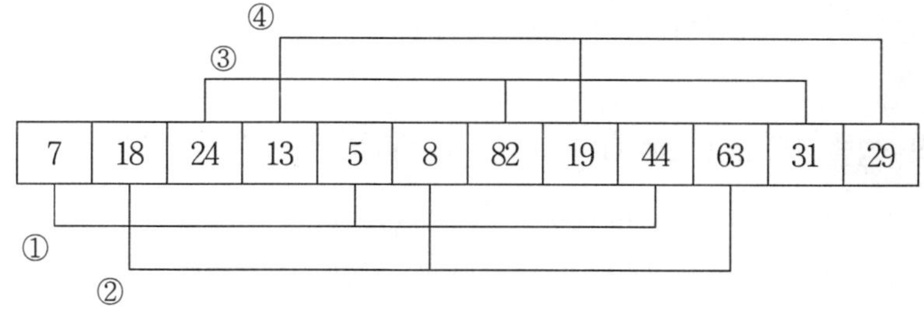

③ $h = h_3 = 3$일 때의 정렬 과정이다.

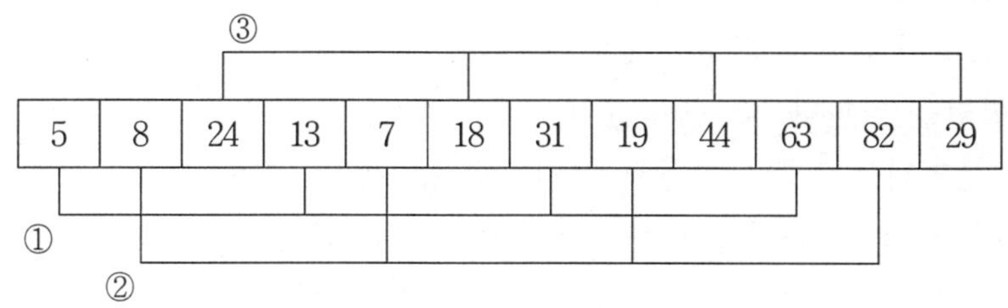

④ $h = h_2 = 2$일 때의 정렬 과정이다.

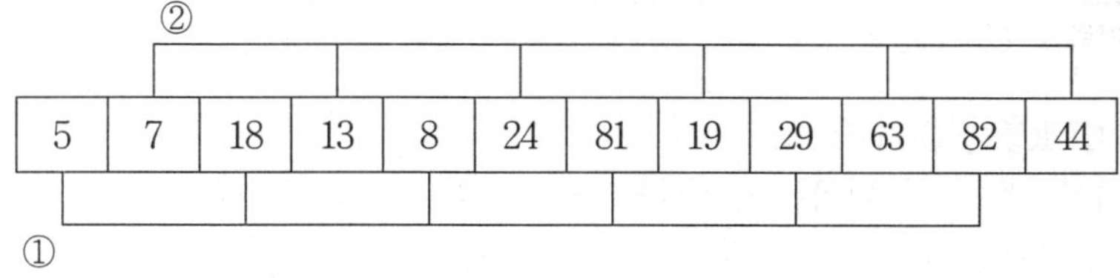

⑤ $h = h_1 = 1$일 때의 정렬 과정이다.

5	7	8	13	18	19	29	24	31	44	82	63

⑥ 최종으로 순서 정렬된 파일이다.

5	7	8	13	18	19	24	29	31	44	63	82

쉘 정렬 알고리즘에서 일어나는 비교 횟수는 매개 변수의 순서에 영향을 받기 때문에 자세히 분석하기가 어렵다. 일반적으로 h는 근사적으로 $1.72\sqrt[3]{n}$으로 소수여야 한다고 알려져 있다. 이러한 h가 결정한 경우에 알고리즘 수행 시간은 $O(n(\log n)^2)$이라고 한다. 따라서 쉘 정렬은 수행 능력이 삽입 정렬보다 우수하다.

9.2.5 퀵 정렬 (Quick sort)

평균 수행 능력이 다른 정렬 방법보다 좋은 특성을 지닌 정렬 방식에 대해서 알아보자. C.A.R Hoare에 의해서 개발된 퀵 정렬 방법은 지금까지 알아본 모든 정렬 방법 중에서 평균적으로 가장 좋은 방법이다. 이 방법은 R_1을 키로 하여 제일 왼쪽에서 오른쪽으로 가면서 R_1보다 큰 값을 찾고, 제일 오른쪽에서 왼쪽으로 가면서 R_1보다 작은 값을 찾아 서로 바꾼다. 이때 서로 교차하면 중지하고 R_1과 제일 나중에 찾는 R_1보다 작은 값을 바꾼다. 바꾼 값을 중심으로 좌우 2개의 서브 파일에 대해서 위의 과정을 독립적으로 수행해 나가는 방법을 말한다. 즉, 특정한 키값보다 작은 값을 갖는 레코드들과 큰 값을 갖는 레코드들로 분리되어 1개의 파일이 논리적으로 2개의 서브 파일로 재배열된다. 각각의 서브파일에서 퀵 정렬 과정을 반복하면 최종적으로 완전히 순서 배열된 파일이 얻어진다. 그리고 퀵 정렬은 현재 정렬 과정에서 처리되고 있는 특정한 키 k_i가 전체 파일에서 올바른 위치에 놓여진다. 퀵 정렬의 순환 알고리즘은 다음과 같다.

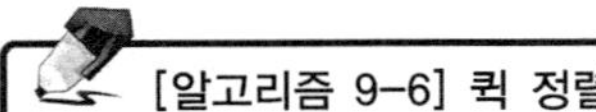


```
procedure QUICK_SORT(R, m, n)
    // 제어 레코드의 위치를 m이라고 하고 파일 크기를 n이라 한다 //
  if m < n THEN [i ← m; j ← n+1; K ← Km]
```

```
      repeat
         repeat i←i + 1 until K_i ≧ K_m  // 파일 앞에서 제어키보다 큰 것 //
         repeat j←j − 1 until K_j ≦ K_m  // 파일 뒤에서 제어키보다 작은 것 //
         if i < j then R_i ↔ R_j  // 레코드 교환 //
      until i≧j  // 서로 마주치는 위치 j에서 멈춤 //
      R_j ↔ R_m  // 제어키와 j번째 레코드 교환 //
      call QUICK_SORT(R, m, j −1);
      call QUICK_SORT(R, j+1, n)
   end
end QUICK_SORT
```

위의 알고리즘에서 두 번째 repeat는 파일의 앞에서부터 제어키 k_m보다 큰 것을 찾는 과정이고, 세 번째 repeat는 파일의 뒤에서부터 제어키 K_m값보다 작은 것을 찾는 과정이다. 만일 찾아지면 그 2개의 레코드의 위치를 교환한다. 앞과 뒤에서 검색하는 과정이 서로 마주치는 위치에서 검색하는 작업을 멈추고, R_m과 j번째 레코드 R_j의 위치를 교환함으로써 2개의 서브파일로 분리한다.

예제 9-7 n이 10인 경우, 입력 파일 R = (26, 5, 37, 1, 61, 11, 59, 15, 48, 19)라 할 때 여기에 순환 알고리즘 퀵 정렬을 적용해 보자.

m	n	R_1	R_2	R_3	R_4	R_5	R_6	R_7	R_8	R_9	R_{10}
1	10	[26	5	37	1	61	11	59	15	48	19]
				↑							↑
		[26	5	19	1	61	11	59	15	48	37]
						↑			↑		
		[26	5	19	1	15	11	59	61	48	37]
		↑					↑				
		[11	5	19	1	15	26	59	61	48	37]
1	5	[11	5	19	1	15]	26	[59	61	48	37]
				↑	↑						
		[11	5	1	19	15]	26	[59	61	48	37]
		↑		↑							
		[1	5	11	19	15]	26	[59	61	48	37]
1	2	[1	5]	11	[19	15]	26	[59	61	48	37]
4	5	1	5	11	[19	15]	26	[59	61	48	37]
					↑	↑					

		1	5	11	15	19	26	[59	61	48	37]
7	10	1	5	11	15	19	26	[59	61	48	37]
									↑		↑
		1	5	11	15	19	26	[59	37	48	61]
								↑		↑	
		1	5	11	15	19	26	[48	37	59	61]
7	8	1	5	11	15	19	26	[48	37]	59	[61]
								↑	↑		
		1	5	11	15	19	26	37	48	59	[61]
10	10	1	5	11	15	19	26	37	48	59	61

퀵 정렬이 가장 효율적으로 수행되기 위해서는 분할되는 서브파일의 크기가 분할되기 전의 파일의 크기에 정확히 반이 되는 것이 좋다. 이때의 비교하는 횟수를 계산해 보면 nlogn이 되지만, 실제로 정확히 반이 되는 경우는 극히 드물다. 따라서 이 알고리즘의 평균 비교 횟수를 보면 $2nlog^n$이 되어 가장 효율적으로 수행될 때보다 약 38% 정도 더 비교 횟수가 늘어나게 된다. 퀵 정렬에서 가장 효율이 떨어질 경우는 앞에서 언급한 바와 같이 이미 정렬되어 있는 파일을 다시 정렬할 때이며, 이때 비교 회수는 n·n이 된다. 이를 다시 설명하면 다음과 같다.

최악의 경우에는 다음과 같다.

$$
\begin{aligned}
C_n &= C_{n-1} + n + 1 \\
&= C_{n-2} + n + n + 1 \\
&\quad \vdots \\
&= C_1 + 3 + 4 + \cdots + n + 1 \\
&= (n + 1)(n + 2) / 2 - 3 \\
&\approx n^2 / 2
\end{aligned}
$$

따라서 이 경우 수행 시간은 $O(n^2)$이 된다. 크기가 n인 파일에서 한 레코드의 위치를 결정하는 데 걸리는 시간은 (n)이다. 그리고 n개의 레코드를 가진 파일을 정렬하는 데 걸리는 시간중에서 파일의 크기가 같은 2개의 서브파일로 나누어지도록 하는 최상의 경우는 다음과 같다.

$$
\begin{aligned}
C_n &\le C_n + 2C(n/2) \\
&\le C_n + 2(Cn/2 + 2T(n/4)) = 2C_n + 4T(n/4)
\end{aligned}
$$

$\leq 3C_n + 8T(n/8)$

$\vdots$

$\leq C_n \log_2 n + nT(1) = O(n\log_2 n)$

이에 의한 평균적인 경우에는.

$$C_n = n + 1 + 1/n\Sigma(C_{k-1} + C_{n-k})$$

로 표현될 수 있으며, 여기서 C_1과 C_0은 각각 0이 되고, n+1은 양쪽 방향에서 비교가 교차되는 순간의 횟수를 포함해서 다른 원소간의 비교 횟수를 나타내며, C_{k-1}과 C_{n-k}는 각각 왼쪽 서브파일과 오른쪽 서브파일의 경우를 나타낸다. 이 식을 다시 정리하면 $C_n \simeq 2n\ 1n^n \simeq 1.38\log n$이 된다.

삽입 정렬에서는 단지 하나의 레코드를 위한 공간이 부가적으로 필요하지만 퀵 정렬에서는 순환 프로그램을 수행하기 위해서 스택 공간이 필요하다. 한 파일이 균등하게 분할되면 순환의 최대 깊이는 logn이 되어 O(logn)의 스택 공간이 필요하게 된다.

최악의 경우는 각 단계에서 파일의 크기가 n−1인 왼쪽 서브파일과 크기가 0인 오른쪽 서브파일로 나누어질 때이다. 이 경우에 순환의 깊이는 n이 되어 O(n)의 스택 공간이 필요하게 된다. 크기가 2보다 작은 오른쪽 서브파일은 스택을 사용하지 않아도 되므로 최악의 경우의 스택 공간은 1/4로 줄일 수 있다. 또한 작은 서브파일을 먼저 정렬하면 상당한 스택 공간을 줄일 수 있다. 이 경우에 필요한 스택 공간은 최대로 O(logn)이다.

9.2.6 2원 병합 정렬(2-way merge sort)

병합 정렬은 1945년 초 john Von Neumann에 의해 제안된 알고리즘으로서 컴퓨터 정렬을 위해 마련되었던 최초의 정렬 방법중의 하나이다. 이 정렬 방법은 내부 정렬과 외부 정렬에 모두 적용되지만, 여기에서는 내부 정렬에 사용되는 병합 정렬에 대하여 살펴보도록 하겠다. 병합 정렬은 이원 병합 정렬(2-way merge sort)과 리스트 병합 정렬(list merge sort)이 있다. 2원 병합 정렬은 입력의 크기 n을 가진 분류되지 않은 파일(각 길이는 1)에서 분류하려 한다고 생각한다. 이때 길이가 2인 n/2개의 파일을 얻기 위해서 짝으로 병합해야 한다. 단 크기 n이 홀수이면 1개의 파일 크기는 길이가 1이 된다. 그리고 n/2개의 파일이 다시 짝으로 병합된다. 단지 크기 n의 1개의 파일이 남을 때까지 위의 과정을 되풀이해서 수행하는 방법을 이원 병합 정렬이라 한다. 2개의 입력 파일을 편의상(R_ℓ, $R_{\ell+1}$, …, R_m), (R_{m+1}, R_{m+2}, …, R_n)이라고 하고, 병합되어 만들어진 파일을 (X_ℓ, $X_{\ell+1}$, …,

X_m, X_{m+1}, ⋯, X_n)이라 할 때 병합 알고리즘을 소개하면 다음과 같다.

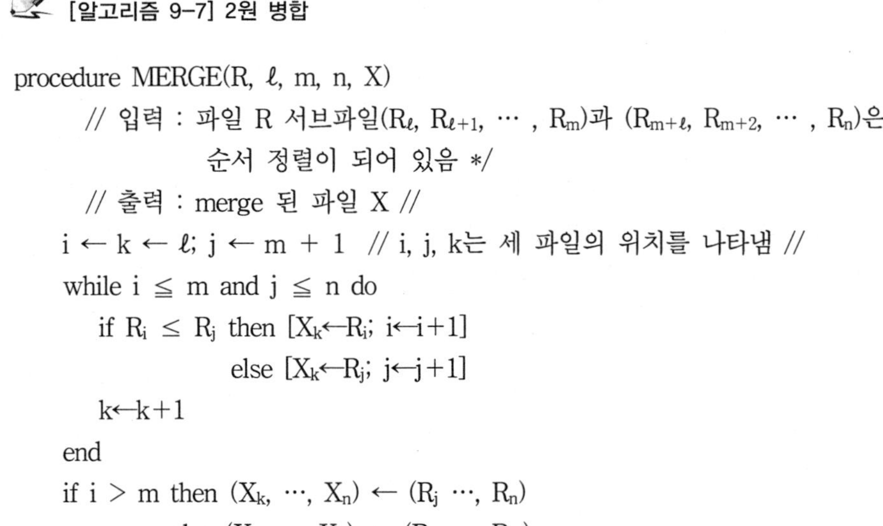

[알고리즘 9-7] 2원 병합

```
procedure MERGE(R, ℓ, m, n, X)
      // 입력 : 파일 R 서브파일(Rℓ, Rℓ+1, ⋯ , Rm)과 (Rm+ℓ, Rm+2, ⋯ , Rn)은
                순서 정렬이 되어 있음 */
      // 출력 : merge 된 파일 X //
    i ← k ← ℓ; j ← m + 1  // i, j, k는 세 파일의 위치를 나타냄 //
    while i ≦ m and j ≦ n do
       if Ri ≤ Rj then [Xk←Ri; i←i+1]
                  else [Xk←Rj; j←j+1]
       k←k+1
    end
    if i > m then (Xk, ⋯, Xn) ← (Rj ⋯, Rn)
             else (Xk, ⋯, Xn) ← (Ri, ⋯, Rm)
end MERGE
```

while 루프가 반복될 때마다 k는 1씩 증가한다. k의 최대치는 2개의 서브파일의 레코드의 총수, 즉 n=1+1이다 if문은 매반복 때마다 많아야 하나의 레코드를 이동시킨다. 그러므로 총 수행시간은 O(n− ℓ +1)이 된다.

예제 9-8 n=10인 입력 파일의 키값의 순서를 (25, 7, 75, 1, 61, 12, 58, 18, 47, 19)라 할 때 이것을 2원 병합 정렬해 보자.

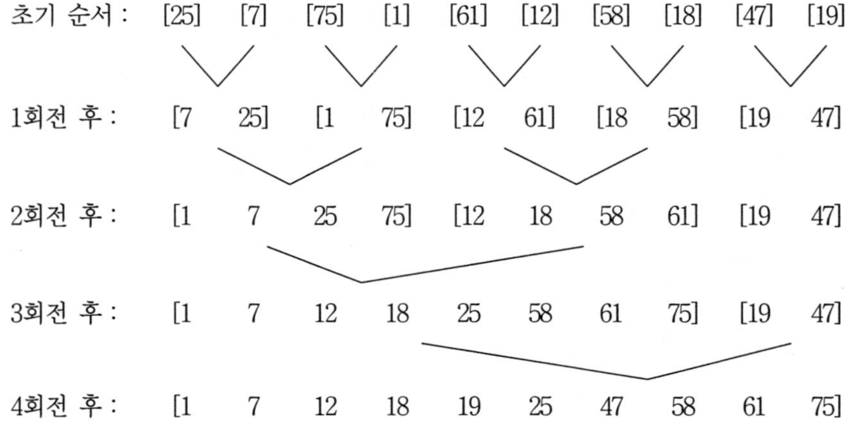

이와 같은 과정을 수행하는 2원 병합을 위한 알고리즘을 작성하기 위해 먼저 병합 정렬의 한 단계를 수행하는 서브알고리즘을 작성하는 것이 편리하다

[알고리즘 9-8] Mpass

```
procedure MPASS(R, X, n, ℓ)
    // 입력 : 크기 n의 입력 파일 R //
    // 출력 : R에서 인접한 크기 ℓ의 서브파일 쌍들을 merge하여 X로 이동시킨다 //
  i ← 1;
  while i≤n−2ℓ+1 do
     call MERGE(R, i, i+ℓ−1, i+2ℓ−1, X);
     i ← i + 2*ℓ;
  end
    // 크기가 2ℓ보다 작은 나머지 파일을 merge //
  if i+ℓ−1 < n then call MERGE(R, i, i+ℓ−1, n, X);
                else  (X_i, … , X_n) ← (R_i, … , R_n)
end MPASS
```

[알고리즘 9-8]은 크기가 ℓ인 인접한 2개의 서브파일을 병합하여 크기 2ℓ의 서브파일을 만드는 과정이다. 지금까지 소개한 2개의 서브알고리즘을 사용하여 2원 병합 정렬 알고리즘을 기술하면 다음과 같다.

[알고리즘 9-9] 2원 병합 정렬

```
procedure MERGE_SORT(R, n)
    // 순서 정렬되지 않은 크기 n의 입력 파일 R,
      크기 n의 임시 보조 파일 X를 이용하여
      키값에 따라 오름차순으로 순서 정렬된 출력 파일 R //
  declare R(n), X(n)  // X는 보조 배열이다 //
    // ℓ은 지금 합병되는 서브파일의 크기 //
    ℓ ← 1
    while ℓ < n do
       call MPASS(R, X, n, ℓ);
       ℓ ← 2ℓ
```

```
        call MPASS(X, R, n, ℓ)  // R과 X의 역할을 바꿈 //
        ℓ ← 2ℓ;
      end
  end MERGE_SORT
```

2원 병합 정렬을 이용한 경우에 분류되어야 할 파일의 레코드 수에 비례하는 여분의 기억 공간을 필요로 하게 된다. 첫 번째 회전에서는 길이가 1인 2개의 파일이 병합된다. 그러므로 $2×2^0$이 된다. 두 번째 회전에서는 길이가 2인 2개의 파일이 병합된다. 즉 $2×2^1$이 된다. 세 번째 회전에서는 길이가 4인 2개의 파일이 병합되므로 $2×2^2$이다. i번째 회전에서는 길이가 2^{i-1}인 2개의 파일이 병합되므로 $2×2^{i-1}$이 된다.

즉, n개의 입력 레코드에 대한 회전의 수는

$$n = 2×2^{i-1} = 2^i$$

이므로

$$i = \log_2 n$$

이 된다. 이때 회전의 수가 $\log_2 n$이고, 각 회전 수행 시간이 선형적인 관계로 O(n)에서 병합되므로 전체 수행되는 시간은 $O(\log_2 n)$이 됨을 알 수 있다.

9.2.7 히프 정렬(Heap sort)

앞에서 다룬 병합 정렬은 최악의 경우 연산 시간과 평균 연산 시간이 모두 O(nlogn)인 반면 정렬되는 파일의 레코드 수에 비례하여 많은 기억 장소가 필요하다. 여기서 다룰 히프 정렬(heap sort) 혹은 트리 정렬(tree sort)은 일정한 양의 기억 장소만이 필요하며, 최악의 경우 연산 시간과 평균 연산 시간이 O(nlogn)이 되는 정렬 방법이다.

히프 정렬은 히프라는 자료 구조를 이용한 알고리즘이다. 히프 구조는 전이진 트리(complete binary tree)로서 각 노드의 키값이 자식 노드를 키값보다 작지 않은 특징을 가진 것으로 정의한다.

히프의 외형적 구조가 전이진 트리이므로 히프에 새로운 노드를 추가할 때에는 가장 높은 레벨의(즉 밑바닥)의 맨 우측에 삽입되어야 하고, 어떤 노드를 제거할 때에도 전이진 트리의 형태를 유지하도록 해야 한다. 히프에 새로운 노드가 말단에 추가되면 비록 전이진 트리가 될지라도 히프의 특성, 즉 근노드의 키값이 자식노드의 것보다 커야 한다는 성질을 만족하지 못할 경우에 전이진 트리가 히프가 되도록 조정하는 작업이 필요하다.

히프 정렬 알고리즘을 소개함에 있어서 전제되어야 할 사실은 주어진 크기 n의 입력 파일, 즉 $(R_1, R_2, \cdots, R_n)$이 <그림 9-1>과 같은 형태의 전이진 트리로 표현되어야 한다는 것이다. 입력 파일 R에 대한 전이진 트리를 기억 공간에 저장하는 방법은 편의상 연속 배열로 저장되었다고 하자. 다시 말하면 i번 노드의 위치는 $\lceil i/2 \rceil$ 이고, 좌측 자식노드의 위치는 2i이며, 우측 노드의 위치는 (2i+1)이다.

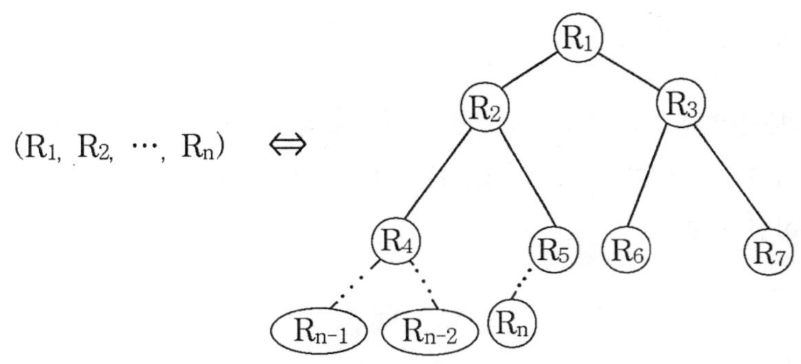

〈그림 9-1〉 히프 정렬을 위한 이진 트리 구성

히프 정렬은 다음과 같은 두 단계로 나눌 수 있다.

① 파일을 표현하는 트리를 히프로 변환한다. 각 노드는 적어도 그 노드의 자식들보다 큰 값을 가지도록 만들어진 전이진 트리를 만든다. 이때 히프의 근노드는 트리에서 가장 큰값을 가지게 된다.

② 히프의 근노드를 출력하고 나머지 트리를 다시 히프로 만드는 과정을 되풀이한다.

히프 정렬의 알고리즘에 있어서 근노드를 제외하고, 좌측 서브 트리, 우측 서브 트리 양쪽 다 히프의 조건을 만족하는 이진 트리를 만드는, 즉 주어진 크기 n의 임의의 입력 트리를 히프로 바꾸는 서브알고리즘은 다음과 같다.

[알고리즘 9-10] 히프로의 변환

```
procedure ADJUST(i,n)
    // 크기 n의 입력 트리 R은 전이진 트리로서 연속 배열로 저장되어 있다 //
  R ← Ri;  K ← Ki;  j ← 2i
```

```
while j ≤ n do
   if j < n and K_j < K_{j+1} then j←j+1  // 좌우측의 자식노드중 최대치를 찾는다 //
   if K ≥ K_j then R⌊j/2⌋ ← R; return
   R⌊i/2⌋ ← R_j; j ← 2j   // 부모노드를 바꾼다(위의 R_j로 움직인다) //
 end
    R⌊j/2⌋ ← R
end ADJUST
```

근노드 i를 가진 트리의 깊이가 k이면 while 루프가 많아야 k번 수행된다. 즉 이 알고리즘의 연산 시간은 O(k)이다.

예제 9-9 n=10인 입력 이진 트리 R을 알고리즘 adjust를 사용하여 히프로 바꾸어 보자.

입력 파일 : (26, 5, 37, 1, 61, 11, 59, 15, 48, 19)

전이진 트리 :

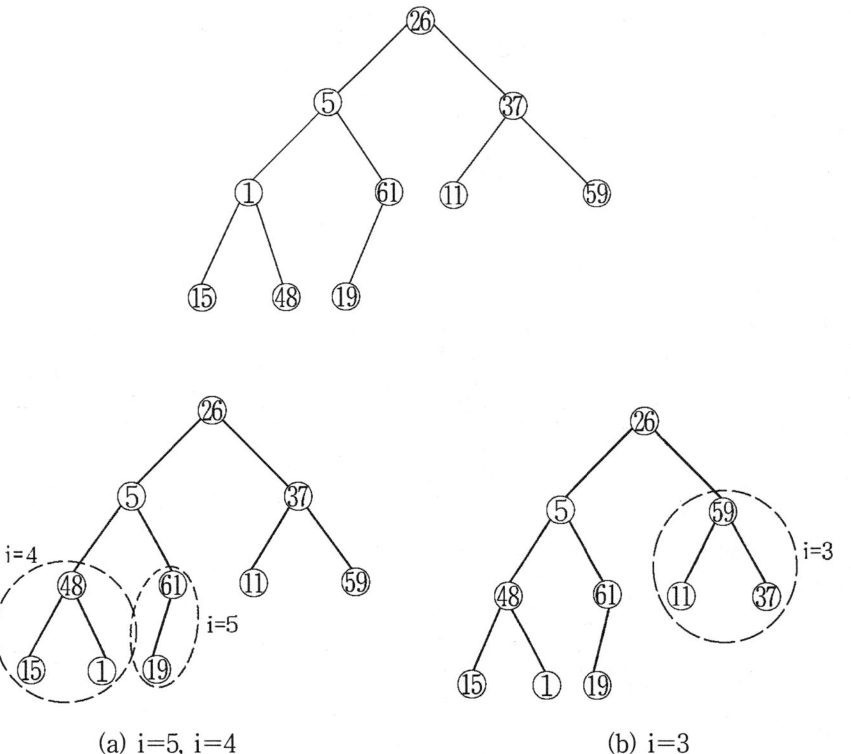

(a) i=5, i=4

(b) i=3

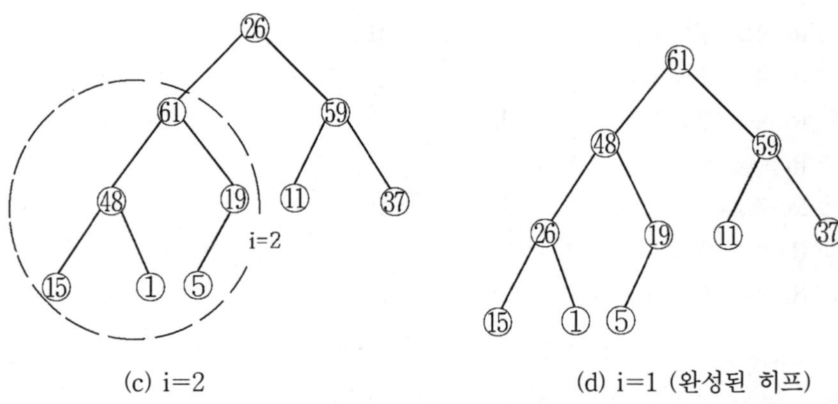

(c) i=2　　　　(d) i=1 (완성된 히프)

서브알고리즘 adjust를 사용한 히프 정렬 알고리즘은 다음과 같다.

[알고리즘 9-11] 히프 정렬

```
procedure HEAP_SORT(R,n)
      // 키 K에 따라 작은 것에서 큰 순서로 파일 R=(R1, …, Rn)을 정렬한다 //
  for i ← ⌊n/2⌋ to 1 by −1 do  // R을 히프로 변환 //
    call ADJUST(i,n)
  end
  for i ← n−1 to 1 by −1 do  // R을 정렬 //
    T ← Ri+1; Ri+1 ← R1; R ← T  // R1과 Ri+1을 교환 //
    call ADJUST(1,i)  // 히프로 다시 만든다 //
  end
end HEAP_SORT
```

예제 9-10 n=10인 입력 파일 R=(26, 5, 37, 1, 61, 11, 59, 15, 48, 19)를 히프 정렬 알고리즘 적용하여 순서 정렬하여 보자.

초기 상태 : 26, 5, 37, 1, 61, 11, 59, 15, 48, 19
heap　　: 61 48 59 26 19 11 37 15 1 5 (<예 9-9> 참조)

	R_1	R_2	R_3	R_4	R_5	R_6	R_7	R_8	R_9	R_{10}
① 초기 heap (크기 =10) :	61	48	59	26	19	11	37	15	1	5
② $R_1 \leftrightarrow R_{10}$ 후의 heap(크기 = 9) :	59	48	37	26	19	11	5	15	1	61
③ $R_1 \leftrightarrow R_9$ 후의 heap(크기 = 8) :	48	26	37	15	19	11	5	1	59	61

④ $R_1 \leftrightarrow R_8$ 후의 heap(크기 = 7) :	37	26	11	15	19	1	5	48	59	61
⑤ $R_1 \leftrightarrow R_7$ 후의 heap(크기 = 6) :	26	19	11	15	5	1	37	48	59	61
⑥ $R_1 \leftrightarrow R_6$ 후의 heap(크기 = 5) :	19	15	11	1	5	26	37	48	59	61
⑦ $R_1 \leftrightarrow R_5$ 후의 heap(크기 = 4) :	15	5	11	1	19	26	37	48	59	61
⑧ $R_1 \leftrightarrow R_4$ 후의 heap(크기 = 3) :	11	5	1	15	19	26	37	48	59	61
⑨ $R_1 \leftrightarrow R_3$ 후의 heap(크기 = 2) :	5	1	11	15	19	26	37	48	59	61
⑩ $R_1 \leftrightarrow R_2$ 후의 heap(크기 = 1) :	1	5	11	15	19	26	37	48	59	61

이러한 과정에서 히프 상태를 그림으로 나타내면 다음과 같다.

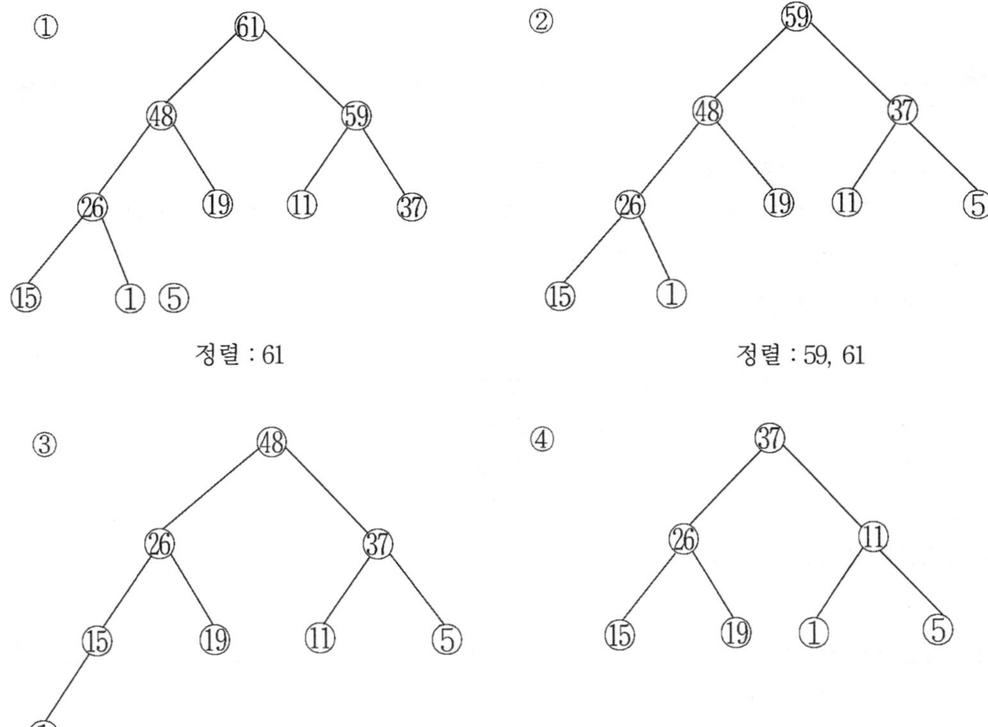

⑤

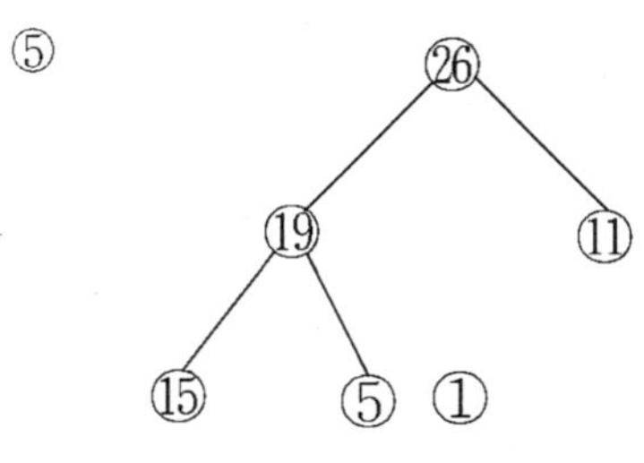

정렬 : 26, 37, 48, 59, 61

⑥

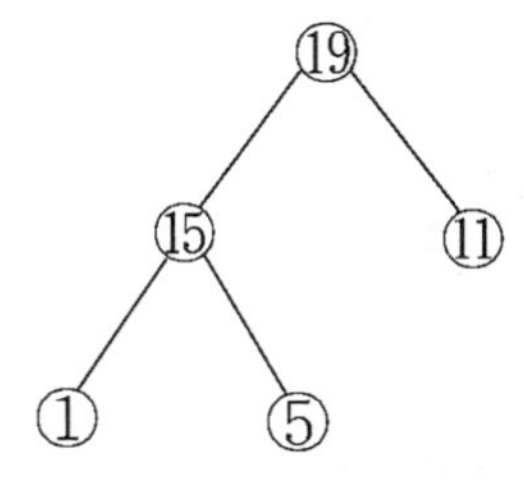

정렬 : 19, 26, 37, 48, 59, 61

⑦

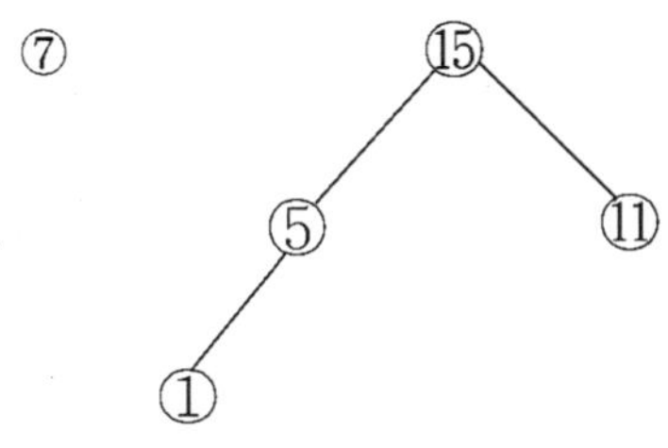

정렬 : 15, 19, 26, 37, 48, 59, 61

⑧

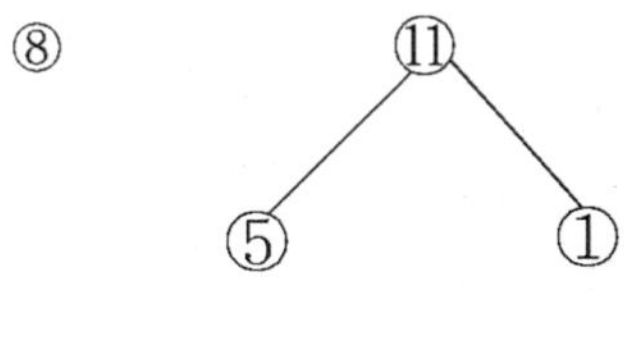

정렬 : 11, 15, 19, 26, 37, 48, 59, 61

⑨

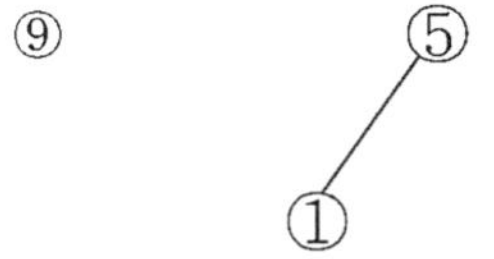

정렬 : 5, 11, 15, 19, 26, 37, 48, 59, 61

⑩

정렬 : 1, 5, 11, 15, 19, 26, 37, 48, 59, 61

크기 n의 입력 파일을 전이진 트리로 나타냈을 때, 그 깊이를 k라 하면 다음과 같은 관계가 성립한다.

$$2^{k-1} \le n \le 2^k - 1 < 2^k$$

또한 i번째 레벨의 노드는 2^{i-1}개이다. for 루프에서 adjust는 자식을 가진 각 노드에 대하여 한 번씩 호출한다. 즉 이 루프에 소요되는 시간은 각각의 레벨에 대하여, 레벨 i에 속한 전체 노드수와 그 노드가 움직일 수 있는 거리 (k−i)를 곱한 결과값을 합한 것이 된다. 따라서 입력 파일을 히프로 바꾸는 데 소요되는 전체 수행 시간은 다음과 같이 표현된다.

$$초기\ 히프\ 구성\ 시간 = \sum_{i=1}^{k} 2^{i-1}(k-i)$$
$$= \sum_{j=1}^{k-1} (2^{k-j-i}) \cdot j$$
$$= 2^{k-1} \sum_{j=1}^{k-1} j/2^{j} < 2n = O(n)$$

다음의 for 루프에서는 abjust가 최대 깊이 $k=\lceil \log_2(n+1) \rceil$로 정렬하는데 소요 시간은 $O(\log_2 n)$으로 $n-1$번 호출되면, 전체 히프의 재구성 시간은 O(logn)이다. 따라서 전체의 연산 시간은 O(nlogn)이다. 2원 병합 정렬은 수행 시간이 $O(\log_2 n)$이었다. 이때 입력 파일 크기에 비례하는 보조 파일이 추가로 사용된 기억 공간인데 비해 히프 정렬은 포인터 변수 외에 더 필요한 기억 장소는 두 번째 for 루프에서 교환을 수행하기 위하여 1개의 레코드를 위한 장소가 더 필요할 뿐이다.

9.2.8 기수 정렬(Radix sort)

지금까지는 1개의 키에 대해서 순서 정렬하는 방법을 소개하였다. 그러나 일상 생활에서 여러 개의 키에 대해서도 순서 정렬해야 하는 문제가 자주 발생한다.

예를 들어 1번부터 99번까지의 학생의 시험지를 무순으로 거둔 경우, 번호순으로 정리하려면 1~9, 10~19, …, 90~99번 단위로 분류하여 다시 단단위의 순서로 각각 분류하게 된다. 또 한 가지 방법은 단위가 0인 것, 1인 것 등으로 분류한 후, 각 뭉치별로 10단위가 0인 것부터 1, 2, …, 9까지 차례가 나열하여 각 뭉치별로 한 장씩 걷어 들이면 역시 순서대로 될 것이다.

이러한 방법을 기수 정렬(radix sort) 또는 버킷 정렬(bucket sort)이라고 하며, 전자를 좌선 정렬(left first sort)법이라 하고, 후자를 우선 정렬(right first sort)법이라 한다.

키들이 5자리 숫자로 된 임의 수를 가정해 보자. 먼저 키값을 가장 하위에 있는 수(LSD : Least Significant Digit)에 따라서 10개의 버킷에 분해를 시킨다. 그리고 키값의 다음 1자리 상위에 있는 값에 따라 다시 10개의 버킷에 분류시켜 나간다.

이와 같은 방법은 제일 상위에 있는 자리(MSD : Most Significant Digit)에까지 수행하게 되며 순서대로 분류가 되어 있게 된다. 여기서 키들이 5자리 숫자로 되어 있다면 키들을 버킷에 각 자리별로 왼쪽에서 오른쪽으로 5번은 버킷에 분배시키며 병합하여 수행한 후 결과를 얻을 수 있다.

예제9-11 n=12인 입력 파일 R=(19, 13, 05, 27, 01, 26, 31, 16, 02, 09, 11, 21)을 기수 정렬방법으로 정렬해 보자.

① 분류되지 않은 입력 파일

19 13 05 27 01 26 31 16 02 09 11 21

② 가장 하위에 있는 1자리 숫자로 버킷에 분배(LSD)

버킷	입력 파일
0	
1	01 31 11 21
2	02
3	13
4	
5	05
6	26 16
7	27
8	
9	19 09

③ 각 버킷을 하나의 리스트로 병합하면 다음과 같다(버킷 내에서는 First-in, First-out이다.).

01 31 11 21 02 13 05 26 16 27 19 09

④ 상위에 있는 1자리 숫자에 의해 버킷에 다시 분배(MSD)

버킷	입력 파일
0	01 02 05 09
1	11 13 16 19
2	21 26 27
3	31
4	
5	
6	
7	
8	
9	

⑤ 각 버킷을 하나의 리스트로 병합하면 다음과 같다.

01 02 05 09 11 13 16 19 21 26 27 31

이것이 MSD까지 수행되었으므로 분류된 결과치를 의미한다. 이러한 방법에서 버킷의 구조는 마치 큐의 형태인 것처럼 First-in, first-out 구조로 작동하였다. 또 다른 예를 이용하여 버킷의 구조가 스택인 형태에 대해서 알아보자.

예제9-12 n=12인 입력 파일 R=(7, 19, 24, 13, 31, 8, 82, 18, 44, 63, 5, 10)을 기수 정렬의 개념으로 순서 배열해 보자.

① 분류되지 않은 입력 파일

7 19 24 13 31 8 82 18 44 63 5 10

② 1단위 숫자에 의한 순서 정렬

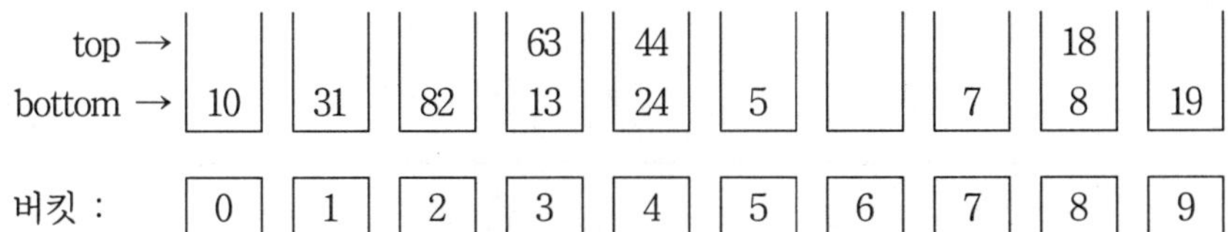

③ 각 버킷을 하나의 리스트로 병합하면 다음과 같다(이때 오른쪽에서 왼쪽으로 병합이 일어난다.).

19 18 8 7 5 44 24 63 13 82 31 10

④ 10단위 숫자에 의한 순서 정렬

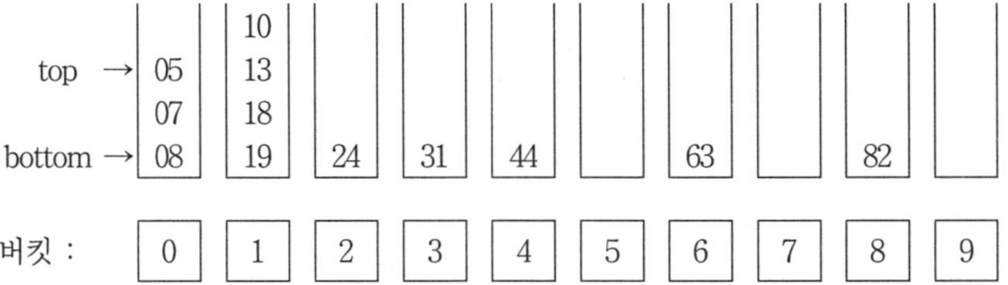

⑤ 각 버킷을 하나의 리스트로 병합하면 다음과 같다.

05 07 08 10 13 18 19 24 31 44 63 82

이러한 기수 정렬을 하고자 하는 키의 값의 base(혹은 radix)가 r이면 기수 정렬에는 r개의 빈 버킷이 필요하다.

입력 파일 R=(R_1, R_2, …, R_n)을 d개의 키 (k_1, k_2, …, k_d)에 대하여 기수 정렬로 순서 배열하는 알고리즘을 살펴보자. 이때 각 키값은 r보다 작은 정수로서 음수는 없다고 하며, 각 레코드는 link 영역을 가지고 있다고 한다. 이것을 큐의 처리 방법으로 수행하는 알고리즘은 다음과 같다.

[알고리즘 9-12] 기수 정렬

```
procedure RADIX_SORT(R, n, d)
      // 입력 : 크기 n인 linked 파일 R : link(i)=Ri+1의 포인터, link(n)=null //
      // 출력 : d개의 키에 관해서 정렬된 linked 파일 R //
      // r개의 큐 포인터 배열 f(0 : r-1) 과 E(e)(0 : r-1)을 보조로 사용한다 //
   declare E(0:r-1), F(0:r-1)  // 큐 포인터 //
   p ← 1  // 레코드 리스트의 시작 포인터 //
   for i←d to 1 by -1 do // 키 K^i에 대해 정렬 //
      for j←0 to r-1 do  // 버킷을 빈 공백 큐가 되도록 초기화 //
         f(j) ← 0
      end
      while p ≠ 0 do  // 레코드를 큐에 삽입 //
         k ← K^i_p   // k_p^i는 p번째 레코드의 i번째 키 //
           if (f(k)=0 then f(k)←p  // 레코드 p를 빈 k에 넣음 //
                     else LINK(E(k)) ← p
         E(k) ← p
         p ← link(p)  // 다음 레코드를 얻음 //
      end
      j←0
      while f(i)=0 do  // 첫 번째 비어 있지 않은 큐를 찾음 //
         j←j+1
      end
      p←f(j); t←E(j)
      for k ← j + 1 to r-1 do  // 나머지 큐를 연결 //
         if f(k)≠0 then [LINK(t) ←f(k); t←E(k)]
      end
```

```
        LINK(t) ← 0
    end
end RADIX_SORT
```

앞의 알고리즘에서 j에 대한 for는 큐를 초기화하고, while문에서는 i번 키값을 취하여 키값에 해당하는 큐 혹은 버킷에 넣고, 그 다음 레코드를 취하여 큐에 넣는 작업을 반복한다. 그리고 두 번째 while문 이하에서는 각 큐의 내용을 1개의 파일로 재결합한다.

예제 9-13 n=10인 입력 파일 R=(19, 25, 33, 28, 42, 55, 76, 10, 47, 88)에 [알고리즘 9-12]의 기수 정렬 알고리즘을 적용하여 그 수행 과정을 살펴보자. key=(k_1, k_2)

① 초기 입력 상태

R_1	R_2	R_3	R_4	R_5	R_6	R_7	R_8	R_9	R_{10}
19 →	25 →	33 →	28 →	42 →	55 →	76 →	10 →	47 →	88

② i=2, 즉 k_2(1단위 자리)에 대한 순서 정렬

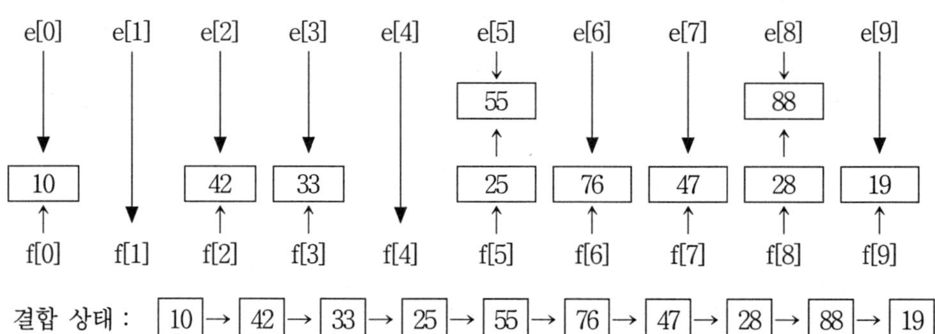

③ i = 1, 즉 k_1(10단위 자리)에 대한 순서 정렬

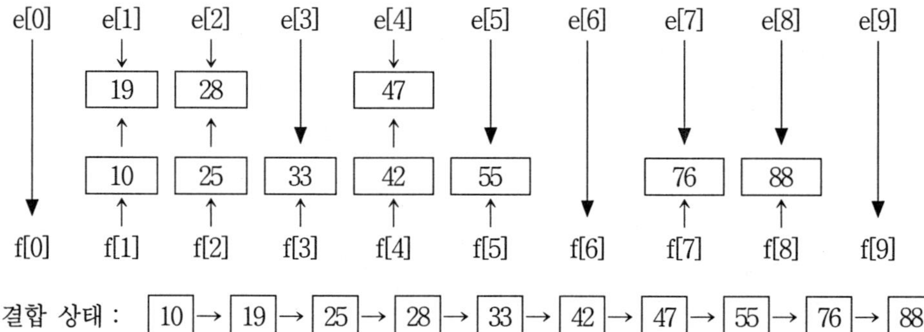

일반적으로 입력 파일의 수를 n, 큐로 구성된 버킷의 수를 r, 수의 자릿수를 d라 한다. 그리고 준비하여야 할 버킷의 수는 10진수일 경우 10개의 큐가 필요하며, 각 큐의 길이는 레코드 수만큼 있어야 한다. 왜냐하면 키의 끝 자릿수가 모두 같을 경우가 있기 때문이다. 또한 각 큐는 자료가 저장될 위치를 알리는 포인터를 필요로 한다.

따라서 메모리 사용 공간 S는,

$$S = n \cdot r + r = r(n+1)$$

이고, 각 자릿수마다 소요되는 시간은 O(n+r)이다. 따라서 이러한 과정이 d회만큼 수행되므로 전체 수행 시간은 O(d · (n+r))이다. 키의 내용이 숫자인 경우에 d는 base r과 최대 키의 자릿수에 의해 결정되며, 아울러 r의 선택에 따라서 알고리즘 수행 시간은 달라진다.

9.2.9 트리 정렬(Tree sort)

트리 정렬(Tree sort)은 이진 탐색 트리를 이용하여 정렬하는 방법이다. 정렬할 원소들을 이진 탐색 트리로 구성하고 중위 순회 방법을 사용하여 이진 탐색 트리의 원소들을 순회하여 꺼내면 오름차순 정렬이 된다. 정렬되지 않은 {69, 10, 30, 2, 16, 8, 31, 22}의 자료들을 트리 정렬을 사용하여 정렬하는 과정을 살펴보자.

① 1단계 : 정렬할 원소 5개를 차례대로 트리에 삽입하여 이진 탐색 트리를 구성한다.

② 2단계 : 이진 탐색 트리를 중위 순회 방법으로 순회하면서 원소를 저장한다.

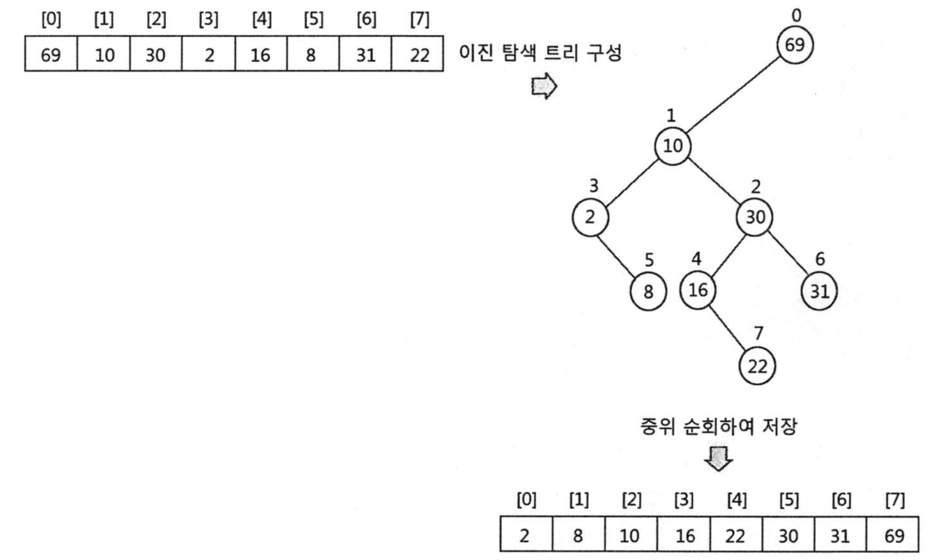

9.2.10 각 정렬 방법의 비교

지금까지 여러 가지 내부 정렬 방법이 소개되었다. 그러므로 여러 가지 개선점들의 가능 여부를 좀 더 연구하기 위하여 정렬의 문제를 고려해 보자. 기수 정렬을 제외하고는 우리는 분류 알고리즘의 척도를 x_i와 x_j라는 요소의 비교의 수에 의해 측정한다. 기수 정렬은 x_i의 수치적 분배나 표현을 기본적으로 하기 때문이다. 그 외의 다른 알고리즘은 x_i 가운데서 추상적인 순서화에 기본을 두고 있고, 그와 같은 순서화에 관한 정보를 얻기 위한 유일한 방법은 x_i와 x_j 비교를 수행하면 된다. 물론 비교의 수는 작업의 양에 대한 좋은 표시인 것이다. 그러므로 우리는 n개 요소들을 정렬하는데 필요한 비교 가능한 최소 수에 관심을 가져야 한다. 왜냐하면 수많은 분류 알고리즘의 척도를 비교하는 것에 대한 수준점(benchmark)을 제공해 주기 때문이다. 그러므로 여기에서 몇 개의 의미가 있는 하한(lower bound)들을 제공한다.

먼저 우리는 요소들의 추상적인 선형 순서화에 기본을 둔 알고리즘만 고려해 보기로 하자. 즉 모든 쌍은 다음의 $x_i < x_j$ 혹은 $x_i > x_j$인 x_i, $x_j (i \neq j)$ 사이에 생각하기로 하자. 어떤 정렬 알고리즘은 각각 내부 노드(internal node)가 요소 비교를 나타내고, 외부 노드(external node)가 알고리즘의 결과를 나타내는 확장 이진 트리(extended binary tree)에서 나타낼 수가 있다. 이와 같은 트리는 모든 순환이 되풀이되는 정렬 알고리즘의 순서도로 간주될 수 있다. 이와 같은 한 노드의 2개의 자식은 비교의 두 가지 가능한 결과를 나타낸다. 예를 들어 <그림 9-2>는 3개의 요소를 분류하는 이진 트리이다. 이러한 트리를 decision tree라고 한다.

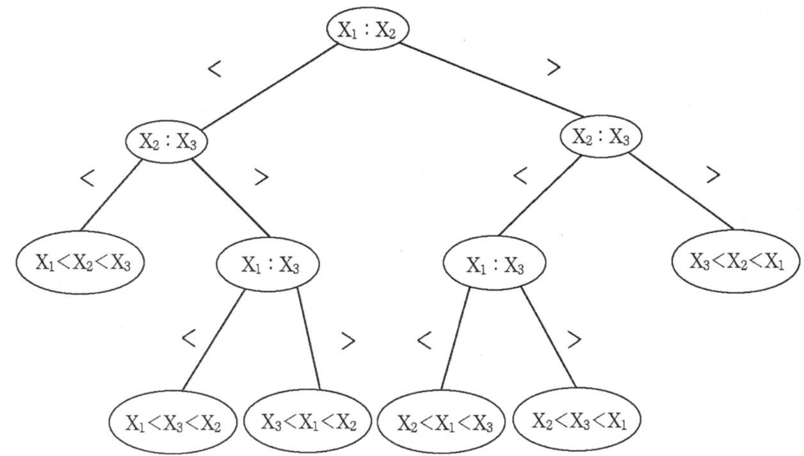

〈그림 9-2〉 3개의 요소를 정렬하는 이진 decision tree

어떤 decision tree에서 각각 순열은 근에서 잎에 이르는 유일한 경로를 정의한다. n개의 요소들을 분류하는데 decision tree에서 적어도 n! 잎들이 있어야만 한다.

decision tree의 높이는 최악의 경우 입력에 대해서 알고리즘에서 요구된 비교의 수이다. S(n)을 최악의 경우에서 어떤 정렬 알고리즘에 요구되는 최소수라 정의하자.

즉,

$$S(n) = \min_{\text{분류알고리즘}} \left\{ \max_{\text{입력}} (\text{비교수}) \right\}$$

높이 h의 이진 트리는 많아야 2^h 잎을 가지고 있으므로 다음과 같이 결론 지을 수 있다.

$$2^{s(m)} \geq n\,!$$

그리고

$$S(n) \geq \log n! \approx n\log n$$

이다. 이와 같이 분류될 요소들의 비교에만 유일하게 기본으로 한 어떤 분류 알고리즘은 최악의 경우, 입력에 대해 적어도 nlogn 번 비교를 요구하게 된다.

또한, 이와 같은 각각의 순열들이 동일한 확률을 가진다는 가정하에 모든 n! 순열을 정확하게 정렬시키는 알고리즘에서 평균수의 최소화하는 S(n)에 대해 하한(lower bound)을 설정하면 다음과 같다.

$$\overline{S}(n) = \min_{\text{분류알고리즘}} \left\{ \frac{1}{n}\,!\sum_{\text{순열}} (\text{비교수}) \right\}$$

decision tree의 외부 경로 길이는 근에서 잎들에 이르는 모든 거리의 합이다. 즉 그것을 n!로 나눈다는 것은 대응되는 정렬 알고리즘에 대한 평균 비교수를 주는 것이다.

N개의 잎으로 된 확장 이진 트리에서 가능한 최소의 외부 경로 길이는 NlogN + O(N)이다. N = n!라 하면 다음과 같다.

$$\overline{S}(n) \geq \log n! \approx n\log n$$

그렇기 때문에 비교를 기본으로 한 어떤 정렬 알고리즘은 적어도 nlogn 정렬의 시간을 요구한다. 지금까지 살펴본 내부 정렬 방법들은 어떤 경우에든지 가장 효율적인 방법은 없다. 주어진 여건에 따라서 여러 가지 면들에 영향을 많이 받게 된다. 어떤 것은 파일 크기 n이 작은 경우에 효과적이고, 어떤 것은 n이 클 경우에 적합하다.

각 알고리즘의 특징을 요약하면 삽입 정렬은 입력 파일 내용이 부분적으로 순서 배열이 되어 있는 경우에 효과적이며, 2원 병합의 수행 시간은 히프 정렬과 비슷하지만 더 많은 기억 공간을 추가로 필요로 한다. 퀵 정렬의 평균 수행 시간은 가장 짧지만 최악의 경우 $O(n^2)$이고, 기수 정렬의 수행 시간은 키값의 크기와 radix r의 선택에 직접 관계된다.

이러한 순서 정렬방법에 요구되는 기억 공간의 양과 평균 비교수는 <표 9-1>에 나타내었다.

<표 9-1> 정렬 방법에 따른 기억 공간 및 평균 비교수

정렬방법	기억 공간	평균 비교수
bubble sort	n	n(n−1)/4
selection sort	n	n(n−1)/2
quick sort	n + stack	2nlnn
merge sort	2n	$n\log_2 n$
radix sort	(n + 1)q	$n\log_q K$

순서 정렬 방법의 성능을 비교하기 위하여 몇 가지 알고리즘을 FORTRAN 언어로 프로그램하여 얻은 결과를 인용하면 <표 9-2>와 같다.

<표 9-2> 순서 정렬 알고리즘의 수행 시간

파일 크기(n) / 알고리즘 종류	10	20	30	40	50	60	70
insertion sort	0..382	1.48	9.00	35.6	214.	861.	-
quick sort	0.580	1.92	9.92	38.2	226.	856.	3472.
heap sort	0.568	1.52	4.96	11.9	36.2	80.5	177.
merge sort	0.726	1.66	4.76	11.3	35.3	73.8	151.

(a) 최악 상태의 자료에 대한 순서 정렬 시간(ms)

파일 크기(n) / 알고리즘 종류	10	20	30	40	50	60	70
insertion sort	0.232	0.813	4.28	16.6	97.1	385.	-
quick sort	0.372	0.918	2.89	6.45	20.2	43.6	94.9
heap sort	0.512	1.37	4.52	10.9	33.2	76.1	166.
merge sort	0.642	1.56	4.55	10.5	29.6	68.2	144.
radix sort(r=10, d=5)	1.95	3.23	6.97	13.2	32.1	66.4	129.

(b) 평균 순서 정렬 시간(ms)

각 알고리즘에서 수행된 비교 횟수와 데이터 이동수 및 기억 장소를 더 많이 요구하는 것에 대해 요약한 것이 <표 9-3>과 같다.

<표 9-3> 각 알고리즘 비교

		비교 횟수	이동 횟수	추가로 필요한 기억 장소
insertion sort	best-case	n−1	2n−2	1개의 특별한 요소 t와 모든 경우에서 정수형 변수 2개
	average-case	(n−1)(n+4)/4	(n−1)(n+8)/4	
	worst-case	(n+1)(n−2)/2	(n+1)(n−4)/2	
bubble sort	best-case	n−1	0	모든 경우 교환을 위한 1개 영역과 정수형 변수 2개
	average-case	$\frac{1}{2}n(n-\ln^{n})+O(n)$	$\frac{3}{4}n(n-1)$	
	worst-case	$\frac{1}{2}(n-1)$	$\frac{3}{4}n(n-1)$	
quick sort	best-case	nlogn	<교환수> $\frac{1}{2}$nlogn과 nlogn 사이	logn개의 스택과 여러 개의 정수형 변수
	average-case	1.188nlogn		
	worst-case	n^2		
selection sort	모든 경우	$\frac{1}{2}n(n-1)$	<교환수> n-1	정수형 변수 4개
heap sort	worst-case	2nlogn+O(n)	<교환수> nlogn	정수형 변수 5개

9.3 외부 정렬

컴퓨터에 의한 자료 처리 과정에서 순서 정렬해야 할 자료 파일이 매우 크기 때문에 주기억 공간에서 한 번의 내부 순서 정렬로 끝낼 수 없는 경우가 흔하다. 예를 들어 레코드 크기를 100바이트라 하고 어떤 컴퓨터의 주기억 용량이 512K라고 하면, 주기억 장치 전체에 파일을 기억시킨다 해도 대략 5,000레코드 정도에 지나지 않는다.

이러한 점을 감안하여 제한된 주기억 공간을 최대한 활용하고, 주변의 보조 기억 공간을 이용한 외부 순서 정렬 방법에 대하여 검토한다. 먼저 보조기억 장치에 대하여 살펴본 다음에 외부 순서 정렬을 효과적으로 수행하는 알고리즘을 설명한다.

9.3.1 외부 기억 장치

외부 기억 장치는 주기억 장치의 용량을 보완하는 것으로 여기에 기억되어 있는 자료는 직접 처리할 수가 없다. 그렇기 때문에 자료는 일단 주기억 장치에 기억시킨 다음 처리해야 한다. 이러한 외부 기억 장치의 특징은 다음과 같다.

① 중앙 처리 장치와 직접 자료를 교환할 수 없고 주기억 장치를 통해서 가능하다.

② 기억 소자들 각자가 외부와 직접 자료 교환을 위한 단자를 가지고 있지 않고, 외부적인 구성 요소에 의하여 자료 교환이 가능하다(테이프나 자기 디스크 경우 헤드에 의해서 가능).

③ 외부 기억 장치에서 사용되는 주소의 개념이 주기억 장치에서 보다 정밀도가 낮다(블록 단위).

④ 외부 기억 장치에서 다루는 정보의 단위는 주기억 장치에서보다 크다(블록단위).

외부 기억 장치로 대표적인 것은 자기 드럼(magnetic drum) 장치, 자기 디스크(magnetic disk) 장치, 자기 테이프(magnetic tape) 장치 세 가지가 있다.

자기 테이프는 순차 처리(sequential access) 방식의 대표적인 것이고, 자기 디스크나 드럼은 직접 접근(direct access)방식이 대표적인 예이다.

1) 자기 테이프(Magnetic tape)

컴퓨터에서 사용하는 자기 테이프는 대부분 길이가 2,400피트이며, 그밖에 1,200, 600, 250피트 등 여러 가지 종류가 있다. 테이프 상의 자료 기록은 테이프 표면에 자화 상태로 기록되며, 테이프 기록 상태 코드에는 7트랙과 9트랙 두 가지가 있다.

트랙 테이프에는 테이프에 수직으로 9개의 자화점이 있으며, 그 하나를 1비트라 한다. 이때 각 비트는 자화될 수도 있고 안될 수도 있다.

이와 같이 9개의 비트가 자화 또는 비자화의 결합 상태로 테이프상의 문자를 기록한다. 이 중 1개의 비트는 패리티 비트(parity bit)로 사용되고 나머지 8비트는 문자를 나타낸다. 패리티 비트는 테이프 동작의 정확성, 즉 에러를 확인하기 위해 사용된다.

테이프에 기록하는 자료는 어떤 길이의 레코드 크기에도 제한을 받지 않으므로 블록 단위로 저장하고 이동시킨다. 테이프상의 각 자료 블록은 1개 또는 2개 이상의 논리적 레코드를 포함할 수 있으나, 레코드 및 블록을 기록할 때 0.6~0.75인치 정도의 갭(gap)이 레코드 사이에 관성의 법칙에 의해 물리적으로 생긴다. 이러한 블록과 블록 사이의 어느 정도 공간의 갭을 IBG(Inter Block Gap)라고 하는데, 이것은 테이프에 자료를 기록할 때 자동적으로 생긴다. 또한 IBG는 기록이나 판독 도중 시작과 중지를 위한 필요한 시간을 제공해 주기도 한다. 따라서 블록의 크기는 다음의 이유로 가능하면 크게 하는 것이 좋다.

① IBG에 의한 손실을 방지하기 위해 블록이 길면 길수록 더 많은 문자를 테이프 위에 적을 수 있다.

② 입력/출력 시간을 줄인다.

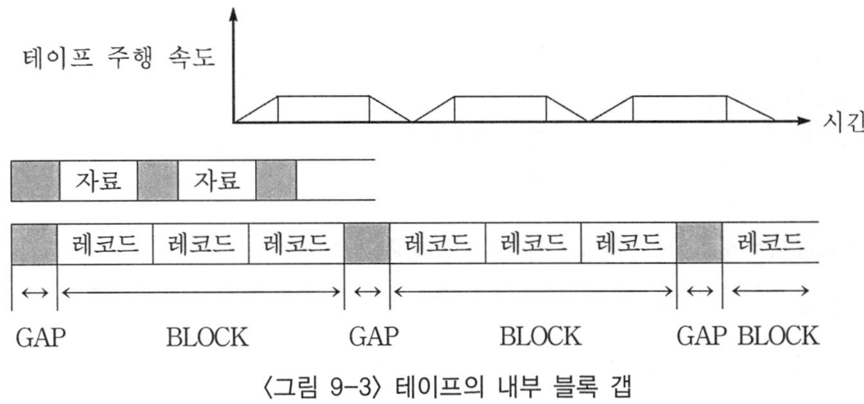

〈그림 9-3〉 테이프의 내부 블록 갭

테이프 위에 N개의 문자를 한 블록에 수록하기 위하여 요구되는 시간은 $T_a + n \cdot T_w$이다. 여기서 T_a는 IBG를 통과하기 위해 요구되는 지연 시간(delay time)이고, T_w는 주기억 장치로부터 테이프까지 한 문자를 전달하기 위한 시간이다. 그리고 테이프의 시작점을 BOT(Beginning Of Tape)라 하고, 이것을 알루미늄 막으로 되어 있으며, 끝부분을

EOT(End Of Tape)라고 하는 알루미늄 막이 붙어 있어, 자료는 이 BOT와 EOT 사이에 기록된다. 정확한 테이프 파일을 컴퓨터가 처리하고 있는지를 확인하기 위해 테이프 레이블(tape label)로 인식하게 된다. 파일의 첫 부분에 위치한 레이블을 volume label(또는 header label)이라고 하고, 끝 부분에 위치한 레이블을 trailer label이라고 한다.

일반적으로 이러한 레이블에는 파일의 식별 자료, 작성 일자, 유효 만기 일자, 보안 코드, volume 순서 지시부, 파일 종료 지시부 등의 내용이 있다. 또한 TM(Tape Mark)은 파일을 작성할 때 파일의 마지막 레코드 다음 위치에 컴퓨터가 자동적으로 기록하여 준다.

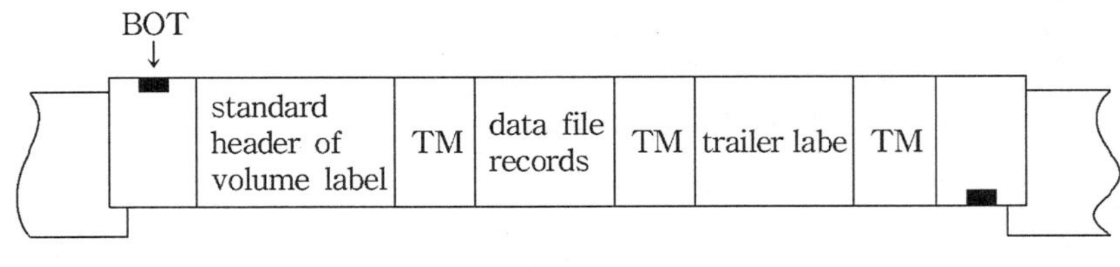

〈그림 9-4〉 TM 심볼

그러면 테이프 저장 밀도에 대해 알아보자. 테이프에 자료를 기록할 수 있는 문자수는 해당 테이프의 기록 밀도에 따라 각각 다르며, 밀도는 1인치당 바이트수(BPI : Byte Per Inch)로서 표시한다. 1바이트는 테이프의 1열에 기입할 수 있는 여러 개의 비트로 이루어진 하나의 단위로 보통 8비트를 나타낸다.

일반적으로 테이프의 밀도는 인치당 200, 556, 800, 1,600, 6,250bpi 등이 있다. 800bpi 테이프는 테이프 1인치에 800자의 자료를 기록할 수 있다는 뜻이다. 그러므로 800bpi의 2,400피트 테이프 1개에는 2,400[feet]×12[inch/feet]×10[card/inch]=288,000[card], 즉 288,000장의 카드 내용을 저장할 수 있다.

블록을 사용하는 경우에는 테이프에 영향을 미치게 된다. 예로서 800bpi 테이프에 24,000장의 카드를 저장한다고 할 때, 1개의 블록에 1개의 레코드로서 이들을 기록한다면 테이프의 총 길이는 다음과 같다.

$$\left(80 \times \frac{1}{800} + 0.75\right) / 12 \times 24,000 = 1,700[\text{feet}]$$

↑ 1개당 블록의 길이 (블록당 1개 레코드)　↑ IBG　↑ 12 inch/feet　↑ 블록수

이 중에서 실제 자료가 기록되는 것은 다음과 같이 200피트에 불과하다.

$$\left(80 \times \frac{1}{800}\right) \Big/ 12 \times 24,000 = 200[\text{feet}]$$

나머지 1,500피트는 IBG의 존재에 허비되고 있다. 테이프의 전반적인 이용도를 개선하기 위하여 테이프상의 1개의 물리적인 레코드인 블록에 5개의 레코드를 묶어 기록하는 경우의 테이프 총 소요량은 다음과 같다.

$$\left(5 \times 80 \times \frac{1}{800} + 0.75\right) \Big/ 12 \times \frac{24,000}{5} = 500[\text{feet}]$$

이와 같이 1개의 블록에 5개의 레코드를 결합시킴으로써, 중간에 생기는 4개의 gap과 상당량의 테이프를 절약할 수 있다. 예를 들어 24,000개의 unblocked된 테이프 파일 전체를 처리하기 위해서는 24,000번의 입출력 동작이 필요하다. 그러나 1개의 블록에 5개의 레코드가 결합된 동일한 파일의 경우에는 4,800(24,000/5)회의 입출력 동작만 필요하므로 시간을 절약할 수 있다. 자기 테이프 장치의 특징은 다음과 같다.

① 주소의 개념이 거의 사용되지 않는 외부 기억 장치로서 순서에 의해서만 접근하는 기억 장치(SASD : Sequential Access Storage Device)이다.

② 접근 시간은 테이프 위에 그 정보가 기억된 위치에 순차적으로 비례한다.

③ 평균 접근 시간이 느린 반면에 거의 무한대의 기억 공간을 가진 외부 기억 장치이다.

그리고 자기 테이프의 용도는 다음과 같다.

- 신속을 요구하지 않는 임시 자료의 기억
- 자주 사용되지 않는 정보의 기억
- 중요한 정보의 2차적인 보전

자기 테이프는 전형적인 순차 접근 방식의 장치로서 테이프에 저장된 자료를 읽을 때 맨 처음 블록을 읽는 시간과 맨 나중 블록을 읽는 시간의 차이가 심하다. 특히 맨 나중 블록을 읽고 난 후에 맨 처음 블록의 자료를 읽으려면 24,000피트의 테이프 전체를 되감기하여야 하므로 시간 낭비가 매우 크다.

테이프 장치를 사용한 외부 정렬에 있어서 테이프에 저장된 입력 파일을 몇 개의 서브 파일로 나누어서 내부 정렬을 하여 만들어진 RUN들을 다른 테이프에 저장하고, 이

RUN들이 1개가 될 때까지 병합 과정을 되풀이한다. 이때 인접한 블록들이 저장된 위치에 따라서 입력 시간이 크게 차이가 날 수도 있다. 그러므로 테이프를 사용할 때는 병합에 입력될 블록들이 반드시 연속적으로 저장되어야 한다. 따라서 각 블록을 외부 기억 장치에 저장할 때 저장될 장소를 결정하는 분배 방법이 매우 중요하다.

2) 자기 디스크(Magnetic disk)

자기 디스크 장치는 자성 재료가 입혀진 디스크를 한 장 또는 여러 장씩 하나의 축에 연결시켜 사용한다. 이 여러 장으로 된 디스크 묶음을 디스크 팩(disk pack)이라고 하며, 디스크를 필요에 따라 사용자가 바꾸어 끼울 수 있는 디스크를 카트리지 디스크(cartridge disk)라 하고, 그렇지 못한 디스크를 윈체스터(Winchester)라고 한다.

디스크 크기의 지름은 14인치이며, 디스크 팩 내의 디스크 중 최상단과 최하단에 있는 디스크의 바깥 면은 보호면으로 사용되고, 자료 수록에는 사용되지 않으므로 실제 사용되는 디스크 면은 전체 디스크 면들의 합보다 2개 적다.

디스크는 트랙(track)이라고 하는 여러 개의 동심원으로 세분되어 있다. IBM-2314 디스크 장치의 경우에는 각 면에 000으로부터 202까지 모두 203개의 트랙으로 형성되어 있다. 그러나 203개의 트랙중 200개만 데이터를 기록하기 위하여 사용되며, 나머지 3개(안쪽부분)는 어떤 트랙이 손상되었을 때 대체용으로 사용하기 위해서 남겨둔 대안 트랙(alternative track)이라고 한다.

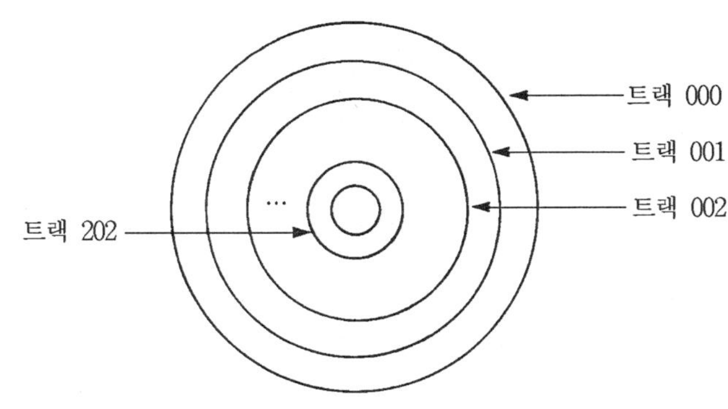

〈그림 9-5〉 디스크상의 트랙

디스크는 트랙에 자료를 저장하고 읽어낸다. 각 트랙을 몇 등분하여 섹터(sector)로 주소를 할당한다. 또 헤드에 의해서 동시에 읽힐 수 있는 트랙을 실린더(cylinder)라고 한다.

디스크와 디스크 사이에는 액세스 암(access arm)이 붙어 있어 디스크가 회전하는 수평 방향으로 움직이면서 필요한 부분에 입출력시키는 통로로 사용된다. 또한 액세스 암은 각각 2개의 기록과 읽는 기능을 할 수 있는 헤드를 갖고 있으며, 이것은 각 기록면에 1개씩 있어 모두 20개의 헤드로 구성된다. 작동시 한 번에 모든 헤드가 움직이나 한 번 동작에 다만 1개의 헤드만 자료 전송이 가능하다.

<그림 9-6>은 디스크 팩으로 구성된 디스크를 나타낸 것이다.

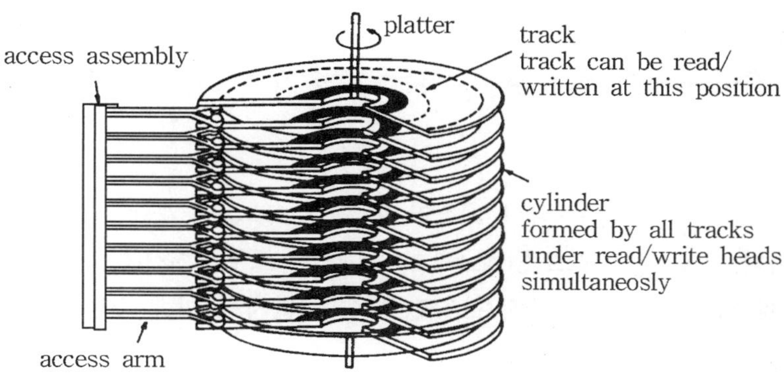

〈그림 9-6〉 디스크 팩으로 된 디스크 장치

디스크 팩이 디스크 장치 내에 있을 때, 디스크들은 1초에 약 40회 정도 회전한다. 모든 액세스 암은 수평으로 이동하여 특정한 트랙에 위치할 수 있다. 또 디스크로 부터 자료를 처리하고자 할 경우 찾으려고 하는 자료가 있는 트랙 번호와 해당 트랙에 작용할 기록/판독 헤드 번호를 사용자가 지정해야 한다. 따라서 자료의 저장은 디스크별로 기록되는 것이 아니라 10개의 디스크 표면에 트랙을 동시에 지적하는 실린더별로 기억하도록 되어 있다. 그래서 디스크 번지는 실린더와 트랙으로 이루어진다. 디스크의 회전 속도는 1,800회/분 정도이고 디스크 팩은 교환이 가능하므로 많은 양의 자료를 보관하는 데 유용하며, 비순서적으로 처리가 되므로 온라인 실시간 처리 업무에서도 유용한 외부 기억 장치 중의 하나이다. 이러한 디스크 장치의 특징은 다음과 같다.

① 주소에 의하여 지정할 수 있는 정보의 단위가 주기억 장치보다는 정밀하지 못하나, 주소에 의하여 임의의 위치에 직접 접근이 가능한 기억 장치(DASD : Direct Access Storage Device)이다.

② 자기 테이프 장치보다 접근 속도가 빠르다

③ 주기억 장치의 보조로 테이프보다 더 많이 사용된다.

이런 디스크를 사용하려면 정확한 실린더, 트랙, 섹터의 주소를 지적해 두어야 한다. 테이프 장치와는 달리 디스크는 계속 일정한 속도로 회전하고 있으며, 자료를 읽거나 저장하는 헤드를 통하여 자료가 전송된다. 그러므로 디스크 입출력 시간에 영향을 미치는 요소를 나열하면 다음과 같다.

① 탐구 시간(seek time) : 이동성 헤드인 경우에 지정된 실린더에 헤드가 위치하는 데 소요되는 시간을 말한다.

② 지연 시간(latency time) : 원하는 트랙을 찾는 상태에서 지정된 섹터를 찾는 데 소요되는 시간을 말한다.

③ 전송 시간(transmission time) : 원하는 블록을 주기억 장치로 이동하는데 걸리는 시간을 말한다.

디스크의 최대 검색 시간은 약 1/10초이고, 회전 속도가 2,400rpm일 때 지연 시간은 1/40초 이내이다. 또한 전송 속도는 보통 초속 10^6문자로부터 5×10^5문자까지의 범위를 갖는다. 디스크의 전송 용량도 일률적으로 말할 수는 없지만 대략 소형은 10^7문자이고, 대형은 5×10^8문자까지 기억할 수 있다.

9.3.2 자기 디스크를 이용한 정렬(Disk sorting)

외부 정렬 방법 중 가장 널리 알려진 것은 병합(merge) 정렬 방법이다. 이것은 기본적으로 2개의 중요한 단계가 있다.

첫째로 외부 기억 공간에 저장된 파일을 몇 개의 서브파일로 분리하여 각각의 내부 정렬 알고리즘으로 정렬한 후, 다시 외부 기억 공간에 저장한다. 이와 같이 정렬된 서브파일을 RUN이라고 한다.

둘째로 첫 번째 단계에서 만들어진 정렬된 부분들은 병합되어 더 큰 RUN을 만들며, 이러한 과정을 되풀이하면 마지막에 1개의 RUN을 얻게 되는데 이것은 정렬이 끝난 것이다. 그러면 디스크를 이용한 정렬에 대해 구체적으로 알아보자.

1) 2원 병합 정렬

4,500개의 A_1, …, A_{4500}을 갖는 파일이 단지 750개의 레코드만을 정렬할 수 있는 기억 장치의 컴퓨터로 정렬된다고 하자. 이때 입력 파일은 디스크에 저장되어 있고 250개의 레코드로 블록화되어 있다. 또 연습 장소로 사용할 또다른 디스크가 있으며 입력 디스크

에는 기록하지 않는다. 이러한 절차를 사용하여 정렬하는 방법은 다음과 같다.

① 내부 메모리(주기억 장치)에선 한 번에 3개의 블록을 정렬해서(즉, 750개의 레코드) 6개의 런 R_1~R_6을 얻는다. 주기억 장치의 내부 순서 정렬 방법은 히프 정렬이나 퀵 정렬을 이용한다. 이들 6개의 런은 연습 디스크에 수록된다.

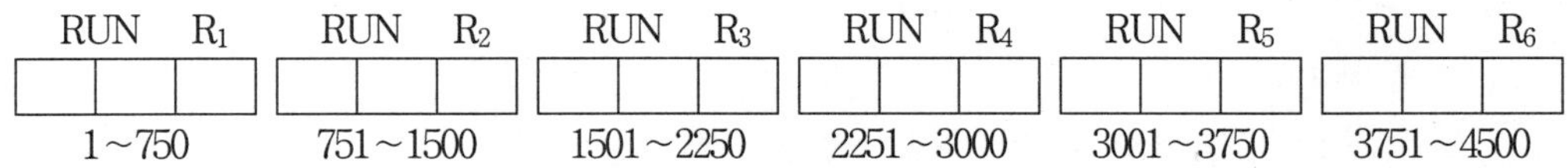

② 주기억 장치에 250개의 레코드들 수용할 수 있는 3개의 블록을 마련해 둔다. 이 블록 중 2개는 입력 버퍼로 쓰이며, 또 다른 하나는 출력 버퍼로 쓰인다. RUN R_1과 R_2를 병합한다. 이와 같은 RUN들을 각각의 한 블록씩 읽어 입력해 넣는다. RUN들은 입력 버퍼에서 병합하여 출력 버퍼로 병합한다. 출력 버퍼가 다 차면 디스크에 기록한다. 입력 버퍼가 비었으면 같은 RUN에서 다른 블록을 읽어들여 다시 채운다. RUN R_1과 R_2가 병합된 후, R_3과 R_4, 그리고 R_5와 R_6이 병합된다. 이와 같은 과정이 끝나면 그 결과 3개의 RUN이 생긴다. RUN들은 6개의 블록, 즉 1,500개의 정렬된 레코드들을 가진다. 이 RUN의 2개는 입출력 버퍼를 사용하여 3,000개의 레코드를 갖는 RUN으로 병합된다. 마지막으로 이와 같은 RUN은 1,500개의 레코드를 가진 나머지 RUN과 병합하여 전체 파일을 정렬한다. 이와 같은 과정을 표시하면 <그림 9-7>과 같다.

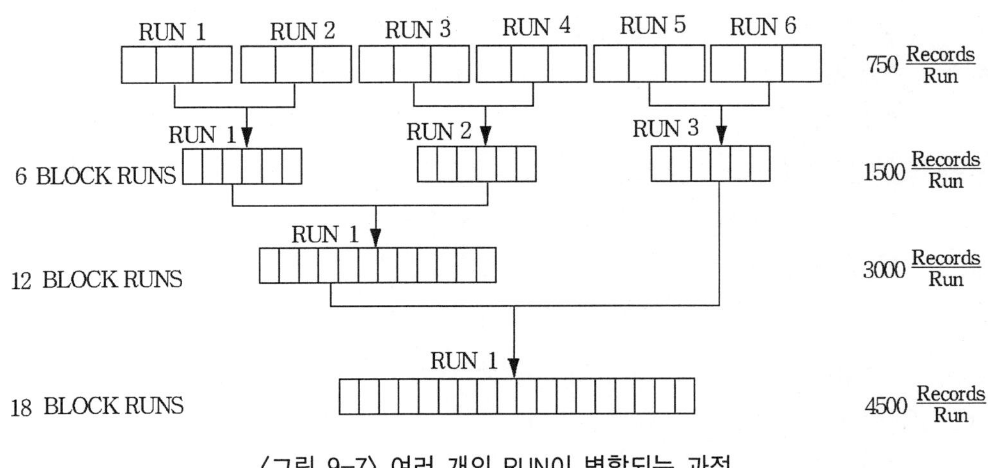

〈그림 9-7〉 여러 개의 RUN이 병합되는 과정

그러면, <그림 9-7>의 방법으로 4,500개의 레코드를 정렬하는데 걸리는 시간을 분석하여 보자. 분석 과정은 다음과 같은 매개 변수를 사용한다.

t_s = 최대 탐구 시간(maximum seek time)

t_ℓ = 최대 지연 시간(maximum latency time)

t_{rw} = 250개의 레코드로 구성된 블록을 읽거나 쓰는 데 걸리는 시간

$t_{io} = t_s + t_\ell + t_{rw}$

t_{is} = 주기억 장치에서 750개의 레코드를 정렬하는 시간

$(n + t_m)nt_m$ = 입력 버퍼에서 출력 버퍼로 n개의 레코드를 병합하는데 걸리는 시간

디스크에 한 블럭을 읽거나 쓸 때는 언제나 t_s와 t_ℓ시간이 걸린다고 가정하자. 실제로는 반드시 그렇지는 않지만 이렇게 함으로써 분석을 간단하게 만든다. 각 명령에 대한 연산시간은 다음과 같다.

작 동(operation)	시 간(time)
1) 18블록을 입력으로 판독(18_{tio}), 내부 정렬(6_{tis}) 18블록을 기록(18_{tio})	$36_{tio} + 6_{tis}$
2) RUN 1~6을 한 쌍씩 병합	$36_{tio} + 4{,}500_{tm}$
3) 1,500개의 레코드로 된 2개의 RUN을 병합(12블록 런)	$24_{tio} + 3{,}000_{tm}$
4) 3,000개의 RUN을 1,500개의 RUN과 병합	$36_{tio} + 45{,}000_{tm}$
	총시간 = $132_{tio} + 12{,}000_{tm} + 6_{tis}$

여기서 탐구 시간 t_s는 여러 블록들을 같은 실린더에 기록하거나 인접한 실린더에 기록함으로써 감소될 수 있다. 최종 연산 시간을 자세히 살펴보면, 그것은 주로 자료를 처리하는 횟수에 의존한다는 것을 알 수 있다. 내부 정렬 때 자료를 처리하는 초기의 입력 횟수에 RUN을 병합하는데 자료를 2 + 2/3의 횟수만큼 처리하게 된다. 즉 길이가 750레코드인 RUN을 병합하는데 1회, 길이 3,000의 RUN과 1,500인 RUN을 병합하는데 1회, 그리고 길이가 1,500인 2개의 RUN을 병합하는데 2/3회를 거친다.

1회 자료 처리는 18개의 블록에 해당하므로 입력과 출력 시간은 $2\times(2+2/3+1)\times18t_{io}=132t_{io}$이다. 여기서 2가 곱해진 것은 판독된 레코드가 다시 기록되기 때문이다. 이때 병합 시간은 $(2+2/3)\times4500t_m=12{,}000t_m$이 된다. 전체 연산 시간과 자료를 처리하는 횟수와는 밀접한 관계가 있기 때문에 다음의 분석은 주로 자료 처리 횟수가 얼마인가에 대한 관심이 주어질 것이다.

위의 정렬에 대해 또 하나 주목해야 할 사항은 컴퓨터가 입출력과 CPU 명령을 동시에 처리할 수 있다는 것을 고려하지 않았으므로 수행 시간이 좀더 많이 계산된 점이다. 가장 바람직한 상황에서는 입출력 명령과 CPU 명령을 거의 동시에 처리하여 실제 시간은 대략 $132t_{io} \approx 12{,}000t_{m} + 6t_{is}$가 되게 한다.

만약 2개의 디스크가 있다면 기록을 하면서 다른 한쪽에서는 읽어들이고, 버퍼에 있는 것은 병합하는 동작을 동시에 수행할 수 있을 것이다. 이 경우에 버퍼 길이와 버퍼 처리 방법을 잘 선택하면 거의 $66t_{io}$ 시간 내에 처리할 수 있다. 이러한 동시 시행은 정렬이 다중 프로그래밍이 되지 않는 상황에서 수행될 경우 중요한 고려 사항이 된다. 이 경우에 입출력과 CPU 처리가 동시에 수행되지 않는다면 CPU는 입출력 동작중 아무 일도 할 수 없게 된다.

그러나 다중 프로그래밍한 상황에서 정렬 프로그램이 입출력과 CPU 처리를 동시에 수행해야 한다고 하여도 그렇게 치명적인 것은 아니다. 왜냐하면 정렬 프로그램이 입출력 동작이 끝나기를 기다리는 동안 CPU는 만약 시스템 내에 다른 프로그램이 있다면 그 프로그램을 수행할 수 있기 때문이다. 실제로 다중 프로그래밍이 되는 많은 기계들에서도 운영 체제의 구조 때문에 입력과 출력, 그리고 내부 연산을 동시에 처리하는 것이 언제나 가능한 것은 아니다.

정렬 연산에 약 한 시간 정도 소요되는 아주 큰 파일을 병합 정렬할 때는 하드웨어적인 특성 때문에 자료를 병합하는데 소요되는 시간보다는 주기억 장치와 디스크 사이에 자료를 주고받는 데 소요되는 시간이 매우 중요하게 된다. 만약 시스템내에 주기억 장치와 디스크 사이에 오직 1개의 채널이 있을 때, 이 경우 병목 현상(bottle neck)은 채널에서 발생되며, 만일 채널이 바쁠 경우 전체 정렬에 소요되는 시간은 주기억 장치로 자료를 주고받는 데 소요되는 시간과 거의 같게 될 것이다. 이와 같은 문제점들 때문에 k원 병합 정렬 방법이 제시되고 있다.

2) k원 병합 정렬

2원 병합 정렬의 병합 절차와 거의 비슷한 형태이나, 디스크의 특성을 활용하여 병합 횟수를 줄이는 방법을 제시하여 보자.

일반적으로 m개의 RUN이 있다면 <그림 9-8>에 대응하는 병합 트리는 자료 파일에 총 $\lceil \log_2 m \rceil$ 회의 처리를 해야 하므로 $\lfloor \log_2 m \rfloor +1$의 레벨을 가지게 될 것이다.

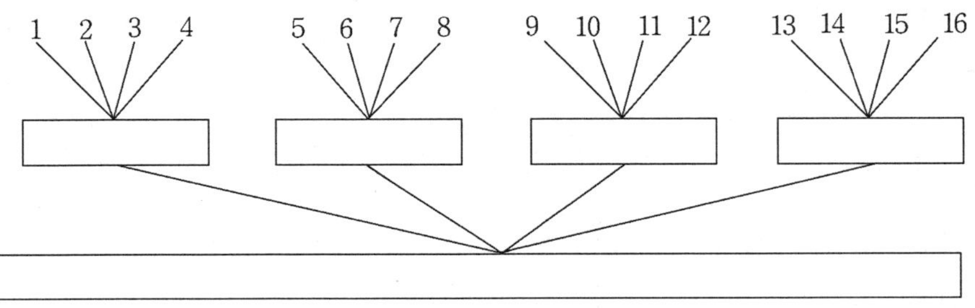

(a) 16개의 RUN에 대한 4원 병합 정렬

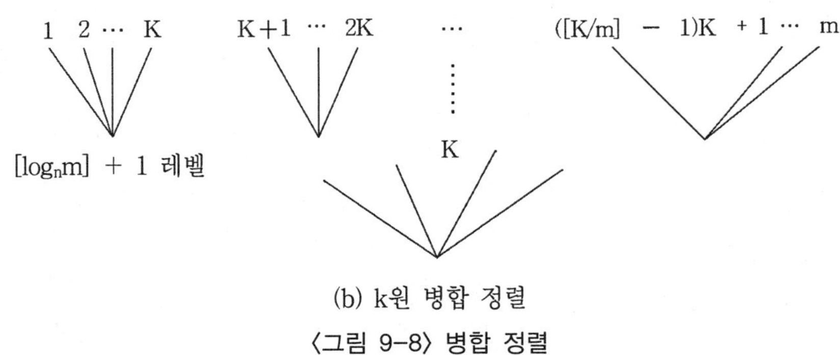

(b) k원 병합 정렬

〈그림 9-8〉 병합 정렬

자료에 대한 과정의 수는 높은 순으로 병합함으로써 감소될 수가 있다. 즉 k원 병합정렬은 $k \geq 2$이다. 이런 경우 k−RUN을 동시에 병합시키는 것을 뜻한다.

<그림 9-8>의 (a)는 4원 병합 정렬로 16개의 RUN을 처리하는 것을 보여주고 있다. 4원 병합 정렬은 4개의 RUN을 병합하는 것이다. 일반적으로 m개의 RUN에 대해 k원 병합 정렬은 자료에 대해서 많아야 $\lceil \log_k m \rceil$ 회의 데이터 처리를 한다. 따라서 고차 병합은 입출력 시간을 줄인다. 그러나 고차 합병을 쓸 경우에는 정렬에 다른 영향을 미친다.

우선적으로 크기가 $S_1, S_2, \cdots, S_k$의 k개의 RUN은 $O\left(\sum_{i=1}^{k} S_i\right)$ 시간내에 내부적으로 더 이상 병합될 수가 없다. 2원 병합 정렬과 같은 k원 병합 정렬에서 출력에 대한 다음 레코드를 결정하기 위해서 k−1번 비교해야 할 것이다. 이와 같은 것에 대한 수행 시간은 $O\left((k-1)\sum_{i=1}^{k} S_i\right)$가 된다. 그리고 자료 처리 횟수가 $\log_k m$번이므로, 키 비교의 전체 횟수는, $n(k-1)\log_k m = n(k-1)\log_2 m/\log_2 k$이다. 여기서 n은 파일에서 레코드의 수이다. 그리고 $(k-1)/\log_2 k$는 키를 비교하는 수의 증가 요소이다. k가 증가되므로 입출력 시간의 감소는 k원 병합 정렬을 수행하는데 필요한 CPU 시간에서 결과적으로 증가되는 것이다. k

가 큰 경우인 k ≥ 6에서 셀렉션 트리는 모든 노드의 키값이 그 자식 노드보다 작은 이진 트리를 만들어서 근 노드를 선택하여 구성한다.

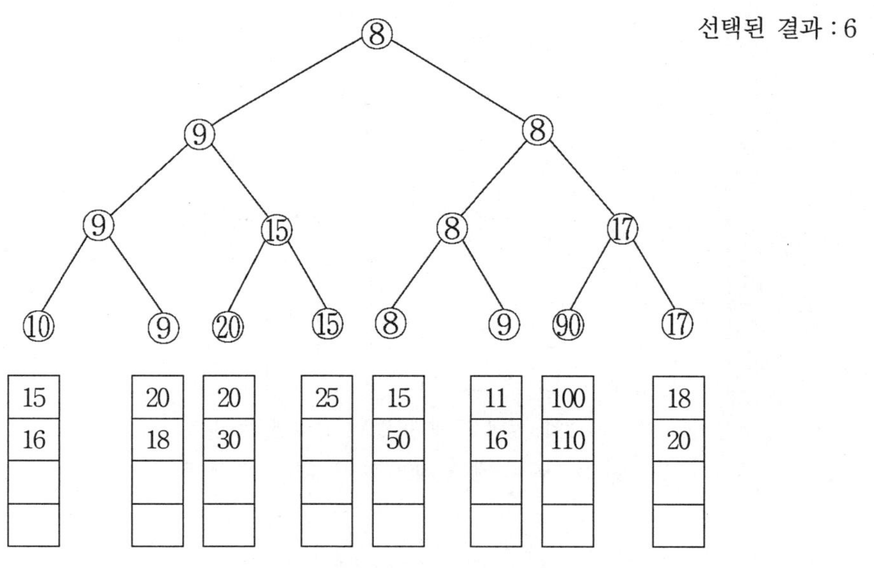

(a) 1차 선택 후에 변경된 셀렉션 트리

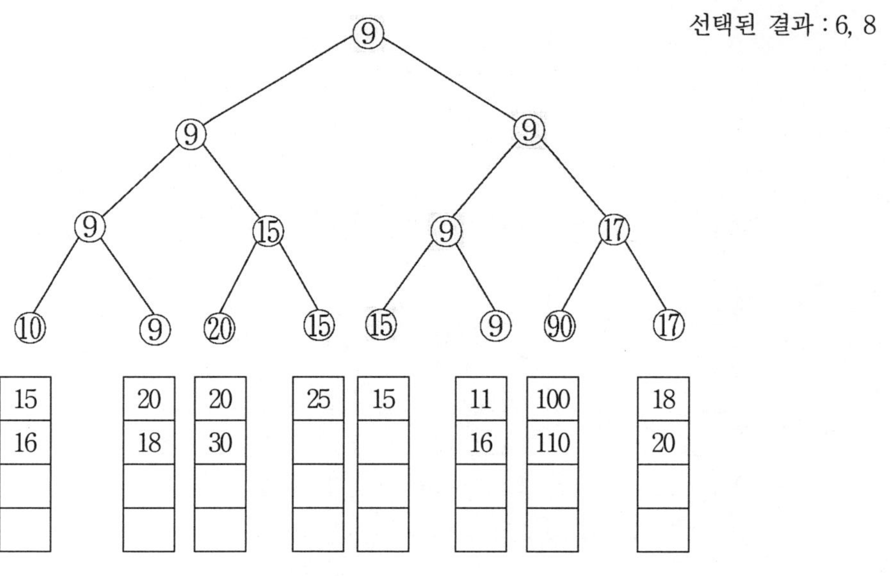

(b) 2차 선택 후에 변경된 셀렉션 트리

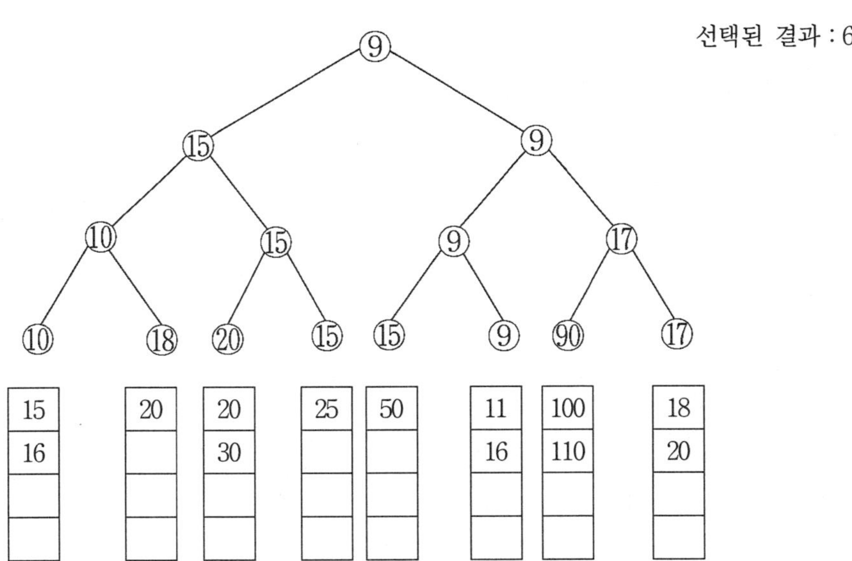

(c) 3차 선택 후에 변경된 셀렉션 트리

〈그림 9-9〉 재구성된 RUN에 대한 8원 셀렉션 트리

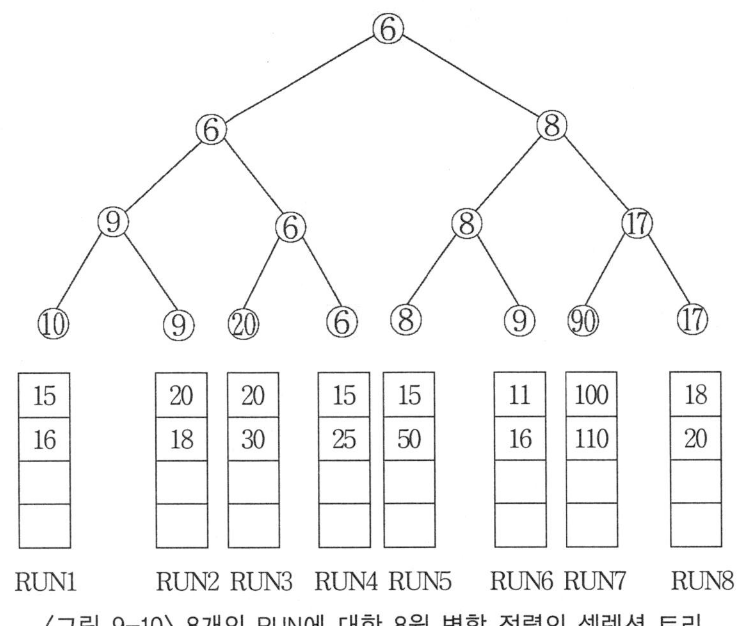

〈그림 9-10〉 8개의 RUN에 대한 8원 병합 정렬의 셀렉션 트리

<그림 9-10>은 8개의 8원 병합 정렬을 나타내는 셀렉션 트리이다. 이때 8개의 RUN은

RUN1=(10,15,16), RUN2=(9,20,18), RUN3=(20,20,30), RUN4=(6,15,25), RUN5=(8,15,50), RUN6=(9,11,16), RUN7=(90,100,110), 그리고 RUN8=(17,18,20)일 때의 예이다. 따라서 RUN1에서 가장 작은 값인 10, RUN2의 9, RUN3의 20, RUN4의 6, RUN5의 8, RUN6의 9, RUN7의 90, RUN8의 17을 각각 단노드로하여 그 수 중에서 가장 작은 값을 그의 부모 노드로 하는 방식으로 그들 중에서 가장 작은 값이 근노드가 되도록 한다.

이와 같은 셀렉션 트리의 구성은 레코드 중 가장 작은 키가 상위에 위치하는 형태의 토너먼트(tournanent) 형식으로 비교를 수행하는 것과 같다. 따라서 근노드를 구성하여 이를 되풀이한다. 이 과정의 일부는 <그림 9-10>에 나타내었다.

트리에서 레벨의 수는 $\lfloor \log_2 k \rfloor +1$이다. 그래서 트리를 구성하는 시간은 $O(\log_2 k)$이다. 트리는 레코드가 출력 파일로 병합될 때마다 다시 구성되어야 한다. 여기서 모든 n개 레코드를 병합하는데 요구되는 시간은 $O(n\log_2 k)$이다. 처음에 셀렉션 트리를 만드는 데 요구되는 시간은 O(k)이다. 여기서 <그림 9-10>의 병합 트리의 레벨당 필요한 전체 시간은 $O(\log_2 m)$이 된다. 내부에 처리되는 시간은 $O(n\log_2 k)/O(\log_k m)=O(n\log_2 m)$이다. 내부 처리되는 시간은 k에 대해 독립적이다. 결론적으로 셀렉션 트리의 활용으로 키의 비교 횟수를 줄여서 파일 입출력 시간이 크게 단축된 것 같으나 사실은 그렇지 않다. k가 증가되는 것처럼 입출력 버퍼의 수도 증가한다.

제한된 주기억 공간에 버퍼의 수가 증가하면 결론적으로 버퍼의 크기가 작아지게 마련이다. 버퍼의 크기가 작아지면 파일의 블록 크기도 작아지게 된다. 블록이 작아지면 병합 횟수가 줄어든다 하여도 실제 입력되는 블록수는 증가하는 현상이 발생할 수 있어서 결국 입출력 시간이 늘어나게 되므로, k원 병합 정렬에서 k가 어떤 특정한 값을 넘으면 병합 회전수가 줄어듦에도 불구하고, 실제 파일 입출력 시간이 증가하여 전체 정렬 시간이 늘어나게 된다. 가장 이상적인 k의 값은 사용 가능한 주기억 공간 버퍼 크기와 디스크 장치의 특성에 의해 결정된다.

입출력과 병합을 병행하는 방법에서 k개의 RUN을 k원 병합 정렬을 하려면 k개의 입력 버퍼와 1개의 출력 버퍼가 최소한 필요하다. 그러나 2k+2개의 버퍼를 사용하면 더 효율적이다.

예를 들어 1개의 출력 버퍼를 사용한 경우에 어느 한 곳의 버퍼가 비게 될 때마다 그 입력 버퍼에 채워질 레코드들이 외부 파일에서 입력될 때까지 병합 작업은 중단될 것이다. 이러한 현상을 피하려면 k원 병합 정렬에서는 2k개의 입력 버퍼를 사용하여야만 파일 입력과 병합을 병행할 수 있다.

9.3.3 자기 테이프를 이용한 정렬(Tape sorting)

테이프 장치를 사용한 외부 순서 정렬에 있어서 기본적인 과정은 디스크를 이용한 정렬의 경우와 같다. 테이프에 저장된 입력 파일을 몇개의 서브파일로 나누어서 내부 정렬하여 만들어진 RUN들을 다른 테이프에 저장하고, 이 RUN들이 1개가 될 때까지 병합 과정을 되풀이한다.

디스크와 테이프 정렬의 차이점은 디스크의 경우에는 탐구 및 지연 시간이 각 블록들이 저장된 위치에 따라서 읽는 시간이 민감한 반면에 테이프의 경우는 인접한 블록들이 저장된 위치에 따라서 입력 시간이 크게 차이가 날 수 있다. 그러므로 테이프 장치를 이용할 때에는 병합에 입력될 블록들이 반드시 연속적으로 저장되어 있어야 한다.

이와 같은 테이프 장치를 필요한 정렬 방법의 특징을 살펴보면 다음과 같다.

① 디스크 장치를 정렬하는 데 걸리는 시간은 블록과 RUN의 분배에 관계없지만 테이프 장치를 정렬하는 데 걸리는 시간은 블록과 RUN의 분배에 관계가 있다. 그러므로 테이프에 저장될 때 저장될 장소를 결정하는 것이 중요하다.

② 계산 시간을 감소시키기 위해서 단계의 수를 줄여야만 한다. 따라서 단계의 수를 줄이기 위해서는 높은 순으로 병합을 하면 된다. 그러나 높은 순으로 병합하는 것은 입력과 출력 버퍼로서 이용할 수 있는 테이프의 수에 의해서도 제한된다.

예제9-14 n=4,500인 레코드 (A_1, …, A_{4500})인 입력 파일이 테이프에 저장되어 있고, 파일의 블록 크기는 250레코드이다. 내부 정렬할 수 있는 주기억 공간의 크기는 750레코드이고, 사용 가능한 테이프는 4개, 즉 T_1, T_2, T_3, T_4이다. 이것을 외부 정렬했을 때 소요되는 시간을 분석 해보자. 내부 정렬은 3블록 단위로 6개의 RUN을 만든다. 이 중 2개의 블록은 입력 버퍼로서 이용하고 나머지 1개 블록은 출력 버퍼로 이용한다. CPU와 입출력을 병행 처리하지 않는다고 가정하자.

여기서,

T_{is} = 750레코드(3블록)를 내부 정렬하는 데 걸리는 시간

T_{rw} = 현재 헤드 위치에서 250레코드를 읽거나 저장하는 시간

T_{rew} = 테이프를 1블록 되감기하는 데 소요되는 시간

$n \cdot T_m$ = n개의 레코드를 내부 버퍼에서 병합하는 데 소요되는 시간

△ = 테이프를 갈아 끼우는 데 지연된 시간(컴퓨터 내부에서 테이프를 요구하는 오퍼레이터의 동작의 지연)이다.

① 4개의 테이프 T_1, T_2, T_3, T_4를 되감기시킨다.

② 내부 순서 정렬 방법(퀵 정렬 또는 히프 정렬)에 의하여 한 번에 3블록을 정렬하여 6개의 RUN을 교대로 T_1과 T_2에 저장한다(하나의 RUN당 3블록과 750레코드).

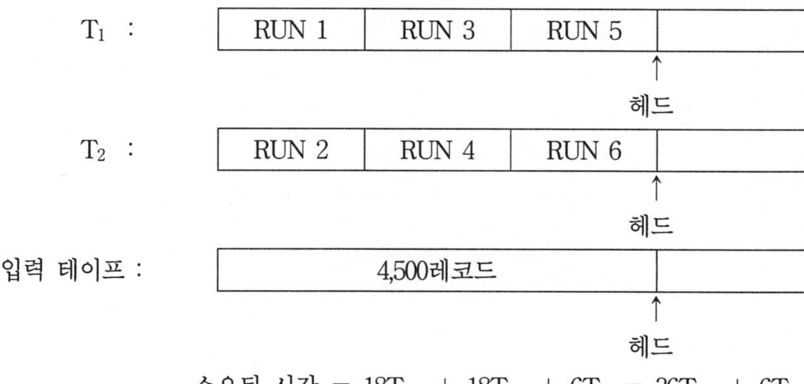

소요된 시간 = $18T_{rw} + 18T_{rw} + 6T_{is} = 36T_{rw} + 6T_{is}$

③ 1회전 병합 준비하는 시간은 테이프 T_1, T_2, 입력 테이프를 되감기하고, 입력 테이프를 T_4로 갈아 끼우는 데 걸리는 시간이다.

소요된 시간 = $9T_{rew} + \triangle$

④ 테이프 T_1과 T_2를 병합하여 생긴 새로운 RUN들을 테이프 T_3과 T_4에 번갈아 저장한다(새로운 RUN당 6개의 블록, 즉 1,500레코드).

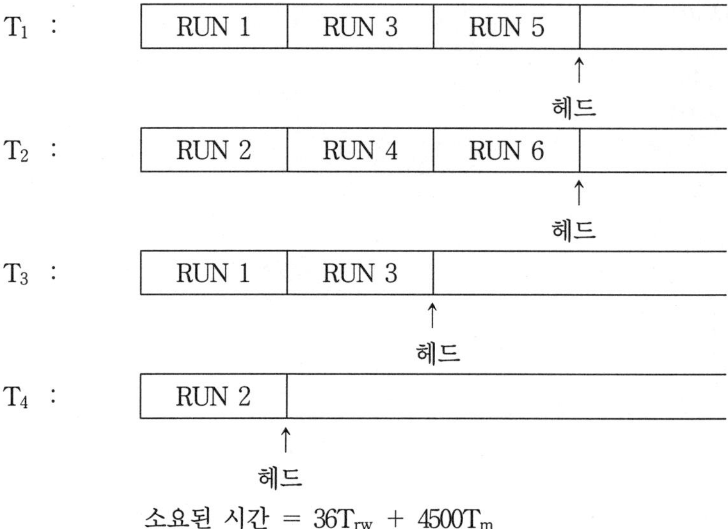

소요된 시간 = $36T_{rw} + 4500T_m$

⑤ 4개의 테이프 T_1, T_2, T_3, T_4를 되감기한다.

소요된 시간 = $12T_{rew}$

⑥ T_3의 RUN1과 T_4의 RUN2를 병합하여 T_1에 저장한다(새로운 RUN당 12개 블록, 즉 3,000레코드).

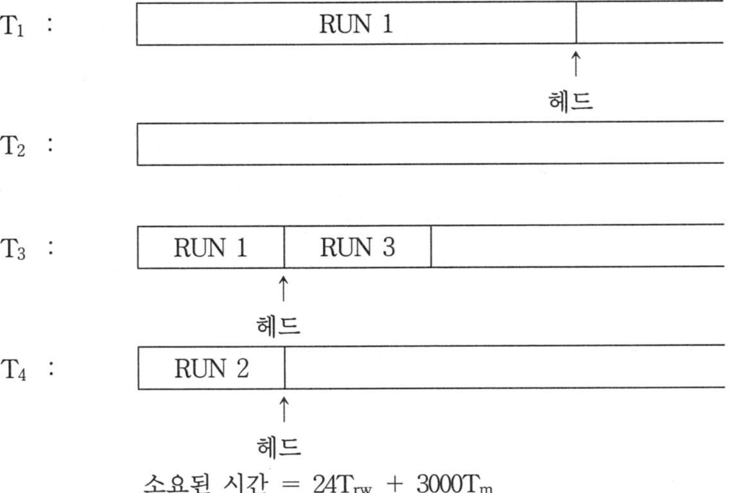

소요된 시간 = $24T_{rw}$ + $3000T_m$

⑦ 테이프 T_1, T_4를 되감기한다.

소요된 시간 = $12T_{rew}$

⑧ T_1의 RUN1과 T_3의 RUN3을 병합하여 T_2에 저장한다(새로운 RUN당 18개의 블록, 즉 4,500레코드).

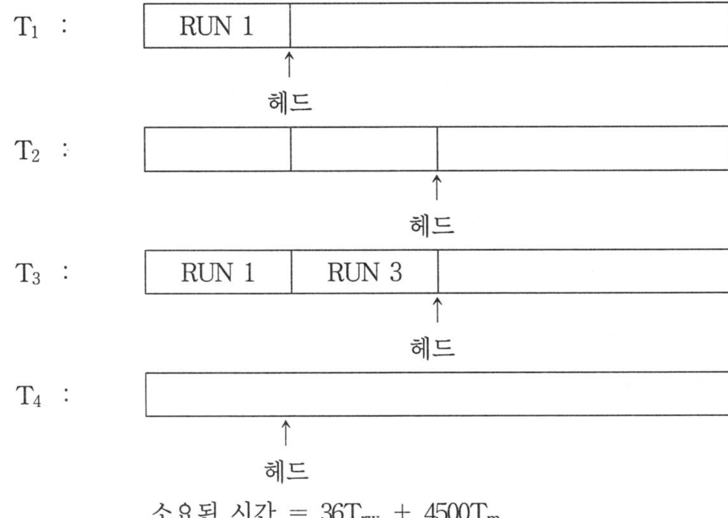

소요된 시간 = $36T_{rw}$ + $4500T_m$

⑨ 테이프 T_1, T_2, T_3, T_4를 되감기하고, T_2는 출력 파일로서 완전히 정렬된 것이다.

소요된 시간 = $18T_{rew}$

그러므로 전체 소요 시간을 구하면 다음과 같다.

전체 소요 시간 = $6T_{is} + 132T_{rw} + 12000T_m + 51T_{rew} + \triangle$

1) 밸런스드 병합 정렬(Balanced merge sort)

밸런스드 병합 정렬은 t개의 테이프 장치가 주어지면 각 테이프에 똑같은 크기의 레코드들이 반씩 나누어져 내부 정렬을 통해 분류해 나가는 방법이다.

예를 들어 4개의 테이프 장치가 있다고 가정하자. 이 경우 초기 파일(original file)을 내부 정렬된 여러 개의 서브파일, 만일 6개의 서브파일로 나누었다면 준비된 테이프에 나누어서 저장한다. 즉 2개의 테이프에 3개의 서브파일씩 보관한다.

밸런스드 병합 정렬의 첫 단계에서는 테이프 1, 2는 비어 있고, 테이프 3, 4에는 각각 3개의 서브파일이 있다.

다음 단계에서는 테이프 3, 4에 있는 서브파일 중 1개의 서브파일씩 서로 병합한 후, 테이프 1에 수록하고 그 다음으로 테이프 2에 기록하면서 하나의 테이프에 전체 내용이 기록되어 있을 때까지 반복한다.

되풀이되는 단계와 병합은 $\log_T s$ 단계를 거쳐서 분류한다. 여기서 s는 초기 레코드의 수이고 T=t/2로 t는 테이프의 수를 나타낸다. <그림 9-11>은 밸런스드 병합 정렬 과정을 보여주고 있다.

이원 병합 정렬은 각 RUN을 병합한 후 이를 다시 재분배(redistribution)하므로 정렬하는데 많은 시간이 소요된다. 따라서 밸런스드 병합 정렬에서는 이와 같은 문제를 해결하기 위해 자기 테이프의 수를 증가시켜 입력과 출력으로 번갈아 사용하므로 재분배 문제를 없애고 I/O시간을 줄이는 방법이다.

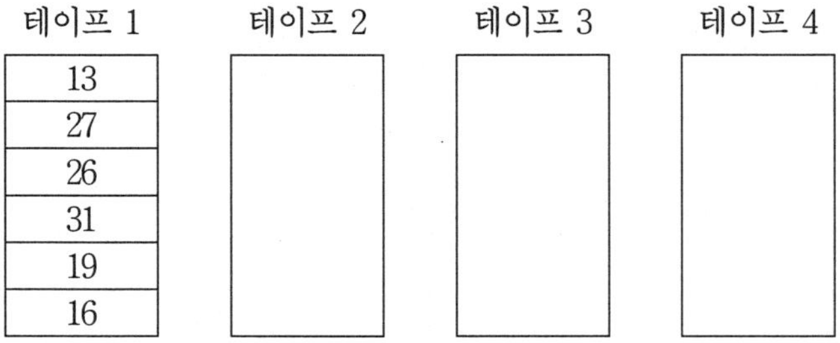

테이프 1	테이프 2	테이프 3	테이프 4
13			
27			
26			
31			
19			
16			

(a) 원시 자료 : 초기 상태

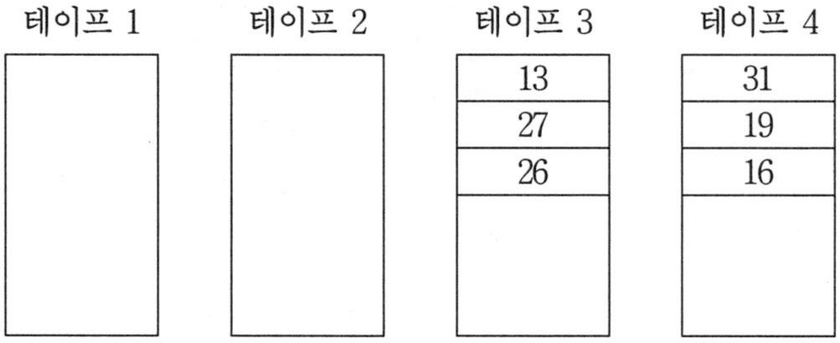

테이프 1	테이프 2	테이프 3	테이프 4
		13	31
		27	19
		26	16

(b) 내부 정렬하여 분배된 형태

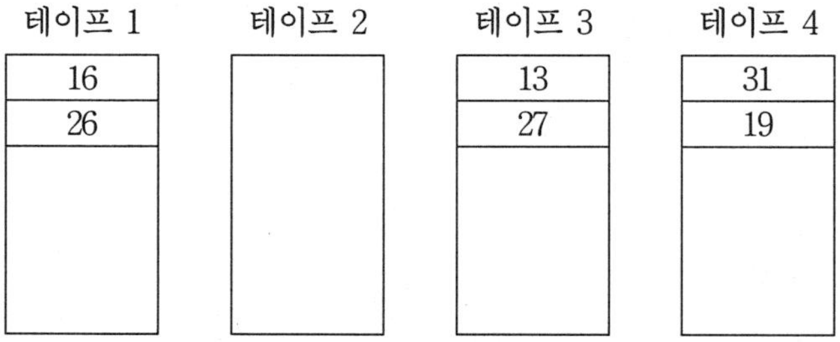

테이프 1	테이프 2	테이프 3	테이프 4
16		13	31
26		27	19

(c) 테이프 3, 4를 테이프 1에 병합

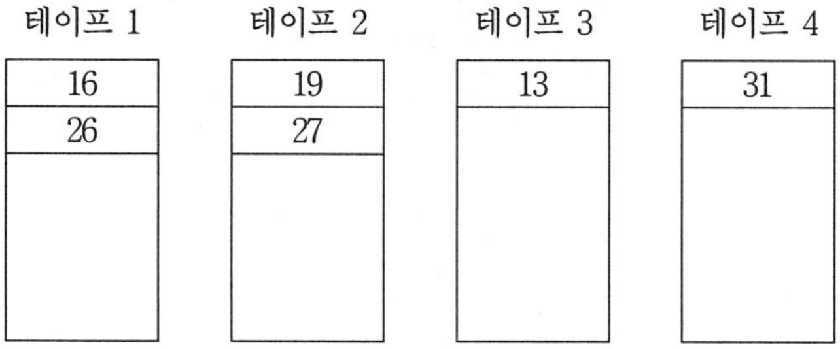

테이프 1	테이프 2	테이프 3	테이프 4
16	19	13	31
26	27		

(d) 테이프 3, 4를 테이프 2에 병합

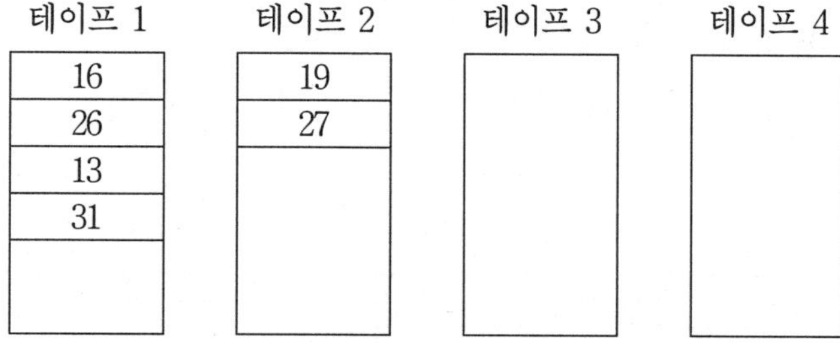

(e) 테이프 3, 4에 남은 것을 테이프 1에 병합

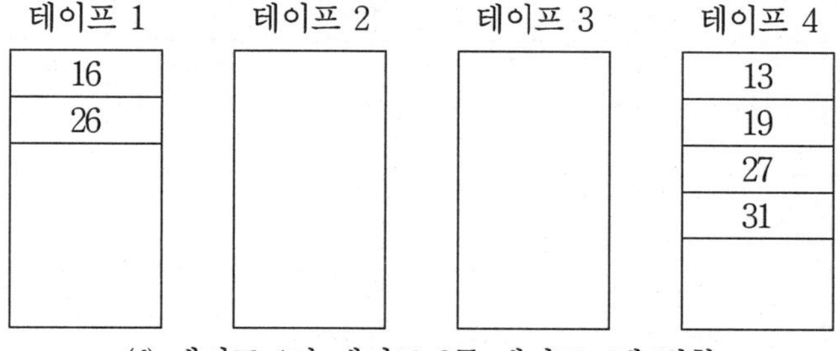

(f) 테이프 1과 테이프 2를 테이프 4에 병합

테이프 1 테이프 2 테이프 3 테이프 4

13
16
19
26
27
31

(g) 테이프 1과 테이프 4를 테이프 2에 병합

〈그림 9-11〉 밸런스드 병합 정렬 과정

2) 다상 병합 정렬(Polyphase merge sort)

이 방법은 6개 이내의 테이프를 이용하여 정렬하는 데 가장 좋은 방법이다. 초기의 레코드들은 t−1개의 테이프에 분산 수록한다. 테이프에 기록하는 자료의 양은 <표 9-4>에 나타낸 것 같은 피보나치 수열에 따른다. 여기서 피보나치 수열의 일반식은 다음과 같다.

$$a_k^{(i)} = \sum_{i=1}^{n-1} a_{k-1}^{(i)}$$

단, $a_k^{(i)} = 1$, $i=2, 3, \cdots$, $k=n, n+1, \cdots$, $a_1^{(o)} = n-1$

<표 9-4> n=4인 다상표(polyphase table)

K	전체 자료수	테이프 1	테이프 2	테이프 3
	$a_k^{(0)}$	$a_k^{(1)}$	$a_k^{(2)}$	$a_k^{(3)}$
1	3	1	1	1
2	5	1	2	2
3	9	2	2	4
4	17	4	6	7
5	31	7	11	13
6	57	13	20	24
7	105	24	37	44

이 방법은 t−1개의 테이프를 1개의 테이프에 병합시키는데 t−1개의 테이프 중 1개가 빌 때까지 병합시킨다. 비게 되는 테이프는 다음 병합 단계에서는 병합용 테이프로 사용된다. 마지막 단계에서는 그것이 바로 출력 테이프가 되는 것이다. 각 정렬 과정에서는 t−1개의 테이프를 동시에 이용하면서 수행한다.

병합시킬 레코드의 개수는 일반적인 피보나치 수열에서 산출해낸다. 수열의 f_i의 값은 f_i 앞에 있는 t−1개의 f_i값을 더해서 얻는다. 예를 들어 57개의 처음 RUN이 테이프 1, 2, 3, 4에 <그림 9-12>와 같이 분배되어 있다고 가정하자. 이 그림에서 n·i는 i개로 구성된 n개의 RUN을 의미한다. 57개의 RUN을 처음에 피보나치 수열에 의해서 분배하면 첫 번째 tape1에는 24개의 RUN을 분배하고, 두 번째 tape2에는 20개를 분배하고, 세 번째 tape3에는 13개를 분배한다. 이러한 RUN들은 각각 1개씩 13개의 RUN들이 tape4에 병합되어 정렬되면 tape3은 비어 있게 된다.

다음 단계에서는 5개로 구성된 7개의 RUN으로 tape3에 정렬하여 tape2가 비게 된다. 그 다음 단계에서는 tape2에 9개로 구성된 4개의 RUN이 분배되도록 한다. 이와 같은 과정을 되풀이하는 것은 다음과 같다.

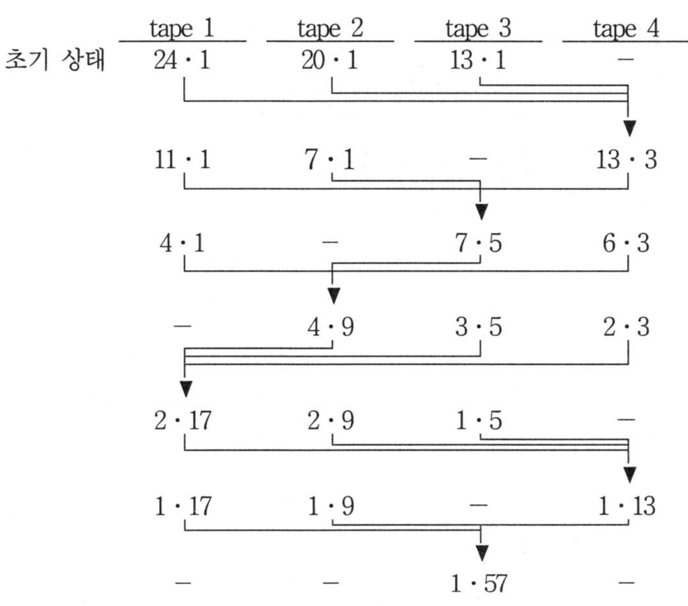

〈그림 9-12〉 다상 정렬하는 과정(57개 RUN에 대해서)

예제9-15 RUN의 수=17인 경우에 4개의 테이프를 사용하여 다상 정렬하여 보자.

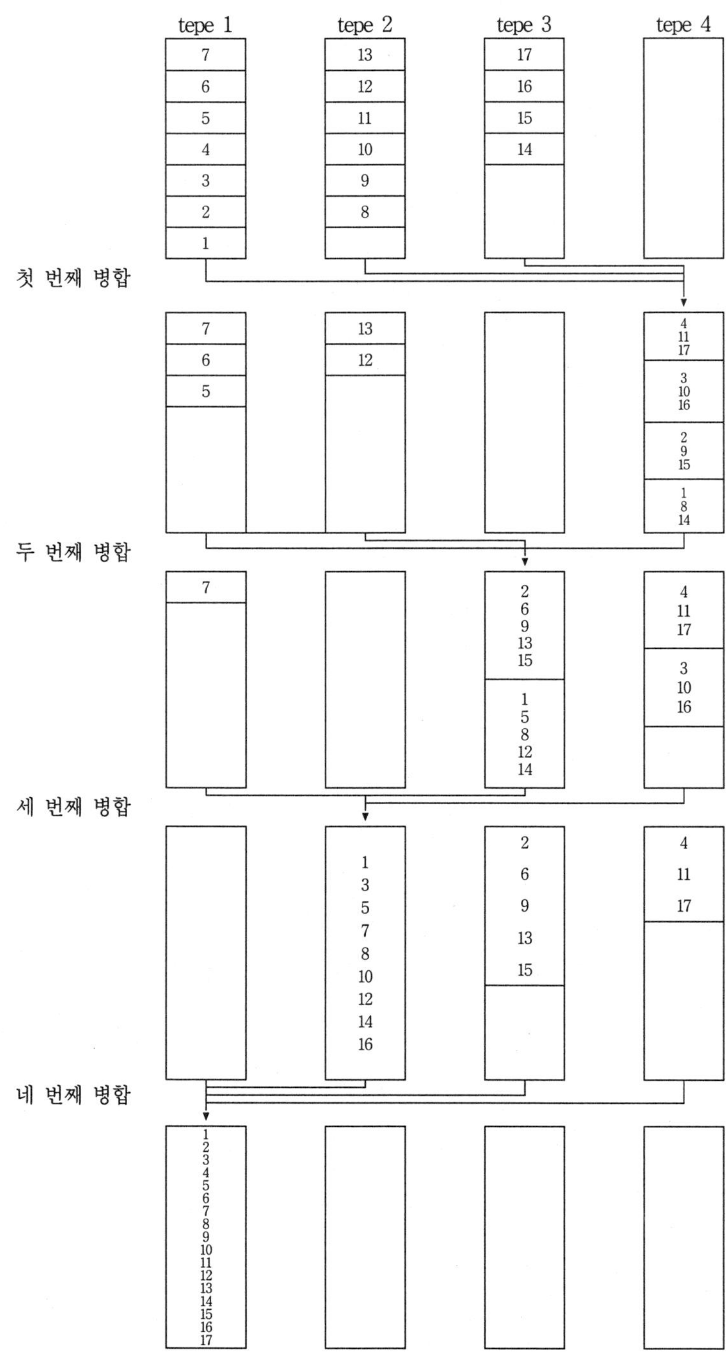

지금까지 소개한 다상 병합에서는 테이프 되감기 시간이 고려되지 않았다. 1개의 출력 테이프가 되감기될 때까지 CPU의 병합 작업은 멈출 수밖에 없다. 그러므로 모든 테이프 되감기 동작을 CPU 내에서 병합하는 시간과 병행하여 수행하는 방안이 모색되었으나 여기서는 생략한다.

그리고 피보나치 수열에 의한 병합(Fibonacci merge)을 적용할 때, 필요한 초기 RUN의 수가 아닌 경우에 다상 병합을 수행하려면 필요한 수만큼 dummy RUN을 추가하여 피보나치 수가 되도록 할 수밖에 없다.

3) 캐스케이드 병합 정렬(Cascade merge sort)

$t+1 \geq 6$, 즉 테이프가 6개 이상인 것에 대해서 병합을 수행하는 것이 훨씬 더 좋은 방법을 제시한다. 캐스케이드 병합은 여러 개의 테이프를 대상으로 작업을 진행시키며, 먼저 부분적으로 정렬된 최초의 서브파일들을 주어진 테이프에 분산, 수록하는데 1개의 테이프는 빈 채로 남게 된다. 다음은 빈 테이프에 1개의 테이프를 다 읽을 때까지 자료를 수록한 각 테이프를 읽어 빈 테이프에 병합시킨다.

t개의 테이프가 있다면, 다음에 시행할 작업은 t−2개의 병합하지 않는 테이프를 하나의 빈 테이프로, 그 다음은 t−3, t−4개의 테이프를 하나의 빈 테이프로 병합시키는 게 된다. 이러한 과정이 계속되어 마지막에 가서는 모든 병합된 테이프가 한 테이프에 기록된다. 대개의 경우 캐스케이드 병합(cascade merge)과 밸런스드 병합(balanced merge)은 다상 병합(polyphase merge)이나 교대식 병합(oscillating merge)만큼 효과적이지 못하다.

190개의 처음 RUN이 테이프 1, 2, 3, 4, 5, 6에 <그림 9-13>과 같이 분배되어 있다고 가정하자. 여기에 캐스케이드 병합 방법을 사용하여 정렬하는 과정은 다음과 같다.

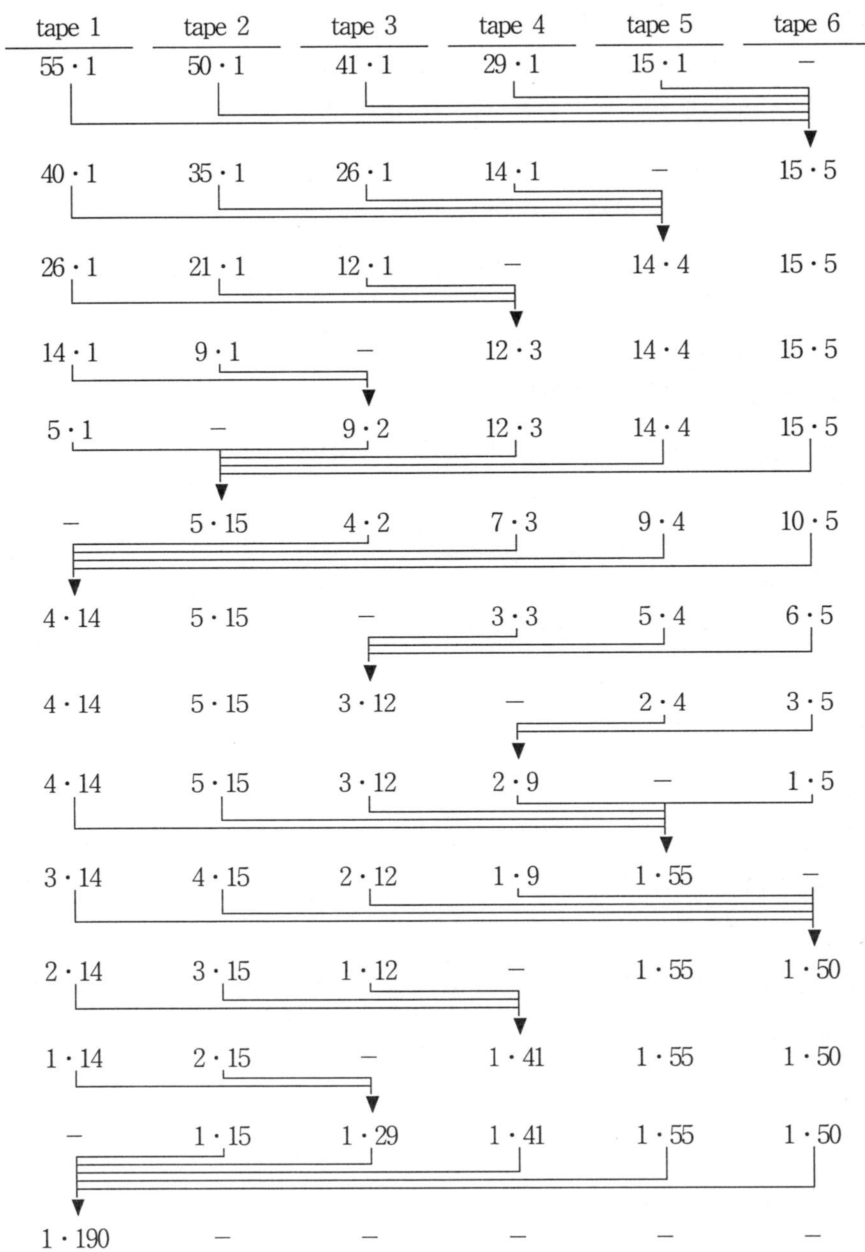

〈그림 9-13〉 190개의 RUN과 6개의 테이프로 캐스케이드 병합 정렬

4) 교대식 병합 정렬(Oscillating merge sort)

교대식 병합 정렬은 전진이나 후진 양방향 모두로 읽을 수 있는 테이프에만 적용된다. 처음에 병합하기 위한 1개의 빈 테이프를 제외한 나머지 각 테이프 장치에 하나의 서브파일을 내부 정렬하여 다음 t−2개 테이프의 각 서브파일을 병합하여 빈 테이프에 수록한다. 이 경우 나머지 원시 파일이 보관된 테이프 1개, t−2개의 서브파일을 병합하여 수록한 테이프 1개, 나머지 t−2개의 테이프는 사용 가능한 상태로 되어 있을 것이다.

다음으로 나머지 원시 파일로부터 각각 1개씩의 서브파일을 내부 정렬하여 1개의 빈 테이프를 남겨 놓고 t−2개의 테이프에 분배한다. 이때 첫 번째 병합 결과가 기록된 테이프에도 추가로 하나의 서브파일이 수록되게 된다. 이들 t−2개 서브파일을 병합하여 빈 테이프에 수록한다. 이와 같은 과정을 반복하게 되는데, 이때 병합하여 출력할 하나의 빈 테이프는 매번 유지하여야 한다.

예를 들어 12개의 수를 5개의 테이프를 사용하여 교대식 병합 정렬하는 과정을 <그림 9-13>에 나타내었다. 그림에서는 테이프 장치의 헤드 위치로서 이 위치에 따라 순방향(forward) 또는 역방향으로 읽는 것을 나타낸다. <그림 9-13>의 예는 오름차순으로 정렬하는 과정으로 tape1에 정렬시킬 자료들을 수록하여 놓고, 첫 번째 단계 1에서 tape2를 제외한 체, 나머지 테이프들에 1개의 수치를 각각 수록 시킨다. 이후부터 테이프를 거꾸로 읽어서 3개의 수치를 tape2에 병합시킨다.

단계 2의 결과에서 특이한 것은 내림차순으로 tape2에 병합시킨 점이다. 단계 3에서는 tape2, tape4, tape5에 정렬시킬 자료를 1개씩 분산시키고 있다. 단계 4에서는 이들을 병합시켜 tape3에 기록한다. 이와 같은 방식을 계속 수행하면 단계 9에서 보이는 것과 같은 결과를 얻는다.

1	2	3	4	5
•	•	•	•	•
7				
19				
24				
13				
31				
8				
82				
18				
44				
63				
5				
10				

(a) 단계 0 : 기본 자료

1	2	3	4	5
•	•			
13				
31		7	19	24
8		•	•	•
82				
18				
44				
63				
5				
10				

(b) 단계 1 : 정렬

1	2	3	4	5
•	24	•	•	•
13	19			
31	7			
8	•			
82				
18				
44				
63				
5				
10				

(c) 단계 2 : 병렬

1	2	3	4	5
•	24	•	31	8
82	19		•	•
18	7			
44	13			
63	•			
5				
10				

(d) 단계 3 : 정렬

1	2	3	4	5
•			•	•
82	24	31		
18	19	13		
44	7	8		
63	•	•		
5				
10				

(e) 단계 4 : 병합

1	2	3	4	5
•			•	
63	4	31		
5	19	13		44
10	7	8		•
	82	18		
	•	•		

(f) 단계 5 : 정렬

1	2	3	4	5
•				•
63	24	31	82	
5	19	13	44	
10	7	8	18	
	•	•	•	

(g) 단계 6 : 정렬

1	2	3	4	5
•				•
	24	31	82	
	19	13	44	
	7	8	18	
	63	5	10	
	•	•	•	

(h) 단계 7 : 병합

1	2	3	4	5
•				
	24	31	82	63
	19	13	44	10
	7	8	18	5
	•	•	•	•

(i) 단계 8 : 정렬

1	2	3	4	5
5				
7				
8				
10				
13				
18				
19				
24				
31				
44				
63				
82				

(j) 단계 9 : 병합

〈그림 9-14〉 교대식 병합 정렬

연 / 습 / 문 / 제

9-1 비교에 의한 정렬과 분산에 의한 정렬의 종류를 들고 비교 설명하시오.

9-2 퀵 정렬의 장단점을 설명하고, 알고리즘 수행을 위한 시간 복잡도를 비교 설명하시오.

9-3 정렬과 검색의 차이점을 기술하시오.

9-4 정렬 알고리즘의 선택 시 고려해야 될 사항을 설명하시오.

9-5 n이 8이고, 입력 데이터={19, 11, 34, 45, 88, 76, 22, 37}일 때, 2-way 병합 정렬의 수행 과정을 기술하시오.

9-6 교환법인 버블 정렬과 셀렉션 정렬이 오름차순으로 정렬을 수행하는 경우의 순서도를 작성하고, 비교 설명하시오.

9-7 파일 크기 n인 입력 파일 F가 이미 키값에 대하여 내림차순으로 순서 배열된 것이라고 할 때, 이것을 히프 정렬 알고리즘을 사용하여 오름차순으로 순서 배열을 하고자 한다.

(1) 히프를 만드는 단계에서 비교 횟수는 얼마인가?

(2) 입력 파일 F는 히프를 만들 경우에 최선, 최악, 평균 상태 중 어떠한 상태인가?

9-8 내부 정렬과 외부 정렬의 차이점을 기술하시오.

9-9 테이프를 이용하는 균형 병합 정렬에서 테이프 장치가 최소 4개 이상이 필요한 이유를 설명하시오.

부록 : C 언어로 구현한 각종 알고리즘

배열과 행렬

전치 행렬

```
transpose (a, b)
struct sparsematrix *a, *b;
/* b는 행렬 a의 전치 행렬이다. */
{
int n, m, p, q, col, t;
  m = a[0][1]; n = a[0][2]; t = a[0][3];
  b[0][1] = n; b[0][2] = m; b[0][3] = t;
  if (t > 0)  /* 제로 행렬 검사 */
    {
      q = 1;
       for (col = 1; col <= t; col++)
        for (p = 1; p<= t; p++)
         if (a[p][2] ==  col)  {
            b[q][1] = a[p][2]; b[q][2] = a[p][1];
            b[q][3] = a[p][3]; q++;
            }
    } /* end if */
  } /* end transpose */
```

다항식의 덧셈

```
padd (A, B, C)
/* A(x) + B(x) => C(x)
  A[1 : 2m+1], B[1 : 2n + 1], C[1 : 2(m+n)+1] */
{
m = A[1];     n = B[1];
p = 2; q = 2; r = 2;
while ((p <= 2m) && (q <= 2n)) {
switch (compare (A[p], B[q])) {
    case '=' :
```

```
        C[r+1] = A[p+1] + B[q+1]; /* 계수를 더한다. */
        if (C[r+1]! = 0)
          { C[r] = A[p];     /* 지수를 저장한다 */
            r = r + 2;
          }
        p = p + 2;
        q = q + 2;
        break;
    case '<' :
        C[r+1] = B[q+1];
        C[r] = B[q];
        q = q + 2;    r = r + 2;
        break;
    case '>' :
        C[r+1] = A[p+1];
        C[r] = A[p];
        p = p + 2;    r = r + 2;
        break;
    } /* end switch */
  } /* end while */
/* A의 나머지 합 첨가 */
  while (p <= 2m) {
           C[r] = A[p];
           C[r+1] = A[p+1];
           p = p + 2;  r = r + 2;
         }
  /* B의 나머지 합 첨가 */
    while (q <= 2n) {
            C[r] = B[q];
            C[r+1] = B[q+1];
            q = q + 2;  r = r + 2;
          }
    C[1] = r/2 - 1;      /* 더해진 다항식의 합의 수 */
   }     /* end padd */
```

개선된 다항식의 덧셈

```
padd (int af, int bf, int cf)
/* A(x) + b(x) ==> C(x) */
{
int p, q;
float c;
p = af; q = bf ; cf = free;
while ((p is not last of A) && (q in not last of B)) {
  switch (compare (term[p].exp, term[q].exp)) {
    case '='
        C = term[p].coef + term[q].coet;
        if (C! = 0) newterm (C, term[p].exp);
        p++; q++;
        break;
    case '<' :
        newterm (term[q].coet, term[q].exp;
        q++;
        break;
    case '>' :
        newterm (term[p].coet, term[p].exp;
        p++;
        break;
      } /* end switch */
    } /* end while */
  /* A의 나머지 항 추가 */
   while (p is not last of A)
     {
      newterm (term[p].coet, term[p].exp);
      p++;
     }
  /* B의 나머지 항 추가 */
   while (q is not last of B)
     {
      newterm (term[q].coet, term[q].exp);
      q++;
     }
   } /* end padd */
  /* 새로운 항을 C(x)에 추가하는 부프로그램 */
```

```
newterm (float c, int e)
{
 if (free > maxterms)
        printf("다항식의 합이 너무 많아서 저장 공간이 부족함");
 else  {
      term [free].coef = c;
      term [free].exp = e;
      free++;
     }
  } /* end newterm */
```

선형 리스트

스택 삽입(stack insert, push-down)

```
push(int item)
/* item을 global stack에 삽입시킨다 */
{
 if (top == n) printf("stack overflow");
  else {
       top++;
       stack[top] = item;
       }
  } /* end push */
```

스택 삭제(stack delete, pop-up)

```
pop (int item)
/* 스택으로부터 top 위치의 원소를 제거하여
   이 항목(item)을 호출 프로그램에 돌려준다 */
{
 if (top == 0) printf("stack underflow");
   else {
        item = stack[top];
        top--;
        return item;
        }
  } /* end pop */
```

중위 표기식을 후위 표기식으로 변환

```
postfix(E)
char E[maximum];
{
 int i, j ;
 char s[maximum], X;
 s[1] = '#';          /* 스택 제일 밑 부분을 표시 */
 top = 1;             /* 스택 초기화 */
 j = 0; i = 1;
 while (s[top] !='$')  /* $는 입력식의 끝부분 표시한다 */
  {
   switch (E[i]) {
      case 피연산자:  /* 출력한다. */
              j++;
              p[j] = E[i];
              break;
      case 연산자 :  /* 스택의 이전 연산자와 우선 순위를 비교 */
              while(order(E[i]) <= order (s[top]))
               {
                j++;
                p[j] = s[top];
                top--;
               }
              top++;
              s[top] = E[i];
              break;
      case '(' :        /* 왼쪽 괄호는 스택에 삽입 */
              top++;
              s[top] = E[i];
              break;
      case ')' :        /* 왼쪽 괄호가 나올 때까지 스택의 내용을 출력한다. */
              x = s[top];
              top--;
              while (x != '(')
               {
                j++;
                p[j] = x;
                top--;
```

```
                }
                break;
            }  /* end switch */
        }  /* end while */
    }  /* end postfix */
```

큐 삽입(queue insert)

```
insert Q(int item) /* item을 global queue에 삽입시킨다 */
{
 if (R == n) printf("Queue overflow");
  else {
        R++;
        queue[R] = item;
       }
} /* end insert Q */
```

큐 삭제(queue delete)

```
delete Q(int item)
/* 큐로부터 front 위치의 원소를 제거하여
   이 항목(item)을 호출 프로그램으로 돌려준다 */
{
 if (F == R) printg("Queue underflow");
   else {
        F++;
        item = queue[F];
        return item;
       }
}  /* end delete Q */
```

원형 큐 삽입(circular queue insert)

```
 insert Q(int item)
/* 원형 큐 queue[n-1]에 item을 삽입한다 */
{
 R = (R+1) % n;     /* 시계 방향으로 R 포인터 전진 */
 if (F == R) printf("Queue overflow");
   else queue[R]=item;   /* 새로운 item 삽입 */
}   /* end insert Q */
```

원형 큐 삭제(circular queue delete)

```
  delete Q(int item)
/* 원형 큐에서 F 포인터가 가리키는 원소를 제거하여
   호출 프로그램에 반환시킨다 */
{
 if (F == R) printf("Queue underflow");
  else {
         F = (F+1) % n;
         item = queue[F];
         return item;
        }
}  /* end delete Q */
```

다중 스택 삽입(multistack insert)

```
insert(int i, int X)
/* i번째 스택(1 ≤ i ≤ n)에 원소 X를 삽입한다 */
{
 if (t[i] == b[i+1]) stackfull(i);
  else {
         t[i]++;
         V[t[i]] = X;
        }
}  /* end insert */
```

다중 스택 삭제(multistack delete)

```
delete (int i, int X)
/* 스택 i의 top 원소를 삭제하여 X에 저장 */
{
 if (t[i] == b[i]) stackempty(i);
  else {
         X = V[t[i]];
         t[i]--;
        }
}  /* end delete */
```

단순 연결 리스트

단순 연결 리스트 생성

```
createnode (HEAD)
struct node * HEAD;
{
        struct node * I;
        HEAD = getnode();      /* 하나의 노드를 획득한다 */
        I = getnode();
        HEAD → link = I;       /* 첫 번째 노드와 두 번째 노드를 연결시킴 */
        I → link = NULL;       /* 마지막 노드에 NULL 표시 */
        HEAD → data = 'a';  /* 데이터 삽입 */
        I → data = 'B';
}       /* end createdone */
```

리스트의 맨 처음에 노드 삽입

```
insert 1 (HEAD)
struct node * HEAD;
{
   struct node * new;
   new = getnode();              /* 새로운 노드를 얻는다 */
   new → data = 'Y';
   new → link = HEAD;
   HEAD = new;
}  /* end insert 1*/
```

리스트의 맨 마지막에 노드 삽입

```
insert 2 (HEAD)
struct node * HEAD;
{
   struct node * new, I;
   new = getnode();
   new → data = 'Y';
   I = HEAD;
   while (I → link ! = NULL)
         I = I → link;
   new → link = NULL;
```

```
    I → link = new;
} /* end insert 2 */
```

X가 가리키는 노드 다음에 새로운 노드 삽입

```
insert 3(HEAD, X)
struct node * HEAD, * X;
{
    struct node * I;
    I = getnode();              '* 새로운 노드를 얻는다 */
    I → data = 'Y';
   if (HEAD ==NULL)
     {
        HEAD = I;
        I → link = NULL;
     }
   else  {
            I → link = X → link;
            X → link = I;
         }
} /* else insert 3 */
```

리스트의 맨 처음 노드 삭제

```
delete 1 (HEAD, Y)
struct node * HEAD;
char Y;
{
   struct node * free;
   if (HEAD == NULL) printf("underflow");
     else  {
                Y = HEAD → data;
                free = HEAD;
                HEAD = HEAD → link;
                putnode(free);
           }
} /* else delete 1 */
```

리스트의 마지막 노드 삭제

```
delete 2 (HEAD, Y)
```

```
struct node * HEAD;
char Y;
{
  struct node * I, * J;
  if (HEAD == NULL) printf("underflow");
    else {
             I = HEAD;
             while (I → link ! = NULL)
                   {
                     J = I;
                    I = I → link;
                   }
             Y = J → data;
             J → link = NULL;
             putnode (I);
          }
} /* end delete 2 */
```

리스트의 중간 노드 X를 삭제

```
delete 3 (x, y, HEAD)
struct node * x, * y, * HEAD;
{
  if (y == NULL)  HEAD = HEAD → link;
    else y → link = x → link;
  getnode(x);
} /* end delete 3 */
```

스택 삽입

```
addstack (i, Y)
/* 새로운 데이터 Y를 첨가한다. */
int i;
char Y;     /* 삽입할 데이터 */
{
  struct node * X;
  X = getnode();                /* 새로운 노드 X를 획득한다 */
  X → data = Y;                 /* 새로운 노드에 데이터값 Y를 저장 */
  X → link = top[i];            /* i번째 스택 top에 새로운 노드를 연결 */
  top[i] = X;                   /* top 포인터값을 재조정 */
```

```
  } /* end addstack */
```

스택 삭제

```
deletestack (i, Y)
/* 스택 i에서 top 노드를 삭제하여
   이 노드의 데이터 필드의 값을 Y에 저장한다 */
int i;
char y;
{
  struct node * X;
  if (top[i] == NULL) stackempty ;
  X = top[i];                /* 스택 i의 top 노드를 X가 가리킴 */
  Y = X → data;              /* top 노드의 데이터 필드값을 Y에 저장한다 */
  top[i] = X → link;         /* top 노드 삭제 */
  putnode(X);                /* 제거한 노드를 유용 공간에 반환 */
} /* end deletestack */
```

큐 삽입

```
addqueue (i, Y)
/* i번째 큐에 Y를 삽입한다 */
int i;
char Y;
{
  struct node * X;
  X = getnode();
  X → data = Y;
  X → link = NULL;
  if (F[i] == NULL)
     F[i] = X;              /* i번째 큐가 비어 있는 경우 */
     else R[i] → link = X;
  R[i] = X;
  } /* end addqueue */
```

큐 삭제

```
deletequeue (i, Y)
/* i번째 큐에서 앞(F)포인터가 가리키는 노드를 삭제하고, 그 데이터 필드값은
  Y에 저장한다 */
int i;
```

```
char Y;
{
  struct node * X;
  if {F[i] == NULL) queueempty;
  X = F[i];                    /* 첫 번째 노드를 X가 가리킴 */
  F[i] = X → link;             /* 첫 번째 노드를 삭제 */
  Y = X → data;
  putnode(X);                  /* 제거한 노드를 유용 공간에 반환 */
} /* end deletequeue */
```

다항식 덧셈

```
padd (A, B, C)
    struct node * A, * B, * C;
    {
      struct node * p, * q;
      p = A;   q = B;          /* p, q는 A, B의 항을 지시 */
      getnode(C);   d = C;     /* C의 초기 노드를 나중에 제거한다 */
      while((p != NULL && (q != NULL))
        {
      switch (compare (p→exp, q→exp)) {
            case '=';
                x = p → coef + q → coef;
                if (x != 0) attach (x, p → exp, d);
                p = p → link;  q = q → link;
                break;
            case '<'
                attach (q → coef, q → exp, d);
                q = q → link;
                break;
            case '>';
                attach (p → coef, p → exp, d);
                p = p → link;
                break;
        }
      }
  /* A(x)의 나머지 항들을 첨가 */
      while (p != NULL)
        {
```

```
            attatch (p → coef, p → exp, d);
            p = p → link;
          }
  /* B(x)의 나머지 항들을 첨가 */
        while (q != NULL)
          {
            attach (q → coef, q → exp, d);
            q = q → link;
          }
        d → link = NULL;
        c = c ← link;                  /* 여분의 초기 노드를 제거 */
   }  /* end padd */
  /* 새로운 항을 C 리스트에 첨가하는 부프로그램 */
    attach (C, E, D)
        float C;
        int E;
        struct node * d;
        {
           struct node * X;
           getnode(x);
           X → exp = e;
           X → coef = C;
           d → link = X;
           d = X;
        }  /* end attach */
```

동치 관계

```
equivalence (m, n)
int m, n;
/* m개의 동치쌍과 n개의 변수 SEQ[1:n], BIT[1:n], data[1:2m], link[1:2m] */
for (i = 1; i <= n; i++)
 {
    SEQ[i] = NULL;     BIT[i] = 0;
 }
av = getnode();
for (k = 1; k <= m; k++)
      {
        scanf ("%d, %d", &i, &j);
```

```
        av → data = j;              av → link = SEQ[i];
        SEQ[i] = av;                av = getnode();
        av → data = i;              av → link = SEQ[j];
        SEQ[j] = av;                av = getnode();
      }
index = 1
    do
        if (BIT[index] == 0)
            {                       /* 새로운 동치 관계 출력 */
                printf("새로운 동치 관계");
                BIT[index] = 1;
                ptr = SEQ[index];     top = NULL;
                while (ptr != NULL)
                   {
                      j = ptr → data;
                      if BIT[j] = 0
                          {
                           printf("%d,"j);
                           BIT[j] = 1;
                           t = ptr → link;
                           ptr → link = top;
                           top = ptr;
                           ptr = t;
                          }
                      else ptr = ptr → link;
                   }
                       if top == NULL then exit(1);
                       ptr = SEQ[top → data];
                       top = top → link;
                   }
                index = index + 1;
         while (index <= n)
} /* end equivalence */
```

◐ 삽입 원형 연결 리스트

```
insert (ptr)
struct node * ptr;
{
```

```
   struct node * new;
   new = getnode();
   new → data = 'Y';
   if (ptr == NULL)
       {
          ptr = new;
          new → link = new;
       }
   else  {
            new → link = ptr → link;
            ptr → link = new;
         }
} /* end insert */
```

◉ 삭제 원형 연결 리스트

```
delete(ptr)
struct node * ptr;
{
    struct node * free;
    if (ptr == NULL) underflow;
    free = ptr → link;
    Y = free → data;
    ptr → link = free → link;
    putdone (free);
    if (ptr == free) put = NULL;
} /* end delete */
```

◉ 원형 리스트 T를 유용 공간에 반환

```
erase(t)
/* 유용 공간에 av에 원형 리스트 t를 반환한다 */
struct node * t;
{
    struct node * x;
    if (t == NULL) then exit(1);
    x = t → link;
    y → link = av;
    av = x;
} /* end erase */
```

◐ 원형 리스트의 길이

```
length(a)
/* 원형 리스트 a의 길이를 구한다 */
struct node * a;
{
   int i;
   i = 0;
   if (a != NULL)
        {  ptr =a
           DO
              i++;
              ptr = ptr → link;
           while (ptr != a)
        }
   printf("%d", i);      /* 길이를 인쇄한다 */
} /* end length */
```

◐ 삽입 헤드로 구성된 원형 리스트

```
insert (head)
struct node * head;
{
   struct node * new;
   new = getnode();
   new → data = y;
   new → link = head → link;
   head → link = new;

} /* end insert */
```

◐ 다항식 덧셈

```
padd (A, B, C)
/* 다항식의 A와 B는 헤드 노드가 있는 원형 리스트로서 표현되어 있고
   헤드 노드는 A→exp = B → exp = -1이다.
   덧셈 결과는 원형 리스트로 표현된 C로 된다 */
struct node * A, * B, * C;
{
  struct node * p, * q;
  p = A → link; q = B → link;
```

```
  C = getnode(); C → exp = -1;
  d = C;
  I = 0;
  DO
  switch (compare (p → exp, q → exp))
    case '=':
          if p → exp = -1 { d → link = C ; exit(1); }
          x = p → coef + q → coef;
          if (x != 0) attach (x, p → exp, d);
          p = p → link;  q = q → link;
          break;
    case '<':
          attach (q → coef, q → exp, d);
          q = q → link;
          break;
    case '>':
          attach (p → coef, p → exp, d);
          p = p → link;
          break;
  while (I == 0)
} /* end padd */
```

◆ 희소 행렬을 연결 리스트로 구현

```
mread (a)
struct matrixnode * a;
/* 행렬에서 읽고 연결 표현을 작성한다 */
{
  int i, m, n, p, r, rrow;
  int ccol, val, currentrow;
  struct matrixnode  * x, * last;
  scanf("%d %d %d", &n, &m, &r);  /* n행 m열 r항 */
  if (m > n) p = m;
         else p = n;
  for (i = 1; i < p; i++)      /* 헤드 노드 초기화 */
    {
      x = getnode();
      hdnode[i] = x;
      x → right = x;
```

```
        x → next = x;
        x → head = 't';
      }
    currentrow = 1;
    last = hdnode[1];
    for (i =1; i < r; i++)      /* 세 가지 구조를 입력 */
      {
        scanf("%d %d %d", &rrow, &ccol, &val);
        if (rrow > currentrow)
           {
                last → right = hdnode[currentrow];
                currentrow = rrow;
                last = hdnode[rrow];
           }
        x = getnode();
        x → head = 'f';
        x → row = rrow;
        x → col = ccol;
        x → value = val;
        last → right = x;
        hdnode[ccol] → next → down = x;
        hdnode[ccol] → next = x;
      }
    if (r > 0)  last → right = hdnode[currentrow];
    for (i = 1; i < m; i++)
        hdnode[i] → next → down = hdnode[i];
    a = getnode();
    a → row = n; a → col = m;
    for (i = 1; i < p-1; i++)
        hdnode[i] → next = hdnode[i+1];
    if (p == 0)  a → right = a;
        else {
                hdnode[p] → next = a;
                a → right = hdnode[1];
             }
} /* end mread */
```

◐ 이중 연결 리스트 삽입

```
insert (x)
struct dnode * x;
{
        I = getnode();
        I → data = DATA;
        I → rlink = x → rlink;
        I → llink = x;
        x → rlink → llink = I;
        x → rlink = I;
} /* end insert */
```

◐ 삭제 이중 연결 리스트

```
delete (x)
struct dnode * x;
{
    if (left == NULL) underflow;
    y = x → data;
    x → llink → rlink = x → rlink;
    x → rlink → llink = x → llink;
    putnode(x);
} /* end delete */
```

기억 장소 관리

◐ 빈 노드 획득 알고리즘

```
getmode (x)
struct node * x;
{
    if ( av == NULL) overflow;
          x = av;
          av = av → link;
} /* end getnode */
```

사용된 노드 저장 알고리즘

```
putnode (x)
struct node * x;
{
        x → link = av;
        av = x;
} /* end putnode */
```

최초 적합 기법

```
firstfit (n, p)
int n, p;
/* av는 적어도 크기가 n인 공간을 찾으려면
   유용 공간 리스트를 가리키고 있다. p는 할당될 공간의 주소를 갖는다.
   큰 영역이 없다면 p는 0으로 세트된다 */
{
   int q;
   p = av → link;
   q = av;
   while (p != 0)
     {
         if (p → size >= n)
             {
                p → size = p → size - n;
                if (p → size == 0)
                      q → link = p → link;
                else
                      p = p + p → size;
                  exit(1);
             } /* end if */
         q = p
         p = p → link;
     } /* end while */
} /* end firstfit */
```

트 리

중위 운행법 – recursive 이용

```
inorder (currentnode)
struct node * currentnode;
  {
      if (currentnode != NULL)
         {
            inorder (currentnode → lchild);
            printf ("%d", currentnode → data);
            inorder (currentnode → rchild);
         }
  } /* end inorder */
```

중위 운행법 – nonrecursive 이용

```
#define maxstacksize 100
inorder1 (currentnode)
struct node * currentnode;
  {
      int stackpointer;
      int returnad[maxstacksize];
      struct node nodstack[maxstacksize];
      int adturnto;
      stackpointer = 0;  /* 스택을 초기화 */
       1: if (currentnode != NULL)
         {
            stackpointer = stackpointer + 1;
            if (stackpointer > maxstacksize) stackfull;
            nodestack[stackpointer] = currentnode;
            returnad[stackpointer] = 2;
            currentnode = currentnode → lchild;
            go to 1;  /* 왼쪽 서브트리 운행 */
      2:  printf ("%d", currentnode → data);
            stackpointer = stackpointer + 1;
            if (stackpointer > maxstacksize) stackfull;
            nodestack[stackpointer] = currentnode;
            returnad[stackpointer] = 3;
            currentnode = currentnode → rchild;
```

```
            go to 1;  /* 오른쪽 서브트리 운행 */
          }  /* end if */
        3: if (stackpointer != 0)
            {  /* 스택이 비어 있지 않을 때 return 같은 작용 */
            currentnode = nodestack[stackpointer];
            adturnto = returnad[stackpointer];
            stackpointer = stackpointer - 1;
            switch (adturnto)
              {
                case 2:
                        go to 2;
                case 3:
                        go to 3;
              }
            }  /* end if */
    }  /* end inorder */
```

중위 운행법 - nonrecursive 2

```
#define maxstacksize 100
inorder2 (currentnode)
struct node * currentnode;
  {
      int stackpointer;
      struct node nodestack[maxstacksize];
      stackpointer = 0;  /* 스택을 초기화 */
       1: if (currentnode != NULL)
          {
            stackpointer = stackpointer + 1;
            if (stackpointer > maxstacksize) stackfull;
            nodestack[stackpointer] = currentnode;
            currentnode = currentnode → lchild;
            go to 1;  /* 왼쪽 서브트리의 운행 */

       2:  printf ("%d", currentnode → data);
            currentnode = currentnode → rchild;
            go to 1;  /* 오른쪽 서브트리 운행 */
          }  /* end if */
            if (stackpointer != 0)
```

```
      { /* 스택이 공백이 아닌 경우 */
        currentnode = nodestack[stackpointer];
        stackpointer = stackpointer - 1;
        go to 2;
      }
  } /* end inorder2 */
```

◐ 중위 운행법 - nonrecursive 3

```
#define maxstacksize 100
inorder3 (currentnode)
struct node * currentnode;
  {
    int stackpointer;
    struct node nodestack[maxstacksize];
    char done;  /* boolean 변수 */
    stackpointer = 0;
    done = FALSE; /* loop 조건 초기화 */
    do
      { /* LCHILD 필드를 따라 내려감 */
        while (currentnode != NULL)
        {
          stackpointer = stackpointer + 1;
          if (stackpointer > maxstacksize) stackfull;
          nodestack[stackpointer] = currentnode;
          currentnode = currentnode → lchild;
        }

      if (stackpointer != 0)
        {
          currentnode = nodestack[stackpointer];
          stackpointer = stackpointer - 1;
         printf ("%d", currentnode → data);
          currentnode = currentnode → rchild;
        }
      else
          done = TRUE;
       }
    while (done = FALSE)
```

```
  }  /* end inorder3 */
```

후위 운행법 - recursive 이용

```
postorder (currentnode)
struct node * currentnode;
  {
     if (currentnode != NULL)
        {
          postorder (currentnode → lchild);
          postorder (currentnode → rchild);
          printf ("%d", currentnode → data);
         }
  }  /* end postorder */
```

후위 운행법 - nonrecursive 이용

```
#define maxstacksize 100
postorder (currentnode)
struct node * currentnode;
  {
     int stackpointer;
     int returnad[maxstacksize];
     struct node nodestack[maxstacksize];
     int adturnto;
     stackpointer = 1;
     nodestack[stackpointer] = currentnode;
     returnad[stackpointer] = 1;
     while (stackpointer != 0)
        {
          currentnode; =nodestack[stackpointer]
          adturnto = returnad[stackpointer];
          stackpointer = stackpointer - 1;
          if (stackpointer > maxstacksize) stackfull;
          switch (adturnto)
            {
               case 1: stackpointer = stackpointer + 1;
                       if (stackpointer > maxstacksize) stackfull;
                       returnad[stackpointer] = 2;
                       if (currentnode → lchild != NULL)
```

```
                        {
                            stackpointer = stackpointer + 1;
                            nodestack[stackpointer] = currentnode → lchild;
                            returnad[stackpointer] = 1
                        }
                    break;
            case 2: stackpointer = stackpointer + 1;
                    nodestack[stackpointer] = currentnode;
                    returnad[stackpointer] = 3;
                    if (currentnode → rchild != NULL)
                        {
                            stackpointer = stackpointer + 1;
                            nodestack[stackpointer] = currentnode → lchild;
                            returnad[stackpointer] = 1
                        }
                    break;
             case 3: printf ("%d", currentnode → data);
            }
        }  /* end while */
}  /* end postorder */
```

◆ 전위 운행법 – recursive 이용

```
preorder (currentnode)
struct node * currentnode;
  {
     if (currentnode != NULL)
        {
           printf ("%d", currentnode → data);
           preorder (currentnode → lchild);
           preorder (currentnode → rchild);

        }
  }  /* end preorder */
```

◆ 전위 운행법 – nonrecursive 이용

```
#define maxstacksize 100
preorder (currentnode)
struct node * currentnode;
```

```
{
    int stackpointer;
    int returnad[maxstacksize];
    struct node nodestack[maxstacksize];
    int adturnto;
    stackpointer = 1;
    nodestack[stackpointer] = currentnode;
    returnad[stackpointer] = 1;
    while (stackpointer != 0)
      {
        currentnode = nodestack[stackpointer];
        adturnto = returnad[stackpointer];
        stackpointer = stackpointer - 1;
        switch (adturnto)
          {
             case 1: stackpointer = stackpointer + 1;
                     nodestack[stackpointer] = currentnode;
                     returnad[stackpointer] = 2;
                     printf ("%d", currentnode → data);
                     break;
             case 2: if (stackpointer > maxstacksize) stackfull;
                     nodestack[stackpointer] = currentnode;
                     returnad[stackpointer] = 3
                     if (currentnode → lchild != NULL)
                      {
                        stackpointer = stackpointer + 1;
                        nodestack[stackpointer] = currentnode → lchild;
                        returnad[stackpointer] = 1;
                      }
                     break;
             case 3: if (currentnode → rchild != NULL)
                      {
                         stackpointer = stackpointer + 1;
                         nodestack[stackpointer] = currentnode → lchild;
                         returnad[stackpointer] = 1;
                      }
            } /* end switch */
          } /* end while */
} /* end preorder */
```

이진 트리 복사

```
copy (t)
struct node * t;
{
  struct node * q, * r, * s;
  q = NULL;
  if (t != NULL)
  {
          r = copy(t → lchild);
          s = copy(t → rchild);
          q = getnode();
          q → lchild = R;
          q → rchild = S;
          q → data = t → data;
  }
 return(q);
} /* end copy */
```

명제식 판정

```
postorder-eval (T)
struct node * T
/* 이진 트리 T는 명제식을 가지고 있는데
  이를 계산하여 결과는 VAL 필드에 저장 */
{
    if (t != NULL)
      {
          postorder-eval (T → lchild);
          postorder-eval (T → rchild);
          switch ( T → data)
            {
                case '¬' : T → val = !val(T → rchild);
                           break;
                case '∨' : T → val = val(T → lchild) || val(T → rchild);
                           break;
                case '∧' : T → val = val(T → lchild) && val(T → rchild);
                default   : T → val = DEF(T → data);
            }
      } /* end if */
```

```
} /* end postorder-eval */
```

스레디드 이진 트리 중위 운행법

```
intra (tree)
struct threadtree *tree;
 {
  struct threadtree *p;
  p = tree;
  do
   {
     p = insuc(p);
     if (p != tree) printf("%d", p → data);
   }  while (p = tree);
 } /* end intra */

/* 스레디드 이진 트리에서 임의의 노드 x의 중위 후속자를 찾는 프로시저 */
struct threadtree insuc(x)
struct threadtree *x;
  {
    struct threadtree *s;
    s = x → rchild;
    if (x → rbit == 1)
         while (s → 1bit == 1)
         s = s → lchild;
    return(s);
  }  /* end insuc */
```

스레디드 이진 트리에서 우측 자식 노드로 삽입

```
insertright (s, t)
struct threadtree   * s,  * t;
 {
    struct threadtree  *w;
    t → rchild = s → rchild;     t → rdit = s → rbit;
    t → lchild = s → lchild;     t → lbit = 0;
    s → rchild = t;              s → rbit = 1;
    if (t → rbit == 1)
        {
          w = insuc(t);       w → lchild = t;
```

```
        }
    } / * end insertright */
```

Huffman 알고리즘

```
/* L은 n개의 이진 트리군이며 각 이진 트리는 1개의 가중치로 형성되어 있다 */
Huffman (L, n)
    struct node  *L[];
    int n;
     {
        for (i=1; i < n; i++)
          {
            t = (struct node *) malloc(size of(struct(struct node));
            t → llink = minweight(L);
            t → rlink = minweight(L);
            t → weight = (t → llink →weight) + (t → rlink → weight;
            insert (L, t);
          }
} /* end Huffman  */
```

합집합과 찾음

```
/* 합집합 알고리즘 : 근 노드 i와 j(i≠j)를 합집합으로 결합시킴 */
u(i, j)
int i, j;
  {
    parent[i] = j;
  } /* end u */
  /* find 알고리즘: 원소 i를 갖고 있는 트리의 근 노드 j를 찾음 */
int f(i);
int i;
  {
     int j;
     j = i;
     while (parent[j] > 0)
             j = parent[j];
     return(j);
  } /* end find */
```

union

```
/* 가중 법칙을 이용하여 근 노드 i와 j, i≠j의 합집합을 구함
   parent[i]=-count[i], parent[j]=-count[j]이다 */
union(i, j)
int i, j;
{
  int x;
  x = parent[i] + parent[j];
  if (parent[i] > parent[j])
    { /* i가 더 작은 수의 노드를 가짐 */
      parent[i] = j;
      parent[j] = x;
    }
  else
    { /* j가 더 작은 수의 노드를 가짐 */
      parent[j] = i;
      parent[i] = x;
    }
  } /* end union */
```

find

```
int find (i);
int i;
/ * 원소 i를 포함하는 트리의 근 노드를 찾음. 근 노드 i에서 j에 이르는
    모든 노드를 축소한다 * /
{
int j, j1, j2;
j = i;
while (parent[j] > 0) j = parent[j];
j2 = i;
while (j2 != j)
     {
      j1 = parent[j2];
      parent[j2] = j;
      j2 = j1;
     }
  return(j);
} /* end find */
```

그래프

무방향성 그래프의 인접 행렬 표현

```
admatrix (n,m,a)
int n,m; / * n:정점의 수, m:간선의 수 */
int a[n][n];
{
   int u,v,i,j;
   for (i=1; i<=n; i++) /* 행렬의 초기화 */
      for (j=1; j<=n; j++)
            a[i][j]=0;
   for (i=1; i<=m; i++)
      {
        scanf("%d %d", &u,&v); /* 간선(u,v)의 입력 */
        a[u][v] = 1;
        a[v][u] = 1;
      }
} /* end admatrix */
```

무방향성 그래프의 인접 리스트 표현

```
#define n 50;
struct node
{
  int vertex;
  struct node *next;
}
struct node *head[n]; /* 포인터 배열 정의 */
adlist (n,m,head)
int n, m; /* n:정점의 수, m:간선의 수 */
struct node *head[];
{
  int u,v,i,j;
  for (i=1; i<=n; i++)
    head[i] = NULL;
  for (i=1; i<=n; i++)
     {
       /* 간선(u,v)의 입력 */
       scanf ("%d %d", &u,&v);
```

```
        /* 기억 공간 할당 */
        t = getnode();
        t → vertex = v;
        t → next = head[u];
        head[u] = t;
        /* 기억 공간 할당 */
        t = getnode();
        t → vertex = u;
        t → next = head[v];
        head[v] = t;
      }
} /* end adlist */
```

인접 리스트로 표현된 그래프에 대한 DFS

```
#define n 50;
struct node
   {
        int vertex;
        struct node *next;
   }
struct node *head[n];

main()
   {
       int visit[n],mark,V;
       mark = 0;
       for (V = 0; V < n; V++) /* visit의 초기화 */
            visit[V] = 0;
       for (V = 0; V < n; V++)
           if (visit[V] == 0) dfs(V);
   } /* end main */
dfs(V)
  int V;
   {
       struct node *t;
       mark++;
       visit[V] = mark;
       t = head[V];
```

```
        while (t!= NULL)
           {
              if (visit[t → vertex] == 0) dfs(t → vertex);
              t = t → next;
           }
    } /* end dfs */
```

인접 리스트로 표현된 그래프에 대한 BFS

```
#define n 50;
struct node
    {
         int vertex;
         struct node *next;
    }
struct node *head[n];

main()
    {
        int mark,visit[n],V;
        mark = 0;
        for (V = 0; V < n; V++) /* visit의 초기화 */
             visit[V] = 0;
        for (V = 0; V < n; V++)
             if (visit[V] == 0) dfs(V);
    } /* end main */
bfs(V)
  int V;
    {
        struct node *t;
        queueinit(); /* intialize queue */
        mark++;
        addque(V);
        visit[t → vertex] = mark;
        do
          {
           V = deque();
           t = head[V];
           while (t!= NULL)
```

```
            {
              if (visit[t → vertex] == 0)
                  {
                    mark++;
                    addque(t → vertex);
                    visit[t → vertex] = mark;
                  }
              t = t → next;
            }
        } while (! queueempty();
    } /* end bfs */
```

최단 경로-Dijkstra 알고리즘

```
shortestpath (v,cost,Dist,n)
     int v;
     int cost[maxn][maxn];
     int dist[maxn];
     int n;
 /* dist[j], 1≤j≤n는 n개의 정점을 가진 digraph G에서
    V0에서 정점 j로서의 최단 경로의 거리를 나타낸다.
    G는 그것의 비용 인접 행렬 cost[][]으로 표시한다 */
  {
     int S[maxn];
     int I, u, num, w;
     for (i=1; i<=n; i++)
         {
            S[i] = 0;  /* S를 초기화  */
            dist[i] = cost[v][i];
         }
      S[v] = 1;    dist[v] = 0;
      num = 2;   /*  정점 v를 S에 첨가  */
      while (num < n)
         { /* chose 함수는 min{dist[W]} ==> dist[u]
                                 S[w] = 0 */
           u = chose (dist,n);
           S[u] = 1;
           num++;  /* 정점 u를 S에 첨가  */
           for (w=1; w < n; w++)
```

```
            if (S[w] == 0)
                if (dist[u] + cost[u][w] < dist[w])
                    dist[w] = dist[u] + cost[u][w];
        } /* end while */
} /* end shortestpath */
```

▶ 최단 경로-Floyd 알고리즘

```
allcosts (A,cost)
float A[n][n];
float cost[n][n];
/* cost[n][n]은 비용 인접 행렬이고, A[i][j]는 i에서 j로서의 최단 경로 비용이다 */
{
  int i, j, k;
  for (i=1; i <= n; i++)
    for (j=1; j <= n; j++)
     A[i][j] = cost[i][j];  /* cost를 A에 복사 */
  for (i=1; i <= n; i++)
     A[i][j] = 0;
  for (k=1; k <= n; k++)
    for (i=1; i <= n; i++)
      for (j=1; j <= n; j++)
        if (A[i][j] + A[k][j] < A[i][j])
             A[i][j] = A[i][j] + A[k][j];
} /* end allcosts */
```

▶ 이행적 폐쇄 행렬(A+)에 대한 Warshall 알고리즘

```
transitive (A,C)
int A[n][n];
int C[n][n];
{
   int i, j, k;
   for (i=1; i <= n; i++)
     for (j=1; j <= n; i++)
         A[i][j] = C[i][j];
   for (k=1; k <= n; k++)
     for (i=1; i <= n; i++)
       for (j=1; j <= n; j++)
        if (A[i][k] == 0)
```

```
            A[i][j] = A[i][k] || A[k][j];
} /* end transitive */
```

최소 비용 신장 트리-prim 알고리즘

```
prim (C)
float C;
    /* 정점 (1,2, …,n)은 간선에 비용 행렬 C로 된 그래프에 대해서
       최소 비용 신장 트리의 간선 인쇄 */
{
   float lowcost[n];
   int closest[n];
   for (i=2; i <= n; i++)
   /* 집합에서 정점 1로서 초기화 */
       {
          lowcost[i] = C[1][i];
          closest[i] = 1;
       }
   for (i=2; i <= n; i++)
       {
          min = lowcost[i];
          k = i;
          for (j=i+1; j <= n; j++)
             if (lowcost[j] < min)
                {
                   min = lowcost[j];
                   k = j;
                }
          printf("%d%d",k, closest[k]);   /* 연결 간선 인쇄 */
          lowcost[k] = infinity;   /* k를 최소 비용 간선에 포함 */
          for (j=2; j <= n; j++)
             if ((C[k][j] < lowcost[j]) && (lowcost[j] < infinity))
                {
                   lowcost[j] = C[k][j];
                   closest[j] = k;
                }
       }   /* end for */
} /* end prim */
```

최소 비용 신장 트리-Kruskal 알고리즘

```
Kruskal (V,E,T)
char *V, *E, *T;
{
   int ncomp;   /* 현재 구성 요소수 */
   int edges;   /* 간선 집합 */
   int component;
   char u, v;
   int nextcomp;
   int ucomp, vcomp;
   makenull(T);
   makenull(edges);
   nextcomp = 0;
   ncomp = V의 구성 요소수;
   for (v in V)
       /* V의 한 정점이 포함된 구성 요소 초기화 */
        {
          nextcomp++;
          initial(nextcomp,v,components);
        }
   for  (e in E)
        /* 간선의 우선 순위 큐 초기화 */
         insert(e,edges);
   while (ncomp > 1)
        {   /* 다음 간선 연결  */
          e = deletemin(edges)
          iet e = (u,v);
          ucomp = find (u,components);
          vcomp = find (v,components);
          if (ucomp ! = vcomp)
               /* e는 서로 다른 구성 요소 연결 */
             {
               union(ucomp,vcomp,components);
               ncomp--;
               insert(e,T);
             }
        }   /* end while */
}     /*  end Kruskal */
```

검 색

선형 검색 1

```
 seqsearch 1(count,k)
 /* tlist는 주어진 표, count는 레코드의 수, k는 키값 */
char k;
int count;
{
    int i;
    i = 1;
    while (i <= count)
      {
         if (k == tlist[i] → key) return(i);
             else  i = i + 1;
      }
    return(0);
} /* end seqsearch1 */
```

선형 검색 2

```
seqsearch 2(count,k)
char k;
int count;
 {
     int i;
     i = count;
     tlist[0] → key = k;
     while (K != tlist[i] → key)
                 i=i-1;
     return(i);
 }  /* end seqsearch 2 */
```

선형 검색 3

```
seqsearch 3 (count,k)
char k;
int count;
{
   int i;
```

```
    tlist[count+1] → key = KEYMAX;
    while (k > tlist[i] → key)
              i = i + 1;
    if (k ! = tlist[i] → key) return(0);
    return(i);
} /* end seqsearch 3 */
```

◐ 이분 검색

```
bisearch (n,k)
/* tlist 는 주어진 표, n은 레코드의 수, k는 찾는 키값 */
char k;
int n;
{
    int l0, hi, mid;
    l0 = 1;
    hi = n;
    while (l0 <= hi)
       {
           mid = (l0 + hi )/2;
           if (k < tlist[mid] → key)
                  hi = mid - 1;l
              else if (k > tlist[mid] →key)
                        l0 = mid + 1;
                    else return(mid);
        }
     return(0);
} /* end biserach */
```

◐ 피보나치 검색

```
fisearch (n,k,kv)
/* 찾는 레코드의 키 : kv, n+1 = Fk이다 */
char kv;
int k, n;
{
     int i, p, q, m, t;
     i = fib(k - 1);      /* i ← Fk-1 */
     p = fib(k - 2);
     q = fib(k - 3);
```

```
    m = n + 1 - (i - p);
      if (kv > tlist[i] → key)  i = i + m;
      while (i != 0)
        {
          if (kv < tlist[i] → key)
              {
                if (q == 0)  i = 0;
                  else  {i=i-p;  t=p; p=q; q=t-q;}
              }
          else if (kv == tlist[i] → key) return(i);
          else if (kv > tlist[i] → key)
                  {
                    if (p == 1) i=0;
                      else {i=i+q; p=p-q; q=q-p;}
                  }
        }    /* end  while  */
}   /* end fibsearch  */
```

이진 검색 트리

```
bstsearch (r,kv)
     struct node *r;
     char kv;
     {
        struct node *p;
        p = r;
        while (p != NULL)
          {
            if (kv == p → key) return(p);
              else if (kv < p → key)  p = p → llink;
                  else p = p → rlink;
          }
       return(NULL);
     }  /*  end bstsearch  */
```

이진 검색 트리 삽입

```
bstinsert (r,x)
   struct node  *r, *x;
   {
```

```
        struct node  *p, *q, *t;
        q = NULL;
        p = r;
         / *  삽입할 위치 결정  */
        while (p != NULL)
          {
            if (x → key < p → key)
              {q = p; p = p → llink;}
                else if (x → key == p → key)
                   return(p);  /* 이미 같은 노드가 존재 */
                else
                   {q = p; p = p → rlink;}
          }
        /* 노드 구성 및 저장  */
       t = getnode();
       t → data = x → data;
       t → llink = t → rlink = NULL;
       /*  링크 조정 */
       if (q == NULL)
       return(NULL)
             r = t;  /*  빈 트리의 경우  */
         else if (x → key < q → key)
                q → llink = t;
         else if(x → key > q → key)
                q → rlink = t;
     }  /* end bstinsert  */
```

이진 검색 트리의 노드 제거

```
bsrdelete (r,kv)
struct node *r;
char kv;
/*  r은 이진 검색 트리의 근 노드 포인터, kv는 제거할 레코드의 키  */
{
  struct node *p, *q, *s, *t, *v;
      p = r;
      q = NULL;
      while (p != NULL && p → key != kv)
        { q = p;
```

```
            if (kv < p → key) p = p → llink;
              else if (kv > p → key) p = p → rlink;
          }
   /*  제거할 노드가 없으면 끝낸다  */
      if (p == NULL) return;
   /*  대신할 노드를 찾는다. 찾는 노드를 v가 지칭한다  */
      if (p → llink == NULL) v = p → rlink;
                else if (p → rlink == NULL) v = p → llink;
                    else { t = p;
                           v = p → rlink;
                           s = p → llink;
                           while (s !=NULL)
                             {t = v; v = s; s = v → llink;}
                           if (t != p)
                             { t → llink = v → rlink;
                                 v → rlink = p → rlink;
                           v → llink = p → llink;
                              }
   /*  v의 노드를 p의 노드가 있는 자리에 대치한다  */
     if (q == NULL) r = v;
        else if(p == q → llink) q → llink = v;
        else q → rlink = v;
     putnode(p);
     return;
} /* end bstdelete  */
```

정 렬

삽입 정렬

```
/* 입력 : 순서 배열되지 않은 n개 레코드로 구성된 파일 R */
/* 출력 : 키값에 따라 오름차순으로 재배열된 R */
insert(R, n)
 {
   for (j = 2; j<= n ; j++)
   {
    RJ=Rj;   KEY=Kj;
```

```
      i=j-1;
      while (i > 0 && Ki > KEY) /* 삽입할 위치 결정 및 레코드의 이동 */
        {
           Ri+1 = Ri;
           i--;
        }
        /* 레코드의 삽입 */
      Ri+1 = RJ;
     }
 }  /* end insert */
```

버블 정렬

```
bubblesort(R, n)
/* 입력 : 순서 정렬이 되어 있지 않은 n개의 레코드로 구성된 파일 */
/* 출력 : 키값에 따라 오름차순으로 재정렬된 파일 */
 {
   k = n; flag = 1; /* 초기화 : 수행할 수행 횟수와 플래그 초기화 */
   while (flag>0)
    {
      k--;
      flag = 0;
      for (j = 1; j<=k; j++)
      if (kj > kj+1)
        {  temp = Rj; Rj = Rj+1; Rj+1 = temp;
           flag = 1;
        }
     } /* end while */
 } /* end bubblesort */
```

개선된 버블 정렬

```
bubblesort(R, n)
  {
     flag = n;
     while (flag > 0)
       {
          k = flag-1;
          flag = 0;
          for (j = 1; j<=k; j++)
```

```
            if (k_j > k_j+1)
              {    temp = R_j;
                   R_j = R_j+1;
                   R_j+1 = temp;
                   flag = j;
              }
        } /* end while */
  } /* end bubblesort */
```

선택 정렬

```
selectionsort(R, n)
  {
    for (i = 1; i<=n-1; i++)
     {
        k = i;
        for (j = i+1; j<=n; j++)
        if (R_j < R_k) k = j;
        temp = R_i ;
        R_i = R_k ;
        R_k = temp ;
     }
  } /* end selectionsort */
```

Shell 정렬

```
shellsort (R, n, H, t)
/* 입력 : 크기 n의 순서 배열되지 않은 파일 */
/* R = (R1, R2, …, Rn) */
/* 매개 변수 파일 H = (h1, h2, …, ht); h1 = 1 */
/* 출력 : 키값에 대해 오름차순으로 순서 배열된 파일 R */
  {
    for (s = t; s>= 1; s--)
     {
        h = h_s;
        for (j = h+1; j<= n; j++)
            {
              KEY  = k_j; R = R_j; i = j - h;
              while((i > 0) && (k_i > KEY))
                 {  R_i+h = R_j;
```

```
                    i = i - h;
                }
            Ri+h = R;
        }
    } /* end for */
} /* end shellsort */
```

퀵 정렬

```
quicksort (R, m, n)
/* 제어 레코드의 위치를 m이라고 하고 파일 크기를 n이라 한다. */
  {
    if (m < n)
      {
        i = m; j = n+1;
        while(1)
         {
            do i++; while(ki <= km);
            do j--; while(ki >= km);
            if (i < j) { temp = Ri; Ri = Rj; Rj = temp; }
                    else   break;
         }
         temp = Rm; Rm = Rj; Rj = temp;
         quicksort(R, m, j-1);
         quicksort(R, j+1, n);
      } / * end if  */
  } /* end quicksort */
```

2원 병합

```
merge (R, ℓ, m, n, X)
 /* 입력 : 파일 R 서브파일(Rℓ, Rℓ+1, ··· , Rm)과(Rm+1, 4Rm+2, ··· , Rn)은
         순서 정렬이 되어 있음 */
 /* 출력 : merge 된 파일 X */
    {
      i = k = ℓ;
      j = m + 1;
      while (i <= m && j<= n)
       {
         if (ki <= kj) {Xk = Ri; i++}
```

```
            else {Xk = Rj; j++}
        k++
      }
          if (i > m) {(Xk,··· , Xn) ← (Rj ··· , Rn); }
              else {(Xk, ··· , Xn) ← (Ri, ··· , Rm) }
   } /* end merge */
```

2원 병합 정렬의 서브

```
mpass (R, X, n ℓ)
/* 입력 : 크기 n의 입력 파일 R  */
/* 출력 : R에서 인접한 크기 ℓ의 서브파일 쌍들을 merge하여 X로 이동시킨다 */
     {
      i = 1;
      while (i <= m && j<= n)
       {
          merge (R, i, i+-1, i+2-1, X):
          i=i+2*ℓ;
        }
      /* 크기가 2ℓ보다 작은 나머지 파일을 merge */
       if (i+ℓ-1 < n)  merge(R, i, i+ℓ-1, n, X);
          else {(Xi,··· , Xn) ← (Rj ··· , Rn); }
                   else {(Xk, ··· , Xn) ← (Ri, ··· , Rm) }
      } /* end mpass */
```

2원 병합 정렬

```
mergesort(R, n)
  /* 순서 정렬되지 않은 크기 n의 입력 파일 R,
     크기 n의 임시 보조 파일 X를 이용하여
     키값에 따라 오름차순으로 순서 정렬된 출력 파일 R */
   {
     ℓ= 1;
     while (ℓ < n)
      {
       Mpass(R, X, n, ℓ);
       ℓ = 2ℓ;
       Mpass (X, r, n, ℓ);
       ℓ = 2ℓ;
      }
```

```
} /* end mergesort */
```

히프로 변환

```
abjust (i, n)
/* 크기 n의 입력 트리 R은 전이진 트리로서 연속 배열로 저장되어 있다. */
{
   R = Ri;  k = ki;  j = 2*j;
   while (j <= n)
     { if ((j < n) && (kj <kj+1)) j++;
          /* 좌우측의 자식노드 가운데에서 최대치를 찾는다. */
       if (k >= kj) { R⌊j/2⌋ = R; return; }
          /* 큰 쪽 자식 노드와 부모 노드를 비교한다. */
       R⌊i/2⌋  = Rj;   j = 2 * j;     /* 부모 노드를 바꾼다. */
     }
       R⌊j/2⌋  = R;
} /* end adjust */
```

히프 정렬

```
heapsort (R,n)
    {
      /* 입력 파일을 heap로 바꾼다. */
        for (i = ⌊n/2⌋; i >= 1; i--)
        Adjust(i,n);
      /* heap의 성질을 이용한 순서 정렬 */
        for (i = n-1; i >= 1; i--)
        {
           T = R1; R1= Ri+1; Ri+1 = T;  /* R1 <==> Ri+1 */
           adjust(1,i);
        }
    } /* end heapsort */
```

기수 정렬

```
radixsort(R, n, d)
/* 입력 : 크기 n인 linked 파일 R : link[i]=Ri+1의 포인터, link[n]=null */
/* 출력 : d개의 키에 관해서 정렬된 linked 파일 R */
/* r개의 큐 포인터 배열 f[0 : r-1] 과 E(e)[0 : r-1]을 보조로 사용한다.
  {
    point = 1;  /* 초기화 */
```

```
for (i = d; i >=1; i--)
    {
        for (i = 0; j <= r-1; j++) /* 버킷을 빈 큐로 초기화 */
            f[j] = 0
        while (point != 0) /* 레코드를 큐에 삽입 */
         {
            k = point → ki;  /* point가 가리키는 레코드의 i번 키 */
            if (f[k] == 0)  f[k]  = point;
                  else  e[k]→link = point;
              e[k] = point;
              point = point → link;  /* 다음 레코드를 얻는다. */
         }
         j = 0
         while (f[i] == 0) j ++;  /* 첫 번째 비어 있지 않은 큐를 찾음 */
         point = f[i]; t = e[j];
         for (k = j + 1; j <= r - 1; k++)  /* 나머지 큐를 연결 */
            if (f[k] !=0  {t → link = f[k]; t = e[k];}
         t → link = 0;
    }
} /* end radixsort */
```

〈개정판〉 C언어로 구현한 자료구조

지 은 이 | 김영규 · 정병수

펴 낸 이 | 김형근

펴 낸 곳 | 도서출판 기한재

주　　소 | 경기도 파주시 회동길 56
(파주출판도시)

전　　화 | 031)955-0900~2

팩　　스 | 031)955-0100

등　　록 | 1990년 3월 15일 제2-968호

발　　행 | 2021년 3월 25일 1판 5쇄

정　　가 | 19,000원

Published by Kihanjae Co.
ISBN 978-89-7018-682-5
http://www.kihanjae.com
E-mail : kihanjae@hanmail.net